高等职业教育药品与医疗器械类专业教材

生物制药技术

吴秀玲　徐瑞东　主　编

中国轻工业出版社

图书在版编目(CIP)数据

生物制药技术 / 吴秀玲,徐瑞东主编. — 北京 : 中国轻工业出版社, 2023. 2
ISBN 978-7-5184-4080-1

Ⅰ. ①生… Ⅱ. ①吴… ②徐… Ⅲ. ①生物制品—生产工艺—高等职业教育—教材 Ⅳ. ①TQ464

中国版本图书馆 CIP 数据核字(2022)第 134661 号

责任编辑:王 韧　　责任终审:张乃柬　　整体设计:锋尚设计
策划编辑:江 娟　　责任校对:宋绿叶　　责任监印:张 可

出版发行:中国轻工业出版社(北京东长安街 6 号,邮编:100740)
印　　刷:三河市国英印务有限公司
经　　销:各地新华书店
版　　次:2023 年 2 月第 1 版第 1 次印刷
开　　本:720×1000　1/16　　印张:23. 25
字　　数:455 千字
书　　号:ISBN 978-7-5184-4080-1　定价:49. 00 元
邮购电话:010-65241695
发行电话:010-85119835　传真:85113293
网　　址:http://www. chlip. com. cn
Email:club@ chlip. com. cn
如发现图书残缺请与我社邮购联系调换
210990J2X101ZBW

本书编写人员

主　　编　吴秀玲(济宁职业技术学院)

徐瑞东(黑龙江农垦职业学院)

副 主 编　杨　晶(黑龙江农业职业技术学院)

张　田(济宁职业技术学院)

吴春涛(东营职业学院)

杜璋璋(济宁职业技术学院)

参编人员　陈壮壮(东营职业学院)

郭　强(山东鲁抗医药股份有限公司)

高　源(山东药品食品职业学院)

于玲玲(黑龙江农业经济职业学院)

张　楠(黑龙江农垦职业学院)

庄晓辉(山东科技职业学院)

前　言

本教材是高等职业院校食品类、药品与医疗器械类、粮食类专业教材，是编者团队根据“十四五”高职高专教材建设的有关精神，以生物制药技术的教学标准为依据，结合制药企业的部分标准作业程序（SOP），按照高职高专教育专业人才培养目标的要求，为了凸显对高职院校学生技能培养和素质培养的特点而编写的。

本教材的编写是在医药行业职业教育专家的指导下，编者团队根据药品生产过程中对生产工艺、岗位操作人员的素质要求和培养目标，按照“项目引领、任务驱动”的教学理念编写而成。编写过程中编者团队参考了国内外生物制药领域的最新进展和未来发展方向，力争做到本教材拥有实用性和前沿性，本教材以药物生产工艺、原理为重点，突出操作技能的培训，重在实际应用。

《生物制药技术》的内容包括理论基础和综合实训两大模块，其中理论基础包括绪论、天然生物材料提取制药、发酵工程制药技术、细胞工程制药技术、酶工程制药技术、基因工程制药技术、生物制药生产的下游技术、药品质量控制 8 个项目；综合实训包括实验室管理基本知识、显微观察技术、培养基配制技术、消毒灭菌技术、接种技术、革兰染色技术、细菌菌落总数的测定、海带中甘露醇的提取、西洋参细胞培养法生产人参皂苷、植物中花青素的提取、大肠杆菌摇瓶种子的制备、青霉素萃取及萃取率的计算、固定化酶法生产 5′-复合单核苷酸、维生素 C 的生产、质粒 DNA 的分离纯化、青霉素生产仿真实训，并贯穿 15 个药厂的 SOP。本教材的知识目标、技能目标和职业素质目标的设计和国家职业标准对应，并注重内容的科学性、实用性。

本教材在编写模式上的创新有以下几点：①本教材书中列有项目目标以明确学习要求；②“学-做-练”的模式可以提高教学质量，实现有效教学、优质教学；③配备项目检测便于检查学习掌握情况；④为增加教材直观性和可读性，除配备图片外，还提供 PPT 课件，以便于教师讲授与学生自学。药厂标准作业程序（SOP）内容比较多，本教材结合学校实训本身的特点，把学校能够做到的一些 SOP 内容加到不同实训中，让学生在实训中体会到 SOP 的规范性和严谨性。

本教材可用于高职院校药品生产技术及相关专业教材，也可作为药品生产企业员工岗位培训教材，还可供其他相关人员参考选用。

本教材分工如下所示：吴秀玲编写项目一，吴春涛、陈壮壮合编写项目二，徐瑞东编写项目三、项目五，庄晓辉编写项目四，杜璋璋编写项目六，徐瑞东、张楠合编写项目七，张田编写项目八。实训部分中张田编写实训一，张楠编写实训二至实训七和实训十二,郭强编写实训八和实训九,于玲玲编写实训十和实训十一,杨晶编写实训十三,高源编写实训十四至实训十六。本教材由吴秀玲、徐瑞东担任主编,并由吴秀玲统稿并进行了修改。由于编者水平所限,编写时间仓促,书中内容难免存在不妥之处,欢迎读者批评指正。

本教材在编写的过程中参考了大量国内外专家和老师们的相关书籍和文献资料,在此向这些前辈和同行们表示衷心的感谢!

编者

2022 年 2 月

目　录

模块一　生物制药技术理论基础

项目一　绪论

项目一　绪论

项目目标

●知识目标

1. 掌握生物制药的概念和特点。
2. 了解生物制药的发展历程和发展前景。
3. 理解新药研究和开发的主要过程。

●技能目标

熟知新药研发的主要过程。

●职业素质目标

1. 能根据任务需要，自主查询、分析和整理资料，提升自主学习能力。
2. 在任务完成过程中，善于动脑、勤于思考，能根据具体实践情况，发现问题、提出假设、设计方案、实施研究、分析和解决问题。

一、生物制药的概念和内容

生物制药作为生物技术产业发展的主导力量，近几年一直保持强劲的发展势头，作为当前高新技术发展中最为迅速的学科，为世界各国卫生、医疗等多个领域的发展开辟了广阔的前景，极大地改善了人们的生活。例如各国政府和企业都加强了对生物制药产业的投资，以期得到生物制药发展的制高点，这在一定程度上有效促进了生物制药技术的研发和创新。

(一)生物制药的概念和特点

生物制药主要研究生物化学、药剂学、生物技术、制药技术等方面的基本知识和技能，进行生物药物的分析、研发、实验、生产、质检等。生物药物是指运用微生物学、生物学、医学、生物化学等的研究成果，用生物体、生物组织、细胞、体液等，综合利用发酵工程、细胞工程、酶工程、基因工程等技术制造的一类用于预防、治疗或诊断疾病的生物制品。常见的生物药物有:疫苗、抗生素、抗毒血清、胰岛素等。生物制药行业前景广阔,其制品广泛用于治疗癌症、艾滋病、冠心病、贫血、发育不良、糖尿病等多种疾病。医药上已应用的抗生素绝大多数来自生物制药,如维生素、红霉素、盐酸林可霉素等,注射用的青霉素、链霉素、庆大霉素等。

作为一个成熟的产业,生物制药产业同时也是一个“慢产业”,“四高一长”的基本产业发展特点使得其本身发展的规律性不同于电子信息等可快速产生经济效益的“快产业”。生物制药产业由于其实验材料的特殊性、技术开发的特殊性、成果转化的特殊性、生产过程的特殊性、产品应用的特殊性、产业目标的特殊性而有自身特定的发展规律,与计算机、电子、通信等高新技术产业相比,生物制药产业主要有以下特点。

1. 高技术

高技术主要表现在高知识层次人才和高新技术方面。生物制药是一种知识密集,技术含量高,多学科高度综合互相渗透的新兴产业。产业的发展需要多方面人才的参与和协作,包括具备开发头脑的领袖型科学家、一大批能够进行开发性研究的科技人才。以基因工程制药为例,上游技术涉及目的基因的合成、纯化、测序;基因的克隆、导入;工程菌的培养及筛选;下游技术涉及目标蛋白质的纯化及工艺放大,产品质量的检测及保证等。另外还需具备一定生物科技头脑,熟悉科技市场,又善于集资和融资的管理人才。

2. 高投入

生物制药行业投入巨大,主要用于新产品的研发、医药厂房建设和设备仪器方面。通常一个新药的开发生产,资金的55%用于研发,10%用于销售,19%用于生产,16%用于其他。一个基因工程新药的开发费用平均需要1亿~3亿美元,并随新药开发难度增加而增加。

3. 周期长

生物药物从开始研制到最终转化为产品要经过很多环节:试验室研究阶段、中试生产阶段、临床试验阶段(Ⅰ、Ⅱ、Ⅲ期)、规模化生产阶段、市场商品化阶段以及监督每个环节的严格复杂的药物审批程序,而且产品培养和市场培养较难,所以开发一种新药周期较长,一般需要8~10年,甚至10~12年。

4. 高风险

(1)产品开发风险　从全球生物制药产业来看,新药研发的支出越来越多,复杂性越来越大,风险性也越来越大。据估计,在5000个化合物中,只有1个成为药品到达了最终使用者手中,而又只有30%的药品能够收回研发支出,获得商业上的成功。失败的主要原因是临床前的药理、毒理、药物代谢试验检定不过关,或是临床试验失败,如药效不理想、毒副作用大、药物稳定性差等。只要有一种不足,都可能导致失败。在药物开发前期失败的损失还比较小，最惨重的是通过了全部的检查、鉴定、审批，但在临床上应用后发现了问题，不得不停止生产和使用的药物。如果在临床应用中给患者造成伤害的，还得赔付，其损失就更加惨重。对于缺乏资源的我国生物制药企业来说，这无疑是致命的威胁。

(2)市场竞争风险　“抢注新药证书、抢占市场占有率”是开发技术转化为产品时的关键，也是不同开发商激烈竞争的目标，若被别人优先拿到药证或抢占市场，则全盘落空。同时，产品的销售还面临严峻的营销竞争风险。

5. 高收益

药品生产和销售的利润非常高，加之药品生产时，其产品更新换代较慢，一种药品的生命周期能够延续数十年，甚至百年以上，其获利是非常丰厚的，因此，它是一项高收益的工程。一般来说，一种新生物药品上市后 2~3 年即可收回所有投资，尤其是拥有专利的产品，其利润回报可高达 10 倍以上。

(二)生物药物的分类及特性

1. 生物药物的分类

(1)按性质分类　按性质分类有利于比较一类药物的分离制备方法的特点和检验方法。

①氨基酸及其衍生物类药物：天然氨基酸和氨基酸混合物及其衍生物，如甲硫氨酸可防治肝炎、肝坏死和脂肪肝，谷氨酸可用于防治肝昏迷、神经衰弱和癫痫。

②多肽和蛋白质类药物：这两者化学本质相同，分子质量有差异。蛋白质类药物：血清白蛋白、丙种球蛋白、胰岛素；多肽类药物：催产素、胰高血糖素。

③酶和辅酶类药物：酶类药物按功能分为：消化酶(胃蛋白酶、胰酶、麦芽淀粉酶)、消炎用酶(溶菌酶、胰蛋白酶)、心血管疾病治疗酶(激肽释放酶可扩张血管降血压)等。辅酶类药物在酶促反应中传递氢、电子和基团，辅酶药物已广泛用于肝病和冠心病的治疗。

④核酸及其降解物和衍生物类药物：DNA 类药物可用于治疗精神迟缓、虚弱和抗辐射，RNA 类药物用于慢性肝炎、肝硬化和肝癌的辅助治疗，多聚核苷酸是干扰素的诱导剂。

⑤糖类药物：抗凝血、降血脂、抗病毒、抗肿瘤、增强免疫功能和抗衰老。

⑥脂类药物：磷脂类如脑磷脂、卵磷脂可用于治疗肝病、冠心病和神经衰弱；脂肪酸类可降血脂、降血压、抗脂肪肝。

⑦细胞生长因子：干扰素、白细胞介素、肿瘤坏死因子等。

⑧生物制品类：从微生物、原虫、动物和人体材料中直接制备或用现代生物技术、化学方法制成可预防、治疗、诊断特定传染病或其他疾病的制剂。

(2)按来源分类　有利于对不同原料进行综合利用、开发、研究。

①人体组织来源：疗效好、无副作用，来源有限，主要有人血液制品类、人胎盘制品类、人尿制品类。

②动物组织来源:主要为动物脏器,来源丰富、价格低廉、可批量生产,但由于种属差异,要进行严格的药理毒理试验。

③植物组织来源:主要为中草药。

④微生物来源:包括抗生素、氨基酸、维生素、酶等。

⑤海洋生物来源:包括海洋动、植物及微生物。

(3)用途分类

①治疗用药物。

②预防用药物:疫苗、菌苗、类毒素等。

③诊断用药物:免疫诊断、酶诊断、放射性诊断、基因诊断试剂。

④其他:生化试剂、医用材料等。

2. 生物药物的特性

(1)药理学特性

①治疗的针对性强:例如细胞色素 c 可用于治疗组织缺氧所引起的一系列疾病。

②药理活性高:注射用的纯 ATP 可以直接供给机体能量。

③毒副作用相对小、营养价值高:蛋白质、核酸、糖类、脂类等生物药物本身就直接取自生物体内。

④生理副作用时有发生:生物体之间的种属差异或同种生物体的个体差异都很大,所以用药时会发生免疫反应或过敏反应。

(2)生产、制备中的特殊性

①原料中的有效物质含量低:激素、酶在体内含量极低。

②稳定性差:生物药物的分子结构中具有特定的活性部位,该部位有严格的空间结构,一旦结构破坏,生物活性也就随之消失,如很多理化因素能使酶失活。

③易腐败:生物药物营养价值高,易染菌、腐败,生产过程中应低温、无菌。

④注射用药有特殊要求:生物药物易被肠道中的酶分解所以多采用注射给药,注射药比口服药要求更严格,有更高要求的均一性、安全性、稳定性、有效性,其理化性质、检验方法、剂型、剂量、处方、储存方式等都有严格要求。

(3)检验上的特殊性　由于生物药物具有生理功能,因此生物药物不仅要有理化检验指标,更要有生物活性检验指标。

二、生物制药的发展历程、现状和未来前景

(一)生物制药的发展历程

通过长期的生产实践,人们不断认识、研究和改造生物药物,使生物制药的研究工作得到深入的发展。

1928 年,英国细菌学家弗莱明首先发现了青霉素,后英国病理学家弗劳雷、德

国生物化学家钱恩对青霉素进一步研究改进，并成功用于医治人类的疾病，三人共获诺贝尔生理学和医学奖。青霉素的发现，使人类找到了一种具有强大杀菌作用的药物，结束了传染病几乎无法治疗的时代，从此出现了寻找抗生素新药的高潮。

1943 年，对土壤微生物产生的抗生素物质进行了系统和开创性的工作，发现并鉴定了链霉素是结核分枝杆菌的克星。

1953 年沃森和克里克发现了 DNA 双螺旋结构，这一发现是分子生物学时代的开端，为分子生物学的发展奠定了理论基础，从而为整个生物学的发展，生物技术的开发运用，乃至整个人类社会带来了一场革命。1962 年，沃森、克里克和威尔金斯获得了诺贝尔生理学或医学奖。1953 年，黑真和布朗研制出第一种真菌抗生素——制霉菌素。制霉菌素普遍用为临床的抗真菌药，它对白念珠菌、隐球菌和阿米巴原虫都有抑制作用，临床上用于治疗口腔、阴道和体表的真菌感染。

1954 年 2 月 23 日，美国宾夕法尼亚州匹兹堡市的一群儿童通过第一次接种萨尔克博士开发的脊髓灰质炎疫苗而创造了历史。

1965 年，中国逐步推广疫苗，从此脊髓灰质炎发病率明显下降。1993 年，全国开始对脊髓灰质炎展开最后的歼灭战。2000 年，中华人民共和国原卫生部宣布，中国已消灭本土的脊髓灰质炎。

知识拓展

脊髓灰质炎疫苗

1955 年，江苏南通发生脊髓灰质炎疫情，有近 2000 个孩子发病。当时美国和苏联都在研制相关的疫苗，但都不给中国提供。因此，我国急需自主研制一种预防脊髓灰质炎的疫苗，刚从苏联留学回国的顾方舟就成了不二人选。顾方舟及其团队，从实验室建设到以身试药，一举解决了当时液体疫苗的冷藏保存和浪费问题，使疫苗迅速推广到中国的每一个角落。

1973 年，博耶和科恩建立了 DNA 重组技术，为利用生物工程手段而进行的研究和应用开辟了广阔的前景。1978 年，美国基因泰克公司在大肠杆菌中表达胰岛素获得成功。1982 年，世界上第一个基因工程药物——美国 Lilly 公司的重组人胰岛素获得批准上市。

1990 年，美国批准第一个体细胞基因治疗方案，用腺苷脱氨酶基因（ADA）治疗严重综合体免疫缺陷症。1997 年，英国培养出一只克隆羊多莉，是克隆技术领域研究的巨大突破，这一巨大进展意味着：在理论上证明了，同植物细胞一样，分化了的动物细胞核也具有全能性。

2003 年，人类基因组测序完成，对基因诊断、基因治疗和基于基因组知识的治疗、基于基因组信息的疾病预防、疾病易感基因的识别、风险人群生活方式、环境因子的干预、筛选药物的靶点、与组合化学和天然化合物分离技术结合，以建立高通量的受体、酶结合试验为基础的药物设计，对基因蛋白产物的高级结构分析、预测、模拟药物作用，对基因工程药物、诊断和试剂研究产业，胚胎和成年期干细胞克隆技术、器官再造等都有巨大贡献。人类基因组计划对生命科学的研究和生物产业的发展也具有非常重要的意义，它为人类社会带来的巨大影响是不可估量的。

2004 年，世界第一个基因治疗药物在中国诞生——重组人 p53 腺病毒注射液（商品名“今又生”），获得国家药品监督管理局颁发的新药证书。

第一个基因重组疫苗、第一个治疗性抗体药物、第一个中国仓鼠卵巢细胞（CHO）表达的基因工程药物（该细胞具有不死性，可以传代百代以上，是生物工程上广泛使用的细胞）、第一个基因工程抗体药物、第一个组织工程产品、第一个反义寡核苷酸药物、第一个人源抗体药物和第一个基因治疗药物等，这些药物的研制成功，在生物制药的历史上都具有里程碑式的意义，这些药物的开发与研究使生物制药产业蓬勃发展起来，为生物制药的发展做出了重大的贡献。

（二）生物制药的现状

1. 我国生物制药发展现状

20 世纪 80 年代中期以来，我国生物制药蓬勃发展，成绩喜人。“八六三计划”“攻关计划”和国家自然科学基金都将生物技术尤其是药物研发作为优先发展的领域予以重点支持，正是在此背景下，我国基因工程制药产业起步于 20 世纪 80 年代末，虽然起步较晚，但发展速度很快。目前，我国基因工程制药产业已进入快速发展时期。

1989 年，重组人干扰素 αlb 的生产，标志着我国生产的基因工程药物实现了零的突破。重组人干扰素 αlb 是世界上第一个采用中国人基因克隆和表达的基因工程药物，也是目前为止唯一的一个我国自主研制成功的拥有自主知识产权的基因工程一类新药。从此以后，我国基因工程制药产业从无到有，不断发展壮大。

我国已建成一批投资规模较大的生物制药基地，如国家人类基因组北方研究中心，自该中心成立以来，除核心实验室正积极开展“人类基因组测序计划”“微生物基因组研究”等合作研究项目外，还就“人胎肝细胞因子的研究与开发”“中国人H 型糖尿病易感基因的定位和克隆”“心血管疾病相关基因克隆”“基因药物筛选和开发研究”、中枢神经系统发育相关的“CDNA 大规模测序”“精神神经疾病易感基因研究”“遗传性乳光牙本质基因定位克隆”等项目与国内科研院、研究所和大学进行合作研究。目前，已在肝脏和人脑等组织中发现新基因 348 个，测定表达序列标签技术（EST）13000 条以上，已有 10 个新基因申报了专利。

我国从“八五”到“十三五”连续六个战略规划中都将生物制药产业列为重点。“十一五”和“十二五”规划中均列明“重大创新创制”专项，分别投入 66 亿元、100

亿元用于新药研发,而生物制药方向是这一专项扶持的重点之一。“十三五”规划中提出的“推进健康中国建设”的八大措施中,生物医药更是重中之重。根据规划,“十三五”期间我国生物医药产业将重点发展重大疾病化学药物、生物技术药物、新疫苗、新型细胞治疗制剂等多个创新药物品类,具有广阔的发展空间。2016年国家出台了《2016—2020年生物医药产业振兴规划》,要求加快推动生物产业作为国民经济的支柱产业,加快生物产业与其他产业融合,加快靶向药物、免疫疗法等技术发展,将“加快生物产业创新发展步伐,培育生物经济新动力”作为单独一个模块,提出要构建生物医药新体系、提升生物医学工程发展水平、加速生物农业产业化发展、推动生物制造规模化应用、培育生物服务新业态以及创新生物能源的发展模式。

《2020—2026年中国医药O2O行业市场现状调研及市场发展前景报告》数据显示:近十余年来,随着我国经济的快速发展,我国居民生活水平不断提高,随着深化国内医疗体制改革、人口老龄化现象逐步明显等因素的影响,以上因素利好国内医药市场的高速发展。2014年,中国医药市场规模突破1.1万亿元,2019年已达到1.64万亿元左右。中国医药市场将会继续保持与往年相当的增长速度,并预计于2023年达到2.13万亿元左右(图1-1)。

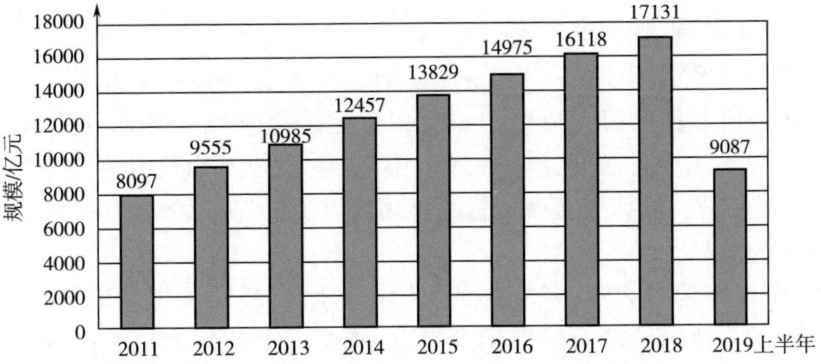

图1-1　2011—2019年上半年中国药品终端销售市场规模

相对于整个医药行业和其他占主流的子行业来说,我国生物制药是一个占有较低市场份额的小行业,但是它的发展潜力却是非常巨大的,其发展速度和利润增长速度都高于化学制药和中药。近年来由于国家加大对生物技术创新和生物产业发展的支持力度,使中国生物制药产业保持快速发展的势头。虽然因为新冠肺炎疫情,生物制药企业也受到一定影响,但由于疫苗、血制品需求拉动,我国生物制药行业市场规模在短暂调整后将会迎来更快的扩张。

总体来看,目前我国已经形成涵盖前期开发,临床前/临床测试,规模生产,批、零售等各环节较完整的生物制药产业链,实现药物研发、生产、销售一体化。我国的生物制药产业发展有如下趋势。

伴随着科学进步和技术创新,一些高新技术在药品研发过程中将得到越来越多的应用,如高通量快速筛选技术和现代生物技术等。人类基因组计划和生物信息学的发展为生物制药工业创造新药奠定了基础,一批生物制药公司已经迅速成长起来,未来必将成为制药工业的一支重要力量。近几年国内生物制药研发异常火爆,2018 年诸多国产重磅生物药已逐步开启上市之路,国内生物制药进入黄金时代。

知识拓展

高通量筛选技术

高通量筛选技术是指以分子水平和细胞水平的实验方法为基础,以微板形式作为实验工具载体,以自动化操作系统执行实验过程,以灵敏快速的检测仪器采集实验结果数据,以计算机对实验数据进行分析处理,同一时间对数以千万计的样品检测,并以相应的数据库支持整个体系运转的技术体系。

2. 国外生物制药发展现状

生物制药已经成为朝阳产业中的“朝阳”,突出表现在以下几点:第一,国际上生物技术领域已取得的研究成果中 60%以上是医药领域。第二,各国对生物技术的投资 80%以上集中在医学生物领域。第三,生物技术研究开发的 60%~80%的力量主要集中在医学领域。第四,总销售额超过 10 亿美元的生物技术产品主要集中在医药生物制品。

目前,全世界约有 3000 多个从事生物技术研究开发和生产的公司,现代生物技术产业已成为全球经济新的增长点。以 DNA 重组技术为核心的现代生物技术首先在医药领域实现了产业化,生物技术的发展为新药的研制开发开辟了十分广阔的天地。随着经济发展和社会进步,公众对健康的要求越来越高,医药市场必将继续增长,而新药研究开发的竞争也将日趋激烈。由于传统的新药研究方法的难度越来越大,研制开发成本不断上升,成功率越来越低。因此,各国政府以及企业十分重视医药生物技术研究开发及其产业的发展。美、欧、日、加等发达国家纷纷加大投入,制定优惠政策,以期在激烈的竞争中保持优势、争取主动。

美国是现代生物技术的发源地,其生物技术研究开发以及产业化居世界领先地位。继第一个基因工程药物上市以来,由于生物技术在解决人类疑难疾病方面具有独特的作用,因而成为发达国家竞相角逐的新的经济制高点,其后,又有 53 种基因工程药物和疫苗在美国上市。目前有用于 200 多种疾病的 369 种生物技术产品在进行临床试验,包括 175 个用于癌症及相关疾病的药品或疫苗。其中 20 个生物技术产品已在美国提出上市申请，107 个正在进行或已完成Ⅳ期临床试验。美国在生物技术产业化过程中，风险资本市场发挥了十分关键的作用。由于生物技术药物研制具有高投入、高风险等特点，很难从一般融资渠道获得资金，因此，生物技术药物研究开发和产业化资金主要是依靠风险投资解决。同样，欧洲规模较大的风险资本市场是最近几年生物技术产业迅速发展的重要因素。

根据各家制药公司 2020 年财报披露的产品销售数据，2020 年全球销售额超过 10 亿美元的“重磅炸弹”药物共有 150 个，其中 TOP100 药品上榜门槛是 15.4 亿美元，合计销售收入 3545 亿美元。

从药物类型上看，如图 1-2 所示，TOP100 药品中，小分子药物共 52 个，销售收入占比 46%。单抗类药物、双抗类药物、抗体偶联药物（ADC）、重组蛋白类大分子药物共 42 个，销售收入占比 48.66%。

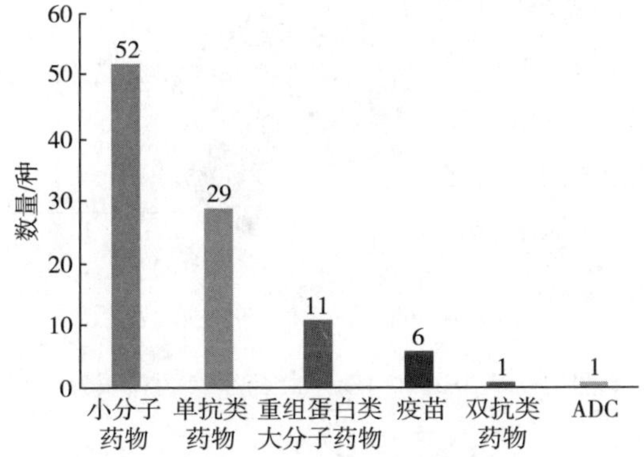

（1）类型数量（单位：种）

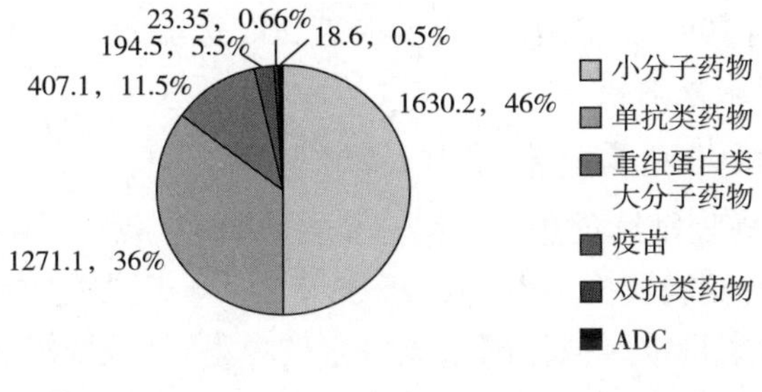

（2）销售收入（单位：亿美元）及占比

图 1-2　2020 年 TOP100 药品类型分布

从疾病领域来看，如图 1-3 所示，TOP100 药品中，肿瘤类疾病、感染类疾病、免疫类疾病、内分泌类疾病、心血管类疾病是市场规模最大的五个领域，均超过了 200 亿美元。

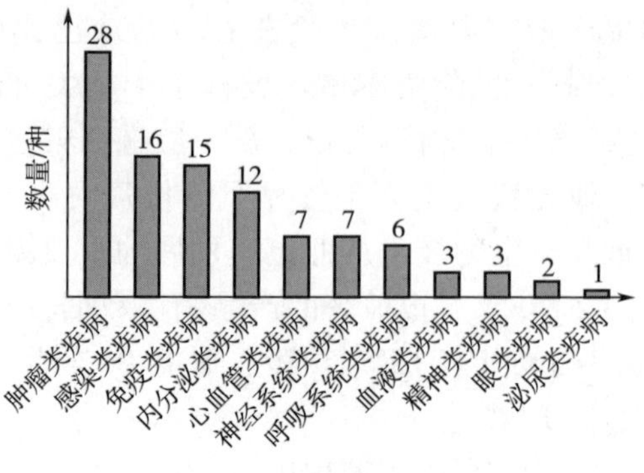

（1）类型数量

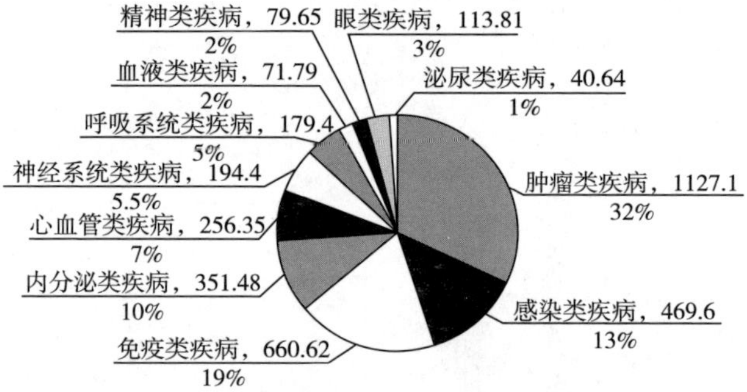

（2）销售收入（单位：亿美元）及占比

图 1-3　2020 年 TOP100 药品疾病领域分布

由相关数据可知，TOP1 宝座仍属于“药王”Humira（中文名称：修美乐，一种全人源抗 TNFα 单克隆抗体），尽管受到生物类似药冲击，Humira 在 2020 年仍以 3.5%的增长率达到 198.32 亿美元，再度逼近 200 亿美元。

（三）生物制药未来前景

1. 我国生物制药发展前景

（1）“十四五”规划继续推进，基因技术成为研发热点　生物医药产业是近年来中国成长性最好、发展最为活跃的经济领域之一。根据《“十四五”规划和 2035 远景目标纲要》，国家将重点强化国家战略科技力量，科技前沿领域攻关，基因与生物技术纳入前沿领域范畴，未来中国生物医药产业呈现以下趋势。

①海洋药物：目前我国现代化的海洋制药生产企业遍布沿海各省市。在山东，青岛国风药业股份有限公司、华仁药业股份有限公司、青岛博新生物技术有限公司等生物医药企业与高校、科研机构组成的海洋药物和保健品研发产业体系已经成形。未来 10 余年中国将形成一批海洋药物与保健品研发热点，并在抗艾滋病、抗肿瘤、卫生保健方面发挥重要作用。

②抗体基因：随着免疫学和分子生物学技术的发展以及抗体基因结构的阐明，

DNA 重组技术成为市场主流技术开始用于抗体的改造，抗体药物目前已经进入基因工程抗体时代。抗体药物是近年来复合增长率最快的一类生物技术药物。

(2)“十四五”规划着重布局实验室、产业园，发挥集聚效应　根据《“十四五”规划和 2035 远景目标纲要》，我国将重点强化战略科技力量，聚焦生物医药等重大创新领域，组建一批国家实验室，重组国家重点实验室，形成结构合理、运行高效的实验室体系。优化提升国家工程研究中心、国家技术创新中心等创新基地，加大科技前沿领域公关，其中就包括基因与生物技术。

(3)新冠疫情为生物医药行业提速　从疫苗领域来看，由于中国生物技术股份有限公司下属武汉研究所、科兴控股生物技术有限公司等研发的疫苗产品成功投入市场，疫苗细分领域迎来新一轮增长点。从血液制品领域来看，血液制品是我国生物医药行业的细分产品，直接影响着生物医药行业市场前景。2020 年，受疫情推动，血液制品领域重回上升期。疫情促进血液制品企业 2020 年提速增长，部分产品存在提价的可能性。国内外新冠疫情爆发，对血液制品行业的影响主要体现在两方面：一是下游需求明显增加，主要体现在静脉滴注丙种球蛋白和人血白蛋白；二是国外疫情爆发，预计造成进口白蛋白的量下降，加大临床紧缺程度，可能引发相关产品提价。我国市场上约 60%的人血白蛋白来自进口，主要的进口企业包括澳大利亚制药商 CSL 公司、美国的 Baxalta 公司、西班牙的 Grifols 公司、瑞士的 Octapharma 公司，而这些国家采浆及生产面临巨大不确定性。综合上述分析，新冠疫情加大了对疫苗、血液制品及相关试剂的需求，“十四五”规划对生物医药这一新兴产业大力扶持，2021—2026 年我国生物医药行业市场规模将保持 10%～15%的增速，预计到 2026 年我国生物医药行业市场规模将超过 5000 亿元。

伴随着科学进步和技术创新，人类基因组计划和生物信息学的发展为制药工业创造新药奠定了基础。2014 年中国生物药市场规模约 1167 亿元，到 2019 年这个数字达到 3172 亿元，五年期间复合年增长率为 22. 14%。预测 2025 年会达到 8 千多亿。从上述数据可以看出，我国生物医药行业的市场潜力诱人，市场扩容速度较快，发展前景十分广阔(图 1-4)。

鉴于我国生物医药目前发展的现状和国情，我国必须紧跟国外生物医药开发研制的最新动向，紧密围绕生物技术新兴产业的建立和传统产业的改造来发展我国的生物技术药品，特别是要加强那些我国具有科技优势和资源优势项目的研究，增强技术革新和产品创新的能力，逐步形成我国在生物医药领域的优势技术和优势产品，如下所示。

①抗生素工艺改造技术：在目前各类药物中，抗生素用量最大，研究采用基因工程与细胞工程技术和传统生产技术相结合的方法，选育优良菌种，研究并尽快使用大规模的生产技术，加快应用现代生产技术生产高效低毒的广谱抗生素。

②疫苗与酶诊断试剂的开发：这方面我国已有一定的基础，开发的重点是乙肝基因疫苗、新冠疫苗与单克隆抗体诊断试剂。

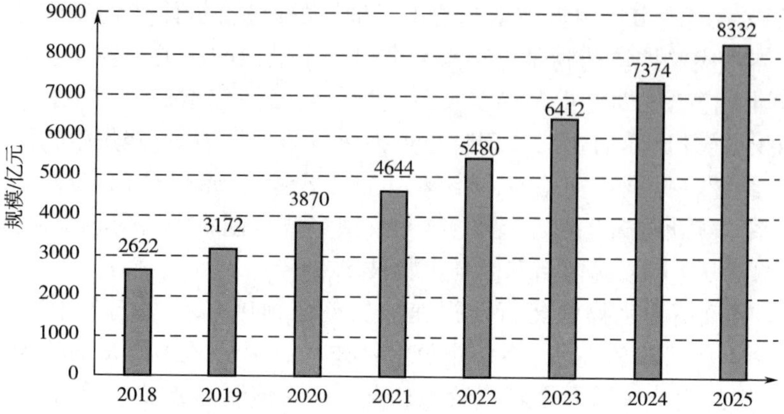

图 1-4　2018—2025 年中国生物药市场规模情况预测

③活性蛋白与多肽类药物的开发:这方面的开发重点是干扰素、激素与组织纤溶酶原激活物(T-PA)等。

④靶向药物的开发,以开发肿瘤药物为重点:目前治疗肿瘤药物存在一个所谓"敌我不分"的问题,药物在杀死癌细胞的同时,也杀死了正常细胞。导向治疗就是针对这个问题提出来的,所谓导向治疗就是利用抗体寻找靶标,如同导弹的导航器,把药物准确引入病灶,而不伤及其他组织和细胞。海南海药股份有限公司开发研制的抗肿瘤药物紫杉醇注射液就属于该类药物,已于 1998 年 7 月正式投放市场。

⑤氨基酸工业发展和甾体激素的开发:应用微生物转化法与酶固定化技术发展氨基酸工业和开发甾体激素,并对现在传统生产工艺进行改造。

⑥人源化的单克隆抗体的研究开发:抗体可以对抗各种病原体,也可作为导向器,但目前的单克隆抗体,多为鼠源抗体,注入人体后会产生抗体(抗抗体)或激发免疫反应。目前国外已研究噬菌体抗体技术、嵌合抗体技术、基因工程抗体技术以解决人源化抗体问题。

⑦血液替代品的研究与开发:血液制品是采用大批混合的人体血浆制成的,由于人血难免被各种病原体所污染,如 HIV 及乙型肝炎病毒等,通过输血而使患者感染 HIV 或乙型肝炎病毒的案例时有发生,因此利用基因工程开发血液替代品是一条有效路径。上海海济医药生物工程有限公司开发研制成功的基因工程血清白蛋白,给患者带来福音。

⑧人体基因组的研究:人体疾病的发生有两方面的原因:一是外界病原体的侵入,二是生理功能的失调。能否抵抗病原体,人体是否具有稳定良好的生理状态都与基因调节有关。对人体基因的研究,必将发现新的致病或抗病基因,基因是可以人工合成的,某些基因产物就可以开发为一种药物。人体约有 10 万个基因,由 30 亿个核苷酸组成,人类基因组测序计划的完成。对人体基因组的研究将引起许多

新药的开发,可以预计,21世纪从人体基因组中寻找开发各种新药物将是一个非常激动人心的壮举。

2. 国外生物制药发展前景

在欧美市场上,针对现有的重组药物进行分子改造的某些第二代基因药物已经上市,如重组新钠素、胞内多肽等;另外,重组细胞因子融合蛋白、人源单克隆抗体、细胞因子、反义核酸以及基因治疗,制备抗原的新手段、新技术,转基因动物模型的应用等也都有了实质性进展。国外生物医药的发展前景主要表现在以下几个方面。

(1)克隆技术　1996年克隆羊多莉的出现使人类的克隆技术出现划时代的革命。采用该技术开发以干细胞为基础的组织再生药物将具有庞大的市场,可治疗软骨损伤、骨折愈合不良、心脏病、癌症和衰老引起的退化症等疾病。

(2)血管发生　用于治疗癌症的血管发生抑制因子引起媒体的高度关注。1998年两种处于临床前开发阶段的抗血管生长因子——血管紧张抑制素和内皮抑制素的功效,引起了很大反响。此类血管发生疗法与癌症疗法的作用正好相反,它通过刺激动脉内壁的内皮细胞生长,形成新的血管,以治疗冠状动脉疾病和局部缺血。第三种抗血管生长蛋白称为血管抑制素,1998年5月发布时只有体外试验数据。

(3)艾滋病疫苗　艾滋病疫苗的研究重新引起人们的注意。1998年6月美国VaxGen公司宣布在美国和泰国进行一种新的艾滋病疫苗Aidsvaxgpl20的Ⅲ期临床,这是一种新的双价疫苗,该公司认为它将比以前的单价疫苗更有效。1999年6月美国国立卫生研究院新成立了一个疫苗研究中心,将研制艾滋病疫苗作为中心任务之一。

(4)药物基因组学　药物基因组学利用基因组学和生物信息学研究获得的有关患者和疾病的详细数据,针对某种疾病的特定人群设计开发最有效的药物,以及鉴别该特定人群的诊断方法,使疾病的治疗更有效、更安全。采取这种策略,医药公司可以针对一种疾病的不同亚型,生产同一种药物的一系列变构体,医生可以根据不同的患者选用该种药物的相应变构体。这一技术可根据患者量身定制新药,使功效和适应证十分明确,可以减少临床试验患者的数量和临床费用,缩短临床审批周期;药物上市后,由于具有明确、特异的功效和较小的不良反应,更容易说服医生使用这类价格较贵的新药。当然药物基因组技术的应用也有不利的一面,大多数药物因针对性加强,使得适应证减少,市场规模也随之缩小;此外,由于与遗传学检查联用而导致的隐私权问题也有待解决。

(5)基因治疗　基因治疗是将外源基因通过载体导入人体并在体内(器官、组织、细胞等)表达,从而达到治病的目的。自1990年临床首次将腺苷酸脱氨酶(ADA)基因导入患者白细胞,治疗遗传病——重度联合免疫缺陷症以来,到1998年接受基因治疗的病人已达400多例,目前国外临床研究主要集中在遗传病[如重度联合免疫缺陷症（SCID）、ADA 缺陷症等］、心血管疾病、肿瘤、艾滋病、血友病和囊性纤维化（CF）等，但临床效果表明，目前基因治疗只对 ADA 缺陷症疗效显著，作为对糖尿病、血友病和囊性纤维化（CF）的补充治疗有一定疗效。基因治疗掀起了一场临床医学革命，为目前尚无理想治疗的大部分遗传病、重要病毒性传染病（如肝炎、艾滋病等）、恶性肿瘤等开辟了广阔的前景，随着“后基因组”的到来，基因治疗成为临床医学上常规治疗手段之一。

生物医药的发展不仅依赖于生物科学和生物技术的自身发展，而且依赖于很多相关领域的技术走向，例如微机电系统、材料科学、图像处理、传感器和信息技术等。基因组图谱、克隆技术、遗传修改技术、生物医学工程、疾病疗法和药物开发方面的加速发展，使得生物制药将对当代重大疾病治疗创造更多的有效药物，发展成为前沿性的医学新领域。

三、新型生物药物研制的理论

（一）新型生物药物的概念

新型生物制药是生物制药、化学制药、药学（中药学）结合工程学、材料学、信息学等手段开展研究及制造产品，或改造动物、植物、微生物等，以进行药品制造和新工艺、新设备、新品种的开发、放大和设计等综合性技术，主要有反义核酸和核酶技术、RNA 干扰药物、核酸药物的修饰和给药、DNA 疫苗技术。新医药产业以新技术、新工艺、新剂型、新装备等的开发应用为特征，是蕴含巨大经济社会效益、具有广阔发展前景的新兴产业，主要包括生物技术药、中药、小分子药物和医疗器械、生物试剂、医用材料等。世界生物技术和新医药产业正处在跨越发展的战略机遇期，“生物经济”已现端倪，将成为未来世界经济发展的又一战略驱动力。加快推进生物技术和新医药产业发展，是我国高新技术产业结构优化和质态提升的紧迫任务，是加快向创新型经济转型升级的战略举措。

新型生物制药具有突破性、颠覆性、引领性等显著特点，并集中体现了全球科技创新发展态势的三个典型特征。

第一是学科交叉汇聚日益紧密，拓展了科学发现与技术突破的空间。生命科学与化学、信息学、材料学、工程学等学科交叉融合，正在加速孕育和催生一批如合成生物技术、类脑人工智能技术等具有重大产业变革前景的颠覆性技术。

第二是传统意义上的基础研究、应用研究、技术开发与产业化的边界日趋模糊。科技创新链条更加灵巧，创新周期大大缩短，如新发传染病从病原体分离鉴定到诊断试剂研制，过去往往需要不同领域专家耗费数年才能完成。随着基因测序、抗体制备等共性技术的广泛应用，现在仅需数月就能完成上述工作，为传染病防控提供了有力支撑。

第三是技术创新、商业模式和金融资本深度融合，各类创新要素日趋活跃，研发组织模式呈现网络化和全球化特征，研发理念不断更新，加速推动产业变革的步伐，从而为发明新药提供更加广阔的前景。

（二）发展生物医药产业的依据

1. 生物技术和新医药产业发展规划纲要

根据《中华人民共和国国民经济和社会发展第十三个五年规划纲要》《国家创新驱动发展战略纲要》《“十三五”国家科技创新规划》《中国制造 2025》等战略部署的要求，为加快推进生物技术与生物技术产业发展，围绕民生健康和新兴产业培育的战略需求，突出创新药物、医疗器械等重大产品研制和精准化、个体化、可替代或可再生为代表的未来医学发展，重点突破新型疫苗、抗体制备、免疫治疗等关键技术，抢占生物医药产业战略制高点，力争实现我国生物医药整体由“跟跑”到“并跑”，部分领域“领跑”的转变。

生物医药方面，应加强免疫检查点抑制剂、基因治疗、免疫细胞治疗等生物治疗相关的原创性研究，突破免疫细胞获取与存储、免疫细胞基因工程修饰技术、生物治疗靶标筛选、新型基因治疗载体研发等产品研发及临床转化的关键技术，提升我国生物治疗的产业发展和国际竞争力。重点发展基因测序技术等新一代生命组学临床应用技术、生物大数据云计算技术和生物医学分析技术；建立生物医学大数据共享平台；形成重大疾病的精准防、诊治方案和临床决策系统，提升重大疾病的防、诊治水平。在新型疫苗、抗体等重大生物制品研制方面，重点突破疫苗分子设计、多联多价设计、工程细胞构建、抗体工程优化、新释药系统、规模化分离制备、效果评价等关键技术和瓶颈技术，加快新型疫苗、抗体、血液制品等重大生物制品的研发。

药物设计及新药研发：基于现代生命科学发现的潜在药物作用靶标，结合新一代计算机与人工智能技术以及结构生物学研究成果，开展药物分子计算机辅助设计技术研究，开发基于新结构、新靶点的创新药物，加强中药的经典名方、优势中药复方与活性成分的研究和开发。

2. 可持续发展理论

进入 21 世纪以来，生物医药发展非常迅速，基本上被认为是 21 世纪增长最为迅速的领域之一，这也是全球化产业竞争的要求；在以前，产业发展要求更多着眼于成本、价格、功能，而目前产业发展模式和发展理念正在发生变化，需承担更多的社会责任、绿色环保和品质，也就是把功能、价格、品质、绿色环保等进行综合判断，生物医药产业可替代传统医药产业，增加可持续发展能力。

3. 中国创新药发展的政策支持

国家政策在我国创新药物研发中起着决定性的作用。中国对国产创新药的发展十分重视，实施了一系列政策法规促进创新药的发展，尤其是 2015 年以来，政策密集出台，推动国产创新药不断发展并与国际接轨。

2015年11月,原国家食品药品监督管理总局(CFDA)的230号文《关于药品注册审评审批若干政策的公告》仿照FDA审批制度,提出对新试验申请实行一次性批准,优化了审批流程,有利于加快企业研发进度和新药上市。

2016年2月,原CFDA出台《关于解决药品注册申请积压实行优先审评审批的意见》,标志着药品研发由“抢首仿时代”迈入“优先审评时代”,鼓励新药研发。

接着,为鼓励新药创制、提高药品质量、促进产业升级,原CFDA于2016年3月发布了《化学药品注册分类改革工作方案》,对新药的定义从“中国新”提升至“全球新”,表明中国做真正创新药的决心。

2016年,国务院办公厅发布关于印发《药品上市许可持有人制度试点方案》的通知,明确了权责归属,推动我国药品研发创新。

2018年国家医疗保障局成立以后,医保目录调整常态化,创新药国家谈判机制化,新药从获批到进入医保目录的进程得到了加速,有利于新药快速抢占市场,激励企业的研发创新。

2019年新修订的《药品管理法》在总则中明确规定国家鼓励研究和创制新药,增加和完善了十多个条款,为深入推进药品领域改革奠定了更为坚实的法律基础。

《“十四五”规划和2035年远景目标纲要》(以下简称“规划”)中明确提出科技创新驱动现代化产业体系建设,提高总体经济的发展质量,加大对科技创新的激励和支持,规划明确了科技创新在未来五年发展过程中的第一地位。新一代人工智能、量子信息、集成电路、脑科学、基因与生物技术、临床医学、“深空深地深海”和极地探测是其中的关键攻关领域。

随着国家战略政策扶持和市场对创新药的需求逐步增加,国内医药市场中,创新药的占比迅速增加。据中商产业研究院发布的数据,2021年我国创新药市场规模为10488亿人民币,约占国内医药市场规模的55.7%;而据艾美仕中国(IMS Heath)统计,2015年美国创新药市场规模已占其医药市场规模的67%,日本为68%,欧洲为60%,相比之下中国创新药市场规模占医药总体规模的比例仍偏低,未来依然有较大的发展空间。以政府的重视和行业的创新共识为支撑,中国医药的下一站将是国产创新药的时代!

(三)新药研究和开发的主要过程

知识拓展

创新药

创新药,是相对于仿制药而言,具有自主知识产权专利的药物。从定义来看,就国内而言,创新药是指在境内外均未上市的、含有新的明确结构、具有药理作用的化合物，且具有临床价值的药品。随着综合实力的增强，我国逐步从仿制药大国升级为了创新药强国，中国企业在全球医药研发金额的占比已经达到了20%，位居全球第二位，仅次于美国。市场预计2021年至2025年，国内创新药市场规模将由10488亿元增至15009亿元，年均复合增长率为9.4%，国内创新药行业发展形势大好。

1. 新药定义和注册分类

(1)新药的概念　对新药进行管理，许多国家都对其含义和范畴做出明确的法律规定。我国《中华人民共和国药品管理法实施条例》规定："新药，是指未曾在中国境内上市销售的药品。"国家药品监督管理局颁发的《药品注册管理办法》进一步明确规定："新药申请，是指未曾在中国境内上市销售药品的注册申请。"对已上市药品改变剂型、改变给药途径、增加新适应证的药品，也属于新药。

(2)新药的分类　新药管理的品种范畴差别很大，创新药与已上市药品改变剂型相比，差别很大。若都按照同一模式进行研究和审批，显然不合适。为保证新药质量，同时提高新药研制的投入和产出的效率，我国采用对新药进行分类审批管理的办法。分类审批管理，即先对新药进行分类，再对各类新药申请注册所提交的资料分门别类作出规定，其中中药、天然药物注册：10类；化学药品注册：6类，属新药范围5类；生物制品注册：15类，属新生物制品14类。

2. 新药研究的主要内容与要求

新药研究涉及多学科，技术密集，主要包括临床前与临床研究两大环节。世界各国对新药研究管理的技术要求都相当严格。一般来说研究新药品种的选择应从以下四方面考虑。

(1)市场前景好，在疗效、安全性或使用方法及用药覆盖面等方面有独到之处，并具备开发前景。

(2)所用原料及化学试剂国内均自给，临床用药剂量小，提取、合成技术水平高。

(3)专利或行政保护即将到期，或是未在我国申请专利保护，不侵犯知识产权。

(4)适合企业产品结构，能够形成系列产品结构，为形成系列产品发挥合力。

3. 新药研发的主要过程

(1)药物的临床前研究

①文献研究：药品名称和命名依据，立项目的与依据。

②药学研究：原料药工艺研究，制剂处方及工艺研究，确证化学结构或组分的试验，药品质量研究，药品标准起草及说明，样品检验，辅料的来源及质量标准，稳定性试验，包装材料和容器质量标准等。

③药理研究：一般药理试验，主要药效学试验，动物药代动力学试验等。

④毒理研究:急性毒性试验,长期毒性试验,过敏性、溶血性和局部刺激性试验,致突变试验,生殖毒性试验,致癌毒性试验,依赖性试验等。

⑤实验结果评价:安全性与有效性。

(2)临床前安全性评价研究要求　临床前安全性评价研究必须执行《药物非临床研究质量管理规范》(GLP),从事药物科学研究与试验发展机构须有与其研究相适应的条件,应保证所有试验数据和资料的真实性。

(3)制备工艺的技术要求　新药制备工艺的研究内容包括剂型选择、提取工艺、工艺流程图等。

(4)药理毒理研究的技术要求　主要药效学试验,急性毒性试验,长期毒性试验,依赖性试验,过敏性(局部、全身和光敏毒性),溶血性和局部(血管、皮肤、黏膜、肌肉等)刺激性等或主要与局部、全身给药相关的特殊安全性试验,致突变试验,生殖毒性试验,致癌试验。

(5)动物药代动力学试验的技术要求　《药品注册管理办法》中涉及药代动力学的要求。中药、天然药物的新药:已获境外上市许可的药品,应当进行人体药代动力学研究和至少100对随机临床试验。化学品:用拆分或合成等方法制得的已知药物中的光学异构体及其制剂,应当报送消旋体与单一异构体比较的药效学、药代动力学和毒理学(一般为急性毒性)研究资料或者相关文献资料。生物制品:通过评价药物在体内的吸收、分布、代谢过程,分析药物与作用部位的相关性;分析不同动物的效应差异;为临床药物动力学、临床试验提供依据。

(6)药品命名及原则　药品名称和命名依据是药品注册的内容之一。上市药品中名称混乱的问题比较严重,给医药工作者带来很大困难,表现在异物同名、同物异名。如心脉宁是降血脂的,心脉乐是降胆固醇的,心得宁是抗心律失常的,而心得安是治疗高血压的,一字之差,易造成处方、配方、使用时的误差甚至事故。新药必须按命名原则命名,药品名称应符合科学化、系统化和简单化的要求。药品命名原则如下所示。

①药品名称读音:应清晰易辨,全词不宜过长,应避免与目前已经使用的药品相似。

②同类药效药物:名称力求以适当方法显示这一关系;凡易令患者从解剖学、生理学、病理学和治疗学角度猜测药效的名称,不应采用。

(7)药物的临床研究

①基本要求:须经国家药品监督管理局(NMPA)批准后实施临床试验,须执行《药物临床试验质量管理规范》(GCP)。

②临床研究分类分期:申请新药注册应进行Ⅰ、Ⅱ、Ⅲ期临床试验,有些情况可进行Ⅳ期临床试验。

Ⅰ期临床试验:初步的临床药理学及人体安全性评价试验。观察人体对于新药的耐受程度和药代动力学,为制订给药方案提供依据。Ⅰ期试验组人数为20~

30 例。

Ⅱ期临床试验:治疗作用初步评价阶段。目的是初步评价药物对目标适应证患者的治疗作用和安全性,也包括为Ⅲ期临床试验研究设计和给药剂量方案的确定提供依据。研究设计可根据具体研究目的,采用多种形式,包括随机盲法对照临床试验。病例数要求 100 例。

Ⅲ期临床试验:治疗作用确证阶段。目的是进一步验证药物对目标适应证患者的治疗作用和安全性,评价利益与风险关系,最终为药物注册申请获得批准提供充分依据。试验一般为有足够样本量的随机盲法对照试验。病例数为 300 例。

Ⅳ期临床试验:新药上市后由申请人自主进行的应用研究阶段。目的是考察在广泛使用条件下药物的疗效和不良反应;评价在普通或者特殊人群中使用的利益与风险关系,改进给药剂量等。病例数为 2000 例。

③药物临床试验场所:申请人应从具有药物临床试验资格的机构中选择进行临床试验。

④临床研究用药的制备和使用:临床试验药物应当在符合 GMP 条件的车间,严格按照 GMP 要求制备、提供。申请人对临床研究用药的质量负有全部责任。临床研究药物使用由临床研究者负责,必须保证按研究方案使用于受试者;不得把药物交给任何非临床研究者,临床研究用药物不得销售。

⑤按时向药品监督管理部门报送资料:临床研究方案及相关资料,应按规定在临床研究实施前报送 NMPA 和省级药品监督管理局。申请人完成每期临床试验后,应提交临床研究和统计分析报告。临床研究时间超过 1 年的,申请人每年都应提交研究进展报告。

⑥药物临床研究被批准后应在两年内实施,逾期作废,应重新申请。

⑦保障受试者安全:临床研究机构和临床研究者有义务采取必要措施,保障受试者安全。密切注意药物不良反应,按规定进行报告和处理。出现大范围、非预期的药物不良反应,或确证临床试验药物有严重质量问题,NMPA 或省级药品监督管理部门可责令暂停或终止临床研究。

(四)新药的申报与审批

1. 新药的申报与审批流程

新药的申报与审批流程如图 1-5 所示。

新药批准文号有效期 5 年,有效期届满,需继续生产的,申请人应在有效期届满前 6 个月申请再注册,再注册申报审批由国家药品监督管理局(NMPA)委托省级药品监督管理部门负责。

2. 新药的再注册

药品生产企业应经常考虑监测期新药生产工艺、质量、稳定性、疗效及不良反应等情况,每年向所在地省、自治区、直辖市药品监督管理部门报告。有关药品生产、经营、使用或者检验、监督的单位发现新药有严重质量问题、严重的或非预期的

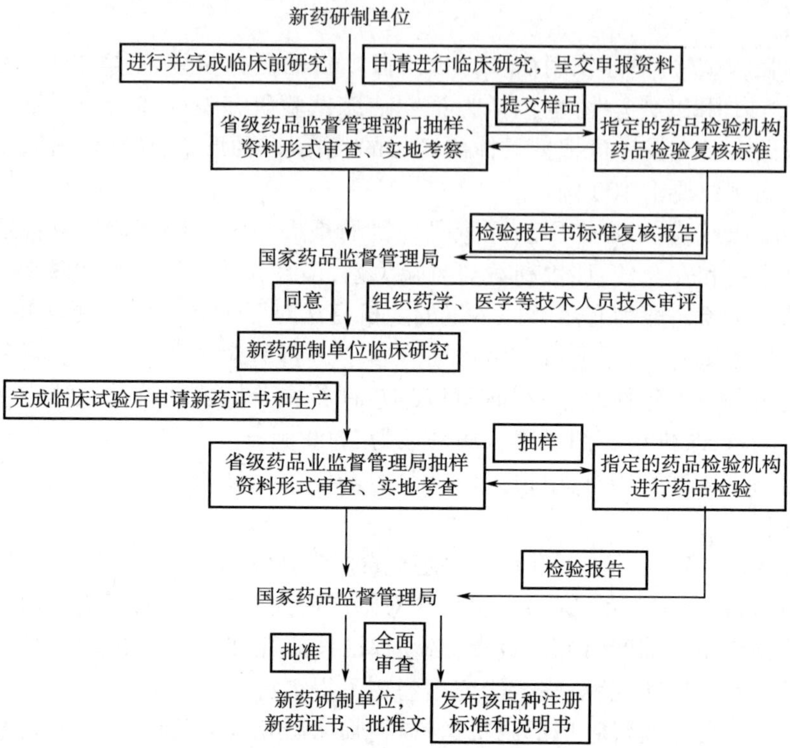

图 1-5　新药申报与审批流程图

不良反应，须及时向省、自治区、直辖市药品监督管理部门报告，省、自治区、直辖市药品监督管理部门对于新药有严重质量问题、严重的或者非预期的不良反应，应立即组织调查，并报告 NMPA。

项目检测

一、名词解释

1. 生物药物　2. 新型生物制药　3. 新药

二、简答题

1. 简述生物制药的特点。
2. 通过查找资料，结合教材阐述我国生物制药的发展前景。

项目二　天然生物材料提取制药

项目二　天然生物材料提取制药

项目目标

●知识目标

1. 了解天然生物材料提取制药的基础知识。
2. 熟悉天然生物材料提取制药的基本技术和方法。
3. 掌握具有生物活性的“生化物质”的提取方法的选择。

●技能目标

1. 学会生物材料选取和保存的操作技术、方法和基本操作技能。
2. 掌握生物材料预处理技术及有效成分的纯化手段的选择和操作技术。
3. 熟练掌握常见的天然生物材料的提取制药技术，并能设计药物提取工艺方案。

●职业素质目标

1. 具有良好的团结合作精神，善于团结合作。
2. 树立“安全第一、质量首位、成本最低、效益最高”的意识。
3. 有理论联系实际、实事求是的科学态度。
4. 热爱生活、热爱集体、热爱工作，能较好地与他人沟通。

生化药物(biochemical drug, BD)是指从生物体分离纯化所得，用于预防、治疗和诊断疾病的生化基本物质，以及用化学合成、微生物合成或现代生物技术制得的这类物质，主要是氨基酸、多肽、蛋白质、酶及辅酶、多糖、脂质、核酸及其降解产物，以及它们的衍生物，这类物质是维持正常生理活动、治疗疾病、保持健康必需的生化成分。天然动、植物药物中，提取类生化药物(extracted biochemical drug, EBD)是最早应用于临床、涵盖类别最多、品种最多、成分最复杂的一类药物。

提取类生化药物是一类源于生物体，具有生物活性，易于被人体吸收的药物，在临床上应用极为广泛，尤其对严重危害身体健康的疾病，如糖尿病、心脑血管疾病、肿瘤等方面具有独特的疗效。

EBD 中绝大多数属于多组分生化药物，组成复杂，但也有少量单一组分的药品。根据组成的多寡和物质基础是否明确，大致可分成 3 类：一是组成成分不完全明确的混合物，此类药物占比最多，如肝水解肽、垂体后叶、磷脂等；二是主要成分明确，但纯度不高的混合物，如绒毛促性腺激素、胰酶等；三是纯度较高、结构明确的单组分生化药物,仅为少数,如缩宫素、尿激酶等。

一、天然生物材料提取制药的基础

(一)提取类生物药物的分类

提取类生物药物是一类源于生物体且易被人体吸收的常见药物,在临床上一直应用广泛,具有独特的疗效。这类药物都是维持生命正常活动的必需生化成分,按化学本质和化学特性进行分类,主要包括氨基酸类、蛋白质类、糖类、脂类、核酸类、维生素及辅酶。

1. 氨基酸及其衍生物类药物

氨基酸及其衍生物类药物主要包括天然的氨基酸和氨基酸混合物以及氨基酸衍生物,如 *S*-氨甲酰基-半胱氨酸、复方氨基酸注射液等。

2. 多肽和蛋白质类药物

多肽和蛋白质是一类在化学本质上相同,性质相似,但生物学性质上有较大差异的生化物质,如分子大小不同的物质其免疫原性就不一样。蛋白类药物如血清白蛋白、丙种球蛋白、胰岛素;多肽类药物如催产素、降解素、胰高血糖素等。

3. 糖类药物

糖类药物以黏多糖为主。多糖类药物是由糖苷键将单糖连接而成,但由于糖苷键的位置不同,因而多糖种类繁多,药理活性各异,如硫酸软骨素、透明质酸钠、香菇多糖等。

4. 脂类药物

脂类药物具有相似的性质,能溶于有机溶剂而不易溶于水,其化学结构差异较大,功能各异,这类药物主要有脂肪和脂肪酸类、磷脂类、胆酸类、固醇类、卟啉类等。

5. 核酸及其降解物和衍生类药物

核酸及其降解物和衍生类药物包括核酸(DNA、RNA)、多聚核苷酸、单核苷酸、核苷、碱基以及人工化学修饰的核苷酸、核苷、碱基等的衍生物,如 5-氟尿嘧啶、6-巯基嘌呤等。

6. 维生素及辅酶类药物

维生素是机体维持正常生命活动必不可少的一类有机物质,分为脂溶性和水溶性两大类:脂溶性维生素在体内可直接参与代谢的调节作用,脂溶性维生素包括维生素 A、维生素 D、维生素 E、维生素 K 和硫辛酸等;水溶性维生素是通过转变成辅酶对代谢起调节作用,如烟酸、泛酸、叶酸、生物素、维生素 C 等。辅酶(或辅基)是小分子有机化合物与酶蛋白结合在一起并协同实施催化作用,是一类具有特殊化学结构和功能的化合物,如辅酶 A、辅酶 Q、硫胺素、烟酰胺等。

(二)提取类生物药物的特点

1. 生物原材料的复杂性

同一种生物物质的原料可来源于不同生物体,如人、陆地动物、微生物、植物、海洋生物等。同一种物质也可由同种生物体的不同组织、器官、细胞产生,如在猪胰脏和猪的颌下腺中都有血管舒缓素,并且从两者中获得的血管舒缓素并无生物学功能的差别。同一种生物体或组织可产生结构完全不同的物质及结构相似的物质,由此也造成对制备技术要求的多样性和复杂性。

2. 生物物质种类多、有效成分含量低

生物材料中生化成分组成复杂、种类多,有效成分含量低、杂质多,生化活性越高的成分,含量往往越低。

3. 生物材料种属特性

由于生物体间存在着种属特性关系,许多内源性生物活性物质的应用受到了限制,如人脑垂体分泌的生长素治疗侏儒症有特效,但猪脑垂体分泌的生长素对人体是无效的。

4. 药物活性与分子空间构象相关

生物成分中的大分子物质都是以其严格的空间构象维持其生物活性功能的,原有的构象一旦发生变化,其生物活性就完全丧失。

5. 对制备技术条件要求高

由于生物材料及产品的特殊性,对其生产技术、生产条件、检测方法、检测内容及生产人员都有较高的要求。

(1)不管是原料还是产品均为高营养物质,极易染菌腐败,因而对原料的采集、保藏、产品的生产等都有温度和无菌条件的要求。

(2)因有效成分含量低、稳定性差等因素,对生产过程中的 pH、温度、重金属含量、剪切力、压力等操作条件均需严格控制。

(3)检测内容不但要有理化检测指标,更要求有生物活性检测指标,对生物技术药物还需具备工程菌(细胞)的各种分析资料及产物的鉴定分析资料。

(4)检测方法要求重现性好,有较高的灵敏度和专属性。

(5)要求生产、管理人员具备一定的知识深度和相当的知识结构。

(三)传统生化制药的一般工艺过程

1. 材料的选择

选取生物材料时需考虑其来源、目的物含量、杂质的种类、价格、材料的种属特性等,其原则是要选择富含所需目的物、易于获得、易于提取的无害生物材料。

(1)来源丰富　选材时应选用来源丰富的生物材料,做到尽量不与其他产品争原料,且最好能综合利用。

(2)与有效成分含量相关的因素　生物材料中目的物含量的高低,直接关系到最终产品的价格,在选择生物材料时需从以下方面考虑。

①合适的生物品种:根据目的物的分布,选择富含有效成分的生物品种是选材的关键。

②合适的组织器官:不同组织器官所含有效成分的量与种类以及杂质的种类和含量多有不同。

③生物材料的种属特异性:为保证产品的有效性,选材时应予以充分考虑,对于种属差异大,无法满足临床需求的成分只能借助于生物技术进行生产。

④合适的生长发育阶段:生物在不同的生长、发育期会合成不同的生物成分,所以生物的生长期对生物活性物质的含量影响很大。

⑤合适的生理状态:生物在不同生理状态时所含生物成分也有差异,如动物饱食后宰杀,胰脏中的胰岛素含量增加,对提取胰岛素有利,但因胆囊收缩素的分泌使胆汁排空,对收集胆汁则不利。

2. 材料的采集与保存

(1)材料的采集　天然生物材料的保存由于生物活性物质易失活、降解,所以采集时必须保持材料的新鲜,防止腐败、变质与微生物污染,如胰脏采摘后要立即速冻,防止胰岛素活力下降。

(2)材料的保存

细胞的保存方法有组织块保存、细胞悬液保存、单层细胞保存及低温冷冻保存等。

①组织块保存法:胚胎组织块等保存方法是取出胚胎肾脏剪成小块,洗涤后加入生长培养液,过夜换液一次,可置冰瓶中。

②细胞悬液保存法:在一定条件下,细胞悬液可短期保存,不同种类的细胞保存条件不同,通常于4℃,在生长培养液中可保存数日或数周。

③单层细胞保存法:通过降低温度来延长细胞的正常代谢时间,保存过程中经常更换生长培养液可提高保存的效果。

④低温冷冻保存法:将细胞冻存于-70℃的低温冰箱中或液氮中。在低温冰箱中可冻存1年以上,在液氮中可长期保存。

3. 生物材料的预处理

(1)组织与细胞的破碎　生物活性物质大多存在于组织细胞中,必须将其结构破坏才能使目的物得到有效提取,常用的组织与细胞破碎方法有物理法、化学法、生物法。

(2)细胞器的分离　为获得结合在细胞器上的一些生物成分,常常要先获得特定的细胞器,再进一步分离目的产物。方法是匀浆破碎细胞、离心分离,包括差速离心和密度梯度离心。

(3)制备丙酮粉 在生物物质提取前,有时还需要用丙酮处理原材料,制成“丙酮粉”,其作用是使材料脱水、脱脂,使细胞结构松散,增加了某些物质的稳定性,有利于提取。常用的方法是将匀浆(或组织糜)悬浮于 0.1mol/L、pH 6.5 的磷酸盐缓冲液中,于 0℃下边搅拌边慢慢加入 5~10 倍(体积比)的-10℃无水丙酮中,静置 10min,离心过滤取其沉淀物,用冷丙酮反复洗数次,真空干燥即得丙酮粉。丙酮粉在低温下可保存数年。

4. 生物活性物质的提取

提取是利用目的物的溶解特性,将其与细胞的固形成分或其他结合成分分离,使其由固相转入液相或从细胞内的生理状态转入特定溶液环境的过程。如果是将目的物从某一溶剂系统转入另一溶剂系统则称为萃取,即液-液提取。如用溶剂从固体中抽提物质叫作液-固提取,也叫浸取。根据所用溶剂温度的不同,浸取可分为浸渍(用冷溶剂溶出固体材料中的物质)和浸煮(用热溶剂溶出目的物)。许多生物药物具有生物活性,其稳定性受 pH、温度、离子强度、金属离子、提取过程中所使用的溶剂等环境因素的影响。生物药物对剪切力很敏感,相对分子质量越大,其稳定性就越差,在分离纯化过程中,条件就应当越温和。一些组分的浓度非常低,在待处理物料中的含量往往低于杂质含量,如胰岛素在胰脏中的含量约为万分之二,而胆汁中的胆红素含量也仅有万分之五到八。生物材料中庞大的生物杂质与目的物的理化性质如溶解度、相对分子质量、等电点等都十分接近,所以分离、纯化比较困难,尤其是提纯过程中有效成分的生物活性处于不断变化中,其可被生物材料自身的酶系所分解破坏,或为微生物活动所分解,也可能在制备过程中受到酸、碱、重金属离子、机械搅拌、温度,甚至空气和光线的作用而改变其生物活性,所有这些都对生物药物的提取分离方法提出了很高的要求。

生物材料中活性物质的提取常用的方法如下所示。

(1)用酸、碱、盐水溶液提取 酸、碱、盐水溶液可以提取各种水溶性、盐溶性的生物物质,这类溶剂提供了一定的离子强度、pH 及相当的缓冲能力。如胰蛋白酶用稀硫酸提取,肝素用 pH 9 的 3%氯化钠溶液提取。对某些与细胞结构结合牢固的生物大分子,在提取时采用高浓度盐溶液(如 4mol/L 盐酸胍,8mol/L 脲或其他变性剂),这种方法称为盐解。

(2)用表面活性剂提取 表面活性剂分子兼有亲水与疏水基团,分布于水油界面时有分散、乳化和增溶作用。表面活性剂可分为阴离子型、阳离子型、中性与非离子型。离子型表面活性剂作用强,但易引起蛋白质等生物大分子的变性,非离子型表面活性剂变性作用小,适合于用水、盐系统无法提取的蛋白质或酶的提取。某些阴离子去垢剂如十二烷基磺酸钠(SDS)等可以破坏核酸与蛋白质的离子键合,对核酸酶又有一定的抑制作用,因此常用于核酸的提取。

(3)有机溶剂提取 有机溶剂提取可分为固-液提取和液-液提取两类。

①固-液提取:常用于水不溶性的脂类、脂蛋白、膜蛋白结合酶等。常用的有机

溶剂有甲醇、乙醇、丙酮、丁醇等极性溶剂以及乙醚、氯仿、苯等非极性溶剂。极性溶剂既有亲水基团又有疏水基团,从广义上说,也是一种表面活性剂。乙醚、氯仿、苯是脂质类化合物的良好溶剂。

②液-液萃取:液-液萃取是利用溶质在两个互不混溶的溶剂中溶解度的差异,将溶质从一个溶剂相向另一个溶剂相转移的操作。影响液-液萃取的因素主要有被分离混合物在两相的分配系数(K)和有机溶剂的用量等。分配系数是指在一定温度下,达到分配平衡时某一物质在两种互不相溶的溶剂中的活度(常近似为浓度)之比,为一常数。

5. 生物活性物质的分离与纯化

(1)生物制药中分离制备方法的特点　生物材料组成复杂、含量极微、易变性、重复性差、经验性强、步骤多,需逐级分离纯化。

(2)生物制药中分离制备方法的基本原理

①根据分子结构和大小:差速离心与超离心、膜分离(透析,电渗析)与超滤,凝胶过滤法等。

②根据分子电离性质的差异性:离子交换法、电泳法、等电聚集法等。

③根据分子极性大小及溶解度不同:溶剂提取法、盐析法、等电点沉淀法及有机溶剂分级沉淀法等。

④根据物质吸附性质的不同:选择性吸附法与吸附层析法等。

⑤根据配体特异性进行分离:亲和层析法等。

6. 生物活性物质的浓缩与干燥

(1)生物活性物质的浓缩　多数生物成分对热不稳定,常采用一些较为缓和的浓缩方法。

①盐析浓缩:用添加中性盐的方法使某些蛋内质(或酶)从稀溶液中沉淀出来,从而达到样品浓缩的目的。最常用的中性盐是硫酸铵,其次是硫酸钠、氯化钠、硫酸镁、硫酸钾等。

②有机溶剂沉淀浓缩:在生物大分子的水溶液中,逐渐加入乙醇、丙酮等有机溶剂,可以使生物物质的溶解度明显降低,从溶液中沉淀出来,这也是浓缩生物样品的常用方法。

③用葡聚糖凝胶浓缩:向稀样品溶液中,加入固体的干葡聚糖凝胶 G-25,缓慢搅拌 30min,葡聚糖凝胶吸水膨胀,进行过滤,生物大分子全部留在溶液中。

④用聚乙二醇浓缩:将待浓缩液放入透析袋内,袋外覆以聚乙二醇,袋内的水分很快被袋外的聚乙二醇吸收,在极短时间内可以浓缩几十倍至上百倍。

⑤超滤浓缩:应用不同型号超滤膜浓缩不同相对分子质量的生物大分子。超滤浓缩设备有固定末端式系统、搅拌式系统、管状流动式系统和细管流动式系统。

⑥真空减压浓缩与薄膜浓缩:真空减压浓缩在生物药物生产中使用较为普遍,具有生产规模大、蒸发温度较低、蒸发速度较快等优点;薄膜浓缩器的加速蒸发原

理是通过增加汽化表面积，使液体形成薄膜而蒸发，成膜的液体具有极大的表面积，热的传播速度快而均匀，没有液体静压的影响，能较好地防止物料的过热现象，物料总的受热时间也有所缩短，而且能连续进行操作。

（2）生物活性物质的干燥　干燥是使物质从固体或半固体除去存在的水分或其他溶剂，从而获得干燥物品的过程。在生化制药工艺中干燥的目的主要有两个：一是提高药物或药剂的稳定性，以利于保存与运输；二是使药物或药剂有一定的规格标准并便于进一步处理。

干燥多用加热法进行，常用的方法有膜式干燥、气流干燥、减压干燥等。此外，冷冻干燥、喷雾干燥以及红外线干燥等也常选用。

二、天然生物材料制药技术

（一）氨基酸类药物的生产

氨基酸是蛋白质的基本组成单位，作为生物大分子的各种蛋白质，氨基酸在生命活动中表现出各种各样的生理功能，主要取决于蛋白质分子中氨基酸的组成、排列顺序以及形成的特定三维空间结构。蛋白质和氨基酸之间的不断分解与合成，在机体内形成一个动态平衡体系，任何一种氨基酸的缺乏或代谢失调，都会破坏这种平衡，导致机体代谢紊乱乃至疾病。因此，氨基酸类药物越来越受到重视。

氨基酸类药物是治疗因蛋白质代谢紊乱和缺乏引起的一系列疾病的生化药物，也是具有高度营养价值的蛋白质补充剂，有着广泛的生化作用和良好的临床疗效。氨基酸缺乏可导致机体生长迟缓、自身蛋白质消耗、生理机能衰退、抵抗力降低以及一系列临床症状。直接输入复方氨基酸制剂可改善患者营养状况，增加血浆蛋白和组织蛋白，纠正负氮平衡，促进酶、抗体和激素合成。还可按需要配制成专用的复方氨基酸输液，供婴儿、尿毒症和肝、肾疾病等不同患者选择使用。

氨基酸是组成蛋白质的基本单位，通常由 5 种元素即碳、氢、氧、氮、硫组成。研究发现，在自然界中，组成生物体各种蛋白质的氨基酸有 21 种，其分子结构的共同点是构成生物体蛋白质的氨基酸都有一个氨基和一个羧基。在构成天然蛋白质的 21 种氨基酸（除甘氨酸外）中，碳原子均为不对称碳原子，具有立体异构现象，R 基团结构的不同，不同种氨基酸的理化性质也各不相同。

1. 物理通性

天然氨基酸纯品均为白色结晶性粉末，其熔点及分解点均在 200℃以上，各种氨基酸均能溶于水，但溶解度不同。所有氨基酸都不溶于乙醚、氯仿等非极性溶剂，而均溶于强酸、强碱中。除甘氨酸外，所有天然氨基酸都具有旋光性。天然氨基酸的旋光性在酸液中可以保持，在碱液中由于互变异构，容易发生外消旋化。

2. 化学通性

大部分氨基酸具有共同的化学反应，如两性解离、酰化、烷基化、酯化、酰氯化、叠氮化、脱羧及脱氨反应、肽键结合反应等。此外，某些氨基酸的特殊基团也产生特殊的理化反应，如酪氨酸的酚羟基可产生米伦反应与福林-达尼斯反应；精氨酸的胍基产生坂口反应等。另外色氨酸、苯丙氨酸及酪氨酸均有紫外特征吸收，色氨酸的最大吸收波长为 279nm，苯丙氨酸为 259nm，酪氨酸为 278nm，但构成天然蛋白质的 21 种氨基酸在可见光区均无吸收。

3. 氨基酸的分类

氨基酸的分类方法有四种：①根据氨基酸在 pH=5.5 溶液中的带电状况，可分为酸性、中性及碱性氨基酸三大类。②根据氨基酸侧链的化学结构，可将氨基酸分为脂肪族氨基酸、芳香族氨基酸、杂环族氨基酸和亚氨基酸四大类。③根据氨基酸侧链基团的极性，可将氨基酸分为极性氨基酸和非极性氨基酸两类。④从对人体营养的角度，根据氨基酸对人体生理的重要性和人体内能否合成，可将氨基酸分为必需氨基酸和非必需氨基酸两大类。

4. 氨基酸的生产方法

目前，氨基酸的主要生产方法有 5 种：直接发酵法、微生物转化法、酶法、化学合成法和蛋白质水解提取法。通常将直接发酵法和微生物转化法统称为发酵法。现在除少数几种氨基酸（如酪氨酸、半胱氨酸、胱氨酸和丝氨酸等）用蛋白质水解提取法生产外，多数氨基酸都采用发酵法生产，也有几种氨基酸采用酶法和化学合成法生产。

(1) 化学合成法　化学合成法是利用有机合成和化学工程相结合的技术生产氨基酸的方法。它的最大优点是在氨基酸的品种上不受限制，除制备天然氨基酸外，还可用于制备各种特殊结构的非天然氨基酸。

本法的优点是可采用多种原料和多种工艺路线，特别是以石油化工产品为原料时，成本较低，生产规模大，适合工业化生产，产品易分离纯化；缺点是工艺复杂，合成得到的氨基酸都是 DL 型外消旋体，必须经过拆分才能得到人体能够利用的 L-氨基酸。目前多用固定化酶拆分 DL 型氨基酸，具有收率高、成本低、周期短的优点。

(2) 酶法　酶法是利用微生物特定的酶系作为催化剂，使底物经过酶催化生成所需的产品，由于底物选择的多样性，因而不限于制备天然产品。借助于酶的生物催化，可使许多本来难以用发酵法或合成法制备的光学活性氨基酸，有工业生产的可能。赖氨酸、色氨酸等均可用酶法进行制备。

本法优点是获得的产物浓度高、副产物少、成本低，固定化酶可连续使用；缺点是周期长。

(3) 蛋白质水解法　以毛发、血粉及废蚕丝等蛋白质为原料，通过酸、碱或酶水解成多种氨基酸的混合物，经分离纯化获得各种氨基酸的生产方法。目前蛋白质水解法分为酸水解法、碱水解法及酶水解法。

本法的优点是原料来源丰富，投产比较容易。缺点是产量低，成本较高。目前仍有一定数量的品种(如胱氨酸、亮氨酸、酪氨酸等)用水解提取法生产。

①酸水解法:一般是在蛋白质原料中加约 4 倍质量的 6mol/L 盐酸或 8mol/L 硫酸,于 110℃加热回流 16~24h,或加压下于 120℃水解 12h,使氨基酸充分析出,除酸即得到氨基酸混合物。本法的优点是水解完全,水解过程不引起氨基酸发生旋光异构作用,所得氨基酸均为 L 型氨基酸。缺点是营养价值较高的色氨酸几乎全部被破坏,含羟基的丝氨酸和酪氨酸部分被破坏,水解产物可与醛基化合物作用生成一类黑色物质而使水解液呈黑色,需进行脱色处理。

②碱水解法:通常是在蛋白质原料中加入 6mol/L 氢氧化钠或 4mol/L 氢氧化钡,于 100℃水解 6h,得氨基酸混合物。

③酶水解法:通常是利用胰酶、胰浆或微生物蛋白酶等,在常温下水解蛋白质制备氨基酸。本法的优点是反应条件温和,氨基酸不被破坏也不发生消旋作用,所需设备简单,无环境污染。缺点是蛋白质水解不彻底,中间产物较多,水解时间长,故主要用于生产水解蛋白和蛋白胨,在氨基酸生产上比较少用。

(4)直接发酵法　按照生产菌株的特性,直接发酵法可分为四类:第一类是使用野生型菌株直接由糖和铵盐发酵生产氨基酸,如谷氨酸、丙氨酸和缬氨酸的发酵生产;第二类是使用营养缺陷型突变株直接由糖和铵盐发酵生产氨基酸;第三类是由氨基酸结构类似物抗性突变株生产氨基酸;第四类是使用营养缺陷型兼抗性突变株生产氨基酸。

(5)微生物转化法　此法是以氨基酸的中间产物为原料,用微生物将其转化为相应的氨基酸,这样可以避免氨基酸生物合成途径中的反馈抑制作用。

5. 氨基酸及其衍生物在医药中的应用

在生命活动中人和动物通过消化系统吸收氨基酸,并通过与蛋白质间的转化,维持其体内的动态平衡,若其动态平衡失调则机体代谢紊乱,甚至引起疾病。氨基酸是构成蛋白质的基本单位,它参与体内代谢和各种生理功能活动,而且许多氨基酸还有特定的药理效应,所以在临床治疗中具有重要的应用价值。

(1)治疗消化道疾病的氨基酸及其衍生物　此类氨基酸及其衍生物有谷氨酸及其盐酸盐、谷氨酰胺、乙酰谷酰胺铝、甘氨酸及其铝盐等,其中谷氨酸、谷氨酰胺主要通过保护消化道或促进黏膜增生,而达到防治综合性胃溃疡病、十二指肠溃疡、神经衰弱等疾病。

(2)治疗肝病的氨基酸及其衍生物　治疗肝病的氨基酸有精氨酸盐酸盐、磷葡精氨酸、鸟氨酸、赖氨酸盐酸盐及天冬氨酸等。精氨酸是鸟氨酸循环中的一员,具有重要的生理意义。多摄入精氨酸,可以增加肝脏中精氨酸酶活性,有助于将血液中的氨转变为尿素而排泄出去。

(3)用于治疗肿瘤的氨基酸及其衍生物　近年来,研究发现不同癌细胞的增殖需要大量消耗某种特定氨基酸。寻找这种氨基酸的结构类似物——代谢拮抗剂,被认为是治疗癌症的一种有效手段,天冬酰胺的结构类似物是 *S*-氨甲酰基半胱氨酸。

(4)治疗其他疾病的氨基酸及其衍生物　胱氨酸及半胱氨酸均有抗辐射作用,并能促进造血功能,增加白细胞和促进皮肤损伤的修复,临床用于治疗辐射损伤、肝炎等。天冬氨酸可以制成各种盐类后使用,天冬氨酸钾盐主要用于消除疲劳,治疗心脏病、肝病等,也可以治疗低钾症。

(二)多肽和蛋白质类药物的生产

1. 基本概念

多肽类生物药物是以多肽激素和多肽细胞生长调节因子为主的一大类内源性活性成分。自1953年人工合成了第一个有生物活性的多肽——催产素以后,整个20世纪50年代都集中于脑垂体所分泌的各种多肽激素的研究。20世纪60年代,研究的重点转移到控制脑垂体激素分泌的多肽激素的研究。20世纪70年代,神经肽的研究进入高潮。生物胚层发育渊源关系的研究表明,很多脑活性肽也存在于肠胃道组织中,从而推动了肠胃道激素研究的进展,极大地丰富了生物药物的内容。

蛋白质生物药物包括蛋白质类激素、蛋白质细胞生长调节因子、血浆蛋白质类、黏蛋白、胶原蛋白及蛋白酶抑制剂等,其作用方式从对机体各系统和细胞生长的调节,扩展到被动免疫、替代疗法和抗凝血等。

细胞生长调节因子是在体内和体外对效应细胞的生长、增殖和分化起调控作用的一类物质,这些物质大多是蛋白质或多肽,也有非多肽和蛋白质形式。许多生长因子在靶细胞上有特异性受体,它们是一类分泌性、可溶性介质,仅微量就具有较强的生物活性。细胞生长调节因子常称为生长因子,包括细胞生长抑制因子和细胞生长刺激因子。

2. 分类

(1)多肽类药物　多肽类药物主要有多肽激素、多肽类细胞生长调节因子和含有多肽成分的组织制剂。

①多肽激素:主要包括垂体多肽激素、下丘脑多肽激素、甲状腺多肽激素、胰岛多肽激素、肠胃道多肽激素和胸腺素等。

②多肽类细胞生长调节因子:包括表皮生长因子、转移因子、心钠素等。

③含有多肽成分的组织制剂:这是一类临床确有疗效,但有效成分还不十分清楚的制剂,主要有骨宁、眼生素、血活素、氨肽素、妇血宁、蜂毒、蛇毒、胚胎素、助应素、神经营养素、胎盘提取物、花粉提取物、脾水解物、肝水解物、心脏激素等。

(2)蛋白质类药物

①蛋白质类激素:主要包括垂体蛋白质激素和促性腺激素。

②血浆蛋白质:血浆蛋白质中的主要成分有白蛋白、纤维蛋白溶酶原、血浆纤维结合蛋白、免疫丙种球蛋白、抗淋巴细胞免疫球蛋白。

③蛋白质类细胞生长调节因子:主要包括干扰素-α、β、γ等,白细胞介素1~

16、神经生长因子(NGF)、肝细胞生长因子(HGF)、骨发生蛋白(BMP)等。

④黏蛋白:主要有胃膜素、硫酸糖肽、内在因子、血型物质 A 和 B 等。

⑤胶原蛋白:主要有明胶、氧化聚合明胶、阿胶、冻干猪皮等。

⑥碱性蛋白质:主要有鱼精蛋白。

⑦蛋白酶抑制剂:主要有胰蛋白酶抑制剂、大豆胰蛋白酶抑制剂等。

3. 多肽与蛋白质类药物的主要生产方法

(1)提取法　提取法是指通过生化工程技术,从天然动、植物及重组动、植物体内分离纯化多肽与蛋白质。天然动、植物体内的有效成分含量低、杂质多。重组动、植物指的是通过基因工程技术,将药物基因或能对药物基因起到调节作用的基因转导进入动、植物组织细胞,以提高动、植物组织合成药用成分的能力。

①水溶液提取:水溶液是蛋白质提取中最常用的溶剂。大多数蛋白质的极性亲水性基团位于分子表面,非极性疏水基团位于分子内部,因此,蛋白质在水溶液中一般具有比较好的溶解性。用水为溶剂提取蛋白质时,还应考虑盐的浓度、pH、温度等因素的影响。

a. 盐浓度:适当的稀盐溶液和缓冲液可以提高蛋白质在溶液中的稳定性及增大蛋白质在水溶液中的溶解度。一般使用等渗盐溶液,如 0.002~0.005mol/L 磷酸盐缓冲液或 0.15mol/L 氯化钠溶液,但有些蛋白质在低盐溶液中溶解度低,可以适当提高盐溶液的浓度,如脱氧核糖蛋白,需要采用 1mol/L 以上的氯化钠溶液进行提取。

b. pH:pH 不但影响蛋白质的溶解度,还可能对蛋白质的稳定性产生很大的影响。因此,蛋白质提取溶液的 pH 应首先保证在蛋白质稳定的范围内,选择偏离等电点两侧的某一点,如含碱性氨基酸残基较多的蛋白质选在偏酸性的一侧,含酸性氨基酸残基较多的蛋白质则选择偏碱性一侧,以增大蛋白质的溶解度,提高提取率。

c. 温度:为了防止蛋白质降解变性失活,提取时一般在低温(5℃)下操作,但对少数温度耐受力较高的蛋白质,可适当提高提取温度,使杂蛋白变性沉淀,有利于提取和简化以后的纯化工作。

②有机溶剂提取:一些与脂质结合比较牢固或非极性基团较多的蛋白质,不溶或难溶于水、稀盐、稀酸或稀碱中,常用不同比例的有机溶剂提取。存在于细胞膜或线粒体膜中的蛋白质,由于与脂质结合牢固而常用正丁醇为提取溶剂。正丁醇可取代膜脂与蛋白质结合,并阻止脂质重新与蛋白质分子结合,使蛋白质在水中的溶解能力大大增加。乙醇也是较常见的有机提取溶剂。离子表面活性剂(如胆酸盐、十二烷基磺酸钠)和一些非离子表面活性剂(如吐温 80 等)不易使蛋白质变性失活,因而被广泛采用。

(2)发酵法　微生物发酵法是多肽与蛋白质类药物的主要生产方式。利用基因工程菌发酵生产多肽与蛋白质类药物,具有周期短、成本低、产品质量高的优点,一直受到全世界生物制药企业的青睐。多肽与蛋白质类药物多属于人体特有的细胞因子、激素、蛋白质，目前经过基因工程方法可生产绝大多数多肽与蛋白质类药物。

4. 生物技术在多肽和蛋白质类药物中的应用

活性多肽和蛋白质类药物是生物药物中非常活跃的一个领域，20 世纪 70 年代以后，随着基因工程技术的兴起和发展，人们首先把目标集中在应用基因工程技术制造重要的多肽和蛋白质类药物上，已实现工业化的产品有胰岛素、干扰素、白细胞介素、生长素、促红细胞生成素（EPO）等，现正从微生物和动物细胞的表达向转基因动、植物发展。

许多活性多肽、蛋白质都是由无活性的蛋白质前体，经过酶的加工剪切转化而来的，它们中间许多都有共同的来源、相似的结构，甚至还保留着若干彼此所特有的生物活性。如生长激素与催乳激素的肽链氨基酸顺序有近一半是相同的，生长激素具有弱的催乳激素活性，而催乳激素也有弱的生长激素活性。因此，研究活性多肽、蛋白质的结构与功能的关系及活性多肽之间结构的异同与其活性的关系，将有助于设计和研制新的药物。

另外，鉴于一些蛋白质和多肽生物药物有一定的抗原性、容易失活，在体内的半衰期短、用药途径受限等难以克服的缺点，对一些蛋白质生物药物进行结构修饰，应用计算机图像技术研究蛋白质与受体及药物的相互作用，发展蛋白质工程及设计相对简单的小分子来代替某些大分子蛋白质药物，起到增强疗效或增加选择性的作用等，已成为现代生物技术药物研究的主要内容。21 世纪，生物技术作为生物药物生产的重要手段将全面革新传统的生物制药技术，与此同时，也将全面革新医疗实践的全过程。

（三）糖类药物的生产

1. 糖类药物的类型

糖类及其衍生物广泛分布于自然界生物体中，种类繁多。按照所含糖基数目的不同可分为单糖、低聚糖和多糖等形式。

（1）单糖　单糖是糖的最小单位，如葡萄糖、果糖、氨基葡萄糖等；单糖的衍生物如 6-磷酸葡萄糖、1，6-二磷酸果糖、磷酸肌醇等。

（2）低聚糖　低聚糖常指由 2～20 个单糖以糖苷键相连组成的聚合物，如麦芽乳糖、乳果糖、水苏糖等。

（3）多聚糖　多聚糖常称为多糖，是由 20 个以上的单糖聚合而成的，如香菇多糖、右旋糖酐、肝素、硫酸软骨素、人参多糖和刺五加多糖等。多糖在细胞内的存在方式有游离型与结合型两种。

2. 糖类药物的来源

（1）单糖及其衍生物的来源　自然界已发现的单糖主要是戊糖和己糖，戊糖以多糖或苷的形式存在于动、植物中,已糖以游离或结合的形式存在于动、植物中。

(2)低聚糖的来源 低聚糖又称为寡糖,低聚糖的获取方法大体上可分为以下几种:从天然原料中提取、微波固相合成法、酸碱转化法、酶水解法等。

(3)多糖的来源

①动物多糖:来源于动物结缔组织、细胞间质,是研究最多、临床应用最早、生产技术最成熟的多糖,重要的有肝素、透明质酸和硫酸软骨素等。

②植物多糖:来源于植物的各种组织,从各种中草药中可以提取分离出药用的多糖。我国近年来对植物多糖,特别是中草药多糖的药物活性研究越来越深入,这些多糖缀合物具有免疫调节、抗肿瘤、降血糖、抗放射、抗突变等多方面的药理作用。

③微生物多糖:这是一类无毒、高效、无残留的免疫增强剂,能够提高机体的非特异性免疫和特异性免疫反应,增强对细菌、真菌、寄生虫及病毒的抗感染能力和对肿瘤的杀伤能力,具有良好的防病治病的效果。微生物多糖的生产不受资源、季节、地域等的限制,而且周期短、工艺简单,易于实现生产规模大型化和管理技术自动化。微生物多糖的种类繁多,依生物来源可分为细菌多糖、真菌多糖和藻类多糖,现从真菌得到的真菌多糖已达数百种,如香菇多糖、云芝多糖、灵芝多糖等。

常见糖类药物见表 2-1。

表 2-1 常见糖类药物

类型	品名	来源	作用与用途
单糖及其衍生物	甘露醇	由海藻提取或葡萄糖电解	降低颅内压、抗脑水肿
	山梨醇	由葡萄糖氢化或电解还原	降低颅内压、抗脑水肿、治青光眼
	葡萄糖	由淀粉水解制备	制备葡萄糖输液
	葡萄糖醛酸内脂	由葡萄糖氧化制备	治疗肝炎、肝中毒、风湿性关节炎,解毒
	葡萄糖酸钙	由淀粉或葡萄糖发酵	钙补充剂
	植酸钙(菲汀)	由玉米、米糠提取	营养剂、促进生长发育
	肌醇	由植酸钙制备	治疗肝硬化、血管硬化、降血脂
	1,6-二磷酸果糖	酶转化法制备	治疗急性心肌缺血休克、心肌梗死
多糖	右旋糖酐	微生物发酵	血管扩充剂、改善微循环、抗休克
	右旋糖酐铁	用右旋糖酐与铁络合	治疗缺铁性贫血
	糖酐酯钠	由右旋糖酐水解酯化	降血脂、防治动脉硬化
	猪苓多糖	由真菌猪苓提取	抗癌细胞转移、调节免疫功能
	海藻酸	由海带或海藻提取	增加血容量、抗休克、抑制胆固醇吸收

续表

类型	品名	来源	作用与用途
多糖	透明质酸	由鸡冠、眼球、脐带提取	化妆品基质、眼科用药
	肝素钠	由肠黏膜和肺提取	抗凝血、抗肿瘤转移
	肝素钙	由肝素制备	抗凝血、防治血栓
	硫酸软骨素	由喉骨、鼻中隔提取	治疗偏头痛、关节炎
	硫酸软骨素 A	由硫酸软骨素提取	降血脂、防治冠心病
	冠心舒	由猪十二指肠提取	治疗冠心病
	甲壳素	由甲壳动物外壳提取	人造皮、药物赋形剂
	脱乙酰壳多糖	由甲壳质提取	降血脂、金属解毒、止血、消炎

3. 糖类药物的生物活性

多糖是研究得最多的糖类药物，多糖类药物具有以下多种生物活性。

(1)调节免疫功能　主要表现为影响补体活性，促进淋巴细胞增生，激活或提高吞噬细胞的功能，增强机体的抗炎、抗氧化和抗衰老。

(2)抗感染作用　多糖可提高机体组织细胞对细菌、原虫、病毒和真菌感染的抵抗能力。如甲壳素对皮下肿胀有治疗作用，对皮肤伤口有促进愈合的作用。

(3)促进细胞增殖和生长　多糖对肝脏细胞的生长具有促进作用，促进 DNA、RNA 合成以减轻肝毒性物质引的病变，增强肝脏解毒功能和肝细胞保护作用，用于病毒性肝炎，脂肪肝等均有良好的防治效果。多糖可以改善肾细胞代谢和肾功能，降低血肌酐水平，可缓解肾切除后肾功能衰竭，对肾病综合征、急性肾功能衰竭等均有良好的防治效果。

(4)抗辐射损伤作用　茯苓多糖、紫菜多糖、透明质酸等均有抗射线损伤的作用。

(5)抗凝血作用　肝素是天然抗凝剂，用于防治血栓、周围血管病、心绞痛、充血性心力衰竭及肿瘤的辅助治疗；甲壳素、芦荟多糖、黑木耳多糖等均具有类似的抗凝血作用。

(6)降血脂、抗动脉粥样硬化作用　硫酸软骨素、小分子肝素等具有降血脂、降胆固醇、抗动脉粥样硬化作用。

(7)其他作用　多糖类药物除上述活性作用外，还具有其他多方面的活性作用，如右旋糖酐可以代替血浆蛋白以维持血液渗透压，中等相对分子质量的右旋糖酐用于增加血容量、维持血压，而小相对分子质量的右旋糖酐是一种安全有效的血管扩充剂；海藻酸钠能增加血容量，使血压恢复正常。

4. 糖类药物生产的一般方法

(1)单糖、低聚糖及其衍生物的生产　游离单糖及小分子寡糖易溶于冷水及温乙醇，可以用水或在中性条件下以50%乙醇为提取溶剂，也可以用80%乙醇，在70~78℃下回流提取。一般提取流程如下：粉碎植物材料，乙醚或石油醚脱脂，拌加碳酸钙，以50%乙醇温浸，浸液合并，于40~45℃减压浓缩至适当体积，用中性醋酸铅去杂蛋白及其他杂质，铅离子可通过化学吸附法除去，再浓缩至黏稠状；以甲醇或乙醇温浸，去除不溶物（如无机盐或残留蛋白质等）；醇液经活性炭脱色、浓缩、冷却，滴加乙醚，或置于硫酸干燥器中旋转，析出结晶。单糖或小分子寡糖也可以在提取后，用吸附层析法或离子交换法进行纯化。

（2）多糖的生产 包括提取、纯化、浓度的测定和纯度检查等环节，以下只介绍提取和纯化。

①多糖的提取：将植物材料粉碎，用甲醇或乙醇：乙醚（体积比1：1）混合液，加热搅拌温浸1~3h，也可用石油醚脱脂。动物材料可用丙酮脱脂、脱水处理，具体的提取方法主要有以下几种。

a. 稀碱液提取：主要用于难溶于冷水、热水、可溶于稀碱的多糖。此类多糖主要是不溶性的胶类，如木聚糖等，提取时可先用冷水浸润材料，使其溶胀后，再用0.5mol/L NaOH提取，提取液用盐酸中和、浓缩后，加乙醇沉淀多糖。如在稀碱中不易溶出者，可加入硼砂，如甘露醇聚糖、半乳聚糖等能形成硼酸配合物，用此法可得到相当纯的产品。

b. 热水提取：适用于难溶于冷水和乙醇，易溶于热水的多糖。提取时材料先用冷水浸泡，再用热水（80~90℃）搅拌提取，提取液去除蛋白质，离心后得清液，经透析或用离子交换树脂脱盐后，用乙醇沉淀可得多糖。

c. 黏多糖的提取：大多数黏多糖可用水或盐溶液直接提取，但因大部分黏多糖与蛋白质结合于细胞中，需用碱解法或酶解法裂解糖-蛋白质间的结合键，促使多糖释放。

碱解：多糖与蛋白质结合的糖肽键对碱不稳定，故可用碱解法使糖与蛋白质分开。碱处理时，可将组织在40℃以下，用0.5mol/L NaOH溶液提取，提取液以酸中和，透析后，以高岭土、硅酸铝或其他吸附剂除去杂蛋白，再用酒精沉淀多糖。

酶解：蛋白酶水解法已逐步取代碱提取法而成为提取多糖的最常用方法。理想的工具酶是专一性低的、具有广谱水解作用的蛋白水解酶。鉴于蛋白酶不能断裂糖肽键及其附近的肽键，因此成品中会保留较长的肽段。为除去长肽段，常与碱解法合用，常用的酶制剂有胰蛋白酶等。酶解液中的杂蛋白可用三氯醋酸法、磷钼酸-磷钨酸沉淀法等去除，再经透析后，用乙醇沉淀即可制得粗品多糖。

②多糖的纯化：多糖的纯化方法很多，但必须根据目的物的性质及条件选择合适的纯化方法，而且往往用一种方法不易达到理想的结果，因此必要时应考虑合用几种方法，常用的纯化方法主要有以下几种。

a. 乙醇沉淀法：是制备多糖的最常用手段。乙醇的加入，改变了溶液的极性，导致糖溶解度下降。供乙醇沉淀的多糖溶液，其含多糖的浓度以10~20g/L为佳。

如使用充分过量的乙醇,多糖浓度少于 1g/L 也可以沉淀完全,向溶液中加入一定浓度的盐,如醋酸钠、醋酸钾、醋酸铵或氯化钠有助于使多糖从溶液中析出,盐的最终浓度为 50g/L 即可。使用醋酸盐的优点是在乙醇中其溶解度更大,即使在乙醇过量时,也不会发生这类盐的共沉淀。一般只要多糖浓度不太低,并有足够的盐存在,加入 4~5 倍(体积比)乙醇后,多糖可完全沉淀。可以使用多次乙醇沉淀法使多糖脱盐,也可以用超滤法或分子筛法(凝胶型号:Sephadex G-10 或 G-15)进行多糖脱盐。加完乙醇,搅拌数小时,以保证多糖完全沉淀。沉淀物可用无水乙醇、丙酮、乙醚脱水,真空干燥即可得疏松粉末状产品。

b. 分级沉淀法:不同多糖在不同浓度的甲醇、乙醇或丙酮中的溶解度不同,因此可用不同浓度的有机溶剂分级沉淀分子大小不同的多糖。在 Ca^{2+}、Zn^{2+} 等二价金属离子的存在下,采用乙醇分级分离多糖可以获得最佳效果。

c. 季铵盐络合法:多糖与一些阳离子表面活性剂如十六烷基三甲基溴化铵(CTAB)和十六烷基氯化吡啶(CPC)等能形成季铵盐络合物。这些络合物在低离子强度的水溶液中不溶解,在离子强度大时,这种络合物可以解离、溶解、释放。

d. 离子交换层析法:多糖由于一般具有酸性基团(如糖醛酸和各种硫酸基),在溶液中以聚阴离子形式存在,因而可用阴离子交换剂进行交换吸附。常用的阴离子交换剂有 D254、Dowex-X2、ECTEOIA-纤维素等。吸附时可以使用低盐浓度样液,洗脱时可以逐步提高盐浓度如梯度洗脱或分步阶梯洗脱。如以 Doxexl 进行分离时,分别用 0. 5mol/L、1. 25mol/L、1. 5mol/L、2. 0mol/L 和 3. 0mol/L NaCl 洗脱,可以分离透明质酸、硫酸乙酰肝素、硫酸软骨素、肝素和硫酸角质素。此外,区带电泳法、超滤法及金属络合法等在多糖的分离纯化中也常采用。

(四)脂类药物的生产

脂类是脂肪、类脂及其衍生物的总称,定义为:不溶或微溶于水,易溶于某些有机溶剂,在体内以游离或结合的形式存在于组织细胞中,具有特定生理、药理效应的脂类化合物为脂类药物。

1. 脂类药物的分类

脂类药物分为复合脂类及简单脂类两大类:复合脂类药物包括与脂肪酸相结合的脂类药物,如卵磷脂及脑磷脂等;简单脂类药物为不含脂肪酸的脂类,如甾体化合物、酯类色素类。简单脂类药物在结构上极少有共同之处,其性质差异较大,所以其来源和生产方法也是多种多样。

(1)脂肪和脂肪酸

①水溶性:脂肪一般不溶于水,易溶于有机溶剂(如乙醚、石油醚、苯等)。由低级脂肪酸构成的脂肪则能在水中溶解,脂肪的相对密度小于 1,故浮于水面上。

②熔点:脂肪的熔点各不相同,脂肪的熔点取决于脂肪酸碳链的长短及其双键数的多寡。脂肪酸的碳链越长,则熔点越高。饱和脂肪酸熔点随其相对分子质量而变化,相对分子质量越大,其熔点就越高。带双键的脂肪酸存在于脂肪中能显著

降低脂肪的熔点。不饱和脂肪酸的双键越多,熔点越低。

③吸收光谱:脂肪酸在紫外和红外区显示特有的吸收光谱,可对脂肪酸进行定性、定量或结构研究。饱和脂肪酸和非共轭酸在 220nm 以下的波长区域有吸收峰。共轭酸中的二烯酸在 230nm 附近显示出吸收峰。红外吸收光谱可有效地测定脂肪酸的结构,它可以用于判断脂肪酸有无不饱和键,是反式还是顺式及脂肪酸侧链的情况。

④皂化作用:脂肪内脂肪酸和甘油结合的酯键容易被氢氧化钾或氢氧化钠水解,生成甘油和水溶性的肥皂,这种水解称为皂化作用。

⑤加氢作用:脂肪分子中如果含有不饱和脂肪酸,可因双键加氢而变为饱和脂肪酸。

⑥加碘作用:脂肪不饱和双键可以加碘,100g 脂肪所吸收碘的克数称为碘价。脂肪中不饱和脂肪酸越多,或不饱和脂肪酸所含的双键越多,则碘价越高。

⑦氧化和酸败作用:脂类的多不饱和脂肪酸在体内容易氧化而生成过氧化脂质,它不仅能破坏生物膜的生理功能,导致机体的衰老,还会伴随某些溶血现象的发生,导致贫血、血栓、动脉硬化、糖尿病等。

(2)磷脂

①磷脂的性质:由于磷脂分子中含有疏水性脂肪酸链和亲水基团(磷酸、胆碱或乙醇胺等基团),因此其具有表面活性,可乳化于水,以胶体状态在水中扩散。卵磷脂、脑磷脂及神经鞘磷脂的溶解度在不同的脂肪溶剂中具有显著差别,可用来分离此 3 种磷脂。

卵磷脂为白色蜡状物,在空气中极易氧化,迅速变成暗褐色。卵磷脂有降低表面张力的能力,若与蛋白质或碳水化合物结合则作用更大,是一种极有效的脂肪乳化剂,它与其他脂类结合后,可使其他脂类在体内水系统中均匀扩散,能使不溶于水的脂类处于乳化状态。

脑磷脂是由甘油、脂肪酸、磷酸和乙醇胺组成的一种磷脂。新鲜制品是无色固体,空气中易变为红棕色,有吸湿性,不溶于水和丙酮,微溶于乙醇,溶于氯仿和乙醚,可用于抗氧剂,也用于医疗上。

神经鞘磷脂很稳定,不溶于乙醚和冷乙醇,但可溶于苯、氯仿及热乙醇,对氧较为稳定。

②磷脂类药物的作用:磷脂是构成生物膜的重要成分。磷脂可与蛋白质结合形成脂蛋白,并以这种形式构成细胞的各种膜,如细胞膜、核膜、线粒体膜等,维持细胞和细胞器的正常形态和功能。卵磷脂存在于细胞膜中,心磷脂存在于线粒体膜中。由于磷脂内的不饱和脂肪酸(USFA)分子中存在双键,使得生物膜具有良好的流动性和特殊的通透性,这些膜在体内新陈代谢中起着重要作用。酶类可以有规律地排列在细胞膜上,使物质代谢能有规律且顺利地进行,保证细胞的正常生理功能。

磷脂具有促进生长的作用。人或动物服用磷脂后,白细胞内线粒体比未服用前增多、增大,进而加速形成血红蛋白、促进骨髓造血器官生产红细胞。

神经组织中含有大量磷脂,以中枢神经而言,其干重的51%~54%为脂类,而其中半数以上是磷脂,并且磷脂与神经兴奋有关。近年来,国内将磷脂酰胆碱(卵磷脂)作为保健食品,因其具有一些特殊功效:磷脂酰胆碱在消化道内能被分解为胆碱,它是大脑中传导信息的神经递质,对思维和记忆能力有促进作用。

卵磷脂对激素的作用:一磷酸磷脂酰肌醇与去甲肾上腺素的受体有密切关系,实验证明,两者有很强的结合力,Ca^{2+}、Mg^{2+}等两价金属离子能影响它们的结合,因而认为一磷酸磷脂酰肌醇可能是去甲肾上腺素受体的一种成分。

膜上许多酶的活性与磷脂关系密切,以丙酮除去磷脂或用特异性磷脂酶破坏磷脂,均可使此类酶活性下降或完全丧失。此外,凝血酶原激酶的辅基中含有脑磷脂,故脑磷脂与血液凝固有关。

磷脂是血浆脂蛋白的重要组成成分,磷脂具有稳定脂蛋白的作用。组织中的脂类如脂肪和胆固醇在血液中运输时,都需要有足够的磷脂才能顺利进行。在胆汁中,磷脂与胆盐、胆固醇一起形成胶粒,以利于胆固醇的溶解和排泄。

肝内磷脂酰胆碱含量很高,大部分用来制造脂蛋白。如果磷脂酰胆碱不足,合成的脂蛋白就少,肝脏所合成的大量脂肪,就不能有效地输送出去,脂肪在肝细胞中堆积过多,形成脂肪肝。因此磷脂酰胆碱具有预防脂肪肝的效果。经临床试用,大豆磷脂酰胆碱对肝硬化和肝炎有一定疗效。

磷脂酰胆碱是一种很强的乳化剂,它能有效地使血液中的脂肪和胆固醇乳化,保持悬浮状态,阻止其沉积在血管上,保持血流畅通,防止心、脑血管硬化。

磷脂酰胆碱还能增强耐力、抗疲劳。因为磷脂可使肺泡保持良好的张力和弹性,明显改善肺的通气和换气能力,增加单位时间内进出肺的氧气量。同时,磷脂酰胆碱可促使红细胞膜韧性和弹性增强,防止在长时间或剧烈运动后引起红细胞破坏。红细胞能携带氧并供应肌肉、脑等组织对氧气的需要。所以,磷脂酰胆碱可提高机体对缺氧的耐受性,使肌肉保持旺盛的活力,增加耐力,抗疲劳。

(3)固醇及类固醇　主要有胆固醇、谷固醇、胆酸和胆汁酸、蟾毒配基等。胆固醇为白蜡状结晶片,不溶于水而溶于脂肪溶剂,可与卵磷脂或胆盐在水中形成乳状物。胆固醇与脂肪混合时能吸收大量水分。胆固醇不能皂化,能与脂肪酸结合成胆固醇酯,是血液中运输脂肪酸的方式之一。脑中含胆固醇很多,约占湿重的2%,几乎完全以游离的形式存在。

类固醇与固醇比较,甾体上的氧化程度较高,含有两个以上的含氧基团,这些含氧基团以烃基、酮基、羧基和醚基的形式存在,主要化合物有胆酸、睾酮、雌二醇、黄体酮(孕酮)等。

(4)萜式脂类　主要有鲨烯,鲨烯大量存在于鲨鱼肝脏中,少量存在于橄榄油(含量为0.1%~0.8%,质量分数)、麦胚油、酵母及人体脂肪中。鲨烯又称三十碳六烯，是由6个异戊二烯单位构成的三萜物质，或称不饱和无环烃，分子中双键为全反式。常温下呈有香味的油状液体，吸收空气中的氧后可变成类似亚麻仁油的黏性液体，产生特殊臭气，几乎不溶于水，易溶于乙醚、石油醚、四氯化碳、丙酮及其他脂溶性溶剂，微溶于乙醇、冰醋酸。

鲨烯可做杀菌剂、着色剂、橡胶助剂、表面活性剂以及生产药物的中间体。还由于对鲨鱼免疫功能的研究，鲨烯被视为一种保健组分，用于保健制剂，作为生物制药用的中间体。

(5)其他　如胆红素、人工牛黄、人工熊胆。

2. 脂类药物的一般制备方法

(1)脂类的生产

①直接提取法

a. 提取溶剂的选择：往往采用几种溶剂相结合的方式进行，以醇作为组合溶剂的必需组分。醇能裂开脂质-蛋白质复合物，溶解脂类和使生物组织中脂类降解酶失活。醇溶剂的缺点是糖、氨基酸、盐类等也被提取出来，要除去水溶性杂质，最常用的方法是水洗提取物，但可能形成难处理的乳浊液。采用氯仿∶甲醇∶水＝1∶2∶0.8(体积比)组合溶剂提取脂质，提取物再用氯仿和水稀释，形成两相体系，(氯仿+甲醇)∶水＝1∶0.9(体积比)，水溶性杂质分配进入甲醇-水相，脂类进入脂肪相，基本能克服上述问题。

使用含醇的混合溶剂，能使许多酯酶和磷脂酶失活，对较稳定的酶，可将提取材料在热水或沸水中浸1~2min，使酶失活。

b. 提取条件：一般在室温下进行，阻止其发生过氧化与水解反应，如有必要，可低于室温。提取不稳定的脂类时，应尽量避免加热。提取高度不饱和的脂类时，溶剂中要通入氮气驱除空气，操作应置于氮气环境下进行。提取溶剂要刚蒸馏完的，不含过氧化物。

c. 脂类的保存：脂类具有过氧化与水解等不稳定性质，提取物不宜长期保存；如要保存可溶于新鲜蒸馏的氯仿∶甲醇＝2∶1(体积比)的溶剂中，于-15℃保存，时间较长者(1~2年)，必须加入抗氧化剂。

②水解法：对部分和其他成分构成复合物质的脂类药物，需经水解或适当处理后，再进行提取分离纯化，或先提取再水解。脑干中胆固醇酯经丙酮提取，浓缩后残留物用乙醇结晶，再用硫酸水解和结晶才能获得胆固醇。猪心提取辅酶Q时，需将猪心绞碎后用氢氧化钠水解，然后用石油醚提取，经分离纯化制得。胆汁中提取胆红素需先用碱水解胆汁，然后用有机溶剂抽提。胆汁中获得游离胆酸，需将胆汁用10%氢氧化钠溶液加热、水解后，再进一步分离纯化才可得到产物。

③生物转化法：生物转化法包括微生物发酵以及动、植物细胞培养和酶工程技术。例如微生物发酵法或烟草细胞培养法生产辅酶Q，紫草细胞培养用于生产紫草素；以花生四烯酸为原料，用类脂氧化酶-2为前列腺素合成酶的酶原，通过酶工

程技术将原料转化合成前列腺素。

(2)脂类药物的分离　脂类生化药物种类较多,结构各异,性质相差较大,其分离纯化通常用溶解度法及吸附法分离。

①溶解度法:依据脂类药物在不同溶剂中溶解度差异进行分离的方法。如游离胆红素在酸性条件下溶于氯仿及二氯甲烷,故胆汁经碱水解、酸化后,用氯仿抽提,其他物质难溶于氯仿,而胆红素则溶出,因此得以分离。又如卵磷脂溶于乙醇,不溶于丙酮,脑磷脂溶于乙醚而不溶于丙酮和乙醇,故脑干丙酮提取液用于制备胆固醇,不溶物用乙醇提取可得卵磷脂,用乙醚提取可得脑磷脂,从而使 3 种成分得以分离。

②吸附分离法:是根据吸附剂对各种成分吸附力差异进行分离的方法。如从家禽胆汁中提取的鹅去氧胆酸粗品经硅胶柱层析及乙醇-氯仿溶液梯度洗脱即可与其他杂质分离。前列腺素 ER2R 粗品经硅胶柱层析及硝酸银硅胶柱层析分离得精品。粗制品经硅胶杜吸附层析,以石油醚和乙醚梯度洗脱,即可将其中杂质分开。胆红素粗品也可通过硅胶柱层析及氯仿-乙醇梯度洗脱分离。

(3)脂类药物的精制　经分离后的脂类药物中常有微量杂质,需用适当方法精制,常用的有结晶法、重结晶法及有机溶剂沉淀法。

3. 脂类的药用价值

(1)胆酸类的药用价值　胆酸类化合物是人及动物肝脏生产的甾族化合物,集中于胆囊,排入肠道对脂肪起乳化作用,促进脂肪消化吸收,同时促进肠道有益菌落繁殖,抑制致病菌生长,保持肠道正常功能。不同的胆酸又有不同的药理效应及临床应用。

(2)酯类色素的药用价值　酯类色素药物有胆红素、原叶啉、血叶啉及其衍生物。胆红素用于消炎、镇静等,是人工牛黄的重要成分。胆绿素是胆南星、胆红素等消炎药的成分。原叶啉用于治疗肝炎。血叶啉为激光治疗癌症的辅助剂,临床上用于治疗多种癌症。血红素用于制备抗癌特效药,临床上可制成血红素补铁剂。

(3)不饱和脂肪酸的药用价值　不饱和脂肪酸主要包括前列腺素、亚油酸、亚麻酸、花生四烯酸及二十碳五烯酸等。前列腺素主要用于治疗肝炎、肝硬化、脑梗死、糖尿病、呼吸系统疾病等,用于催产、中早期引产、肾功能不全、抗早孕及抗男性不育症等。亚油酸用于防治动脉粥样硬化,用于治疗高血压、糖尿病等。花生四烯酸治疗冠心病、糖尿病,预防脑血管疾病,对婴幼儿的大脑、神经及视神经系统的发育也具有重要作用。二十碳五烯酸用于预防和改善动脉硬化,防止高血压等。

(4)磷脂类的药用价值　磷脂类药物包括卵磷脂、脑磷脂和大豆磷脂。卵磷脂用于预防高血压、心脏病、阿尔茨海默病、痛风、糖尿病等,临床上可用于治疗神经衰弱及防治动脉粥样硬化。脑磷脂用于防治肝硬化、肝脂肪性病变、动脉粥样硬化,治疗神经衰弱,有局部止血的作用。大豆磷脂用于口服制剂的乳化,治疗高血脂、急性脑梗死和神经衰弱等。

（5）固醇类的药用价值　固醇类药物包括胆固醇、麦角固醇及 P-谷固醇等。胆固醇为合成人工牛黄原料、机体多种甾体激素和胆酸原料。麦角固醇是机体维生素 D_2 的原料。

（五）核酸类药物的生产

1. 基本概念

核酸（RNA、DNA）是由许多核苷酸以磷酸二酯键连接而成的大分子化合物。在生物的遗传、变异、生长发育以及蛋白质合成等方面起着重要作用。核苷酸是核酸的基本结构，核苷酸又由碱基、戊糖和磷酸三部分组成，碱基与戊糖组成的单元叫核苷。生物体内核酸代谢与核苷酸代谢密切相关。因而核酸类药物包括：核酸、核苷酸、核苷、碱基及其衍生物。

2. 核酸类药物的分类

（1）第一类为具有天然结构的核酸类物质　这些物质都是生物体合成的原料，或是蛋白质、脂肪、糖等生物合成、降解以及能量代谢的辅酶。属于这一类的核酸类药物有肌苷、三磷酸腺苷（ATP）、脱氧核苷酸、肌苷酸、三磷酸鸟苷（GTP）、胞三磷（CTP）、尿三磷（UTP）、腺嘌呤、腺苷、辅酶Ⅰ、辅酶 A 等。

（2）第二类为有自然结构的碱基、核苷、核苷酸结构类似物或聚合物　临床上用于抗病毒的这类药物有三氟代胸苷、叠氮胸苷等 8 种。此外还有氮杂鸟嘌呤、巯嘌呤、氟胞嘧啶、肌苷二醛、聚肌胞、阿糖胞苷等。

3. 核酸类药物的生产方法

核酸类药物的生产方法主要有酶解法、半合成法、直接发酵法。

（1）酶解法　酶解法是先用糖质原料、亚硫酸纸浆废液或其他原料发酵生产酵母，再从酵母菌体中提取核糖核酸（RNA），提取出的核糖核酸经过青霉菌属或链霉菌属等微生物产生的酶进行酶解，制成各种核苷酸。

（2）半合成法　半合成法即微生物发酵和化学合成并用的方法。例如由发酵法先制成 5-氨基-4-甲酰胺咪唑核苷，再用化学合成制成鸟苷酸。

（3）直接发酵法　直接发酵法是根据生产菌的特点，采用营养缺陷型菌株或营养缺陷兼结构类似物抗性菌株，通过控制适当的发酵条件，打破菌体对核酸类物质的代谢调节机制，使之发酵生产大量的目的核苷或核苷酸。例如用产氨短杆菌腺嘌呤缺陷型突变株直接发酵生产肌苷酸。

以上 3 种生产方法各有优点：用酶解法可同时得到腺苷酸和鸟苷酸，如果其副产物尿苷酸和胞苷酸能被开发利用，其生产成本可以进一步降低。发酵法生产腺苷酸和鸟苷酸的工艺正在不断改良，随着核苷酸的代谢控制及细胞膜的渗透性等方面的研究进展，其发酵收率可望得到提高。半合成法可以避开反馈调节控制，获得较高的产量。近年来发展起来的化学酶合成法，大大提高了收率，降低了成本。

4. 核酸类药物的临床应用

(1)核酸类药物可以平衡机体的代谢　机体缺乏天然结构的核酸类物质,会使代谢造成障碍,发生疾病。提供这类药物,有助于改善机体的物质代谢和能量代谢平衡,加速受损组织的修复,促使机体恢复正常的生理功能,此类药物临床已广泛应用于血小板减少症、白细胞减少症、急慢性肝炎、心血管疾病、肌肉萎缩等代谢障碍性疾病。

(2)核酸类药物是合成其他药物的原材料　具有自然结构的碱基、核苷、核苷酸结构类似物或聚合物是当今治疗病毒、肿瘤的重要药物,也是用于干扰素、免疫抑制剂的临床药物,这类药物大部分由自然结构的核酸类物质通过半合成法生产。

(六)维生素及辅酶类药物的生产

1. 维生素概述

维生素是维持机体正常代谢功能的一类小分子有机化合物,它们在体内不能合成,大多需从外界摄取。人体所需的维生素广泛存在于食物中,其在机体内的生理作用有以下特点。

(1)维生素不能供给能量,也不是组织细胞的结构成分,而是一种活性物质,对机体代谢起调节和整合作用。

(2)维生素需求量很小。

(3)绝大多数维生素是通过辅酶或辅基的形式参与体内酶促反应体系,在代谢中起调节作用,少数维生素还具有一些特殊的生理功能。

(4)人体内维生素缺乏时,会发生一类特殊的疾病,称“维生素缺乏症”。人体每日维生素需要量是一定的,摄入量应根据机体需要提供,使用不当,反而会导致疾病。

维生素缺乏的临床表现是源于多种代谢功能的失调,大多数维生素是许多生化反应过程中酶的辅酶和辅基。例如维生素 B,在体内的辅酶形式是硫胺素焦磷酸(TPP),是 RaR-酮酸氧化脱羧酶的辅酶;又如泛酸,其辅酶形式是 CoA,是转乙酰基酶的辅酶。有的维生素可在体内转变为激素,因此用维生素及辅酶能治疗多种疾病。

2. 维生素与辅酶类药物的分类

维生素通常根据它们的溶解性质分为脂溶性和水溶性两大类。脂溶性维生素是指不溶于脂肪以及有机溶剂的维生素,它能在体内大量储存,主要存在于肝脏部位,对于脂溶性维生素的摄取应采取的是少食多餐的原则,一次性摄取过量易引起中毒,常见的脂溶性维生素有维生素 A,维生素 D,维生素 E,维生素 K。水溶性维生素指能在水中溶解的一大类维生素,是人体必需营养元素,主要包括:维生素 B

（维生素 B_1，维生素 B_2、烟酸、泛酸、维生素 B_6、叶酸等）和维生素 C。目前世界各国已将维生素的研究和生产列为制药工业的重点。

3. 维生素及辅酶类药物的一般生产方法

维生素及辅酶类药物的生产，在工业上大多数是通过化学合成——酶促或酶拆分法获得的，近年来发展起来的微生物发酵法代表着维生素生产的发展方向。

（1）化学合成法　根据已知维生素的化学结构，采用有机化学合成原理和方法，制造维生素。近代的化学合成，常与酶促合成、酶拆分等结合在一起，以改进工艺条件，提高收率和经济效益。用化学合成法生产的维生素有：烟酸、烟酰胺、叶酸、维生素 B，硫辛酸、维生素 B_6、维生素 D、维生素 E 等。

（2）发酵法　即用人工培养微生物的方法生产各种维生素，整个生产过程包括菌种培养、发酵、提取、纯化等。目前完全采用微生物发酵法或微生物转化法制备中间体的有维生素 B_2、维生素 B_{12}、维生素 C 和生物素、维生素 A（原 β-胡萝卜素）等。

（3）直接从生物材料中提取　主要从生物组织中采用缓冲液抽提、有机溶剂萃取等，如从猪心中提取辅酶 Q，从槐花米中提取芦丁，从提取链霉素后的废液中制取 B_{12} 等。

在实际生产中，有的维生素生产既用合成法又用发酵法，如维生素 C、叶酸、维生素 B_2 等；也有既用生物提取法又用发酵法的，如辅酶 Q 和维生素 B_{12} 等。

知识拓展

天然药物的历史

人类发展和进化的过程同时也是人类不断与疾病做斗争的过程。据记载人类利用天然产物作为药物已有几千年的历史，在远古时代，人类有了身体上的痛苦或称为“疾病”就开始从自然界中寻找被称为“药”的物质来缓解疾病带来的痛苦。这种来自自然界的可以缓解或治疗疾病的物质就是最原始的“药物”，并一代代流传下来，国外称之为“天然药物”，我国称之为“中草药或中药”，其物质基础在于其中所含的具有活性的化学成分。

我国明代李梃所著的《医学入门》记载了用发酵法从五倍子中得到没食子酸的过程。书中所谓“五倍子粗粉并矾，曲和匀作酒曲样入瓷器避不见风，候生白取出”，“生白”即没食子酸生成之意，这是世界上最早从天然产物中得到的有机酸。李时珍在《本草纲目》中详细记载了用升华法制备、纯化樟脑的过程。

1805 年 21 岁的德国药剂师 Sertürner 从罂粟中首次分离出单体化合物吗啡，开创了从天然产物中寻找活性成分的先河，这一伟大功绩不仅是人类开始利用纯单体化合物作为药物的标志，也是天然药物化学初级阶段开始形成的标志。紧接着学者们又陆续从植物中分离出吐根碱、马钱子碱、士的宁、金鸡纳碱、奎宁、咖啡因、尼古丁、可待因、阿托品、可卡因和地高辛等具有活性的单体化合物。但是，由于受到当时分离技术和结构鉴定技术限制，天然药物化学方面的研究进展相当缓慢，表现在主要集中于酸性或碱性等易于处理的成分的研究上。

20世纪的伟大成就之一——青霉素的偶然发现以及广泛应用不但扩大了天然药物的研究范围，同时也加速了其发展速度。到20世纪90年代，约80%的药物都与天然产物有关，有的直接来源于天然产物，有的通过对天然产物的结构修饰，有的受天然产物结构的启发而设计后人工合成。意义重大、标志性的天然药物发现包括：20世纪50年代Wall博士从中国特有的植物喜树中分离出抗癌活性成分喜树碱，后经结构修饰诞生抗癌药物伊立替康和托泊替康；20世纪60年代从植物中发现的抗癌药物长春碱和长春新碱以及1989年美国批准上市的长春碱衍生物；美国Merck公司筛选开发并于1987年被批准上市的用于治疗高胆固醇血症和混合型高脂血症的药物洛伐他汀也是来源于自然界中里程碑式的标志性天然药物之一；20世纪90年代从红豆杉中发现的抗癌药物紫杉醇及其衍生物多烯紫杉醇等，这些都是天然药物研究开发的成功例证。

青蒿素是我国科学家从黄花蒿叶中得到的新型抗疟倍半萜过氧化物，是我国自主开发的在该领域最杰出的工作，1977年3月在《科学通报》上首次发表了其独特的结构，2002年4月22日，复方蒿甲醚被列入WHO第12版《基本药物名录》的核心目录。中国发现者屠呦呦因此获2015年诺贝尔生理学或医学奖。

目前国外以天然产物作为药物的主要有两类：一类是单体成分，如吗啡、麻黄碱、青霉素、东莨菪碱、利血平、青蒿素、紫杉醇等；另一类是某一类混合成分，如银杏叶制剂等。

技能拓展一

降钙素的生产

一、降钙素结构、功能与性质

降钙素是由32个氨基酸残基组成的单链多肽，相对分子质量约3500，其氨基端为半胱氨酸，它与第7位上的半胱氨酸形成二硫键，羧基端为脯氨酸。羧基端的脯氨酸对降钙素的活性至关重要，如果失去该氨基酸，剩下的31个氨基酸组成的多肽完全无降钙素的活性。

降钙素分子的极性较强，不溶于丙酮、乙醇、氯仿、乙醚、苯、异丙醇、四氯化碳等有机溶剂及有机酸，易溶于水和碱性溶液。降钙素易被光氧化，保存时需避光，在避光的条件下25°保存可稳定保存2年。干燥状态比水溶液稳定,一般需制成固体制剂。

二、降钙素的生产工艺

降钙素一般采用天然的猪甲状腺和鲑、鳗的心脏或心包膜为原料,通过生化分离提取。

(一)工艺流程

工艺流程见图2-1。

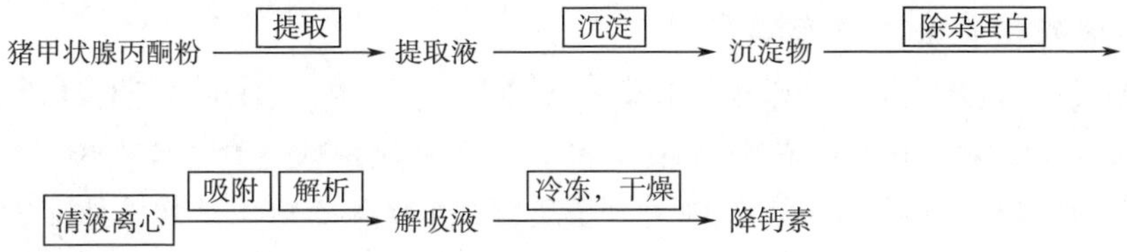

图2-1　降钙素生产工艺流程

(二)工艺过程及控制要点

(1)猪甲状腺经绞碎,用丙酮脱脂,制成脱脂的猪甲状腺丙酮粉。

(2)用0.1mol/L HCl作为提取液,用量为甲状腺丙酮粉的0.55~0.6倍(体积质量比),提取温度60℃,边加热边搅拌,提取时间约1h,然后再加丙酮粉质量的0.6倍的水(体积质量比),充分搅拌1h,离心,沉淀,用水洗涤,合并上清液和洗涤液后,继续搅拌2h后离心。

(3)上清液用0.5倍体积的异戊醇-醋酸-水(体积比20∶32∶48)的混合液混匀沉淀得降钙素粗品,沉淀时控制温度为50℃,沉淀加少量硅藻土作为助滤剂过滤,收集沉淀。

(4)沉淀用适量0.3mol/L NaCl溶液溶解,用10%体积分数HCl调pH2.5,离心除去不溶物,收集离心液。

(5)离心液用10倍(体积比,余同)水稀释后,通过羧甲基纤维钠柱(5cm×50cm),柱预先用0.02mol/L醋酸缓冲液(pH 4.5)平衡,收集含有降钙素的组分。

(6)收集的降钙素组分冻干或用2mol/L NaCl盐析,制得降钙素粉末。由此法生产出来的降钙素含量约为3.6U/mg,若需更高纯度,则需进一步纯化。

(三)生物活性测定

样品用经过0.1mol/L CH_3COONa溶液稀释过的1g/L白蛋白溶液溶解,取0.2mL样品按倍比稀释法配制,选用雄性大白鼠,静脉注射后1h收集血液,测定血液样品中的钙含量。血液中钙含量用原子吸收光度计测量。用猪甲状腺中提取的降钙素作为对照标准品,稀释成10mU/mL、25mU/mL、50mU/mL和100mU/mL(U为指定单位,又称稀释单位)浓度梯度,然后用同样方法注射大白鼠,1h后取血样测钙含量，以钙含量对降钙素标准品浓度做直角坐标标准曲线。将待测样品的钙含量与标准曲线对照，可查出待测样品的生物活性。

技能拓展二

硫酸软骨素的生产

一、硫酸软骨素结构与性质

硫酸软骨素（CS）按其化学组成和结构差异，又分 A、B、C、D、E、F…H 多种，药用硫酸软骨素是从动物软骨中提取的，主要是 A、C 及各种硫酸软骨素的混合物。一般硫酸软骨素含 50~70 个双糖基本单位，相对分子质量在 10000~50000，结构式见图 2-2。

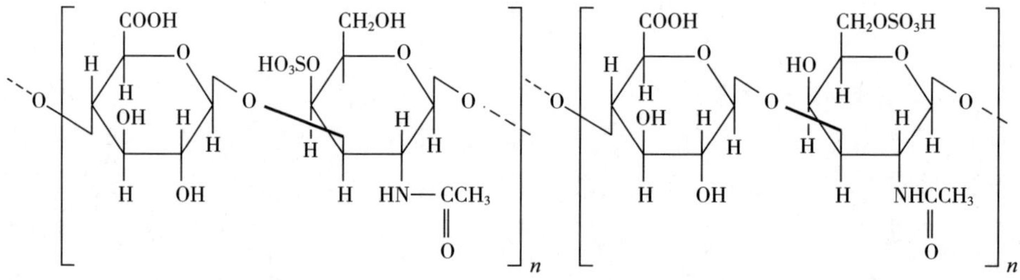

（1）A型　（2）C型

图 2-2　硫酸软骨素结构式

硫酸软骨素为白色粉末，有引湿性。硫酸软骨素或其钠盐及钙盐等易溶于水，不溶于乙醇、丙酮、乙醚、氯仿等有机溶剂，此外硫酸软骨素还具有以下化学性质。

1. 水解反应

硫酸软骨素可被浓硫酸降解成小分子组分，并被硫酸化，降解的程度和硫酸化的程度随着温度的升高而增加，在-30~-5℃，2h 可使 CS 平均相对分子质量降至 3000~4000。硫酸软骨素也可以在稀盐酸溶液中水解而成为小分子产物，温度越高，水解速率越快。

2. 酯化反应

硫酸软骨素分子中的游离羟基可以被酯化，而生成多衍生物。

3. 中和反应

硫酸软骨素呈酸性，其聚阴离子能与多种阳离子生成盐，这些阳离子包括金属离子和有机阳离子如碱性染料甲苯胺蓝等。可以利用此性质对其进行纯化，如用阴离子交换树脂纯化等。

二、生产工艺

(一)工艺流程

工艺流程见图2-3。

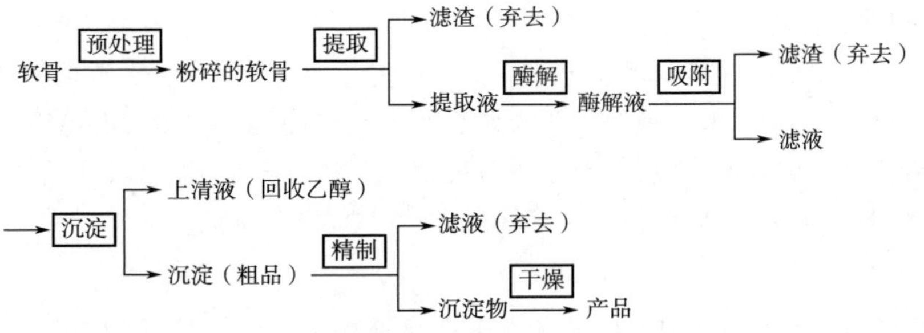

图2-3　硫酸软骨素的生产工艺流程

(二)工艺过程及控制要点

1. 预处理

将新鲜的软骨除脂肪等结缔组织后,置于冷库中保存。提取时取出,用粉碎机粉碎。

2. 提取

将粉碎的软骨置于不锈钢反应罐内,加入1倍量(质量比)的400g/L氢氧化钠溶液,加热升温至40℃,保温搅拌提取24h,然后冷却,加入工业盐酸调pH至7.0~7.2,用双层纱布过滤,滤渣弃去,收集滤液。

3. 酶解

将上述滤液置于不锈钢消化罐中,在不断搅拌的条件下,加入1∶1(体积比,余同)盐酸调pH至8.5~9.0,并加热至50℃,加入3%(按原软骨的量计,质量分数)的胰酶,继续升温,控制消化温度在53~54℃,共计5~6h。在水解过程中,由于氨基酸浓度的增加,pH下降,需用100g/L氢氧化钠调整pH至8.8~9.0。水解终点检查:取少许反应液过滤于比色管中,10mL滤液滴加100g/L三氯乙酸1~2滴,若微显浑浊,说明消化良好,否则酌情增加胰酶。

4. 吸附

当罐内温度达53~54℃时,用1∶1(体积比,余同)盐酸调节pH至6.8~7,加入14%(按原软骨的质量百分比,余同)活性白陶土、1%活性炭,在搅拌的条件下,用100g/L氢氧化钠调整pH保持在6.8~7,搅拌吸附1h,再用1∶2盐酸调节pH至5.4,停止加热,静置片刻,过滤,收集澄清滤液。

5. 沉淀

将上述澄清滤液置于搪瓷缸中,然后迅速用100g/L氢氧化钠调节pH至6.0,

并加入澄清液同体积的10g/L氯化钠，溶解，过滤至澄清。

在搅拌的条件下，缓缓加入90%乙醇（体积分数，余同），使含醇量达70%，每隔30分钟搅拌1次，搅拌4~6次，使细小颗粒增大而沉降，静置8小时以上，吸去上清液，沉淀用无水乙醇充分脱水洗涤2次，抽干，于60~65℃干燥或真空干燥得粗品。

6. 精制

将上述粗品置于不锈钢反应罐中，按100g/L左右浓度溶解，使氯化钠终浓度为1g/100mL，终浓度10g/L的胰酶，pH为8.5~9.0，控制消化温度为53~54℃，酶解3h左右。然后升温至100℃，过滤，滤液用盐酸调pH至2~3，过滤，然后再用100g/L氢氧化钠调pH至6.5，用90%乙醇沉淀过夜，然后过滤收集沉淀。

7. 干燥

将沉淀经无水乙醇脱水，然后真空干燥后得精制品。

技能拓展三

胆固醇的生产

一、胆固醇的理化性质

胆固醇化学名称为胆甾-5-烯-3β-醇，相对分子质量为386.65。胆固醇是最初由胆结石中分离得到的一种有羟基的物质，属固醇类化合物，存在于脑、脊髓、神经、血液、肝、骨、胰脏等组织中，是胆结石的主要成分。主要用于人工牛黄原料，也作为合成维生素D的起始材料和化妆品原料，难溶于水，易溶于丙酮、乙醇、乙醚、苯、三氯甲烷、油脂等有机溶剂。生产方法以猪脑或脊髓为原料。

二、胆固醇生产工艺

1. 工艺流程

工艺流程见图2-4。

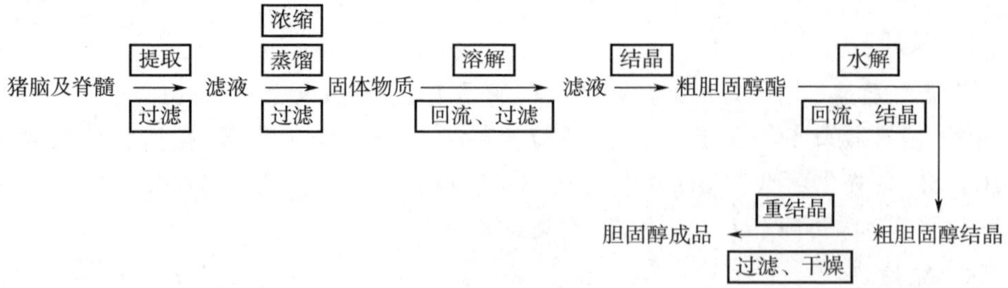

图2-4　胆固醇生产工艺流程

2. 技术要点

(1)提取、结晶　取新鲜动物脑及脊髓(除去脂肪和脊髓膜)若干,绞碎,40~50℃烘干,得干脑粉。干脑粉加 1.2 倍量(体积比)丙酮浸渍,不断搅拌,提取 4.5h,反复提取 6 次,过滤,合并提取液,蒸馏浓缩至出现大量黄色固形物,同时回收丙酮。往固体物质中加 10 倍量乙醇(体积比),加热回流溶解 1h,得胆固醇乙醇溶液,过滤,滤液在 0~5℃冷却,静置,结晶,过滤,得粗胆固醇酯结晶。

(2)精制胆固醇　取粗胆固醇酯结晶加 5 倍体积的乙醇和 5%~6%(体积分数,余同)的硫酸,加热回流 8h,得水解液,0~5°冷却,结晶,过滤,得晶体,加 95%乙醇洗至中性。将洗至中性的晶体加 10 倍量(体积比)95%乙醇,终浓度 30g/L 活性炭,加热溶解,回流脱色 1h,保温过滤,滤液在 0~5℃冷却结晶,反复 3 次,过滤,把结晶压干,挥发除去乙醇,70~80℃真空干燥,得精制胆固醇。

技能拓展四

三磷酸腺苷(ATP)的生产

一、三磷酸腺苷(ATP)的理化性质

ATP 分子式的简写形式是 A-P-P-P,由腺苷和三个磷酸基所组成,相对分子质量 507.184,白色或类白色粉末,无臭,无味,有引湿性,易溶于水,极微溶于乙醇、乙醚、氯仿等有机溶剂。10g/L 水溶液 pH 3~5,在碱性溶液中不稳定,受热易分解。ATP 有改善机体代谢的作用,参与体内脂肪、蛋白质、糖、核酸以及核苷酸的代谢。同时 ATP 又是机体代谢活动中最重要、最直接的能量来源方式,能供给体内吸收、分泌、肌肉收缩及进行生化合成时所需的能量。ATP 有血管扩张的作用,特别是冠状动脉的扩张作用,可使血压下降。ATP 用于心肌梗死及脑出血时,应在发病后 2~3 周开始应用,不良反应较少,静脉注射宜慢。辅助酶类用药,ATP 可用于进行性肌萎缩、脑出血后遗症、心功能不全、心肌疾患及肝炎等的治疗。

二、三磷酸腺苷(ATP)的生产

自然界中,ATP 广泛分布在生物细胞内,以哺乳动物肌肉中含量最高,为 0.25%~0.4%(质量分数)。

(一)氧化磷酸法

1. 生产工艺流程

氧化磷酸法是以酵母为工具,加入单磷酸腺苷(AMP)、葡萄糖、无机磷,经培

养发酵，酵母把葡萄糖氧化成乙醇和二氧化碳，同时释放大量的能量，转化为化学能，促使AMP生成ATP，在酵母中腺苷酸激酶几乎可以定量地把AMP转化成ATP，其转化率达90%，理论收率达85%。

2. 生产工艺过程和控制要点

（1）氧化反应　取AMP（纯度85%以上）50g用2L水溶解，必要时用6mol/L NaOH溶液调至全部溶解。另取$K_2HPO_4 \cdot 3H_2O$ 184.8g，KH_2PO_4 57.7g，$MgSO_4 \cdot 7H_2O$ 17.5g溶于5L水中。再将两溶液混合后，投入离心甩干的新鲜酵母1.8～2kg及葡萄糖175g，立即在30～32℃下缓慢搅拌，全部反应时间4～6h。将反应液冷却至15℃左右，加入400g/L三氯乙酸500mL，并用盐酸调pH至2，用尼龙布过滤，去除酵母菌体和沉淀物，得上清液，见图2-5。

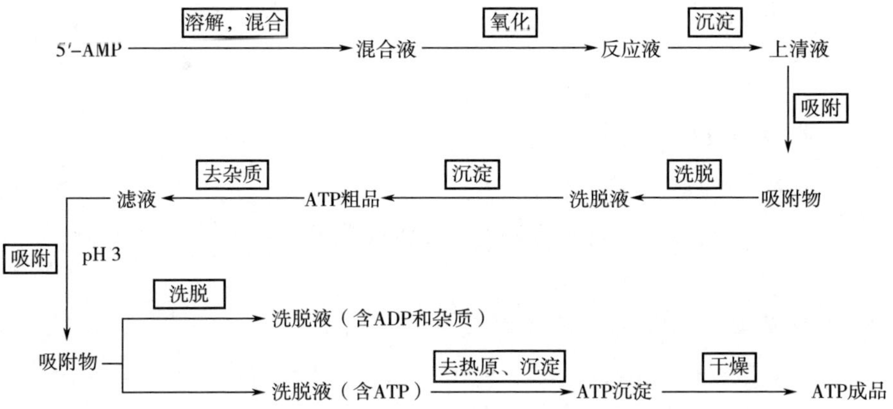

图2-5　氧化磷酸法生产ATP工艺路线

（2）分离纯化　在上清液中加入处理过的颗粒活性炭，于pH 2下缓慢搅动2h，吸附ATP。用倾泻法除去上清液后，用pH 2的水洗涤活性炭，漂洗去大部分酵母残体后装入色谱柱中，再用pH 2的水洗至澄清，用氨水：水：95%乙醇=4：6：100（体积比）的混合洗脱液以30mL/min的流速洗脱下ATP。

将ATP氨水洗脱液置于水浴中，用HCl调pH至3.8，加3～4倍体积的95%乙醇，在5～10℃静置6～8h，倾去乙醇，沉淀即为ATP粗品。将粗品置于1.5L蒸馏水中，加硅藻土50g，搅拌15min，布氏漏斗过滤，取上清液调pH至3，上717氯型阴离子柱，一般100g树脂可吸附10～20g的ATP，吸附饱和后用0.03mol/L氯化钠溶液洗柱，去除二磷酸腺苷（ADP）和杂质，然后用pH 3.8，1mol/L氯化钠溶液洗脱，收集遇乙醇沉淀部分的洗脱液。

（3）精制　洗脱液加硅藻土25g，搅拌15min，抽滤，上清液调pH至3.8，加3～4倍体积的95%乙醇，立即产生白色ATP沉淀，置于冰箱中过夜。次日倾去上清液，用丙酮、乙醚洗脱沉淀，脱水，用垂熔漏斗过滤，置P_2O_5干燥器中，减压干燥，即得 ATP 成品。按 AMP 质量计算，收率 100%～120%，纯度 80%左右。

（二）直接发酵法

1. 生产工艺流程

产氨短杆菌在适量浓度的 Mn^{2+} 存在时，其 5′-磷酸核糖、焦磷酸核糖、焦磷酸核糖激酶和核苷酸焦磷酸化酶能从细胞内渗出，若在培养基中加入嘌呤碱基，可分段合成相应的核苷酸。

2. 生产工程及控制要点

（1）菌种　采用产氨短杆菌（B_1-787）进行发酵。

（2）菌种培养　培养基终浓度组成为葡萄糖 100g/L，$MgSO_4 \cdot 7H_2O$ 1g/L，尿素 2g/L，$FeSO_4$ 0.01g/L，$ZnSO_4 \cdot 7H_2O$ 0.01g/L，$CaCl_2 \cdot 2H_2O$ 0.1g/L，玉米浆适量，K_2HPO_4 10g/L，KH_2PO_4 10g/L，pH 7.2。种龄通常为 20～24h，接种量终浓度 70～90g/L，pH 控制在 6.8～7.2。

（3）发酵罐培养　500L 发酵罐培养，培养温度 28～30℃，24h 前通气比为 0.5∶1，24h 后通气比为 1∶1，40h 后投入原料使终浓度为腺嘌呤 2g/L、烷基醇酰胺 1.5g/L、尿素 3g/L［发酵通气量：单位时间内（一般为每分钟）通入发酵容器的气体体积（一般为升）。发酵通气比表示发酵通气量∶发酵液体积（无量纲）］。升温至 30℃，pH 调至 7.0。

（4）提取、精制　发酵液加热使酶失活后，调节 pH 至 3～3.5，过滤除菌体，滤液通过活性炭柱，用氨醇溶液洗脱，洗涤液再经过氯型阴离子柱，经 NaCl-HCl 溶液洗脱，洗脱液加入冷乙醇沉淀，过滤，丙酮洗涤，脱水，置 P_2O_5 真空干燥器中干燥，得 ATP 精品。按发酵液体积计算，收率为 2g/L（图 2-6）。

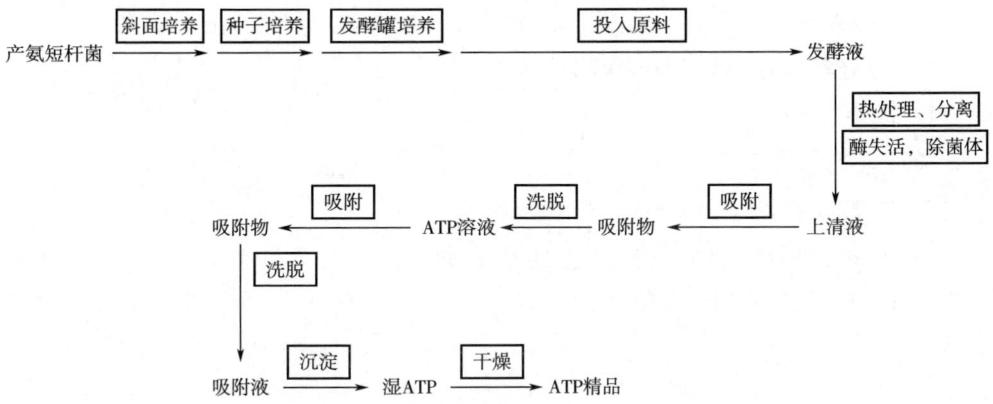

图 2-6　直接发酵法生产 ATP 工艺路线

技能拓展五

辅酶A的生产

一、辅酶A的组成与性质

辅酶A(CoA)分子由*p*-巯乙胺、4′-磷酸泛酸和3′,5′-二磷酸腺苷所组成，纯品为白色或淡黄色粉末，最高纯度为95%，一般为70%~80%，具有典型的硫醇味，易溶于水，不溶于丙酮、乙醚和乙醇中，兼有核苷酸和硫醇的通性，是一种强酸。CoA的盐除不溶于酸的汞、银和亚铜化合物，其他了解的还很少。CoA易被空气、过氧化氢、碘、高锰酸钾等氧化成无催化活性的二硫化合物，与谷胱甘肽、半胱氨酸可形成混合的二硫化物。二硫键可被锌和盐酸、锌汞齐、碘化氢或碱金属硼氢化物所破坏。稳定性随着制品纯度的增加而降低，纯度为1.5%~4%(质量分数)的CoA丙酮粉，在室温条件下干燥储存3年尚不失活。CoA水溶液pH小于7，数天内不失活；pH为7时，在温度120℃，30min失活23%；在pH 8时，24h失活42%。真空干燥CoA时76.8℃ 4h失活21.3%，24h失活21.6%；100℃ 4h失活70.5%，24h失活89.5%。CoA高纯度的冻干粉，有很强的吸湿性，暴露在空气中很快吸收水分并失活，在碱性溶液中易失活。在酸性溶液中，pH 2.6时，CoA活性不但没有损失，反而有所增加。活性的增加与时间、温度有关，在40℃，3h达到20%~25%，为最大值，4h以后，活性开始下降，并于24h恢复到原来水平。

二、辅酶A的生产工艺过程

制取CoA有用动物肝、心、酵母等作为原料的提取法和微生物合成法等。

(一)以猪肝为原料的GMA提取法

1. 技术路线

提取工艺见图2-7。

2. 工艺过程

(1)绞碎、提取　将新鲜猪肝去除结缔组织，绞碎，得肝浆，再投入5倍体积的沸水中，立即煮沸，保温搅拌15min，迅速过滤，冷却至30℃以下，过滤得提取液。

(2)除蛋白质　在搅拌下向提取液中加入50g/L三氯乙酸溶液，加入量为2%(体积比)，静置4min，吸取上清液，沉淀过滤，收集并合并滤液与上清液。

(3)吸附、梯度洗脱、酸化　将pH约5的上清液，直接流入经再生的GMA树脂柱，柱比(树脂柱长与直径的比)(1∶10)~(1∶7)，树脂与提取液体积比(1∶60)~(1∶50)，流速每分钟为树脂体积的10%~15%。

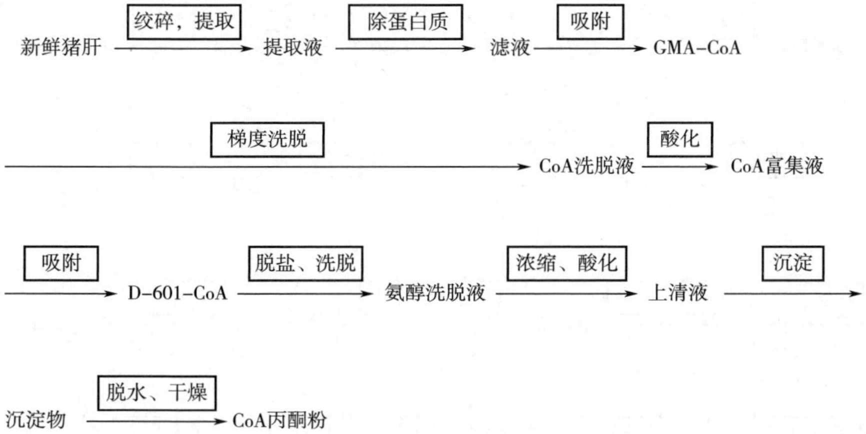

图 2-7　以猪肝为原料的 CoA 提取工艺

吸附完毕,以去离子水洗涤树脂柱至澄清,用 3~4 倍体积(树脂体积,余同)的 0.01mol/L 盐酸-0.1mol/L 氯化钠以流速每分钟为树脂体积的 2%流洗树脂柱,最后用约 5 倍体积(合并)的 0.01mol/L 盐酸和 1mol/L 氯化钠以流速每分钟为树脂体积的 2%洗脱 CoA,收集至洗脱液呈无色,pH 下降至 2~3 为止。洗脱液用盐酸调节至 pH 2~3,过滤除沉淀,得 CoA 浓缩液。

(4)吸附、脱盐、洗脱　取上述浓缩液,于交换柱中装入甲基丙烯酸缩水甘油酯(GMA),体积为 LD-601 型树脂的 50%,以每分钟树脂体积的 5%流速吸附。吸附后用 1 倍树脂体积、pH=3 的硝酸水溶液(浓硝酸 5~10mL,加蒸馏水至 100mL)以每分钟树脂体积的 2%~4%的流速通过 LD-601 型树脂,洗去黏附于树脂表面的氯化钠,至洗液无氯离子反应。再用 3~4 倍树脂体积的氨醇液(乙醇∶水∶氨水=40∶60∶0.1,体积比,余同),以每分钟树脂体积的 1%~2%的流速洗脱,倾去少量无色液,得氨醇洗脱液。

(5)浓缩、酸化　将氨醇洗脱液薄膜浓缩至原体积的 1/20,用稀硝酸酸化至 pH 2.5,放置冰箱过夜,次日离心除去不溶物,得澄清液。

(6)沉淀、脱水、干燥　上述澄清液在搅拌下逐渐加入 10 倍体积的、pH 2.5、47℃的酸化丙酮中,静置沉淀。离心,收集沉淀,用丙酮洗涤 2 次,置于五氧化二磷真空干燥器中,干燥,即得 CoA 丙酮粉。

(二)以酵母为原料的提取法

1. 技术路线

技术路线见图 2-8。

2. 工艺过程

(1)破壁、提取　取新鲜压榨的酵母 100kg 投入预先搅动的等量沸水中,立即升温至 84℃,后放入碎冰中搅拌,冷却至 30℃以下,离心或绢丝袋吊滤去渣(提取

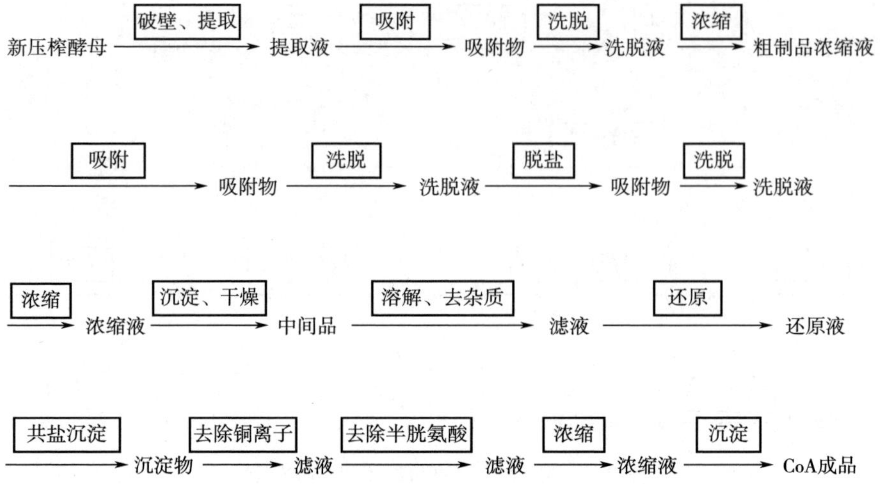

图 2-8　以酵母为原料提取 CoA 工艺

细胞色素 C)，滤液为提取液。

(2)吸附、洗脱、浓缩　将浓缩液从柱顶加入 766 型颗粒活性炭柱中，进行吸附，加入流速为 1.9~2.1mL/min，吸附完后用蒸馏水冲洗至流出澄清液为止，再用 40%乙醇洗涤，直至以数滴洗液加 10 倍丙酮不呈白色浑浊为止，约需 1600L。再以 3.2%(体积分数，余同)氨乙醇溶液洗脱，出现微黄色开始收集，pH 约 6 左右，洗脱液加过量丙酮至不显白色浑浊为止，边洗脱边真空浓缩，以除去乙醇和氨。至洗脱液体积的一半，真空浓缩的温度控制在 55~60℃，得粗品浓缩液(冰箱中可保存 1 个月)。

(3)吸附、洗脱、浓缩、干燥　将粗浓缩液，用 1mol/L 氢氧化钾配液，再加入 13.5kg 60~80 目 717 甲酸型树脂(先以 2mol/L 氢氧化钠处理，水洗至中性后，再加 1mol/L 甲酸及 0.5mol/L 甲酸铵溶液处理，最后经 1mol/L 甲酸处理即可使用)，搅拌吸附 16h 取出，树脂以蒸馏水清洗，然后上柱，用蒸馏水平衡，至中性，最后用 1mol/L 甲酸及 0.5mol/L 甲酸铵洗脱，共约 320L，再用一根小的 766 型颗粒活性炭柱(活性炭加 2mol/L 盐酸浸没煮沸 5min，用蒸馏水洗至中性)吸附脱盐，倾入流速为 65~70mL/min，吸附完后用蒸馏水洗至中性，以 150L 的 40%乙醇洗活性炭，再以 65L 含氨 3.2%的 40%乙醇液洗，真空浓缩至 6L，温度 55~60℃。浓缩液用 8mol/L 硝酸调 pH 至 2~3，逐步倒入 10 倍体积以上 pH 为 2~3 的丙酮，沉淀离心去除上清液，沉淀以无水丙酮洗 1~2 次，减压干燥即得中间品。

(4)溶解、去杂质　取中间品溶于 5 倍体积的水中，有不溶物应离心除去，加入中间品 2.5 倍量(质量比)的 732 强酸型离子交换树脂，搅拌 5min，过滤，再以 2 倍(体积比，余同)水洗涤树脂液后合并洗液，再加 5 倍(质量比)704 弱碱型离子交换树脂，调整 pH 为 2~3，迅速过滤，以 3 倍水洗涤沉淀，滤液合并，再加入中间品 0.3 倍量(质量比)半胱氨酸盐酸盐，并以 10mol/L 氢氧化钾调

pH 为 7，放置 10min，加入等体积的 5mol/L 硫酸（按中间品质量计算），将已活化好的锌汞齐按中间品的 2.5 倍（体积比）加入，振摇 10min，有较多的气泡产生，溶液色泽由深变浅，倾去上清液，并以少许水洗锌汞齐粒 2 次，滤液与上清液合并。在水浴中加热至 35～40℃，分次加入混悬的氧化亚铜中间体：氧化亚铜＝8：1.5（体积比）混合物，应较快溶解，每加 1 次后应以 0.1mL 吸管吸出反应液，并观察管中反应液是否迅速呈白色浑浊状，否则，再加氧化亚铜，随搅动迅速加入 3 倍量水，即有大量的白色沉淀析出，离心分离沉淀，以 0.125mol/L 硫酸洗涤沉淀物 2 次，再水洗至不呈硫酸根反应为止。

（5）去除铜离子、去除半胱氨酸　将沉淀物悬浮于水：制备的辅酶 A 中间品＝10：6（体积质量比）中，用 10mol/L 氢氧化钠调 pH 至 2.5，通硫化氢 2～2.5h，pH 应不小于 3.5。再以 4mol/L 盐酸调 pH 至 2～3，离心倾取上清液，用少许水洗残渣 2 次，合并洗液，洗液应呈无色或微黄色澄明液，加入 5 倍量（体积比）732 树脂，搅拌 5min，布氏漏斗过滤，合并水洗液，温度 50～55℃，减压浓缩至 250mL 左右，再加 pH 为 3 的 20 倍体积丙酮，剧烈振摇，有白色沉淀析出，放置 10min，离心，以无水丙酮脱水 2 次，真空干燥即得成品。按新鲜压榨酵母质量计算，收率 3000U/kg。

技能拓展六

超氧化物歧化酶的生产

一、超氧化物歧化酶的组成与性质

超氧化物歧化酶（SOD）是一类氧化还原金属酶，能清除体内超氧自由基阴离子，有效地预防超氧自由基阴离子对机体的损害，是机体内氧自由基的头号杀手，是生命健康之本。SOD 广泛分布于各种生物体内，如动物、植物、微生物等。按照 SOD 中金属辅基的不同，大致可将 SOD 分为 3 类，分别为 Cu/Zn-SOD、Mn-SOD、Fe-SOD。

SOD 由于半衰期短、相对分子质量大、易失活等缺点，不利于临床使用，因而对 SOD 分子进行化学修饰成为近些年的研究热点。实验表明，修饰酶不仅完全保留了天然酶的活性，在耐热、耐酸碱度、抵抗蛋白酶水解以及稳定性方面也明显优于天然酶，大大延长了它在体内停留的时间。

二、超氧化物歧化酶的基本功效

当前已有多种药用 SOD 应用于临床中，主要集中于抗炎、抗衰老、抗辐射、抗肿瘤和自身免疫系统疾病等与活性氧损伤有密切关系的病症中。SOD 属于人体内自身就含有的一种抗氧化酶。酶参与人体化学反应,所有的新陈代谢都有酶类参与,所以酶的起效和吸收是建立在人体化学反应上的,而抗氧化剂生物利用率低,需要在体内进行转化后才能被人体吸收利用,所以相同剂量的酶和抗氧化剂,酶的效果约强于抗氧化剂的1000倍。

三、SOD的生产工艺

(一)结晶法分离提纯

结晶法分离提纯超氧化物歧化酶的方法,其主要步骤如下所示。

(1)利用超声破碎仪破碎细菌发酵培养液(功率30%,开5s,停3s,破碎1h),12000r/min离心40min,取上清液,用盐酸调节溶液pH至5.0,4℃静置1h后,12000r/min离心40min后取上清液,在压力为0.5MPa下,用截留分子质量为3ku的超滤膜,将上清液浓缩至30mg/mL。

(2)将沉淀剂溶解在0.1mmol/L,pH 3.0的柠檬酸溶液中,配制成40mg/mL的PEG 8000沉淀剂溶液,按1∶1(体积比)加入步骤(1)中的蛋白质溶液中,混合均匀后加入200μL的籽晶,置于4℃控温箱中搅拌结晶,搅拌速度为200r/min。

(3)将步骤(2)结晶完成后的溶液于4℃、12000r/min离心30min,所得沉淀即为超氧化物歧化酶晶体混合物。

(4)在步骤(3)所得的溶液中加入40mg/mL的PEG8000溶液,缓慢搅拌混匀后,离心弃上清液,重复该过程3次以彻底清洗晶体。

(5)以相同的结晶条件和结晶方法,重复结晶两次以上,以得到更高纯度的超氧化物歧化酶晶体。

(6)将步骤(5)所得晶体溶液冷冻干燥,得到超氧化物歧化酶,纯度为95%,比活力为4335IU/mg蛋白质。

(二)从蒜片加工废水中提取SOD的工艺

(1)以多个400目的不锈钢筛网为支撑材料,以200目的硅藻土为过滤介质,将硅藻土料液通过泵循环,预先在不锈钢筛网上均匀涂上5mm厚的硅藻土过滤层,然后将10m^{3}蒜片加工废水进行过滤,除去蒜片加工废水中的大颗粒杂质和胶体物质。

(2)将过滤后的蒜片加工废水打入反应釜,加热到75℃,加热时间20min,使蒜片加工废水中的杂蛋白变性絮凝,冷却至30℃,再经硅藻土挂膜过滤后,去除蒜片加工废水中的杂蛋白质。

(3)将蒜片加工废水过滤澄清后,用泵打入装有1000kg超氧化物歧化酶(SOD)分子印迹树脂的树脂柱,控制进样流速500L/h,选择性吸附废水中的超氧化物歧化酶(SOD),大蒜多糖等杂质随废水流出,实现了超氧化物歧化酶(SOD)与大蒜多糖等杂质的分离。

(4)超氧化物歧化酶(SOD)分子印迹树脂吸附饱和后,先用0.5m^{3}去离子水冲洗树脂,然后用200kg洗脱剂洗脱,控制洗脱流速100L/h,收集到含超氧化物歧化酶(SOD)的洗脱液250kg。

(5)洗脱液经截留相对分子质量20000的聚砜膜浓缩至固体质量百分比5%的超氧化物歧化酶(SOD)浓缩液50kg。

(6)将上述浓缩液,经-55℃的低温冷冻干燥10h后,得到粉状超氧化物歧化酶(SOD)冻干粉产品。提取率0.05%,比活力2670IU/mg蛋白质。

四、SOD活力的检验

(一)原理

连苯三酚在碱性条件下,能迅速自氧化,释放出氧气,生成带颜色的中间产物。在自氧化过程的初始阶段,黄色中间产物的积累量在滞后30~45s就与时间呈线性关系。中间产物在420nm处有强烈的光吸收,在有SOD存在时由于它能催化生成氧气与过氧化氢,从而阻止了中间产物的积累,通过计算就可以求出SOD的活力。

所需溶液的配制:

(1)pH为8.30的$K_2HPO_4-KH_2PO_4$缓冲溶液　25℃下96.5mL 1mol/L的K_2HPO_4与3.5mL 1mol/L的KH_2PO_4混合后,用水稀释至2000mL。

(2)0.05mmol/L连苯三酚溶液　称取0.1576g连苯三酚用双蒸水配制的0.01mol/L盐酸溶液溶解并定容至25mL,遮光保存。

(二)酶活力的测定

1. 连苯三酚自氧化速率的测定

在10mL试管中加入pH为8.30的$K_2HPO_4-KH_2PO_4$缓冲溶液4.50mL,在(25±0.5)℃的恒温水浴中保温10min,然后加入在(25±0.5)℃的恒温水浴中事先预热好的连苯三酚溶液(空白管用10mmol/L HCl代替),迅速摇匀倒入1cm比色皿中,以空白管为参比,在325nm下,每隔30s测1次吸光值,连续记录3min,调节连苯三酚溶液用量,将其自氧化速率控制在0.070(±0.002)OD/min。经实验测得连苯三酚溶液的用量为6μL。

2. 样品活力测定

在10mL试管中加入pH为8.30的4.5mL $K_2HPO_4-KH_2PO_4$缓冲溶液和一定体积的样液,在(25±0.5)℃的恒温水浴中保温10min,然后加入在(25±0.5)℃的恒温水浴中事先预热好的连苯三酚溶液6μL(空白管用10mmol/L HCl代替),迅速摇匀倒入1cm比色皿中,以空白管为参比,在325nm下,每隔30s测1次吸光值,连续记录3min,调节样液体积,使样液中连苯三酚的氧化速度控制在(0.035±0.002)OD/min,记录此时样液体积。

项目检测

一、名词解释

1. 生化药物　2. 多肽类生化药物　3. 细胞生长调节因子　4. 低聚糖

二、简答题

1. 在生化分离与纯化的过程中，要综合运用多种现代分离与纯化的技术，才能保证产品的有效性、稳定性、均一性和纯净度，生化分离操作存在哪五个方面的特点？

2. 简述氨基酸类药物的制造方法。

3. 简述生物制药中分离制备方法的基本原理。

项目三　发酵工程制药技术

项目三　发酵工程制药技术

项目目标

●知识目标

1. 了解发酵工程制药技术的基础知识。
2. 熟悉发酵工程制药生产的基本技术和方法。
3. 掌握典型赖氨酸的工艺流程、生产技术及其操作要点,相关参数的控制。

●技能目标

1. 学会发酵工程制药生产的操作技术、方法和基本操作技能。
2. 能够操作典型四环素的制备工艺。
3. 能熟练进行典型发酵制药生产相关参数的控制,并能编制生产工艺方案。

●职业素质目标

1. 具有吃苦耐劳、独立思考、团结协作、勇于创新的精神和诚实守信的优良品质。
2. 树立"安全第一、质量首位、成本最低、效益最高"的意识,并贯彻到发酵制药生产的各个环节。
3. 培养学生具有良好的职业道德。

发酵工程又称为微生物工程,是利用微生物制造工业原料与工业产品并提供服务的技术。微生物发酵过程不同于一般的工业过程,由于它涉及生命体的繁殖、生长、衰老等过程,实质上是一个十分复杂的自催化过程。发酵工程是生物技术的基础工程,因为基因工程、细胞工程和酶工程等的实施,几乎都与发酵工程紧密相连。

发酵工业中的化学反应是通过微生物完整细胞的综合生物化学过程来实现的。发酵工业以某种特定的产物为工艺目的物,这就要求微生物细胞既能正常生长又能过量地积累目的产物。目前发酵工业已经形成完整的工业体系,包括抗生素、氨基酸、维生素、有机酸、多糖、酶制剂、单细胞蛋白、基因工程药物、核酸类物质及其他生物活性物质等的生产。尽管人类利用微生物发酵制造所需产物有几千年的历史,但对其原理、反应步骤、物质变化、调控机制等的认识和理解主要是在20世纪完成的。发酵工程的发展大体上可分为下述四个阶段。第一阶段,20世纪以前,人类利用传统的微生物发酵过程来生产葡萄酒、醋、酱、奶酪等食品。第二阶段,1900—1940年,随着微生物培养技术的不断进步,新的发酵产品不断问世,新产品主要有酵母、甘油、乳酸、柠檬酸、丁醇和丙酮等。第三阶段，发酵工业大发展时期，青霉素工业化成功推动了发酵工业的发展。主要标志有：深层培养，大规模化生产，多种抗生素、氨基酸、核酸发酵成功，甾体的微生物转化。采用纯种发酵，进行无菌操作，对操作条件有严格的控制，相应地采用较复杂的工艺和设备。第四阶段，基因工程等高新技术应用阶段。1953年沃森和克里克提出了DNA的双螺旋结构模型，与此同时，科学家们发现细胞中的“质粒”是能在细菌染色体外进行自我复制的细胞质因子，可以说这就是当今基因操作的起点。

发酵工程是现代生物工程技术中的一种“旧改新”技术。利用生物学基础理论，改良微生物的一些特殊功能，为社会提供更多优质的产品或将微生物直接应用于工农业生产。发酵工程内容涉及：菌种的培养和选育、菌种的代谢与调节、培养基灭菌、通气搅拌、溶氧、发酵条件的优化、发酵过程中各种参数与动力学、发酵反应器的设计和自动控制、产品的分离纯化和精制等。发酵工业的生产水平取决于三个要素：生产菌种、发酵工艺和发酵设备。

一、优良菌种的选育方法

发酵工程产品开发的关键是筛选新的有用物质的生产菌。从自然界分离得到的野生型菌种在产量上或质量上均不适合工业生产要求，因此必须通过人工选育。优良菌种的选育不仅为发酵工业提供了高产菌株，还可以提供各种类型的突变菌株。菌种选育包括自然选育、诱变育种、杂交育种等经验育种方法，还包括控制杂交育种、原生质体融合、基因工程等定向育种方法。

（一）菌种选育的物质基础

微生物的一切性状包括形态和生理都取决于菌体内的各种酶。酶是由遗传物质所决定，主要是由DNA进行酶的调控。DNA是微生物遗传的物质基础，基因是遗传物质的基本功能单位，每个基因包含几百对以上的核苷酸，只要其中一对发生交换或突变就会导致遗传性状的改变。决定遗传性状的DNA主要集中在染色体上，只有少量游离在外。细胞核内染色体数量及形状随生物体不同而异，例如人的染色体为46条，酵母为6条。DNA分子结构的改变是诱变育种的工作根据，染色体搭配的交换变化是杂交育种的根据。对DNA分子结构及其复制过程的了解将更有利于充实诱变育种的理论根据。另外，质粒也是遗传物质，它是染色体外的遗传结构。质粒为双链DNA的环状分子，能在细胞中进行自主复制，并能离开染色体单独存在。大多数质粒能经“消失”处理而消除，且对细胞无致命影响。许多质粒携带一些能影响宿主细胞类型的基因，例如用来控制抗生素的形成。

（二）菌种选育的方法

1. 自然选育

不经人工处理，利用微生物的自然突变进行菌种选育的过程称为自然选育，自发突变的变异率很低。由于微生物可以发生自发突变,所以菌种在群体培养过程中会产生变异个体。这些变异个体中一种是生长良好,生产水平提高,对生产有利,这类菌株称为正变菌株;另一种是生产能力下降,形态出现异型,导致菌种退化,这类菌株称为负变菌株。自然选育就是将正变菌株挑选出来,进行扩大培养。

自然选育可以达到纯化菌种、防止菌种衰退、稳定生产水平、提高产物产量的目的。但是自然选育存在效率低和进展慢的缺点,将自然选育和诱变育种交替使用,才容易收到良好的效果。

2. 诱变育种

用人工方法来诱发突变是加速基因突变的重要手段,它的突变率比自然突变提高成百上千倍。突变发生部位一般是在遗传物质 DNA 上,因此突变后性状能稳定遗传。

(1)诱变育种的方法和原理　微生物在生理上和形态上的变化只要是可遗传的都称为变异。和由环境变化而出现的变异有本质上的区别,如假丝酵母在土豆培养基上加盖玻片形成假菌丝,而在麦芽汁培养基上为分散椭圆细胞,这种可逆的现象就是不可遗传的变异。微生物诱变育种的目的是要使菌种向符合人们需要的方向变异,通常用物理、化学、生物等因素对微生物进行诱变,导致遗传物质 DNA 结构上发生变化。

①诱变机制:由诱变而导致微生物 DNA 的微细结构发生变化,主要分为微小损突变、染色体畸变即大损伤突变、染色体组突变三种类型。

a. 微小损伤突变:微小损伤突变有碱基的置换和移码突变两种。碱基的置换是一种真正的点突变,根据置换方式不同可分为转换和颠换两种。转换是 DNA 链上一个嘌呤被另一个嘌呤或一个嘧啶被另一个嘧啶置换,这是常见的基因突变。颠换是指 DNA 链上一个嘌呤被一个嘧啶或一个嘧啶被一个嘌呤所置换。如果遗传密码 ACC 经碱基转换为 GCC,则 RNA 中相关遗传密码即由 UGG 改变为 CGG,UGG 是色氨酸密码子,CGG 是精氨酸密码子,经翻译后所合成的蛋白质分子就发生了改变。移码突变是在 DNA 分子的某一位置上缺失或插入一对或几对核苷酸碱基而使遗传密码移位。由于遗传密码是以三个核苷酸碱基为一组编码氨基酸,它们在 DNA 分子上又是以连续状态存在的,所以在缺失或插入核苷酸碱基以后的密码都成为错误密码,以这些错误密码合成的蛋白质很有可能得到非正常的蛋白质。

b. 染色体畸变:染色体畸变是由遗传物质的缺失、重复或重排而造成的染色体异常突变。染色体畸变主要包括一条染色体内部所发生的畸变和非同源染色体之间所发生的畸变,它有下列几种情况。

ⓐ易位:指两条非同源染色体之间部分相连接的现象,它包括一个染色体的一部分连接到某一非同源染色体上的单独易位和两个非同源染色体的相互交换连接。

ⓑ倒位：指一个染色体的某一部分以颠倒的顺序出现在原来的位置上，易位和倒位都使基因排列顺序改变，而基因数目不变。

ⓒ缺失：指在一条染色体上失去一个或多个基因遗传物质的节段，一般对染色体畸变而言，缺失是指足够长的 DNA 片段的缺失，而不是单个核苷酸的缺失，后者属移码突变。

ⓓ重复：指在一条染色体上增加了一段染色体片段，使同一染色体上某些基因重复出现。

c. 染色体组突变：这类突变主要是指细胞核内染色体数目的改变。一个细胞的细胞核内含有一套完整的染色体组称为单倍体，含有两套染色体组的为双倍体，含有三套以上的称为多倍体。细胞核内染色体总数是一整套染色体组的整数倍称为整倍体。在细胞核中某一个或某几个染色体多于或少于正常的二倍染色体数称为非整倍体。染色体组突变是指由有丝分裂或减数分裂异常而产生的染色体数目或组数的变化。

(2) 诱变剂及其作用方式　能诱发基因突变并使突变率提高到超过自发突变水平的物理化学因子都称为诱变剂。诱变剂种类很多，可分为物理、化学、生物三大类，常用的诱变剂见表 3-1。

表 3-1　　常用的诱变剂及其类别

部分物理诱变剂	化学诱变剂		部分生物诱变剂
	与碱基反应的物质	碱基类似物	使 DNA 中插入或缺失碱基
紫外线噬菌体	硫酸二乙酯(DES)	2-氨基嘌呤	吖啶类物质
快中子	甲基磺酸乙酯(EMS)	5-溴尿嘧啶	吖啶类氮芥衍生物
X 射线	亚硝基胍(NTG)	8-氮鸟嘧啶	
γ 射线	亚硝酸(NA)		
激光	氮芥(NM)		
	羟胺		

①物理诱变剂：主要有紫外线、X 射线、γ 射线、激光、快中子、α 射线、β 射线和超声波等，其中以紫外线应用最广。

紫外线是波长短于紫色可见光而又接近紫色光的射线，波长为 40～390nm。DNA 分子的紫外线吸收值为 260nm，因此波长 200～300nm 的紫外线才有诱变作用。实验室常用 15W 低功率紫外灯，放出 253nm 光谱，是比较有效的诱变作用光谱。紫外线的剂量通常以每秒每平方厘米多少焦耳来计算。由于紫外线能量测定比较困难，一般用照射时间作为相对的剂量单位。微生物所受射线的剂量决定于灯的功率、灯和微生物之间的距离及照射时间，如距离和功率固定，剂量就和照射时间成正比。除用时间表示相对剂量外，还可以用杀菌率表示相对剂量。各类微生物对紫外线敏感程度差异也很大，可以相差几千倍甚至上万倍。诱变剂量的选择一般采用90%~99%致死剂量。生产上为了得到正突变菌株，往往采用低剂量，一般致死率30%~70%为好。紫外线引起DNA变化的原因很多，如DNA链的断裂、DNA分子内和分子间的交联、核酸与蛋白质交联，但主要是胸腺嘧啶二聚体的形成，该二聚体对热和酸都是稳定的。经紫外线照射后用可见光处理可以提高菌的存活率，降低突变效率，称为光复活效应。已经证明光复活作用是由于光激活了酶，使嘧啶二聚体分开，DNA受损伤的部分被修复，而使微生物复活。各种微生物被紫外线照射后能否光复活，要通过实验才知道，导致光复活的光谱范围也不一致。一般紫外线照射后的操作应在黄光或红光下进行，以免产生光复活效应。在诱变育种中也可采用致死剂量的紫外线和有光复活作用的白炽光(300~500W)反复交替处理，以增加菌种的诱变频率。

紫外线诱变的操作方法为：在暗室内安装15W紫外灯管，装上稳压装置，以求剂量准确。将5mL菌体悬浮液放在直径9cm培养皿中，在离灯管30cm处照射，并安装好摇动或电磁搅拌设备，以求照射均匀。照射前先开灯预热20min，一般微生物营养细胞在上述条件下照射几十秒到数分钟即可死亡。在正式进行处理前，先对要处理的微生物作出照射时间和死亡率的曲线，便于选择适当剂量。照射后应在红光下操作，照射后菌悬液进行增殖培养期间，可用黑纸包住三角瓶，防止光复活。

②化学诱变剂：在筛选工作中，人们发现从最简单的无机物到最复杂的有机物中都可找到能引起诱变的物质，包括金属离子、一般化学试剂、生物碱、抗代谢物、生长刺激素、抗生素及高分子化合物、杀菌剂、染料等。

根据化学诱变因素对DNA的作用形式可将其分为三类：第一类是与一个或多个核酸碱基起化学变化，引起DNA复制时碱基配对的转换而导致变异。如亚硝酸、硫酸二乙酯、甲基硫酸乙酯、*N*-甲基-*N'*-硝基-*N*-亚硝基胍、亚硝基甲基脲等。第二类是与天然碱基十分接近的类似物掺入到DNA分子中而引起变异，如5-溴尿嘧啶、5-氨基尿嘧啶、8-氮鸟嘌呤和2-氨基嘌呤等。第三类是DNA分子上减少或增加一两个碱基引起碱基突变点以下全部遗传密码转录和翻译的错误，这类由于遗传密码的移动而引起的突变体称为移码突变体，如吖啶类物质。

(3)诱变和筛选　诱变育种主要有诱变和筛选两步。在具体进行某一项工作时首先要制定明确的筛选目标，如提高产量或菌体量，其次是制定合理步骤，再次是建立正确快速的测定方法和摸索培养最适条件。微生物诱变育种一般流程如图3-1所示。

一个菌种的细胞群体经过诱变处理后，突变发生的频率很低，而且是随机的，所需要的突变株出现的频率就更低。因此合理的筛选方法与程序是菌种选育的一个重要问题。在此过程中，初步筛选又是关键性的一步。在抗生素产生菌的育种中一直采用随机筛选的初筛方法：即将诱变处理后形成的各单细胞菌株，不加选择

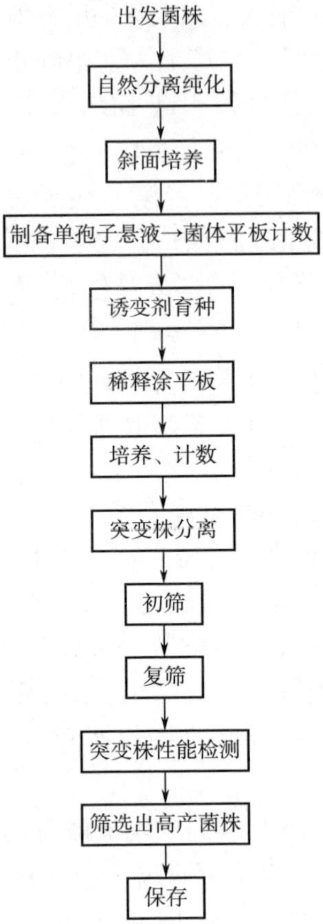

图 3-1　诱变育种示意图

地随机进行发酵并测定其单位产量，从中选出产量最高者进一步复试，这种初筛方法较为可靠，但随机性大，需要进行大量筛选。

为了筛选效果，科学界陆续建立了一些“理性化筛选”方法，即根据与抗生素生物合成直接或间接有关的某些性状进行初步筛选，然后在合适的条件下发酵并测定其产生抗生素的能力。实用意义较大的初筛方法有以下几种：①自身耐药突变株。②结构类似物或前体类似物的耐受突变株。③营养缺陷型及其回复突变株。

3. 原生质体融合

原生质体融合就是把两个亲株分别通过酶解去除细胞壁，使菌体细胞在高渗环境中释放出由原生质膜包被着的球状体，在高渗条件下混合两个亲株的原生质体，由聚乙二醇（PEG）作为助融合剂使它们相互凝集发生细胞融合，接着两亲株细胞基因组由接触到交换，从而实现遗传重组，在再生细胞中就有可能挑选到较理想的重组子。

原生质体融合育种去除了细胞壁屏障，在融合后两亲株的基因组之间有机会发生多次交换，产生各种各样的基因重组，而得到多种类型的重组子，并可进行多级融合：即有两个以上亲株在一起融合，融合重组频率比较高。可用加热，温度控制在20～40℃，药物或紫外线照射处理以纯化亲株一方或双方，然后再融合、再生、筛选重组子。

（1）原生质体融合的一般程序　首先是溶壁作用，不同菌株要求不同的酶，如细菌、放线菌可用溶菌酶，酵母用蜗牛酶，霉菌用纤维素酶和蜗牛酶。脱壁后的原生质球在高渗溶液中用PEG助融合剂，将两种亲株原生质体进行融合，然后在再生培养基上培养，挑出融合重组子。

（2）影响融合的因素

①菌龄：菌龄对原生质体的形成有很大影响，一般采用对数前期的菌体进行酶解，原生质体形成率高。

②培养基成分：培养基成分也对原生质体的形成产生很大影响，原生质体在限制性培养基上比在完全培养基上形成效果好，这可能是因为完全培养基中的有机成分或某些金属离子会引起细胞壁成分的改变，而导致对溶解酶敏感性的改变。

③PEG：在融合过程中PEG是必要的，PEG引起凝集，有利于原生质体之间的亲和。PEG的相对分子质量和浓度对融合效果有较大影响。

④外界因素：细胞壁再生和恢复是有生理活性的原生质体所共有的特性，但外界因素对再生也会产生较大影响，除高渗透溶液配制外，在再生培养基中加酵母膏可促进再生速度。原生质体密度要适当，不宜过多，以免互相影响或抑制。

（3）原生质体融合育种　通过细胞融合可将不同菌种的优良性状集中到一个菌种中，原生质体融合技术操作简便，重组频率高，是一种很有效的遗传育种手段。现在已经利用它来改良菌株，提高代谢产物的产量，而且能打破种属界限，产生重组子，并有可能产生新的化合物。

通过原生质体融合提高微生物代谢产物的单位产量已经成为育种的常规方法之一。为了提高某一抗生素的单位产量，可将产生菌与另一生物合成途径相似的抗生素产生菌的高产菌株进行原生质体融合。如将柔红霉素产生菌与四环素产生菌进行原生质体融合，由于这两个抗生素的生物合成都是来自聚酮体途径，使柔红霉素的单位产量得到明显提高。将巴龙霉素产生菌与新霉素产生菌的高产突变株进行种间原生质体融合，获得了单位产量提高5～6倍的巴龙霉素重组体，这两个抗生素在化学结构上只有一个羟基和氨基的差别，合成途径也十分相似。

4. 突变菌株的筛选

诱变处理后，正向突变的菌株通常为少数，需经过大量的筛选才能获得高产菌株。通过初筛和复筛后，还要经过发酵条件的优化研究，确定最佳发酵条件，才能使高产菌株的生产能力充分发挥出来。诱变的菌株性能可能发生各种各样的变异，主要分为形态突变型和生理突变型，如下所示。

（1）形态突变型

①菌落形态的变异：如菌落大小、表面结构、边缘形状等。

②菌丝形态的变异：如营养菌丝的粗、细、曲、直，气生菌丝的分枝和孢子链的形状，细菌和酵母细胞形态变异等。

③分子孢子形态的改变：如孢子的大小和形态、孢子的密集程度、孢子的颜色等。

（2）生理突变型

①生产性能：指生产菌的产量是否提高、质量是否改善、副产物等杂质是否减少等。

②颜色和色素的变异：颜色是指营养细胞、菌丝和孢子的颜色；色素是指溶解在培养基中的色素，这些变化可能与生产性能相互关联。

③发酵突变：指不能利用某一特殊碳源或不发酵某种糖类而产生某种产物。

④营养缺陷：主要有氨基酸缺陷型、维生素缺陷型和嘌呤型等。

⑤抗性突变：一种是指抗噬菌体菌株，另一种是指某些菌的抗高温、抗高酒精度和抗高渗透压等变异。

⑥抗药性突变：即在培养基中存在某一药物或一定浓度的药物时，产生抗药性突变菌种，菌株的抗药性与某些抗生素的生产关联。

（3）营养缺陷型突变菌株的筛选　营养缺陷型突变菌株具有明显的遗传标记，作为杂交育种的出发菌株，有利于杂交重组的分析，作为基因工程中的受体菌，有利于检出克隆基因的表达。

①野生型菌种：从自然界中分离到的微生物在其发生突变前的原始菌株。

②营养缺陷型：野生型菌株经过人工诱变或自然突变失去合成某种营养（氨基酸、维生素、核酸等）的能力，只有在基本培养基中补充所缺乏的营养因素才能生长。在筛选营养缺陷型突变菌株过程中，所使用的培养基主要有三类：基本培养基、完全培养基和补充培养基。营养缺陷型突变菌株的诱变育种筛选一般包括诱变（诱发突变），淘汰野生型，检出缺陷型，鉴别缺陷型种类等步骤。

③原养型：营养缺陷型菌株经回复突变或重组变异后产生的菌株，其营养要求在表型上与野生型相同。

（4）抗性突变株的筛选

抗性突变株主要有：抗代谢产物（抗生素）、抗代谢类似物、抗噬菌体、抗前体或其类似物、抗重金属或特定的有毒物质、抗培养条件（如温度）等。抗性突变受核基因或质粒基因控制，形成的原因可能是由于细胞壁的改变、酶的结构、酶的活性或核糖体的改变所造成，并可能与形态改变、营养需求或其他多基因的效应有关，所筛选的突变型常用来提高某些代谢产物的产量。

筛选抗性突变株常用方法有三种：药物临界致死分离法、梯度分离法、滤纸小片法。

①药物临界致死分离法：先找出临界致死浓度，后将诱变处理的孢子或菌体以10^7~10^{10}个/mL浓度涂布分离或混合于临界致死浓度的药物平板上培养，所生长的菌落有可能为抗性菌落。

②梯度分离法：将平皿底部先铺成梯度厚度，再添加含菌液和一定量药物的培养基形成药物梯度分布，培养观察菌落生长情况，检查可能产生的抗性突变株。

③滤纸小片法：将诱变处理的孢子或菌体与琼脂混合倒入平皿，凝固后放入蘸有临界抑制浓度药物的小滤纸片，其直径约5mm，置冰箱1~2h，药物扩散后恒温培养，在抑菌圈范围所长的少数菌落可能为抗性菌落。

二、发酵的主要方式及特点

微生物细胞培养可分为分批培养、补料分批培养和连续培养等几种方式，不同的培养技术各有其优缺点，如下所示。

（一）分批培养

分批培养又称间歇培养，微生物的生长是随环境时间变化而变化。培养过程中，除了不断进行通气（好氧发酵），加入酸或碱以调节培养液的pH，排泄废气（包括CO_2）外，与外界没有其他交换。

分批培养过程中，根据发酵液中细胞浓度的变化，将培养过程分为延迟期、对数生长期、减速期、稳定期和衰退期五个阶段。

1. 延迟期

一般来说，微生物细胞接种到培养基后。最初一段时间内细胞浓度并无明显增加，这一时间称为延迟期。延迟期是细胞在新的培养环境中表现出的一个适应阶段，新老环境中培养温度、pH、溶解氧、渗透压和氧化还原电位等环境条件的差异是造成延迟期的因素。延迟期的长短与种子的基因接种量的大小等因素关系密切。生长旺盛的种子延迟期较短，而老龄的种子需较长的延迟期，接种量越大，延迟期越短。

2. 对数生长期

经过延迟期的培养，细胞逐步适应了新的环境，培养基中的物质充足，有害代谢产物很少，细胞的生长不受抑制，细胞浓度随培养时间而呈对数增长，此阶段称为对数生长期。细胞浓度增长一倍所需的时间称为代时。细菌代时一般为0.25~1h。霉菌为2~8h，酵母菌为1.2~2h。

3. 减速期

由于细胞的大量增殖，培养基中的营养物质迅速消耗，有害代谢产物迅速积累，细胞生长速度逐渐下降，个别老龄化细胞开始死亡，培养过程进入减速期。

4. 稳定期

由于营养物质几乎被耗尽，代谢产物大量积累，细胞生长繁殖率大幅度下降，与老龄化细胞的死亡速率平衡,活细胞浓度不再增大,培养过程进入稳定期。在该阶段,细胞的浓度达到最大值,大量的代谢产物在此阶段合成并积累。

5. 衰退期

随着环境条件的不断恶化,细胞死亡速率大于增殖速率,活细胞浓度不断下降,培养过程进入衰退期。

(二)补料分批培养

补料分批培养(又称为流加式培养)是在分批培养过程中补充新鲜的料液,使培养基的量逐渐增大,以延长对数生长期与稳定期的持续时间。增加微生物细胞的数量,也能增加稳定期的细胞代谢产物的积累。一般在工业中,采用补料分批培养的产物较多,如面包酵母生产中采用补加糖蜜、氨、前体物质等以提高产量。

(三)连续培养

连续培养是在发酵过程中一面补入新鲜的料液,一面以相同的流速放料,维持发酵液原来的体积。即反应器中的细胞总数与总体积数均保持不变,体系达到了稳定状态。连续培养又分为单级连续培养和多级连续培养。

1. 单级连续培养

单级连续培养通常在连续培养之前,先进行一段时间的分批培养,当培养罐中的细胞达到一定程度后,以恒定的流量向培养罐中流加培养基,同样以相同的流量流出培养基,使培养罐内培养液的体积保持稳定。

2. 多级连续培养

多级连续培养是将几个培养罐串联起来,前一罐的出料作为下一发酵罐的进料,即形成多级连续培养。

三、发酵工程制药的基本技术

发酵技术是人们利用微生物的发酵作用,运用一些技术手段控制发酵过程,大规模生产发酵产品的技术。发酵工程制药所应用的基本技术包括:灭菌操作技术、种子扩大培养技术、发酵液预处理技术和产物提取精制技术等。

(一)发酵的一般工艺流程

发酵的基本流程为:菌种→种子制备→发酵→发酵液预处理→产物提取精制。

1. 菌种

发酵水平的高低与菌种的性能质量有直接关系,菌种的生产能力、生长繁殖的情况和代谢特性是决定发酵水平的内在因素,这就要求用于生产的菌种产量高、生长快、性能稳定、容易培养。目前国内外发酵工业中所采用的菌种绝大多数是经过人工选育的优良菌种。为了防止菌种衰退,生产菌种必须以休眠状态保存在砂土管或冷冻干燥管中,并且置于0~4℃恒温冰箱(库)内。使用时可临时取出,接种后仍需冷藏。生产菌种一般都严格规定其使用期，斜面低温保藏的菌种一般可保存1~6个月；石蜡油封保藏一般可保存1~2年；砂土管一般可保存1~10年；冷冻真空干燥保藏一般可保存5~15年；液氮超低温保藏一般可达15年以上。生产菌种应不断纯化，淘汰变异菌落，防止衰退。

2. 种子制备

种子是发酵工程开始的重要环节，这一过程是使菌种繁殖，以获得足够数量的菌体，以便接种到发酵罐中。种子制备可以在摇瓶中或小罐内进行，大型发酵罐的种子要经过两次扩大培养才能接入发酵罐。摇瓶培养是在锥形瓶内装入一定量的液体培养基，灭菌后接入菌种，然后放在回转式或往复式摇床上恒温培养。种子罐一般用钢或不锈钢制成，构造相当于小型发酵罐，种子罐接种前有关设备及培养基要经过严格灭菌。种子罐可用微孔压差法或打开接种阀在火焰的保护下接种，接种后在一定的空气流量、罐温、罐压等条件下进行培养，并定时取样做无菌试验、菌丝形态观察和生化分析，以确保种子质量。

3. 发酵

发酵过程的目的是使微生物产生大量的目的产物，是发酵工序的关键阶段。发酵一般是在钢制或不锈钢的罐内进行，有关设备和培养基应事先经过严格灭菌，然后将培养好的种子接入，接种量（接种量是接入的种子液体积占接种后培养液体积的百分数）一般为5%~20%。在整个发酵过程中要不断地通气[通气量*一般为0.3~1$m^3/(m^3 \cdot min)$]，搅拌（单位体积的搅拌功率消耗为1~2kW/m^3），维持一定的罐温（视品种而定，一般为26~37℃，但也有高至40℃的），罐压（一般发酵始终维持0.3~0.5kg/cm^2），并定时取样分析和进行无菌试验，观察代谢和产物含量情况，以及有无杂菌污染。在发酵过程中会产生大量泡沫，所以往往要加入消沫剂来控制泡沫。加入酸或碱控制发酵液的pH，多数品种的发酵还需要间歇或连续加入葡萄糖及铵盐化合物（以补充培养基内的碳源及氮源），或补进其他料液和前体物质以促进产物的产生。发酵中可供分析的参数有：通气量、搅拌转速、罐温、罐压、培养基总体积、黏度、泡沫情况、菌丝形态、pH、溶解氧浓度、排气中二氧化碳含量以及培养基中的总糖、还原糖、总氮、氨基氮、磷和产物含量等。一般根据各品种的需要与可能，测定其中若干项目。发酵周期因品种不同而异，大多数微生物发酵周期为2~8d，但也有少于24h或长达两周以上的。

4. 发酵液预处理

发酵液预处理的主要目的在于改变发酵液（或培养液）的过滤特性，利于固-液分离，去除部分杂质，实现发酵液的相对纯化，以利于后续提取和精制各工序的进行。

注：* 通气量通常以每分钟内通过单位体积培养液的空气体积来表示，用$V/(V \cdot min)$表示。

(1)发酵液过滤特性及其改变方法　发酵液因其成分复杂,而具有产物浓度较低、悬浮物颗粒小且相对密度与液相相差不大、固体粒子可压缩性大、液相黏度大、多为非牛顿流体、性质不稳定等特性。这些特性往往使得发酵液的过滤与分离变得比较困难,因此通过对发酵液进行适当的预处理,可改善其流体性能,降低过滤阻力,提高过滤与分离的速率。常用的方法有:降低液体的黏度、调节 pH、凝聚与絮凝、加入反应剂、加入助滤剂等。

(2)发酵液的相对纯化　发酵液的成分复杂,存在许多杂质,其中高价无机离子(Ca^{2+}、Mg^{2+}、Fe^{3+}等)和杂蛋白等对下一步分离的影响最大,因此在预处理时,应尽量除去这些杂质。

①无机离子的去除:高价无机离子,尤其是Ca^{2+}、Mg^{2+}、Fe^{3+}等的存在,会影响树脂对生化物质的交换容量,预处理时应将它们去除。

②杂蛋白质的去除:发酵液中,可溶性杂蛋白质的存在会影响后续的分离过程:一方面,杂蛋白质降低了离子交换和吸附法提取时交换容量和吸附能力;另一方面,在有机溶剂法或双水相萃取时,易产生乳化现象,使两相分离不清;在粗滤或膜过滤时,杂蛋白质也易使过滤介质堵塞或受污染,影响过滤速率。所以,在预处理时,必须采用适当的方法将这些杂蛋白质去除。可采用等电点沉淀法、变性沉淀法、盐析法和吸附法等。

③有色物质的去除:发酵液中的有色物质可能是培养基带入的色素,如糖蜜、玉米浸出液等都带有颜色,也可能是微生物在生长代谢过程中分泌的。一般采取离子交换树脂、活性炭等材料来吸附脱色。

5. 产物提取精制

发酵完成后得到的发酵液是一种混合物,其中除了含有表达的目的产物外,还有残余的培养基、微生物代谢产生的各种杂质和微生物的菌体等。首先要对发酵液进行预处理,随后要开展产物的提取精制,包括初步纯化、精制和成品加工等具体操作过程。

(1)初步纯化　初步纯化是粗分离的操作过程。常采用的技术有沉淀分离技术、萃取分离技术和吸附分离技术等。

①沉淀分离技术是利用沉淀剂或沉淀条件使物质在溶液中的溶解度降低,形成无定形固体沉淀的过程。

②萃取分离技术是分离液体混合物常用的单元操作,不仅可以提取和浓缩发酵产物,还可以除掉部分其他类似的杂质,使产物得到初步纯化。

③吸附分离技术是在一定条件下,将待分离的料液通入适当的吸附剂中,利用吸附剂对料液中某一组分具有选择性吸附的能力,从而使该组分富集在吸附剂表面,然后再用适当的洗脱剂将吸附的组分从吸附剂上解析下来的一种分离技术。

(2)精制　精制是精细分离操作单元,常采用的方法主要有色谱分离技术。常用的色谱分离技术有凝胶色谱分离技术、吸附色谱分离技术、离子交换色谱分离技术和亲和色谱分离技术等。在实际操作中,应根据具体情况加以选择应用。

(3)成品加工　成品加工是提取纯化的最后工序,常用的方法有浓缩、结晶和干燥等技术。

①浓缩技术是从溶液中除去部分溶剂,以提高产物浓度的操作。

②结晶技术是使产物形成规则晶体结构的操作过程。

③干燥技术是去除产物中的水分,延长产物保存时间的有效操作。根据产物的不同,可以选择不同的成品加工方法。

(二)灭菌操作技术

发酵过程中染了杂菌,不只是杂菌消耗营养物质,更重要的是杂菌能分泌一些或抑制生产菌生长,或严重改变培养基性质,或抑制产物生物合成的有毒副作用的物质,或产生某种能破坏所需代谢产物的酶类,给生产带来极大的威胁。轻者影响产量,重者会"全军覆灭"。为此必须认真做好培养基及有关发酵设备的灭菌、空气除菌、发酵设备的严密检查和种子的无菌操作等各项工作,严格进行各项工艺操作,保证发酵生产的顺利进行。

1. 灭菌原理和灭菌操作

灭菌是指用化学的或物理学的方法杀灭或除掉物料或设备中所有有生命的有机体的技术或工艺过程。工业生产中常用的灭菌方法可归纳为 4 种:化学物质灭菌、辐射灭菌、过滤介质除菌和加热灭菌(包括干热灭菌和湿热灭菌)等,这里重点叙述一下湿热灭菌。

湿热灭菌是指直接用蒸汽灭菌。蒸汽冷凝时释放大量潜热,并具有强大的穿透力,在高温和水存在时,微生物细胞中的蛋白质极易发生不可逆的凝固性变性,致使微生物在短期内死亡。由于湿热灭菌有经济和快速等特点,因此被广泛应用于工业生产中。

用湿热灭菌方法对培养基灭菌时,加热的温度和时间对微生物死亡和营养成分的破坏均有作用。试验结果表明,在高压加热的条件下,氨基酸和维生素等生长因子极易被破坏。因而选择一种既能达到灭菌要求又能减少营养成分被破坏的温度和受热时间,是研究培养基灭菌质量的重要内容。在湿热灭菌过程中由于微生物的死亡速度随着温度的升高较培养基成分破坏的速度更为显著,因此,在灭菌时选择较高的温度,采用较短的时间,以减少培养基的破坏,这就是通常所说的"高温瞬时灭菌法"。

培养基和发酵设备的灭菌方法,有实罐灭菌(实消)、空罐灭菌(空消)、连续灭菌(连消)和过滤器及管道灭菌等。

2. 无菌检查与染菌的处理

为了防止在种子培养或发酵过程中污染杂菌,在接种前后、种子培养过程及发酵过程中,应分别进行无菌检查,以便及时发现染菌,并在染菌后能够及时进行必要处理。

(1)无菌检查　染菌通常通过三个途径可以发现：无菌试验、发酵液直接镜检和发酵液的生化分析，其中无菌试验是判断染菌的主要依据。

常用的无菌试验方法有肉汤培养法、斜面培养法、双碟培养法，其中以酚红肉汤培养法和双碟培养法结合起来进行无菌检查用得较多。

(2)染菌的判断　以无菌试验中的酚红肉汤培养基和双碟培养的反应为主，以镜检为辅。每个无菌样品的无菌试验，至少用 2 只双碟同时取样培养。要定量或用接种环蘸取取样，不宜从发酵罐中直接取样。因取样量不同，会影响颜色反应和浑浊程度的观察。如果连续 3 次取样时的酚红肉汤无菌样发生颜色变化或产生浑浊，或双碟上连续 3 次取样时样品长出杂菌，即判为染菌。有时酚红肉汤反应不明显，要结合镜检确认连续 3 次取样时样品染菌，即判为染菌。各级种子罐的染菌判断也参照上述规定。

对肉汤和无菌平板的观察及保存期的规定：发酵培养基灭菌后应取无菌样，以后每隔 8h 取无菌样一次，直接放罐。无菌试验的肉汤和双碟应保存观察至本批罐放罐后 12h，确认为无杂菌污染后方可弃去。无菌检查时间应每隔 6h 观察一次无菌试验样品，以便能及早发现染菌。为了加速杂菌的生长，特别是对中小罐染菌情况的及时判断，可加入赤霉素、对氨基苯甲酸等生长促进剂，以促进杂菌的生长。

(3)污染的防治技术

①污染杂菌的处理：种子罐染菌后，罐内种子不能再接入发酵罐中。为了保证发酵罐按正常作业计划运转，可从备用种子中，选择生长正常无染菌的种子移入发酵罐中。如无备用种子，则可选择一个适当培养龄的发酵罐内的培养物作为种子，移入新鲜培养基中，即生产上称为“倒种”。倒出罐培养龄的选择，要注意选择生产菌的菌丝质量，以保证倒入罐的正常生产，同时也要考虑到对倒出罐是否有影响。

发酵染菌后，可根据具体情况采取措施。发酵前期染菌，污染的杂菌对产生菌的危害性很大，可通入蒸汽灭菌后放掉；如果危害性不大，可用重新灭菌、重新接种的方式处理，如果营养成分消耗较多，可放掉部分培养液，补入部分新培养基后进行灭菌，重新接种；如果污染的杂菌量少且生长缓慢，可以继续运转下去，但要时刻注意杂菌数量和代谢的变化。在发酵后期染菌，可加入适量的杀菌剂如呋喃西林或某些抗生素，以抑制杂菌的生长，也可降低培养温度或控制补料量来控制杂菌的生长速度。如果采用上述两种措施仍不见效，就要考虑提前放罐，当然最根本的还是严格管理为好。

染菌后的罐体用甲醛等化学物质处理，再用蒸汽灭菌。在再次投料之前，要彻底清洗罐体、附件，同时进行严格检查，以防渗漏。

②污染噬菌体的发现与处理：发酵生产中出现噬菌体往往会造成倒罐。一般噬菌体污染后往往出现发酵液突然变稀，泡沫增多，早期镜检发现菌体染色不均匀，在较短时间内菌体大量自溶，最后仅残存菌丝断片，平皿培养出典型的噬菌斑，

溶氧浓度回升提前,营养成分很少消耗,产物合成停止等现象。

发酵过程中污染噬菌体后,通常采用下列方法处理:发酵液经加热灭菌后再放罐,严格控制培养液的流失;清理生产环境,清除噬菌体载体;生产环境用漂白粉、新洁尔灭等灭菌;调换生产菌种;暂时停产,断绝噬菌体繁殖的基础,车间可用甲醛消毒,停产时间以生产环境不再出现噬菌体为准;最积极的解决办法是选育抗噬菌体的新菌种,常常是用自然变异或强烈诱变因素处理,选育出具有抗噬菌体能力,而生产能力不低于原亲株的菌种。上述噬菌体的现象是对烈性噬菌体而言,此外,还有一种噬菌体称为温和噬菌体,危害也很严重。

③防止染菌的措施:防止空气净化系统带菌的主要措施有提高空气进口的空气洁净度,除尽压缩空气中夹带的油和水,保持过滤介质的除菌效率。要定期检查更换空气过滤器过滤介质,使用过程中要经常排放油水。

对设备的要求是发酵罐及其附属设备应做到无渗漏、无死角。凡与物料、空气、下水道连接的管件阀门都应保证严密不漏,蛇管和夹套应定期试漏。另外,应重视蒸汽质量,严格控制蒸汽中的含水量,灭菌过程中蒸汽压力不可以大幅度波动。

从工艺上看,发酵罐放罐后应进行全面检查和清洗。要清除罐内残渣,去除罐壁上的污垢,清除空气分布管、温度计套管等处堆积的污垢及罐内死角。空罐灭菌时应注意先将罐内空气排尽,灭菌时要保持蒸汽畅通,关阀门,管道彻底灭菌。要防止端面轴封漏气、搅拌填料箱及阀门渗漏等,蛇管和夹套要按设计规定的压力定期试压。实罐灭菌时,配制培养基要注意防止原料结块。在配料罐出口处应装有筛板过滤器,以防止培养基中的块状物及异物进入罐内。连续灭菌设备要定期检查。灭菌时料液进入连消塔前必须先行预热。灭菌中要确保料液的温度及其在维持罐中停留的时间都必须符合灭菌的要求。黏稠的培养基的连续灭菌,必须降低料液的输送速度及防止冷却时堵塞冷却管。在许可的条件下应尽量使用液体培养基或稀薄的培养基。发酵过程中加入发酵罐的物料一定要保证无菌才能进罐。种子培养应严格按操作规程执行,认真进行无菌试验,严格执行卫生制度等。

(三)种子扩大培养技术

工业化大规模生产需要大量菌体,为满足工业化生产要求,必须逐级扩大培养规模,增加菌体数量。同时,在逐步增殖的过程中,通过培养基组成和环境的调控,提升菌种的生产性能,使生产高效进行。

1. 种子培养级数

(1)种子扩大培养　种子扩大培养是指将保存在砂土管、冷冻干燥管中处于休眠状态的生产菌种接入试管斜面活化后,再经过扁瓶或摇瓶及种子罐逐级放大培养而获得一定数量和质量的纯种过程,这些纯种培养物称为种子。

①种子扩大培养的目的:种子扩大培养的目的主要有两点:可增加菌体的数量,满足工业化生产对菌种的大量需求;种子的扩大培养可以提升种子生产性能。

因此,种子扩大培养的任务,不但要得到纯而壮的菌体,而且还要获得活力旺盛的、接种数量足够的菌体。

②种子的要求:优质的种子必须具备五项基本条件:a. 菌种细胞的生长活力强,移种至发酵罐后能迅速生长,调整期缩短;b. 生理生化性状稳定;c. 菌体总量及浓度能满足大容量发酵罐的要求;d. 无杂菌污染;e. 保持稳定的生产能力,产品的生物合成持续稳定高产。

要达到以上要求,必须具备以下条件:a. 适宜的菌种复苏方法,使在活化培养基上的菌种存活率达到最高;b. 具有无菌操作所需要的环境和设备;c. 具有良好的种子质量检验方法。

(2)种子培养级数

①种子罐的作用:种子制备一般使用种子罐。对于不产孢子的菌种,经试管培养直接得到菌体,再经摇瓶培养后即可作为种子罐种子。种子罐的作用主要是使孢了发芽,生长繁殖成菌(丝)体,接入发酵罐能迅速生长,达到一定的菌体量,以利于产物的合成。

②种子级数:一般由菌丝体培养开始计算种子级数,但实际生产中一般从第一级种子罐开始计算。种子制备过程中,因菌种不同而异,一般可分为一级种子、二级种子和三级种子,如图 3-2 所示。孢子(或摇瓶菌丝)被接入到体积较小的种子罐中,经培养后形成大量的菌丝,这样的种子称为一级种子。把一级种子转入发酵罐内发酵,称为二级发酵。如果将一级种子接入体积较大的种子罐内,经过培养形成更多的菌丝,这样制备的种子称为二级种子,将二级种子转入发酵罐内发酵,称为三级发酵。同样道理,使用三级种子的发酵,称为四级发酵。

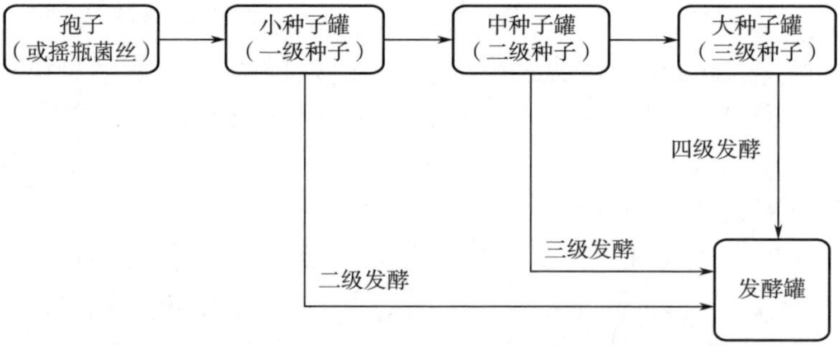

图 3-2　种子级数

③种子罐级数的确定:种子罐级数是指制备种子需逐级扩大培养的次数。种子罐级数的确定取决于以下几方面:a. 菌种的性质(如菌种传代后的稳定性)。b. 瓶中的孢子数,孢子发芽及菌丝繁殖速度。c. 发酵罐中种子培养液的最低接种量。d. 种子罐与发酵罐的容积比。e. 随产物的品种及生产规模而定。f. 随着工艺条件的改变做适当的调整。

对于不同产品的发酵过程来说，必须根据菌种生长繁殖速度快慢决定种子扩大培养的级数，微生物制药生产中，放线菌的细胞生长繁殖较慢，常常采用三级种子扩大培养。一般50t发酵罐多采用三级发酵，有的甚至采用四级发酵，如链霉素生产。有些酶制剂发酵生产也采用三级发酵。而谷氨酸及其他氨基酸的发酵所采用的菌种是细菌，生长繁殖速度很快，一般采用二级发酵。

④确定种子罐级数需注意的问题

a. 种子级数越少越好，可简化工艺和控制过程，减少染菌机会，减少消毒及值班工作量，减少因种子罐生长异常而造成的发酵波动，级数大、难控制、易染菌、易变异，管理困难，一般2~4级。

b. 种子级数太少，接种量小，发酵时间延长，可降低发酵罐的生产率，增加染菌机会。

c. 种子罐级数随产物的品种及生产规模而定，但也与所选用的工艺条件有关，如改变种子罐的培养条件，加速了孢子发芽及菌体的繁殖，也可相应地减少种子罐的级数。

种子罐的级数主要决定于菌种的性质和菌体生长速度及发酵设备的合理应用。种子罐级数减少，有利于生产过程的简化及发酵过程的控制，可以减少因种子生长异常而造成的发酵波动。

2. 种子的制备

菌种的扩大培养是发酵生产的第一道工序，该工序又称为种子制备。种子制备不仅要使菌体数量增加，更重要的是，经过种子制备培养出具有高质量的生产种子供发酵生产使用。因此，如何提供发酵产量高、生产性能稳定、数量足够而且不被其他杂菌污染的生产菌种，是种子制备工艺的关键。

(1)种子的培养方法　种子培养要求一定量的种子，在适宜的培养基中，控制一定的培养条件和培养方法，从而保证种子正常生长。工业微生物培养法分为静置培养和通气培养两大类型，静置培养法即将培养基盛于发酵容器中，在接种后，不通空气进行培养。而通气培养法的生产菌种以需氧菌和兼性需氧菌居多，它们生长的环境必须供给空气，以维持一定的溶解氧水平，使菌体迅速生长和发酵，又称为好气性培养。主要培养方法有：表面培养法、固体培养法和液体深层培养法3种。液体深层培养在生产中较为常用，其基本操作控制点如下所示。

①灭菌：发酵工业要求纯培养，在种子培养前必须对培养基进行加热灭菌。所以种子罐具有蒸汽夹套，以便将培养基和种子罐进行加热灭菌，或者将培养基由连续加热灭菌器灭菌，并连续地输送于种子罐内。

②温度控制：培养基灭菌后，冷却至培养温度进行种子培养，由于随着微生物的生长和繁殖会产生热量，搅拌也会产生热量，所以要维持温度恒定，需在夹套中或盘管中通冷却水循环。

③通气、搅拌：空气进入种子罐前先经过空气过滤器除去杂菌，制成无菌空气，

而后由罐底部进入,再通过搅拌将空气分散成微小气泡。为了延长气泡滞留时间,还可在罐内装挡板产生涡流。搅拌的目的除增加溶解氧以外,还可使培养液中的微生物均匀地分散在种子罐内,促进热传递,以及 pH 稳定,并使加入的酸和碱均匀分散等。

(2)种子的制备过程　主要步骤有:斜面培养基中活化;扁瓶固体培养基或摇瓶培养基中扩大培养,完成实验室种子制备,通过一级种子罐,制备生产用种子;视情况确定扩大级数,完成生产车间种子制备;种子转种至发酵罐。在发酵生产过程中,种子制备的过程大致可分为两个阶段:第一阶段为实验室种子制备阶段;第二阶段为生产车间种子制备阶段。

3. 种子质量及其影响因素

种子质量是影响发酵生产水平的重要因素。种子质量的优劣,主要取决于菌种本身的遗传特性和培养条件两个方面。因此既要有优良的菌种,又要有良好的培养条件才能获得高质量的生产种子。种子质量要求主要体现在三方面。①镜检:通过显微镜检查有无异常菌落和噬菌体。②种子活力旺盛:镜检观察菌体形态,是否粗壮、整齐、处于分裂期。③要有足够的菌体浓度。

(1)影响孢子质量的因素及控制　孢子质量与培养基、培养温度、湿度、培养时间、接种量等因素有关,必须全面考虑各种因素,认真加以控制。

①孢子培养基的影响

a. 构成孢子培养基的原材料影响:原材料产地、品种和加工方法的不同,会导致培养基中的微量元素和其他营养成分含量的变化。

b. 水质的影响:地区的不同、季节的变化和水源的污染,均可成为水质波动的原因。为了避免水质波动对孢子质量的影响,可在蒸馏水或无盐水中加入适量的无机盐,供配制培养基使用。

为了保证孢子培养基的质量,斜面培养基所用的主要原材料,糖、氮、磷含量需经过化学分析及摇瓶发酵试验合格后才能使用。使用前,需在适当温度下放置一定的时间,使斜面无冷凝水呈现,水分适中有利于孢子生长。制备培养基时要严格控制灭菌后的培养基质量。

②培养条件

a. 温度:温度对多数品种斜面孢子质量有显著影响。要获得高质量的孢子,其最适温度区间很狭窄。一般来说,提高培养温度,可使菌体代谢活动加快,缩短培养时间。实际生产中要在最适温度培养孢子,提高生产能力。不同的菌株要求的最适温度不同,需经实践考察确定。

b. 湿度:斜面孢子培养时,培养室的相对湿度对孢子形成的速度、数量和质量有很大影响。空气中相对湿度高时,培养基内的水分蒸发少;相对湿度低时,培养基内的水分蒸发多。相对湿度在 40%~45%时较为适宜,孢子数量最多,且孢子颜色均匀,质量较好。

③培养时间和冷藏时间

a. 培养时间：基内菌丝和气生菌丝内部的核物质和细胞质处于流动状态，如果把菌丝断开，各菌丝片段之间的内容是不同的，有的片段中含有核粒，有的片段中没有核粒，而核粒的多少也不均匀，该阶段的菌丝不适宜于菌种保存和传代。孢子本身也有年轻与衰老的区别。一般来说衰老的孢子不如年轻孢子，因为衰老的孢子已在逐步进入发芽阶段，核物质趋于分化状态。孢子的培养工艺一般选择在孢子成熟阶段时终止培养，此时显微镜下可见到成串孢子或游离的分散孢子，如果继续培养，则进入斜面衰老菌丝自溶阶段，表现为斜面外观变色、发暗或发黄、菌层下陷、有时出现白色斑点或发黑。白斑表示孢子发芽长出第二代菌丝，黑色显示菌丝自溶。过于衰老的孢子会导致生产能力下降，孢子的培养时间应控制在孢子量多、孢子成熟、发酵产量正常的阶段终止培养。

b. 冷藏时间：斜面孢子的冷藏时间，对孢子质量也有影响，其影响随菌种不同而异，总的原则是冷藏时间宜短不宜长。斜面冷藏对孢子质量的影响与孢子成熟程度有关。如土霉素生产菌种孢子斜面培养 4d 左右即于 4℃ 冰箱保存，发现冷藏 7~8d 的菌体细胞开始自溶。而培养 5d 以后冷藏，20d 未发现自溶，冷藏时间对孢子的生产能力也有影响。例如在链霉素生产中，斜面孢子在 6℃ 冷藏两个月后的发酵单位比冷藏一个月降低 18%，冷藏 3 个月后降低 35%。

④接种量：接种量大小影响到培养基中孢子的数量，进而影响菌体的生理状况。制备孢子时的接种量要适中，接种量过大或过小均对孢子质量产生影响，而且接入种子罐的孢子接种量对发酵生产也有影响。例如，青霉素产生菌之一的球状菌的孢子数量对青霉素发酵产量影响极大，若孢子数量过少，则进罐后长出的球状体过大，影响通气效果；若孢子数量过多，则进罐后不能很好地维持球状体。

除了以上几个因素需加以控制之外，要获得高质量的孢子，还需要对菌种质量加以控制。用各种方法保存的菌种每过 1 年都应进行 1 次自然分离，从中选出形态、生产性能好的单菌落接种孢子培养基。制备好的斜面孢子，要经过摇瓶发酵试验，合格后才能用于发酵生产。

(2)影响种子质量的因素及控制 种子质量主要受孢子质量、培养基、培养条件、种龄和接种量等因素的影响。摇瓶种子的质量主要以外观颜色、效价、菌丝浓度或黏度以及糖氮代谢、pH 变化等为指标，符合要求方可进罐。种子的质量是发酵能否正常进行的重要因素之一。种子制备不仅是要提供一定数量的菌体，更为重要的是要为发酵生产提供适合发酵、具有一定生理状态的菌体。种子质量的控制，将以此为出发点。

①种子培养基：种子培养基原材料质量的控制类似于孢子培养基原材料质量的控制。一方面，种子培养基的营养成分应适合种子培养的需要，一般选择一些有利于孢子发芽和菌丝生长的培养基，在营养上易于被菌体直接吸收和利用，营养成分要适当丰富和完全，氮源和维生素含量较高，另一方面，培养基的营养成分要尽

可能和发酵培养基接近，以适合发酵的需要，这样的种子一旦移入发酵罐后也能比较容易适应发酵罐的培养条件。pH 也要比较稳定，以适合菌种的生长和发育。pH 的变化会引起各种酶活力的改变，对菌丝形态和代谢途径影响很大。

②培养条件：种子培养应选择最适温度，前面已述。培养过程中通气搅拌的控制很重要，各级种子罐或者同级种子罐的各个不同时期的需氧量不同，应区别控制，一般前期需氧量较少，后期需氧量较多，应适当增大供氧量。生产过程中，有时种子培养会产生大量泡沫而影响正常的通气搅拌，此时应严格控制，甚至可考虑改变培养基配方，以减少发泡。

③种龄：种龄即种子培养时间，是指种子罐中培养的菌丝体开始移入下一级种子罐或发酵罐时的培养时间。通常种龄是以处于生命力极旺盛的对数生长期，菌体量还未达到最大值时的培养时间较为合适。此时的种子能很快适应环境，生长繁殖快，可大大缩短在发酵罐中的迟滞期（调整期），缩短在发酵罐中的非产物合成时间，提高发酵罐的利用率，节省动力消耗。如果种龄控制不当，种龄过于年轻的种子接入发酵罐后，往往会出现前期生长缓慢、泡沫多、发酵周期延长以及因菌体量过少而菌丝结团，引起异常发酵等；而种龄过老的种子接入发酵罐后，则会因菌体老化而导致生产能力衰退。在土霉素生产中，一级种子的种龄相差 2～3h，转入发酵罐后，菌体的代谢就会有明显的差异。

不同菌种或同一菌种工艺条件不同，种龄是不一样的，最适种龄因菌种不同而有很大的差异。细菌的种龄一般为 7～24h，霉菌种龄一般为 16～50h，放线菌种龄一般为 21～64h。同一菌种的不同罐批次培养相同的时间，得到的种子质量也不完全一致，因此最适的种龄应通过多次试验，特别要根据本批种子质量来确定。如嗜碱性芽孢杆菌生产碱性蛋白酶，12h 最好（图 3-3）。

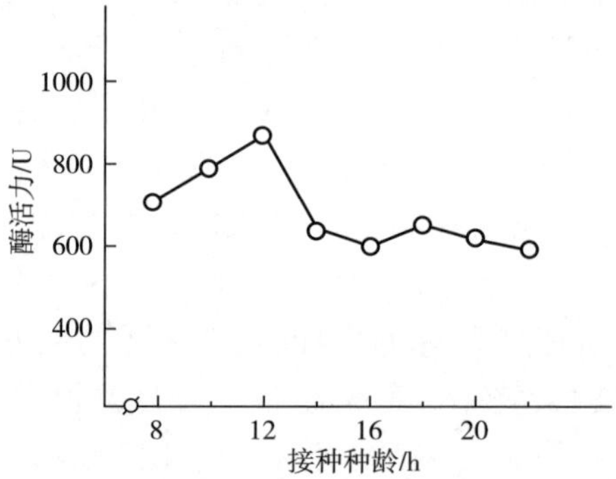

图 3-3　种龄对嗜碱性芽孢杆菌生产碱性蛋白酶的影响

④接种量：移入的种子液体积和接种后培养液体积的比例，称为接种量。发酵罐的接种量的大小与菌种特性、种子质量和发酵条件等有关。不同的微生物其发酵的接种量是不同的，如制霉菌素发酵的接种量为 0.1%～1%，肌苷酸发酵接种量

为1.5%~2%，多数抗生素发酵的接种量为7%~15%，有时可加大到20%~25%。通常接种量，细菌1%~5%；酵母菌5%~1%；霉菌7%~15%，有时可达20%~25%。

接种量的大小与该菌在发酵罐中生长繁殖的速度有关。有些产品的发酵以接种量大一些较为有利，采用大接种量，种子进入发酵罐后容易适应，而且种子液中含有大量的水解酶，有利于对发酵培养基的利用。大接种量还可以缩短发酵罐中菌体繁殖至高峰所需的时间，使产物合成速度加快。但是，过大的接种量往往使菌体生长过快、过稠，造成营养基质缺乏或溶解氧不足而不利于发酵；接种量过小，则会引起发酵前期菌体生长缓慢，使发酵周期延长，菌丝量少，还可能产生菌丝团，导致发酵异常等。

近年来，工业生产上多以大接种量和丰富培养基作为高产措施。如谷氨酸生产中，采用高浓度生物素、大接种量、添加青霉素的工艺。为了加大接种量，有些品种的生产采用双种法，即2个种子罐的种子接入1个发酵罐。有时因为种子罐染菌或种子质量不理想，而采用倒种法，即倒出1个发酵罐部分适宜的发酵液作为另一发酵罐的种子。有时2只种子罐中有1只染菌，此时可采用混种进罐的方法，即以种子液和发酵液混合作为发酵罐的种子。以上三种接种方法运用得当，有可能提高发酵产量，但是其染菌机会和变异机会也相应增多。

(3)种子质量的控制措施　不同产品、不同菌种以及不同工艺条件的种子质量有所不同，况且判断种子质量的优劣尚需要有丰富的实践经验。生产上常用的种子质量标准大致有如下几个方面。

①细胞或菌体：种子培养的目的是获得健壮和足够数量的菌体。因此，菌体形态、菌体浓度以及培养液的外观，是种子质量的重要指标。菌体形态可通过显微镜观察来确定，以单细胞菌体为种子的质量要求是菌体健壮、菌形一致、均匀整齐，有的还要求有一定的排列或形态。以霉菌、放线菌为种子的质量要求是菌丝粗壮，对某些染料着色力强、生长旺盛、菌丝分枝情况和内含物情况良好。菌体的生长量也是种子质量的重要指标，生产上常用离心沉淀法、光密度法和细胞计数法等进行测定。种子液外观如颜色、黏度等也可作为种子质量的粗略指标。

②生化指标：种子液的糖、氮、磷含量的变化和pH变化是菌体生长繁殖、物质代谢的反映，不少产品的种子液质量是以这些物质的利用情况及变化为指标。

③产物生成量：种子液中产物的生成量是多种发酵产品发酵中考察种子质量的重要指标，因为种子液中产物生成量的多少是种子生产能力和成熟程度的反映。

④酶活力：测定种子液中某种酶的活力，作为种子质量的标准，是一种较新的方法。如土霉素生产的种子液中的淀粉酶活力与土霉素发酵单位有一定的关系，因此种子液淀粉酶活力可作为判断该种子质量的依据。

种子质量的最终指标是考察其在发酵罐中所表现出来的生产能力。因此首先必须保证生产菌种的稳定性，其次是提供种子培养的适宜环境保证无杂菌侵入，以获得优良种子。因此在生产过程中通常进行以下两项检查：a. 菌种稳定性的检查:测定其生产能力,从中挑选高产菌株,并及时对退化菌株进行复壮;b. 无杂菌检查。

4. 种子培养的常见问题及解决措施

(1)种子异常分析　在生产过程中,种子质量受各种各样因素的影响,种子异常的情况时有发生,会给发酵带来很大的困难。种子异常往往表现为菌种生长发育缓慢或过快、菌丝结团、菌丝黏壁三个方面。

①菌种生长发育缓慢或过快:菌种在种子罐中生长发育缓慢或过快和孢子质量以及种子罐的培养条件有关。生产中,通入种子罐的无菌空气的温度较低或者培养基的灭菌质量较差是种子生长、代谢缓慢的主要原因。

②菌丝结团:在液体培养条件下,繁殖的菌丝并不分散舒展而聚成团状称为菌丝团。这时从培养液的外观就能看见白色的小颗粒,菌丝聚集成团会影响菌的呼吸和对营养物质的吸收。如果种子液中的菌丝团较少,进入发酵罐后,在良好的条件下,菌丝团可以逐渐消失,不会对发酵产生显著影响。如果菌丝团较多,种子液移入发酵罐后往往形成更多的菌丝团,会影响发酵的正常进行。菌丝结团和搅拌效果差、接种量小有关,一个菌丝团可由一个孢子生长发育而来,也可由多个菌丝体聚集一起逐渐形成。

③菌丝黏壁:菌丝黏壁是指在种子培养过程中,由于搅拌效果不好,泡沫过多以及种子罐装料系数过小等原因,使菌丝逐步黏在罐壁上。其结果使培养液中菌丝浓度减少,最后就可能形成菌丝团。以真菌为生产菌的种子培养过程中,发生菌丝黏壁的机会较多。

(2)种子染菌的控制　染菌是微生物发酵生产的大敌,一旦发现染菌,应及时进行处理,以免造成更大的损失。染菌的原因,如果不是设备本身结构存在"死角",归纳起来主要包括设备、管道、阀门漏损,灭菌不彻底,空气净化不好,无菌操作不严或菌种不纯等问题。因此,要控制染菌继续发展,必须及时找出染菌的原因,采取措施,杜绝染菌事故再现。菌种发生染菌会使各个发酵罐都染菌,因此,必须加强接种室的消毒管理工作,定期检查消毒效果,严格执行无菌操作技术。如果新菌种不纯,则需反复分离,直至为完全纯种为止。对于已出现杂菌菌落或噬菌体噬斑的试管斜面菌种,应予以废弃。在平时应经常分离试管菌种,以防菌种衰退、变异和污染杂菌。对于菌种扩大培养的工艺条件要严格控制,对种子质量更要严格掌握,必要时可将种子罐冷却,取样做纯菌试验,确认种子无杂菌存在,才能向发酵培养基中接种。

(四)发酵工艺控制

微生物细胞具有完善的代谢调节机制,使细胞内复杂生化反应高度有序进行,并对外界环境的改变迅速做出反应,因此必须通过控制微生物的培养和生长环境条件影响其代谢过程,以便获得高产量的产物。为了使发酵生产能够得到最佳效果,可测定与发酵条件和内在代谢变化有关的各个参数,以了解产生菌对环境条件的要求和代谢变化规律,并根据各个参数的变化情况,结合代谢调控理论,来有效地控制发酵。

1. 培养基的影响及其控制

(1)碳源　碳源是构成微生物细胞和各种代谢产物碳架的营养物质,同时碳源在微生物代谢过程中被氧化降解,释放出能量,并以 ATP 形式贮存于细胞内,供给微生物生命活动所需的能量。

(2)氮源　氮源是构成菌体细胞物质,也是细胞合成氨基酸、蛋白质、核酸、酶类及含氮代谢产物的成分。选择氮源时需要注意氮源促进菌体生长、繁殖和合成产物间的关系。

(3)无机盐和微量元素　各种无机盐和微量元素的主要功能是:构成菌体原生质的成分(如磷、硫等),作为酶的组成部分或维持酶的活性(如镁、锌、铁、钙、磷等),调节细胞的渗透压(如 NaCl、KCl 等)和 pH,参与产物合成(磷、硫等)。

(4)水　培养基必须以水为介质,它既是构成菌体细胞的主要成分,又是一切营养物质传递的介质,所以水的质量对微生物的生长繁殖和产物合成有很重要的作用。

2. 温度的影响及其控制

温度的变化对发酵过程可产生两方面的影响:一方面是影响各种酶反应的速率和蛋白质的性质,温度对菌体生长的酶反应和代谢产物合成的酶反应的影响往往是不同的,温度能改变菌体代谢产物的合成方向,对多组分次级代谢产物的组成比例产生影响。另一方面是影响发酵液的物理性质,如发酵液的黏度、基质和氧在发酵液中的溶解度和传递速率、某些基质的分解和吸收速率等,都受温度变化的影响,进而影响发酵的动力学特征和产物的生物合成。因此温度对菌体的生长和合成代谢的影响是极其复杂的,需要综合考察其对发酵的影响。

(1)影响发酵温度变化的原因　在发酵过程中,既有产生热能的因素,又有散失热能的因素,因而引起发酵温度的变化。产热的因素有生物热和搅拌热,散热的因素有蒸发热、辐射热和显热。产生的热能减去散失的热能,所得的净热量就是发酵热,它就是发酵温度变化的主要因素。

(2)最适温度的选择　在发酵的过程中,菌体生长和产物合成均与温度有密切关系,最适发酵温度是既适合菌体的生长,又适合代谢产物合成的温度,但最适生长温度与最适生产温度往往是不一致的。在发酵过程中究竟选择哪一温度,需要视在微生物生长和产物合成阶段中哪一矛盾为主而定。另外,温度还会影响微生物代谢途径和方向。

最适发酵温度还随菌种、培养基成分、培养条件和菌体生长阶段而改变。例如,在较差的通气条件下,由于氧的溶解度是随温度下降而升高,因此降低发酵温度是对发酵有利的,因为低温可以提高氧的溶解度,降体菌体生长速率,减少氧的消耗量,从而可弥补通气条件差所带来的不足。培养基的成分差异和浓度大小对培养温度的确定也有影响,在使用易利用或较稀薄的培养基时,如果高温发酵,营养物质往往代谢快,耗竭过早,最终导致菌体自溶,使代谢产物的产量下降。因此发酵温度的确定还与培养基的成分有密切的关系。

理论上,在整个发酵过程中不应该只选一个培养温度,而应该根据发酵的不同阶段,选择不同的培养温度。在生长阶段,应选择最适生长温度;在产物分泌阶段,应选择最适生产温度。这样的变温发酵所得产物的产量是比较理想的。

(3)温度的控制　工业生产上,所用的大发酵罐在发酵的过程中一般不需要加热,因为发酵中释放了大量的发酵热,需要冷却的情况较多。利用自动控制或手动调整的阀门,将冷却水通入发酵罐的夹层或蛇形管中,通过热交换来降温,保持恒温发酵。如果气温较高,冷却水的温度又高,致使冷却效果很差,达不到预定的温度;则可采用冷冻盐水进行循环式降温,以迅速降到恒温。

3. 溶氧的影响及其控制

大部分工业微生物需要在有氧环境中生长,培养这类微生物需要采取通气发酵,适量的溶解氧可维持其呼吸代谢和代谢产物的合成。在通气发酵中,氧的供给是一个核心问题。对大多数发酵来说,供氧不足会造成代谢异常,降低产物产量。因此,保证发酵液中溶氧和加速气相、液相和微生物之间的物质传递对于提高发酵的效率是至关重要的。在一般原料的发酵中采用通气搅拌就可满足要求。

(1)溶氧的影响　溶氧是需氧发酵控制的最重要参数之一。氧在水中的溶解度很小,所以需要不断通气和搅拌,才能满足溶氧的要求。溶氧的大小对菌体生长和产物的性质及产量都会产生不同的影响。需氧发酵并不是溶氧越大越好。溶氧高虽然有利于菌体生长和产物合成,溶氧太大有时反而抑制产物的形成,因此,为避免发酵处于限氧条件下,需要考查每一种发酵产物的临界氧浓度和最适氧浓度,并使发酵过程保持在最适氧浓度。最适溶氧浓度的大小与菌体和产物合成代谢的特性有关,具体须由实验来确定。

(2)发酵过程的溶氧变化　在发酵过程中,在已有设备和正常发酵条件下,每种产物发酵的溶氧浓度变化有自己的规律。在发酵的过程中,有时出现溶氧量明显降低或明显升高的异常变化,常见的是溶氧下降。造成异常变化的原因有两方面;耗氧或供氧出现了异常因素或发生了障碍。从发酵液中的溶解氧浓度的变化,就可以了解微生物生长代谢是否正常,工艺控制是否合理,设备供氧能力是否充足等问题,帮助查找发酵不正常的原因和控制好发酵生产。

(3)溶氧浓度控制　发酵液的溶氧浓度,是由供氧和需氧两方面所决定的。也就是说,当发酵的供氧量大于需氧量,溶氧浓度就上升,直到饱和;反之就下降。因此要控制好发酵液中的溶氧浓度,需从这两方面着手。

在供氧方面,主要是设法提高氧传递的推动力和液相体积氧传递系数的值。在可能条件下,采取适当的措施来提高溶氧浓度,如调节搅拌转速或通气速率来控制供氧。但供氧量的大小还必须与需氧量相协调,也就是说要有适当的工艺条件来控制需氧量,使产生菌的生长和产物形成对氧的需求量不超过设备的供氧能力,使生产菌发挥出大量的生产能力,这对生产实际具有重要意义。

发酵液的需氧量受菌体浓度、基质的种类和浓度以及培养条件等因素的影响,其中以菌体浓度的影响最为明显。发酵液的摄氧率随菌体浓度增加而按一定比例增加,但氧的传递速率是随菌体浓度的对数关系减少。因此可以控制菌体的比生长速率比临界值略高一点的水平,达到最适浓度,这是控制最适合溶氧浓度的重要方法。最适菌体浓度既能保证产物的比生产速率维持在最大值,又不会使需氧大于供氧。控制最适合的菌体浓度可以通过控制基质的浓度来实现。

除控制补料速度外,在工业上,还可采用调节温度(降低培养温度可提高溶氧浓度)、液化培养基、中间补水、添加表面活性剂等工艺措施,来改善溶氧水平。

4. pH 的影响及其控制

(1)pH 对发酵的影响　发酵培养基的 pH,对微生物生长具有非常明显的影响,也是影响发酵过程中各种酶活性的重要因素。由于 pH 不当,可能严重影响菌体的生长和产物的合成,因此对微生物发酵来说有各自的最适生长 pH 和最适生产 pH。大多数微生物生长的 pH 为 3~6,最大生长速率的 pH 为 0.5~1.0。多数微生物生长都有最适 pH 范围及其变化的上下限,上限都在 8.5 左右,超过此上限,微生物将无法忍受环境而自溶;下限以酵母为最低,是 2.5,但菌体内的 pH 一般认为是中性附近。pH 对产物的合成也有明显的影响,因为菌体生长和产物合成都是酶反应的结果,仅仅是酶的种类不同而已,因此代谢产物的合成也有自己最合适的 pH。这两种 pH 范围对发酵控制来说都是很重要的参数。

(2)pH 的变化　在发酵过程中,pH 的变化决定于所用的菌种、培养基的成分和培养条件。在产生菌的代谢过程中,菌体本身具有一定的调整周围 pH 的能力,建成最适 pH 的环境。培养基中的营养物质的代谢,也是引起 pH 变化的重要因素,发酵所用的碳源种类不同,pH 变化也不一样。

(3)发酵 pH 的确定和控制

①发酵的 pH 的确定:微生物发酵的合适 pH 一般在 5~8,由于发酵是多酶复合反应系统,各酶的最适 pH 也不相同,因此,同一种酶,生长最适 pH 可能与产物合成的最适 pH 是不一样的。最适 pH 是根据实验结果来确定的。将发酵培养基调节成不同的出发 pH,进行发酵。在发酵过程中,定时测试和调节 pH,以分别维持出发 pH,或者利用缓冲液来配制营养基以维持。定时观察菌体的生长情况,以菌体生长达到最高的 pH 为菌体生长的最适 pH。以同样的方法,可测得产物生成的最适 pH。但同一产品的最适 pH,还与所用的菌种、培养基组成和培养条件有关。在确定最适发酵 pH 时,还要考虑培养温度的影响,若温度提高或者降低,最适 pH 也可能发生变动。

②pH 的控制:为了使发酵过程 pH 稳定地保持在最适的范围内,可采用以下几种方法。

a. 在设计基础培养基时考虑到维持 pH 的需要:选择合适的营养物质和适当

的配比,使发酵过程中的 pH 维持在合适的范围内。

b. 生理酸性或生理碱性物质的使用:根据发酵过程中 pH 的变化规律和所要控制的范围,在基础培养基中选择性地加入生理酸性或生理碱性化合物,中和代谢过程中产生的碱或酸,以维持一定的 pH 范围。

c. 缓冲剂的利用:在培养基中加入适量的碳酸钙或磷酸盐,可以减缓发酵过程中的 pH 变化,使其控制在所需范围内。

d. 通过中间补料控制 pH:在发酵过程中通过补加糖、玉米浆、氨水以及通氨等来调节控制发酵过程中的 pH,使之处于最佳范围。

目前,已比较成功地采用补料的方法来调节 pH,如氨基酸发酵采用补加尿素的方法,特别是次级代谢产物抗生素的发酵,更常用此法。这种方法既可以达到稳定 pH 的目的,又可以不断补充营养物质,少量多次补加还可以解除对产物合成的阻碍作用,提高产物产量。也就是说,采用补料的方法,可以同时实现补充营养,延长发酵周期,调节 pH 和培养液的特性(如菌体浓度等)几个目的。

在发酵过程中,要选择适宜发酵培养的成分及其配比,并控制好发酵工艺条件,才能保证 pH 不会产生明显的波动,维持在最佳范围内,得到良好的结果。

(五)发酵条件优化

发酵条件的优化是基于各种微生物作用机制之上进行的,根据产生菌生长及产物的营养要求,筛选最优的培养基和培养条件,提高产物水平,降低生产成本。例如在井冈霉素 A 的发酵中,使用便宜的大米粉液化糖化液代替较为昂贵的大米粉和葡萄糖,生产成本降低了,但产物水平并没有受影响。而通过对发酵培养基配方的研究,去除了原始培养基配方中不必要的各种营养成分,提高了发酵原料的利用率,降低了生产成本。在降低生产成本,提高市场竞争力上,发酵条件的研究与菌种选育一样,都具有非常重要的作用。

1. 发酵培养基的优化

培养基的组成和元素的配比对菌体的生长发育、产物水平、提炼工艺和成品的质量都有相当大的影响。发酵培养基主要由碳源、氮源、无机盐类、生长因子和前体物等组成。下面以链霉菌的发酵介绍几种主要元素的优化。

(1)碳源的优化　碳源的主要作用是供给菌种生命活动所需的能量及构成菌体细胞和代谢产物的碳骨架,常用碳源包括糖类和脂类等。采用葡萄糖、可溶性淀粉、玉米粉、蔗糖作为碳源,分别按 0.5%、1.0%、2.0%、3.0%、5.0%* 的配比进行单

注:* 单因子优化试验:这里可以理解为以下两种情况。

1. 以葡萄糖浓度为变量分别添加 5g/L、10g/L、20g/L、30g/L、50g/L,在其他条件不变的情况下进行发酵,测定发酵液效价,选出合适的葡萄糖浓度。同理,得出合适的可溶性淀粉、玉米粉、蔗糖的浓度。

2. 以葡萄糖、可溶性淀粉、玉米粉、蔗糖为变量,均添加 5g/L 或者 10g/L 等系列浓度,在其他条件不变的情况下进行发酵,测定发酵液效价,选出合适的碳源。

因素优化。在装液量40mL/250mL三角瓶，接种量10%，30℃，200r/min摇床培养72h后，4000r/min离心10min，测定发酵上清液效价，选择最佳碳源。

由实验可知，采用不同碳源浓度所得到的菌体生物量和产物效价均有比较大的差异。可溶性淀粉作为慢速利用的碳源具有比较明显的优势。玉米粉作为碳源在其浓度为30g/L左右能够使产物效价达到最大，但是当其浓度上升到50g/L时，产物效价下降较快。葡萄糖作为快速利用的碳源，可以加速微生物的生长，但过量时容易对产物的合成产生阻抑作用。蔗糖作为碳源对菌株的生长和产物的合成都要明显劣于可溶性淀粉和玉米淀粉。由于抗生素的发酵多采用快速碳源和慢速碳源相结合的方法，同时由于种子培养基采用葡萄糖作为碳源，所以采用以少量葡萄糖为辅，以可溶性淀粉为主的混合碳源为最佳策略。

(2)氮源的优化　以蛋白胨、酵母粉、黄豆粉、硫酸铵、尿素作为氮源，分别按5g/L、10g/L、20g/L、30g/L，50g/L的配比，采用同碳源优化的发酵条件进行氮源的优化。通过实验发现，酵母粉，蛋白胨和黄豆粉在促进菌体产抗生素的作用上要明显优于硫酸铵和尿素。10g/L酵母粉所产抗生素效价最高，而黄豆粉虽劣于酵母粉和蛋白胨，但其效价比后两者稳定。更重要的是黄豆粉价格便宜，考虑到成本，采用酵母粉和黄豆粉混合作为氮源使用为佳。

(3)无机盐类的优化　抗生素产生菌和其他微生物一样，在生长和繁殖过程中，需要某些无机盐和微量元素，如硫、磷、镁、铁、钙、钾等，其浓度对菌种的生理活性有一定影响，因此应选择合适的浓度和配比。根据生产中常用的比例加入不同浓度的无机盐，通过测定发酵液中抗生素的效价选择影响较大的一种或几种无机盐，通过实验发现，在发酵培养基中分别添加5g/L NaCl、0.3g/L $MgSO_4$、0.4g/L K_2HPO_4能提高菌种产抗生素水平。

2. *发酵培养条件的优化*

提高发酵水平的另一个重要途径是选择合适的发酵条件。对发酵过程有影响的因素主要有：培养温度、培养基初始pH、种龄、接种量等。

(1)培养温度的优化　温度对抗生素发酵的影响是多方面的，除影响各种酶促反应速率外，还影响氧在发酵液中的溶解度和传递速率。在发酵过程中，菌株的生长阶段和抗生素合成阶段所需的最适温度有时是不一样的。一般来讲，在生长初期，优先考虑提供菌体生长的最适温度；当进入抗生素分泌阶段，就必须满足生物合成的最适温度。

(2)培养基初始pH的优化　培养基初始pH影响菌体生长周期中延滞期的长短，培养基初始pH与种子液的pH相差越大，则菌种为了适应新的生存环境而对自身代谢活动的调节程度越大，使得延滞期延长，从而使发酵周期过长，降低生长率。另外，培养基初始pH对产物的合成也有一定的影响。实验测得，链霉菌在发酵初始pH在6.5时，菌体浓度和产物效价均达到了最大，且该菌种在酸性环境中的生长情况和生产能力都要优于在碱性环境中，菌体浓度和抗生素效价在碱性环境中下降比较明显。

(3)种龄的优化　种龄是一个比较重要的参数。在发酵过程中,最适的种龄一般都选在生命力极其旺盛的对数生长期,此时的种子能很快适应环境,生长繁殖快,可大大缩短在发酵过程中的调整期,缩短在发酵过程中的非产物合成时间。而在抗生素发酵中,通常利用孢子萌发产生的菌丝体作为种子接种。种子培养时间太短,会使发酵周期延长,但种子培养时间过长,菌体容易衰老,缩短了抗生素分泌时间,而且发酵液中的抗生素含量骤然升高会造成产生菌在发酵早期表现出对所产抗生素的敏感性。

(4)接种量的优化　接种量主要影响发酵周期。生产上常用处于对数生长期的种子,接种量一般为7%~15%,这主要取决于菌株在发酵罐中的生长繁殖速度。大量接入培养成熟的种子,会使菌体迅速进入指数生长期,缩短生长过程的延滞期,从而缩短发酵周期,有利于提高发酵生产率,并且还有利于阻止染菌的进一步发展。但是如果接种量过大,移入的代谢废物必然较多,菌体生长会受到代谢废物的干扰而减慢,菌体提前衰退,最终菌体细胞浓度降低,影响发酵水平。同时大量菌体的接入也易导致营养物质和溶氧的过快消耗而不足,酸碱度变化太大,从而影响菌体的生长和发酵水平。因此,有必要对接种量进行优化,采用不同梯度的接种量,选择产抗生素效价高的。

四、发酵药物种类及新技术应用

(一)发酵药物的种类

微生物药物可以按生理功能和临床用途来分类,还可以按产品类型来分类,但通常按其化学本质和化学特征进行分类。

1. 抗生素类药

抗生素是在低微浓度下能抑制或影响活的机体生命过程的次级代谢产物及其衍生物。目前已发现的抗生素有抗细菌、抗肿瘤、抗真菌、抗病毒、抗原虫、抗藻类、抗寄生虫、杀虫、除草和抗细胞毒性等的抗生素。据不完全统计,从20世纪40年代至今,已知的抗生素总数不少于9000种,其主要来源是微生物,特别是土壤微生物,占全部已知抗生素的70%左右,约2/3的抗生素由放线菌产生,1/4由霉菌产生,其余为细菌产生。放线菌中从链霉菌属中发现的抗生素最多,约占所有抗生素种类的80%。

2. 氨基酸类药

目前氨基酸类药物分为单一氨基酸制剂和复方氨基酸制剂两类,前者主要用于治疗某些针对性的疾病,如用精氨酸和鸟氨酸治疗肝昏迷等。复方氨基酸制剂主要为重症患者提供合成蛋白质的原料,以补充消化道摄取的不足。利用微生物生产氨基酸分为微生物细胞发酵法和酶转化法等。

3. 核苷酸类药

利用微生物发酵工艺生产的该类药物有肌苷酸、肌苷、5′-腺苷酸(AMP)、三磷酸腺苷(ATP)、黄素腺嘌呤二核苷酸(FAD)、辅酶A(CoA)、辅酶Ⅰ(CoⅠ)等。

4. 维生素类药

维生素是生物体内一类数量微少、化学结构各异、具有特殊功能的小分子有机化合物,大多数微生物需要从外界摄取。植物一般有合成维生素的能力,但微生物合成维生素的能力随种属的不同差异较大。发酵法生产的维生素及辅酶类药物主要有:维生素 B_2、维生素 B_{12}、维生素C、β-胡萝卜素、麦角甾醇等。

5. 甾体激素类

甾体激素类药物是指分子结构中含有甾体结构的激素类药物,是临床上一类重要的药物,主要包括肾上腺皮质激素和性激素两大类。

6. 治疗酶及酶抑制剂

药用酶主要有助消化酶类、消炎酶类、心血管疾病治疗酶类、抗肿瘤酶类以及其他几种酶类。

由微生物产生的酶抑制剂有两种不同的概念:一种是抗生素钝化酶的抑制剂,叫作钝化酶抑制剂,如 β-内酰胺酶抑制剂包括克拉维酸、甲砜霉素、橄榄酸、青霉烷砜、溴青霉烷酸等多种,这类酶抑制剂可以和相应的抗生素同时使用,以提高抗生素的作用效果;另一种酶抑制剂是能抑制来自动物体的酶的抑制剂,其中有些可以降低血压,有的可以阻止血糖上升等,如淀粉酶抑制剂能使在服用糖时达到阻止血糖浓度升高的目的。

(二)发酵制药新技术

(1)应用微生物技术研究开发新药,改造和替代传统制药工业技术,加快医药生物技术产品的产业化规模和速度是当代医药工业的一个重要发展方向。

(2)应用DNA重组技术和细胞工程技术开发的工程菌或新型微生物来生产新型药物;如治疗或预防心血管疾病、糖尿病、肝炎、肿瘤、抗感染、抗衰老方面的药物。

(3)利用工程菌开发生理活性多肽和蛋白质类药物,如干扰素、组织纤溶酶原激活剂、白介素、促红细胞生长素、集落细胞刺激因子等。

(4)利用工程菌研制新型疫苗,如乙肝疫苗、疟疾疫苗、伤寒及霍乱疫苗、出血热疫苗、艾滋病疫苗、避孕疫苗等。

技能拓展七

赖氨酸的发酵生产

赖氨酸学名2,6-二氨基己酸,分子式为 $C_6H_{14}N_2O_2$,是蛋白质中唯一带有侧链伯氨基的氨基酸。L-赖氨酸是组成蛋白质的常见20种氨基酸中的一种碱性氨基酸,是哺乳动物的必需氨基酸和生酮氨基酸。在蛋白质中的赖氨酸可以被修饰为多种形式的衍生物。L-赖氨酸是人体必需氨基酸之一,能促进人体发育、增强免疫功能,并有提高中枢神经组织功能的作用。由于谷物食品中的赖氨酸含量甚低,且在加工过程中易被破坏而缺乏,故被称为第一限制性氨基酸,它必须通过日常饮食和营养补品获得,在身体中赖氨酸还有其他功效,它和其他营养物质一起形成胶原蛋白,胶原蛋白在结缔组织、骨骼、肌肉、肌腱和关节软骨中扮演了重要角色。此外,赖氨酸也有助于身体吸收钙。饮食中缺乏赖氨酸的情况是比较常见的。通常情况下吃素的人发生率较高,一些运动员如果没有采取适当的饮食也会出现赖氨酸缺乏的问题。蛋白质摄入量低也可能导致赖氨酸摄入量不足。

一、生产工艺路线

赖氨酸生产工艺路线见图3-4。

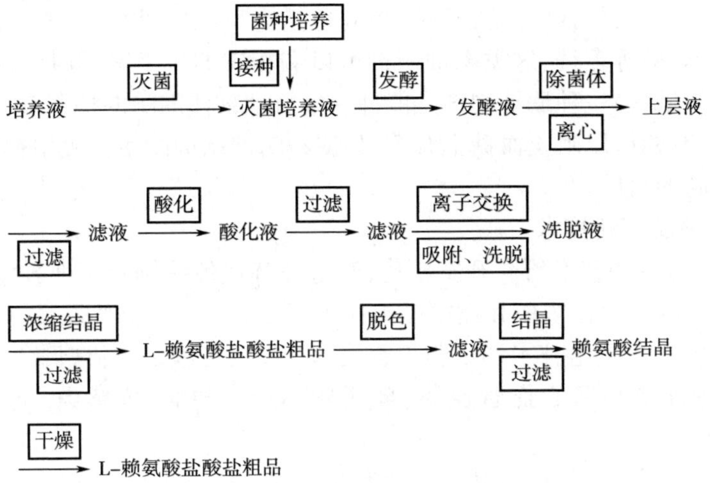

图3-4 赖氨酸生产工艺路线

二、生产工艺重点过程及控制要点

(一)菌种培养

菌种为北京棒状杆菌ASI.563或钝齿棒状杆菌Pl-3-2。菌种产酸水平为7~8g/L,转化率25%~35%。

(二)菌种扩大培养

根据接种量及发酵罐规模采用二级或三级种子培养。

1. 斜面种子培养基

牛肉膏100g/L、蛋白胨10g/L、NaCl 5g/L、葡萄糖5g/L(保藏斜面不加)、琼脂

20g/L(均为终浓度,余同),pH 7.0~7.2,经0.1MPa灭菌30min,在30℃保温24h,检查无菌,放冰箱备用。

2. 一级种子培养基

葡萄糖20g/L、$(NH_4)_2SO_4$ 4g/L、K_2HPO_4 1g/L、玉米浆10~20g/L、豆饼水解液10~20g/L、$MgSO_4 \cdot 7H_2O$ 0.4~0.5g/L、尿素1g/L、pH 7.0~7.2,经0.1MPa灭菌15min,接种量为5%~10%。

3. 培养条件

在1000mL的三角瓶中,装200mL一级种子培养基,高压灭菌,冷却后接种,在30~32℃振荡培养15~16h,转速100~120r/min。

4. 二级种子培养基

除以淀粉水解糖代替葡萄糖外,其余成分与一级种子相同。

5. 培养条件

温度30~32℃,通风比1:0.2m^3/(m^3·min),搅拌转速200r/min,培养时间8~11h。

根据发酵规模,必要时可采用三级培养,其培养基和培养条件基本上与二级种子相同。

6. 发酵工艺控制要点

发酵过程分为两个阶段,发酵前期(0~12h)为菌体生长期,主要是菌体生长繁殖,很少产酸。当菌体生长一定时间后,转入产酸期,要根据两个阶段进行不同的工艺控制。

(三)发酵培养基组成

不同菌种,发酵培养基的组成不完全相同,如棒状杆菌ASI.563为糖蜜100g/L、玉米浆6g/L、豆饼水解液5g/L、$(NH_4)_2SO_4$ 20g/L、$CaCO_3$10g/L、K_2HPO_4 1g/L、$MgSO_4$ 0.5g/L、铁20mg/L、锰20mg/L,pH 7.2。发酵时间60h,产L-赖氨酸盐酸盐26mg/mL。

(四)发酵控制工艺要点

1. 温度

在发酵前期,提高温度,控制在32℃,中后期30℃。

2. pH

最适pH为6.5~7.0,范围在6.5~7.5。在整个发酵过程中,应尽量保持pH平稳。

3. 种龄和接种量

一般在采用二级种子扩大培养时,接种量较少,约2%,种龄为8~12h。当采用三级种子扩大培养时,接种量较大,约10%,种龄一般为6~8h。总之,以对数生长期的种子为好。

4. 供氧

当溶解氧的分压为 4~5kPa 时，磷酸烯醇式丙酮酸羧化酶，异柠檬酸脱氢酶活性最大，赖氨酸的生产量也最大。赖氨酸发酵的耗氧速率受菌种、发酵阶段、发酵工艺、培养基组成等而有很大影响。

5. 生物素

$(NH_4)_2SO_4$ 及其他因子对赖氨酸产量也有一定的影响。

(五)发酵液处理及提取精制

发酵结束后，离心除菌体，滤液加热至 80℃，滤除沉淀，收集滤液，经 HCl 酸化过滤后，取清液备用。

1. 离子交换

上述滤液以 10L/min 的流速进入铵型 732 离子交换柱(一般三柱依次串接)，至流出液 pH 为 5.0，表明 L-赖氨酸已吸附至饱和。将三柱分开后分别以去离子水按正反两个方向冲洗至流出液澄清为止，然后用 2mol/L 氨水以 6L/min 流速洗脱，分部分收集洗脱液。

2. 浓缩结晶

将含赖氨酸的 pH 8.0~14.0 的洗脱液减压浓缩至溶液达到 12~14°Bé，用 HCl 调 pH 至 4.9，再减压浓缩至溶液浓度为 22~23°Bé，5℃放置结晶过夜，滤取结晶得 L-赖氨酸盐酸盐。

3. 精制

将上述 L-赖氨酸盐酸盐粗品加至 1 倍体积的(质量体积比)去离子水中，于 50℃搅拌溶解，加适量活性炭于 60℃保温脱色 1h，趁热过滤，滤液冷却后于 5℃结晶过夜，滤取结晶于 80℃烘干，得 L-赖氨酸盐酸盐精品。

4. 检验

L-赖氨酸盐酸盐应为白色或类白色结晶粉末，无臭，纯度应在 98.5%~101.5%。

技能拓展八

L-异亮氨酸的发酵生产

L-异亮氨酸的化学名称为 2-氨基-3-甲基戊酸，分子式为 $C_6H_{13}NO_2$，相对分子质量为 131.17，结构见图 3-5，在乙醇中形成菱形叶片状或片状结晶体，熔点为 285~286℃，密度为 1.0±0.1g/mL，比旋光度$[\alpha]_D^{25}$ 为+39.5°(比旋光度在 5mol/L

HCl 中的数值)，$[\alpha]_D^{25}$ 为+12.4°(比旋光度在水中的数值)，溶于热醋酸，在 20℃乙醇中溶解度为 0.72g/L，在 25℃水中为 41.2g/L，在 75℃水中为 60.8g/L，不溶于乙醚。

L-异亮氨酸存在于所有蛋白质中，为人体必需氨基酸之一，主要用来配制复方氨基酸输液。

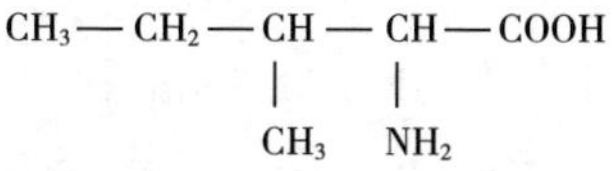

图 3-5　L-异亮氨酸的结构

一、生产工艺

L-异亮氨酸生产工艺见图 3-6。

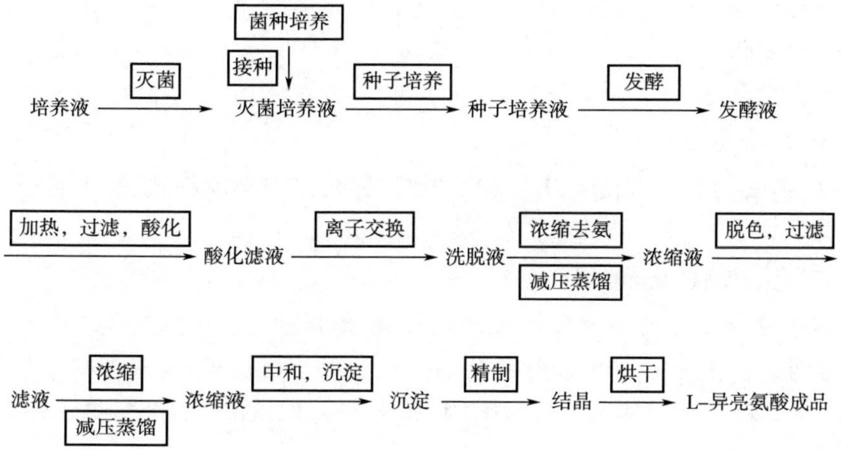

图 3-6　L-异亮氨酸生产工艺

二、生产工艺重点过程及控制要点

1. 菌种培养

菌种培养基组成：终浓度为葡萄糖 20g/L，尿素 3g/L，玉米浆 25g/L，豆饼水解液 1g/L，pH 6.5。

2. 一级种子培养

1000mL 三角瓶中培养基装量为 200mL，斜面接种一环黄色短杆菌 HL41 菌种，30℃摇床培养 16h。

3. 二级种子培养

培养基在一级培养基的基础上再加菜籽油 4g/L，以消除泡沫。接种量为 4%，培养 8h,逐渐放大培养到足够菌种。

4. 灭菌发酵

发酵培养液组成(终浓度,余同):$(NH_4)_2SO_4$ 45g/L,豆饼水 4g/L,玉米浆 20g/L,$CaCO_3$ 45g/L,pH 7.2,淀粉水解还原糖起始浓度为 115g/L。在 5m^3 发酵罐中添加 3t 发酵培养基,加热至 118~120℃,在 1.1×10^5Pa 灭菌 30min,立即通入冷盐水冷却至 25℃。接种量 10g/100mL,维持 180r/min 搅拌速度,升温至 30~31℃,以 1∶0.2 通气量发酵 60h,在 24~50h 不断补加尿素至 6g/L,氨水至 2.7g/L。

5. 除菌体、酸化

发酵结束后,加热至 100℃并维持 10min,冷却过滤,除沉淀,滤液加硫酸和草酸至 pH 3.5。

6. 离子交换吸附分离

上述滤液每分钟以树脂量 1.5%(此处为质量分数)的流速进入 H^+型 732 离子柱(Φ40cm×100cm),以 100L 等离子水洗柱,再以 60℃、0.5mol/L 氨水按 3mL/min 的流速进行洗脱,部分收集洗脱液。

7. 浓缩去氨

合并 pH 3~12 的洗脱液,70~80℃减压蒸馏,浓缩至黏稠状,加去离子水至原洗脱液体积的 1/4,再浓缩至黏稠状,反复进行 3 次。

8. 脱色、浓缩、中和

上述浓缩物加去离子水至原体积的 1/4,搅拌均匀,加 2mol/L HCl 调 pH 至 3.5,加活性炭至 1kg/L,70℃搅拌脱色 1h。过滤除去活性炭,滤液再减压浓缩至适当体积,用 2mol/L 氨水调 pH 至 6.0,5℃沉淀 24h,过滤抽干,105℃烘干得 L-异亮氨酸半成品。

9. 精制、烘干

每 10kg L-异亮氨酸半成品加 8L 浓盐酸和 20L 去离子水,加热至 80℃,搅拌溶解,加 10kg NaCl 至饱和,加工业碱调 pH 至 10,5.5℃放置 24h,过滤。70℃搅拌脱色 1h 过滤,滤液减压浓缩至适当浓度,用氨水调 pH 至 6.0,5℃放置结晶 24h。过滤收得晶体,抽干,于 105℃烘干得 L-异亮氨酸成品。

技能拓展九

天冬酰胺酶的发酵生产

L-天冬酰胺酶分子式为 $C_{14}H_{17}NO_4S$,是从大肠杆菌菌体中提取分离的酰胺基水解酶，其商品名为Elspar，可用于治疗白血病。L-天冬酰胺酶呈白色粉末状，微有吸湿性，溶于水，不溶于丙酮、氯仿、乙醚及甲醇。冻干品在2~5℃下可稳定存放数月；干品在50℃下持续15min，活力降低30%，60℃下1h内失活；200g/L水溶液，室温下可储存7d，5℃下可储存14d，均不减少酶的活力。最适pH为8.5，最适作用温度37℃。

L-天冬酰胺酶是抗肿瘤类药物，它能将血清中的天冬酰胺酸水解为天冬氨酶和氨，而天冬酰胺是细胞合成蛋白质及增殖生长所必需的氨基酸。正常细胞有自身合成天冬酰胺的功能，而肿瘤细胞则无此功能，因而当用天冬酰胺酶使天冬酰胺急剧缺失时，肿瘤细胞既不能从血液中取得足够的天冬酰胺，又不能自身合成，其蛋白质合成障碍，增殖受抑制，细胞大量破坏而不能生长、存活。L-天冬酰胺酶对急性粒细胞白血病和畸形单核细胞白血病都有一定疗效，对恶性淋巴瘤也有较好的疗效，对急性淋巴细胞白血病缓解率在50%以上，目前多与其他药物合并应用于治疗肿瘤。

一、生产工艺路线

天冬酰胺酶生产工艺见图3-7。

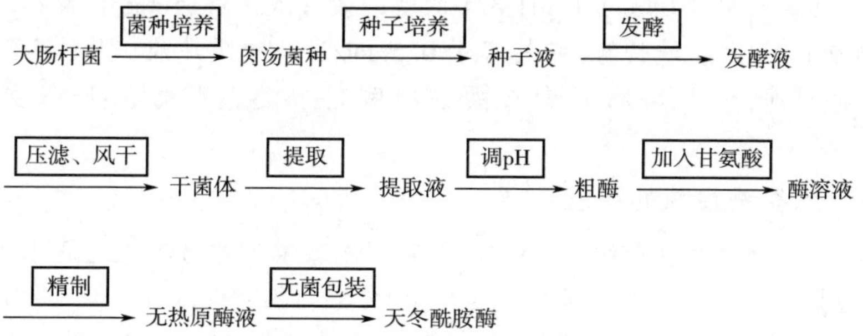

图3-7　天冬酰胺酶的生产工艺

二、生产工艺重点过程及控制要点

1. 菌种培养

将大肠杆菌AS1-375接种于肉汤培养基，于37℃培养24h，获得肉汤菌种。

2. 种子培养

按1%~1.5%接种量将肉汤菌种接种于160g/L玉米浆培养基中，37℃通气搅拌培养4~8h。

3. 发酵生产

使用玉米浆培养基，接种量为8%，37℃通气搅拌培养6~8h，得发酵液。

4. 预处理

离心分离发酵液，获得菌体，加2倍量丙酮搅拌，压滤，滤饼过筛，自然风干成菌体干粉。

5. 提取、沉淀、热处理

每千克菌体干粉加入0.01mol/L pH 8.3的硼酸缓冲液10L，37℃保温搅拌1.5h，降温到30℃以后，用5mol/L乙酸调节pH至4.2~4.4，进行压滤，滤液中加入2倍体积的丙酮，放置3~4h，过滤，收集沉淀，自然风干，即得干燥粗制酶。取粗制酶，加入3g/L甘氨酸溶液，调节pH至8.8，搅拌1.5h，离心，收集上清液，加热到60℃保温30min进行热处理后，离心弃去沉淀，上清液中加入2倍体积的丙酮，搅匀，析出沉淀，离心，收集酶沉淀。用0.01mol/L pH 8.0磷酸缓冲液溶解沉淀后，再离心弃去不溶物，收集上清液，即得酶溶液。

6. 精制、冻干

将上述酶溶液调节pH至8.8后，离心收集上清液，将上清液再调节pH至7.7，加入500g/L聚乙二醇处理，使聚乙二醇浓度达到160g/L。在2~5℃下放置4~5d，离心得沉淀。用蒸馏水溶解沉淀后，加4倍量(体积比)的丙酮，沉淀，同法重复1次，沉淀再用0.05mol/L pH 6.4的磷酸缓冲液溶解，500g/L聚乙二醇处理，即得无热原的L-天冬酰胺酶，将其溶于0.5mol/L磷酸缓冲液，在无菌环境下用6号垂熔漏斗过滤，分装，冷冻干燥，制得注射用L-天冬酰胺酶成品，每支1万或2万单位。

7. L-天冬酰胺酶的检验

(1)性状　本品为白色结晶状粉末，无臭，无味。在水中易溶，在乙醇和醚中不溶。

(2)鉴别

①取本品5mg，加水1mL溶解，加200g/L氢氧化钠溶液5mL，摇匀，再加10g/L硫酸铜溶液1滴，摇匀，溶液呈蓝紫色。

②取效价测定项下供试品溶液0.1mL，加3.3g/L天冬酰胺溶液1.9mL，置37℃水浴反应15min，取出，加茚三酮约3mg，加热，呈蓝紫色。

(3)检查

①酸碱度：取本品，加水制成1mL中含10mg的溶液，依法测定[《中国药典》(2020年版)二部附录ⅥH]，pH应为6.5~7.5。

②溶液的澄清度与颜色：取本品，加水溶液并制成1mL中含5mg的溶液，依法测定[《中国药典》(2020年版)二部附录ⅨA和附录ⅨB]，溶液应澄清无色。

③纯度：取本品适量，加流动相溶解并制成1mL约含2mg样品的溶液，照分子排阻色谱法[《中国药典》(2020年版)二部附录ⅥH]测定，按峰面积归一法计算主峰相对含量，不得低于97.0%。

④干燥失重：取本品适量，置105℃干燥3h，失重不得超过5.0%[《中国药典》

(2020 年版)二部附录ⅧL]。

⑤重金属:取本品 0.5g,依法检测[《中国药典》(2020 年版)二部附录ⅧH 第二法],含重金属不得过 20mg/kg。

⑥异常毒性:取本品适量,加氯化钠注射液制成 1mL 中含 44000 单位的溶液。取体重(20±1)g 的雄性小白鼠 5 只,分别自尾静脉注射 0.5mL,给药后 30min 内不得出现呼吸困难、抽搐症状。

⑦降压物质:取本品适量,依法检测[《中国药典》(2020 年版)二部附录ⅪG],剂量按猫体重每千克注射 1 万单位,应符合规定。

⑧细菌内毒素:取本品适量,依法检测[《中国药典》(2020 年版)二部附录ⅪE],每单位天冬酰胺酶中内毒素的量应小于 0.015EU。

(4)效价测定

①酶活力测定

a. 对照品溶液的制备:取 105℃干燥至恒重的硫酸铵适量,精密称定,加水溶解并定量稀释,制成 0.005mol/L 的溶液。

b. 供试品溶液的制备:取本品约 0.1g,精密称定,加入 pH 为 8.0 的磷酸盐缓冲液(取 0.1mol/L 磷酸氢二钠适量,用 0.1mol/L 磷酸二氢钠溶液调节 pH 至 8.0)溶解并定量稀释成 1mL 中约含天冬酰胺酶 5 个效价单位的溶液。

测定方法:取试管 3 支(ϕ1.2cm×14cm),分别加入用上述磷酸盐缓冲液配制的 3.3g/L 天冬酰胺溶液 1.9mL,于 37℃水浴中预热 3min,分别于第 1 管加入 250g/L 三氯乙酸溶液 0.5mL,第 2、3 管各精密加入供试品溶液 0.1mL,置 37℃水浴中,准确反应 15min,立即于第 1 管中精密加入供试品溶液 0.1mL,第 2、3 管各加入 250g/L 三氯乙酸溶液 0.5mL,摇匀,分别作为空白反应液和反应液。精密量取空白反应液、反应液和对照品溶液各 0.5mL 置于试管中,每份平均做 2 管,各加水 7.0mL 及碘化汞钾溶液(取碘化汞 23g,碘化钾 16g,加水至 100mL,临用前用 200g/L 氢氧化钠溶液等体积混合)1.0mL,混匀,另取试管一支,加水 7.5mL 及碘化汞钾溶液 1.0mL,作为空白对照管,室温放置 15min,用紫外-可见分光光度法[《中国药典》(2020 年版)二部附录ⅥA],在 450nm 波长处,分别测定吸收值为 A_0、A_t 和 A_s,A_t 的平均值,按下式计算。

$$效价/(U/mg)=\frac{(A_t-A_0)\times 5\times 稀释倍数\times F}{A_s\times 称重(mg)}$$

式中　5——反应常数

F——对照品溶液浓度的校正值

A_0、A_t、A_s——空白反应液、反应液和对照品溶液的吸收值

效价单位的定义:在上述条件下,一个 L-天冬酰胺酶单位相当于每分钟 L-天冬酰胺产生 1μmol 氨所需的酶量。

②蛋白质含量:取本品约 20mg,精密称定,依照氮测定法[《中国药典》(2020

年版)二部附录ⅧM 第一法]测定,即得。

项目检测

一、名词解释

1. 发酵工程 2. 自然选育 3. 染色体畸变 4. 原生质体融合 5. 补料分批发酵 6. 连续培养 7. 灭菌 8. 种子扩大培养技术

二、填空题

1. 发酵工业的生产水平取决于( )( )和( )三个要素。

2. 菌种选育方法包括( )( )和( )等经验育种方法,除此之外还包括( )( )和( )等定向育种方法。

3. 发酵的基本过程包括( )( )( )( )和( )五部分。

4. 微生物细胞培养可以分为( )( )和( )等几种方式。

5. 在发酵过程中,既有产生热能的因素,又有散失热能的因素,因而引起发酵温度的变化。产热的因素有( )和( ),散热的因素有( )( )和( )。

三、简答题

1. 简述发酵的主要方式及其特点。

2. 简述发酵的基本过程。

四、工艺路线题

绘制 L-异亮氨酸的生产工艺。

项目四　细胞工程制药技术

项目四　细胞工程制药技术

项目目标

●知识目标

1. 掌握细胞工程制药基本概念和细胞工程制药技术的主要类别；动、植物细胞培养特征；动、植物细胞培养基本技术。

2. 熟悉细胞工程药物的主要类别和制备方法，动物细胞制药和植物细胞制药的基本过程，常用动、植物细胞生物反应器特征；人源化抗体及制备方法；全人源化抗体及制备方法。

3. 了解细胞工程的发展简史及在医药领域中的应用；抗体药物的发展趋势。

●技能目标

1. 能掌握细胞工程制药的基本技术和基本操作技能。
2. 能利用动、植物细胞培养技术研究、生产相关药物。
3. 能掌握抗体工程生物制药基本操作技能。

●职业素质目标

1. 爱岗敬业、严守操作规程，具备科学严谨的工作作风。
2. 具有良好的沟通和团队协作的能力。
3. 提高科学文化自信，培养科学创新能力。

细胞工程制药是细胞工程技术在制药工业方面的应用。所谓细胞工程，就是以细胞为单位，按人们的意志，应用细胞生物学、分子生物学等理论和技术，有目的地进行精心设计，精心操作，使细胞的某些遗传特性发生改变，达到改良或产生新品种的目的，以及使细胞增加或重新获得产生某种特定产物的能力，从而在离体条件下进行大量培养、增殖，并提取出对人类有用的产品的一门应用科学和技术。细胞工程技术在制药领域的应用使得生物制药产业得到了巨大的发展，改变了传统制药领域的生产方式。如今细胞工程技术在制药工业中占据十分重要的地位。

一、植物细胞工程制药

植物细胞工程制药主要是在无菌和人工控制的条件下，采用植物细胞和组织培养技术培养植物的细胞、组织、器官，以获得有药用价值的次生代谢产物，或采用植物的遗传操作技术改变植物的原有性状和功能，获得具有优良性状的植物细胞，生产有药用价值的次生代谢产物。

(一)植物细胞培养

1. 植物细胞的全能性

植物组织培养的理论基础是细胞全能性，植物体中任何一个具有完整细胞核(完整染色体组)的细胞，在一定条件下都可以重新再分化形成原来的个体。

2. 外植体

外植体是指用于植物组织(细胞)培养的器官或组织(的切段)，植物的各部位如根、茎、叶、花、果、穗、胚珠、胚乳、花药和花粉等均可作为外植体进行组织培养。

3. 脱分化与再分化

脱分化指已经分化的细胞、组织和器官在人工培养的条件下又变成未分化的细胞和组织的过程。再分化指通过脱分化诱导形成的愈伤组织在适宜的培养条件下可再分化成为胚状体或直接分化出器官。

4. 植物组织培养的类型

(1)愈伤组织培养　从植物体的各种组织、器官等外植体，经脱分化而形成的细胞聚集体的培养称为愈伤组织培养。愈伤组织培养主要是继代培养。

(2)器官培养　植物离体器官的培养，如茎尖、根尖、叶片、花器官各部分原基或未成熟的花器官各部分以及未成熟果实的培养，称为器官培养。

(3)胚胎培养　未成熟或成熟的胚胎的离体培养，称为胚胎培养。

(4)分生组织培养　分生组织培养又称生长锥培养，是指在人工培养基上培养茎端分生组织细胞。

(二)植物细胞的生理特性

植物细胞是构成植物体的基本单位，植物细胞由细胞壁和原生质体两大部分组成。细胞壁含纤维素成分；原生质体包括细胞质、细胞核和液泡(图 4-1)。与动物细胞相比，植物细胞有 3 个特点，就是植物细胞具有细胞壁、液泡和叶绿体。

由于植物细胞自身的特性，与哺乳动物细胞及微生物细胞有很多不同，并由此导致了一系列生理生化等方面的差异(表 4-1)。植物细胞的细胞壁外骨架相当脆弱，抵抗剪切力差，传统的搅拌式生物反应器容易损坏植物细胞。植物细胞培养过程生长速度缓慢，容易受微生物污染，培养过程中需要用抗生素控制微生物的生长。植物培养细胞质量的增加主要取决于对数生长期，而次级代谢产物的累积则主要在稳定期完成(表 4-2)。细胞生长对数生长期，容易凝聚成团块，悬浮培养比较困难。在培养植物细胞过程中，多数以非均相集合体的细胞团形式存在。当细胞密度高、黏度大的时候，就容易产生混合和循环不良的问题。植物细胞都是好气的，培养时需要供氧，且培养液的黏度大，不能耐受强力通风搅拌。与微生物细胞

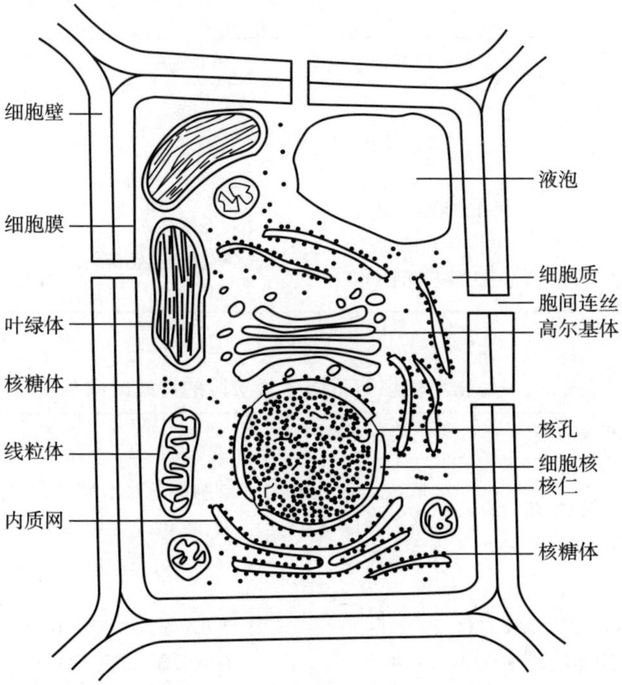

图 4-1 典型植物细胞模式图

不同的是,植物细胞并不需要很高的气液传质速率,而是要控制供氧量,以保持较低的溶氧水平。植物细胞液体培养过程中的泡沫问题并不像微生物细胞培养那么严重,泡沫特性也不一样。气泡比微生物培养系统中的大,而且由于泡沫中含有蛋白质或黏多糖,这些物质的黏度较大,细胞非常容易被包埋在泡沫中,并且从循环的营养液中带出来,这就造成了非均相培养,通常要采用化学或机械的方法来进行控制,否则,随着泡沫和细胞数目的增加,混合和培养过程的稳定性就要受到影响(表 4-2)。

表 4-1 植物细胞与哺乳动物细胞、微生物细胞的比较

特征	哺乳动物细胞	植物细胞	微生物细胞
大小/μm	10~100	10~100	1~10
生长形式	悬浮、贴壁	悬浮	悬浮
营养要求	复杂	复杂	简单
倍增时间/h	15~100	20~120	0.5~5
细胞分化	有	有限分化	无
环境影响	非常敏感	敏感	一般
细胞壁	无	有	有

续表

特征	哺乳动物细胞	植物细胞	微生物细胞
产物浓度	低	低	高
供氧需求/(mol/m³)	1~25	20~30	100~1000
产物种类	疫苗、单抗、酶、生长因子、激素、免疫调节剂等	酶、天然色素、天然有机化合物等	发酵食品、抗生素、有机化合物、酶等

表 4-2　　植物培养细胞不同生长阶段的持续时间及特征

生长阶段		持续时间	特征
延迟期	细胞分裂的初始期和最大生长期之间	取决于培养前的条件、时期和培养基性质	细胞数量基本恒定，干重、细胞壁厚度达最大，高 RNA 含量，高蛋白质合成能力，高多聚核糖体含量，有丝分裂加速，细胞质部分增加
加速期	细胞生长的最大生长期和最大细胞浓度，最佳 DNA 和蛋白质累积率	3~4 代	干重恒定，细胞数、DNA 和蛋白质浓度增加，有丝分裂活性、RNA 含量和蛋白质合成能力减少
对数生长期	最大生长期和蛋白质合成完全停止期之间		增加细胞鲜重、干重及 RNA 酶活性，蛋白质合成能力完全减退，多聚核糖体浓度向有利于单核糖体和寡核糖体形成的方向减少
稳定期	细胞数稳定		细胞高液泡化、极度脆弱、高度分化及高浓度有机化合物 次级代谢产物主要在此期间完成

(三)植物细胞培养的基本技术

植物细胞培养的基本技术包括植物材料的准备、培养基制备、培养方法的选择等。

1. 植物材料的准备

用于植物组织培养的外植体，必须是无杂菌材料。培养前必须对外植体进行严格的灭菌处理。

用于植物组织培养的表面灭菌剂很多。原则上应尽可能选择那些灭菌后易于除去或容易分解的试剂。灭菌剂的选择和处理时间的长短取决于所用材料对试剂的敏感性：敏感的外植体的灭菌时间不宜过长，而不敏感的，灭菌时间则应适当延长。

常用的灭菌剂有次氯酸钙、次氯酸钠和氯化汞。次氯酸钙国内常用其过滤后的饱和溶液，该溶液特别适用于草本植物和柔软组织的灭菌处理，灭菌时间一般为5~30min。氯化汞灭菌效果最好，去除也最困难，且灭菌时间不宜过长，以免损伤或杀死植物细胞。氯化汞作为休眠种子的灭菌剂最为理想，适用浓度为1g/L，灭菌时间一般为2~10min。用于有较厚种皮的休眠种子灭菌时，可延长到20min或更长时间。表4-3列出了不同植物组织（器官）的灭菌时间和顺序。

表4-3　植物不同器官的灭菌时间和顺序

器官	灭菌顺序		
	灭菌前处理	灭菌	灭菌后处理
种子	无水乙醇中浸10min，再用无菌水漂洗	100g/L次氯酸钙浸20~30min，再用10g/L溴水浸5min	无菌水洗3次，在无菌水中发芽，或无菌水洗5次，在湿无菌滤纸上发芽
果实	无水乙醇漂洗	20g/L次氯酸钠浸10min	无菌水反复冲洗，再剖出种子或内部组织
茎切断	自来水洗净，再用无水乙醇漂洗	20g/L次氯酸钠浸5~30min	无菌水洗3次
贮藏器官	自来水洗净	20g/L次氯酸钠浸20~30min	无菌水洗3次，滤纸吸干
叶片	自来水洗净，吸干，再用无水乙醇漂洗	1g/L氯化汞浸1min或20g/L次氯酸钠浸15~20min	无菌水反复冲洗滤纸吸干

注：植物材料灭菌后，即可进行培养。接种的外植体的形状和大小则要根据试验目的情况而定。

2. 培养基及其组成

植物组织和细胞培养所用培养基种类较多，但通常都含有无机盐、碳源、有机氮源、植物生长激素、维生素等化学成分，其中应用最广的是MS培养基和LS培养基。在植物细胞培养所用培养基中，一些必需营养物质如氮、磷、钾、钙、镁等的加入、浓度的高低、各组分的相对浓度等都会对培养结果产生重大影响，甚至起到关键性的作用。

（1）无机盐　基本培养基是由各种浓度的无机盐溶液组成的，这些无机盐又有大量元素和微量元素之分。大量元素是指使用浓度大于30mg/L的无机元素，包括N、S、P、K、Mg、Ca、Cl和Na。而微量元素是指浓度低于30mg/L的无机元素，如Fe、B、Mn、I和Mo，以及极微量的Cu和Zn。某些情况下，还可加入Ni、Co或Al，这些微量元素作为辅因子或对酶合成而言，都是必需的。

（2）碳源　植物细胞培养物通常均为异养细胞。因此，人们经常使用糖类、肌醇作为碳源，有时也用甘油物质代替。有些培养物还可通过同化二氧化碳而获得所需的能量，即所谓光自养培养物。在某些情况下培养基固化剂（如琼指等）也可作为补充能量和碳源使用。

此外,某些天然提取物对愈伤组织的诱导和培养也有重要意义,如用浓度为10%椰子乳(椰子的液体胚乳),也可使用0.5%的酵母提取物或5%~10%(体积分数)的番茄汁等。

(3)植物生长调节剂　植物激素是指植物代谢过程中自身形成的植物生长调节剂,在极低浓度(<1μmol/L)时就可以调节植物的生长和发育过程,并能从合成部位转运到作用部位而发挥作用。植物激素只限于天然产生的调节物质。到目前为止,已发现植物组织中可以形成5种植物激素,即生长素、分裂素、赤霉素、脱落酸和乙烯。植物生长调节剂既包括人工合成的具有生理活性的化合物,也包括上述的植物激素以及某些天然化合物。

(4)有机氮源　植物组织和细胞培养实验中使用较多的有机氮源为蛋白质水解产物(如谷氨酰胺)或各种氨基酸。

(5)维生素　植物细胞通常是维生素自养型的,但大多数情况下,自身合成的量都不能满足植物细胞的需要。所以大多数培养基,除了必须加入的B族维生素(如维生素 B_1、维生素 B_6 和泛酸)外,通常还需要加入一定量的生物素和肌醇。

3. 培养方法

植物细胞培养系统可以分为固体培养和液体培养两大系统,每种培养系统又包含若干培养方法,见图4-2。

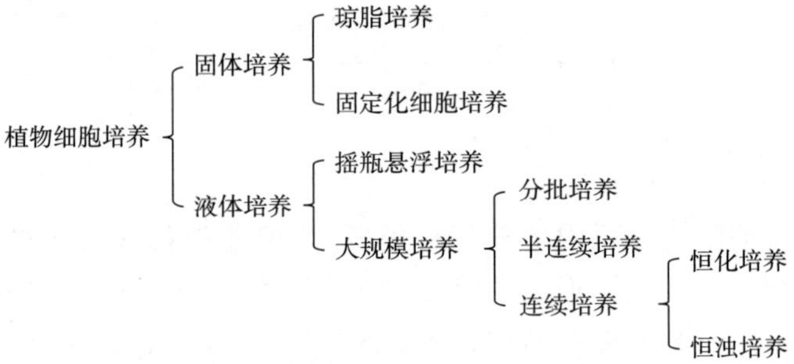

图4-2　植物细胞培养系统示意图

通常使用的固体培养系统主要包括利用琼脂(即6~10g/L)作为支持物的琼脂培养和固定细胞培养。液体培养系统包括小规模的悬浮培养和大规模的成批培养、半连续培养和连续培养。

(1)固体培养　固体培养基所需设备简单,使用方便,简单易行,而且有些植物细胞必须在固体培养基上进行。但固体培养基中培养物固定在一个位置上,只有部分材料表面与培养基接触,不能充分利用培养容器中的养分,而且培养物生长过程中,排出的有害物质的积累,容易造成自我毒害,必须及时转移。

固体培养最常用的固化剂是琼脂,其最适浓度为6~10g/L,硅胶或明胶也可作为固化剂使用，明胶的使用浓度为100g/L。近年来，还有人使用聚丙烯酰胺或泡沫塑料作为固化剂。

固定化细胞培养：是将细胞包埋在惰性支持物的内部或黏附在它的表面，放入培养液中进行培养或连续流入新鲜培养液，进行连续培养及连续收集培养产物。

固定化培养法的突出优点是固定化细胞可重复使用，产物和对细胞生长有抑制作用的代谢物可随培养基被带走，并可防止产物的进一步降解转化，易于获得高密度细胞群体及维持细胞间物理化学梯度，利于细胞组织化，易于控制培养条件及获得较高含量的次级代谢产物。

（2）液体培养

①分批培养：将培养基一次性地加入反应器中接种，培养一定时间后收获细胞的操作方式称为分批培养法。

②半连续培养：在反应器中投料和接种培养一段时间后，将部分培养液和新鲜培养液进行交换的培养方法称为半连续培养法。半连续培养可以认为是一种具有定时进出装置的成批培养系统。每间隔一天或两天收一部分培养物（最多可达培养液的50%），然后再加入新鲜培养基，通过调整收获细胞的数量和次数来保持细胞重量的恒定。

③连续培养：利用连续培养反应器，在投料和接种培养一段时间后，以一定速度连续采集细胞和培养液，并以同样速度供给新鲜培养基以使细胞生长环境长期维持恒定的方法。一般来说，由于连续培养法培养时间长，故其细胞的生产能力要比成批培养法高，但因细胞生长缓慢，培养时间长，要维持系统的无菌状态，技术条件要求较为苛刻。

（四）影响植物次级代谢产物累积的因素

1. 外植体选择

选择合适的外植体是植物细胞培养的首要问题，选择外植体，要综合考虑以下几个因素。

大小适宜，外植体的组织块要达到2万个细胞（即5~10mg）以上才容易存活。同一植物不同部位的外植体的分化能力、分化条件及分化类型有相当大的差别。植物胚与幼龄组织、器官比老化组织、器官更容易去分化，产生大量愈伤组织。

不同物种相同部位的外植细胞分化能力可能大不一样。总之，外植体的选择，一般以幼嫩的组织或器官为宜。

不同外植体的悬浮细胞培养物，其最大次级代谢产物的累积时间各异。同一化合物可以在不同外植体的不同生长阶段中累积。

2. 培养条件的影响

（1）接种和诱导　外植体的大小不仅影响所诱导的组织和细胞的生长，而且也关系到其次级代谢产物的生产能力，如长春花培养物中蛇根碱（又名利血平）的合成要求其外植体直径在1~12cm，在此条件下才能分泌噻类物质。次级代谢产物的产率与外植体大小、细胞密度及营养成分密切相关，如在紫草的细胞培养中，当营养成分的供给为 1400mg/L 时，细胞干重为 2.8g/L；而将营养成分提高到 1900mg/L 时，细胞干重则增加到 4.9g/L。然而，细胞生长率的增加有时会导致次级代谢物产量的降低，如在黄连的细胞培养中，细胞生长率提高一倍，其代谢产物小檗碱的含量降至原 50%。外植体的大小可能是使某些次级代谢产物含量发生变化的原因之一，此类现象常见于一些高产细胞株经继代培养后。如果转移培养物的大小或密度不标准时，其次级代谢物的含量可因细胞株的不同而异。此外，外植体的前处理也可严重影响次级代谢产物的累积方式，如将单冠毛菊悬浮细胞培养物暴露于蓝光中时才能合成花青苷。

(2)基本培养基组成　基本培养基的各种成分是愈伤组织和悬浮培养细胞生长的物质基础，尤其在稳定期次级代谢产物累积时作用更加明显。

磷的含量低于基本培养基的含磷量，常常导致次级代谢产物的累积，而缺乏磷又会导致生物量的大幅度降低，从提高经济效益的角度，通常使用次级代谢产物低的细胞株进行生产，因为低产细胞株可以通过较高的生物量得到补偿，总体产量比高产细胞株要高。

氮源也影响次级代谢产物的积累，植物细胞培养常用的培养基中通常含有两种主要的氮源，即硝态氮和铵态氮，但是因为植物种类和细胞系的不同，这两种氮源对细胞生长表现出很大的差异。还有些细胞需要某些特殊有机氮源，如天冬氨酸、尿素、酪蛋白水解物和蛋白胨等。

碳源对次级代谢产物积累的影响。碳源通常有两种提供形式，在光自养培养中碳源为二氧化碳，在异养培养中碳源为糖类。碳源的性质和数量往往对培养细胞的生物量有很大的影响。二氧化碳可以诱导某些特征反应。在植物细胞培养中，糖是使用最广泛、作用最强的碳源，最适宜的糖类为蔗糖，使用浓度一般为 20~50g/L。例如，在长春花悬浮细胞培养中，加入蔗糖可以得到长春花碱、蛇根碱，以及游离的氨基酸，而加入乳糖只能得到长春花碱。所以说糖的种类不同，积累的次级代谢产物也不同。

(3)植物生长调节剂　植物生长调节剂在植物细胞培养中起着非常重要的作用，可以说是关键性作用。但由于植物材料和生理状态的差异，必须通过反复实验才能确定合适的数量和种类。如人们在培养烟草细胞时发现，加入吲哚乙酸(IAA)时培养物中有尼古丁生成，但 2,4-二氯苯氧乙酸(2,4-D)存在时就不能合成尼古丁。

(4)环境条件

①O_2 和 pH：培养细胞在生长过程中需要维持正常的呼吸作用，悬浮培养可以用搅拌和通气的方式来进行供氧，搅拌速度通常比较慢，搅拌速度过快容易导致细胞破裂。固定化细胞培养只能采用通气方式进行供氧，一般使用含 5% CO_2 的洁净空气，通气量要适当，过多或过少都会影响细胞生长以及次级代谢产物的合成。

pH 影响细胞的生长。细胞生产次级代谢物的最适 pH 与植株生长最适 pH 往往不同,需要在不同的阶段控制不同的 pH 范围。

②温度:繁殖和次级代谢产物的生产需要一定的温度条件。在一定的温度范围内细胞才能正常生长、繁殖和维持正常的新陈代谢。

不同的细胞有各自不同的最适生长温度。有些细胞生产次级代谢产物的最适温度与细胞生长最适温度有所不同,而且往往低于生长最适温度。但是若温度太低,则由于代谢速度缓慢,反而降低次级代谢产物的产量,延长生产期,所以必须进行试验,以确定最佳生产温度。为此在有些植物细胞培养生产次级代谢产物过程中要在不同的阶段控制不同的温度。

植物细胞培养的温度一般控制在室温范围(25℃左右)。温度高些,对植物细胞的生长有利;温度低些,则对次级代谢产物的积累有利,但是通常不能低于 20℃,也不要高于 35℃。

③光的影响:对植物培养细胞来说,光是一个重要的影响因素。光照时间的长短、光质量和光的强度对某些次级代谢产物(如黄酮、黄酮醇、花色素苷、挥发油等)的累积都有一定的影响。

(五)植物细胞培养的生物反应器

选择植物细胞大规模培养生物反应器要综合考察以下因素:①供氧能力及气泡分散程度。②剪切力大小及对细胞的影响。③高密度培养时培养液的混合程度。④温度、pH 及营养物质浓度的控制能力。⑤细胞团大小的控制能力。⑥易于放大。

悬浮培养所用生物反应器主要有机械搅拌罐和非机械搅拌罐,非机械搅拌生物反应器又分为鼓泡式、气升式和旋转鼓式等几种类型(图 4-3)。固定化细胞反应器有填充床反应器、流化床反应器和膜反应器等类型。

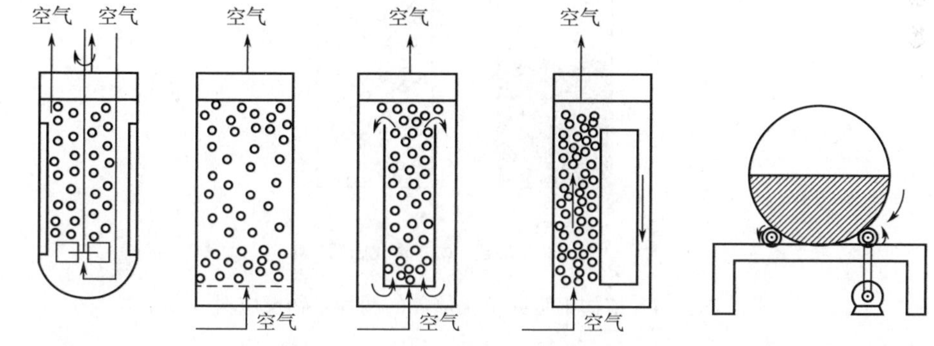

(1)搅拌式生物反应器　(2)鼓泡式生物反应器　(3)气升式生物反应器　(4)具有外环的气升式生物反应器　(5)旋转鼓式生物反应器

图 4-3　植物细胞培养的生物反应器模式图

1. 搅拌式生物反应器

机械搅拌罐为有氧发酵的传统生物反应器,靠机械的作用来传送空气,控制温度、pH,溶解氧量和营养元素浓度均优于其他生物反应器,其主要缺点是,搅拌装置产生的剪切力是植物细胞最敏感的,较不适合于培养抗剪切力弱的细胞。迄今用于植物细胞培养的最大生物反应器(75000L 和 5000L)均是机械搅拌罐类型。

2. 鼓泡塔式生物反应器

鼓泡塔式生物反应器是通过位于反应器底部的喷嘴及多孔板而实现气体分散的。鼓泡塔式生物反应器的主要优点是:没有运动部件,操作不易染菌,在无机械能输入情况下,可提供较高的热量和质量传递,适于对剪切敏感的细胞的培养,放大相对容易。但也存在明显缺点:流体流动形式难以确定,混合不匀,缺乏有关反应器内的非牛顿流体的流动与传递特性的数据等。

3. 气升式生物反应器

气升式生物反应器分为内循环式和外循环式两类,其流动性比鼓泡塔更为均匀。气升式生物反应器是培养植物细胞最合适的反应器之一,可以在低剪切力下达到较好的混合和较高的氧传递效果,运动部件不易污染、操作费用也很低;其缺点是高密度培养时混合不够均匀。

4. 固定化细胞生物反应器

固定化细胞培养比悬浮细胞培养更适合于植物细胞的培养。近年来发展了几种固定化细胞生物反应器(填充床反应器和流化床反应器,见图 4-4),并已用于胡萝卜、长春花、洋地黄等植物细胞的培养。

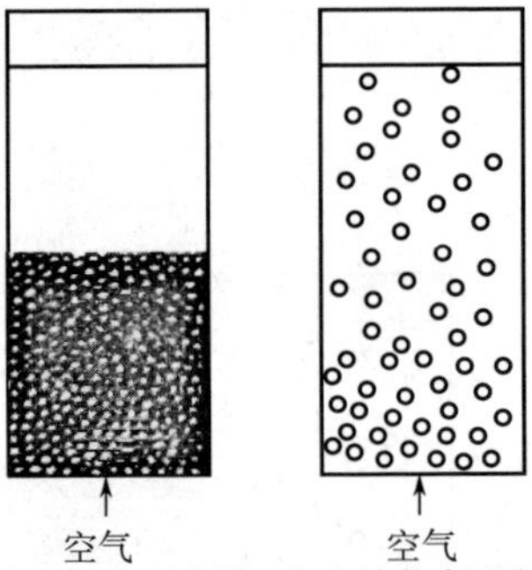

(1)填充床反应器　(2)流化床反应器

图 4-4　植物细胞固定化培养的两种生物反应器

(1)填充床反应器　细胞可以位于支撑物表面,也可包埋于支撑物之中,培养液流经支撑物颗粒,不断被细胞利用。优点:单位体积固定细胞量大;缺点:混合效果低,对必要的氧传递、pH、温度控制和气体产物的排出造成困难,影响细胞的培养。

(2)流化床反应器　利用液体的能量来悬浮颗粒。颗粒呈流化状态所需的能量与颗粒大小成正比,因此常采用小固定化颗粒,这些小颗粒良好的传质特性是流化床反应器的优点。缺点为剪切力和颗粒碰撞会损坏固定化细胞。

(3)膜反应器　膜固定化细胞是采用具有一定孔径和选择透性的膜固定植物细胞,营养物质可以通过膜渗透到细胞中,细胞产生的次生产物通过膜释放到培养液中。膜反应器主要有中空纤维反应器和平板膜反应器(图 4-5)。

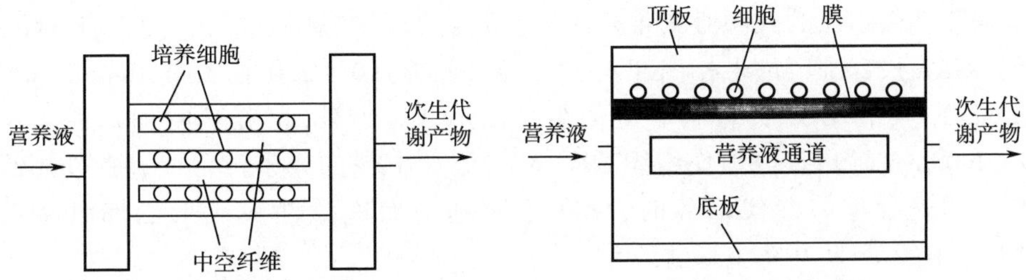

(1) 中空纤维反应器　　(2) 平板膜反应器

图 4-5　膜反应器主要类型模式图

(六)植物细胞工程制药实例——利用植物细胞工程技术制备紫杉醇

紫杉醇(图 4-6)是目前用于治疗多种癌症(包括宫颈癌、乳腺癌、肺癌、头颈部癌以及与艾滋病相关的卡波西肉瘤)的较好药物之一。还可用于冠心病的治疗,也可制成紫杉醇洗脱支架,可明显降低经皮冠脉介入术后冠状动脉内支架的再狭窄比例。随着可被心血管支架治疗的冠心病病例的增多,紫杉醇的需求可能会大幅增加。

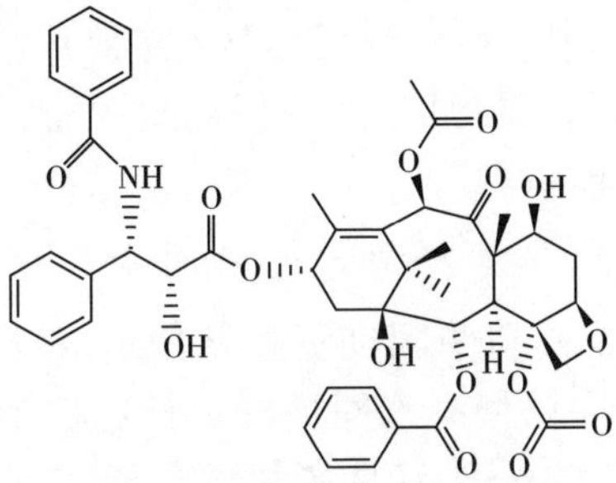

图 4-6　紫杉醇的结构式

红豆杉种质资源匮乏,已知红豆杉成熟植株中紫杉醇含量为树皮>树叶>树根>树干>种子>芯材,紫杉醇仅占树皮干重的 0.069%(质量分数)。即使以树皮为原料进行提取,每提取 1kg 紫杉醇就需要 10t 树皮。因此,采用植物细胞工程技术被认为是提高紫杉醇产率,缓解对红豆杉稀缺资源保护的压力,解决紫杉醇药源紧缺的一种最有效方法。下面简要介绍利用红豆杉细胞培养制备紫杉醇的方法。

1. 红豆杉愈伤组织的诱导

(1)外植体的选择与处理　一般选择紫杉醇含量高的外植体,以幼茎效果最好。

处理方法:取新生的幼茎,清水漂洗后,在超净台上用 70%乙醇浸泡 0.5~1min,无菌水冲洗 3 次,50g/L 次氯酸钠浸泡 5~8min,无菌水清洗 3~5 次,无菌滤纸吸取材料表面水分,接种在培养基上。

适合于愈伤组织培养基的为 MS、B5,且 MS 培养基比较适宜愈伤组织的生长。基本培养基中添加的外源激素主要为生长激素 2,4-二氯苯氧乙酸(2,4-D)、α-萘乙酸(NAA)、细胞分裂素(KT),浓度分别为 1.0~2.0mg/L、1.0mg/L、0.1~0.25mg/L,其中 NAA 更有利于愈伤组织的形成。另外,培养基中加入促黄体素(LH,2000mg/L)可提高愈伤组织的诱导率,添加 10%的椰子汁可提高愈伤组织的生长势和诱导率。继代培养时,可在培养基中加入活性炭或聚乙烯吡咯烷酮(PVP)、植酸等,防止褐变发生。

诱导愈伤组织培养基的 pH 为 5.5~6.0,继代培养基的 pH 为 4.8~7.8。光培养条件下,愈伤组织结构紧密,生长较慢,易再分化出芽和根;暗培养下,愈伤组织结构分散,生长较快,但不能分化出芽,较难分化出根,但暗培养的愈伤组织诱导率高于光培养。愈伤组织诱导的培养温度为 20~26℃,继代培养温度为 24~26℃。

(2)红豆杉悬浮细胞培养　将灭过菌的液体培养基装入 250mL 或 500mL 三角瓶中,取培养 15~20d 生长良好的细胞,接种于液体培养基中,置旋转摇床上在 25℃,120~130r/min 的条件下培养。

(3)细胞收集与干燥　离心或过滤收集细胞,用去离子水洗涤 2~3 次,每次抽干,然后,于 30~40℃真空干燥,得到红豆杉培养细胞成品。

(4)分离纯化　采用超临界提取,然后用己烷脱脂,氯仿萃取。随后用制备型 HPLC 方法进行进一步纯化即得。

2. 影响悬浮细胞培养与紫杉醇代谢的因素

(1)外植体　云南红豆杉和中国红豆杉茎段形成的愈伤组织,其紫杉醇含量普遍比东北红豆杉和杂种红豆杉高。同种红豆杉单株紫杉醇含量也存在差异,如云南红豆杉的单株差异可达 10 倍,说明紫杉醇含量存在基因型的差异。

(2)培养基　细胞培养与愈伤组织培养所用的培养基组成基本一致,只是细胞培养为液体培养基,多数采用 B5 培养基,也有的采用 MS 培养基。B5 培养基对细胞生长较适宜,而 MS 培养基有利于紫杉醇的产生。悬浮培养中使用的碳源多为蔗糖,细胞正常生长最适的蔗糖浓度为 20g/L,但高浓度的蔗糖可提高次生代谢产物的产量。氮和磷则基本满足了培养的要求。激素的种类与使用比例对于不同种的红豆杉作用不同,合理使用植物激素对细胞培养十分重要。

(3)培养基中添加前体物质和有机附加物　一些氨基酸等小分子物质与紫杉醇的分子结构有关,如苯丙氨酸参与紫杉醇分子侧链的合成,苯甲酸本身也是侧链的一个组成成分。因此,在细胞培养液中加入苯丙氨酸、苯甲酸、苯甲酰甘氨酸和丝氨酸都能显著提高紫杉醇的产量。另外。培养基中加入适当浓度的有机附加物，如椰子汁、水解酪蛋白、水解乳蛋白，可增加细胞的生长量及紫杉醇的含量。

(4)培养基中添加诱导子　植物次生代谢产物的合成具有多条代谢途径，通过改变培养条件，可以定向诱导目的产物合成。在植物细胞的培养中引入诱导子，一般可提高次生代谢产物的产量，同时促进产物分泌到培养基中。

(5)接种量　细胞接种量不应低于2g/L(干重)，细胞生长速率在接种量为6g/L时最高，此后便开始下降，因此，细胞接种量以5~8g/L为宜。

(6)培养条件　培养基的pH在5~7时对细胞产量影响不大；黑暗条件下细胞生长速率约为光照条件下的3倍，紫杉醇的产量也约为光照下的3倍；培养液中气体成分也影响细胞悬浮培养生产紫杉醇的时间和产量，合适的气体组成和比例为氧气：二氧化碳：乙烯为10：0.5：(5×10^{-4})(体积比)。

二、动物细胞工程制药

动物细胞工程制药是动物细胞工程在制药工业方面的应用，已成为生物制药最重要的组成部分之一。目前全世界生物技术药物中使用动物细胞工程生产的已超过70%。

(一)动物细胞的体外培养

1. 体外培养动物细胞的类型

(1)贴壁依赖性细胞　大多数动物细胞包括非淋巴组织细胞和许多异倍体细胞，培养时需要黏附因子，其可由细胞自身分泌或人为在培养基中加入，使细胞在支持物表面黏附伸展和生长增殖。细胞在支持物表面生长时，分化常不显著，失去了它们在动物体内的原有特征，一般呈纤维细胞型(图4-7)或上皮细胞型(图4-8)两种形态。

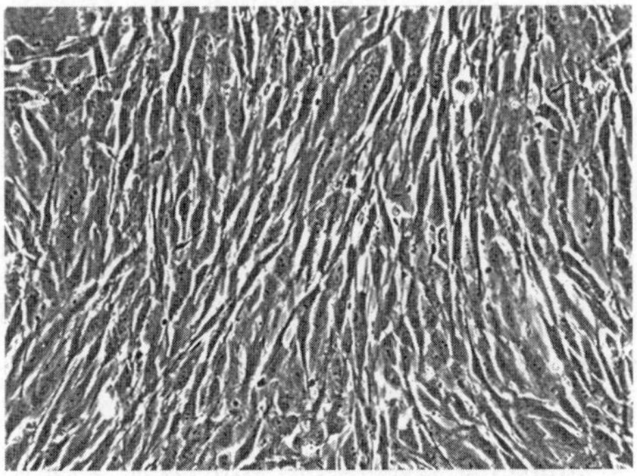

图4-7　纤维细胞型

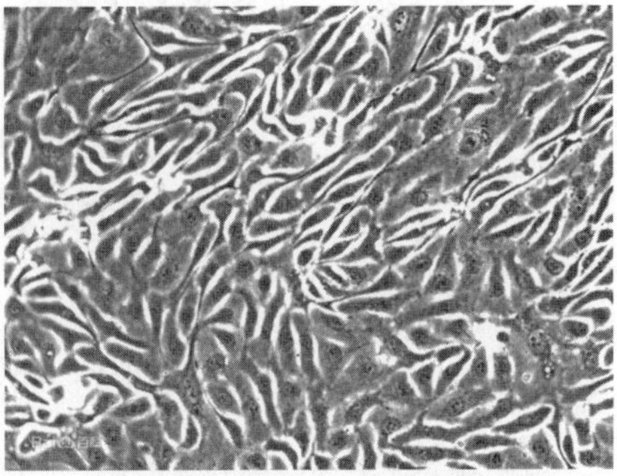

图4-8　上皮细胞型

（2）非贴壁依赖性细胞　来源于血液、淋巴组织的细胞和杂交瘤细胞。一些肿瘤细胞和某些生产干扰素的转化细胞都无须固体支持物即可在培养液中悬浮生长，因此也被称为悬浮细胞，其细胞胞体一般呈圆球形。

（3）兼性贴壁细胞　有些细胞对固体支持物的依赖性不严格，可以贴壁生长，在一定条件下也可以悬浮生长，该类细胞称为兼性贴壁细胞。如常用的中国仓鼠卵巢（Chinese hamster ovary，CHO）细胞、小鼠 L929 细胞和 BHK 细胞等。

2. 动物细胞培养的环境条件

体外培养的动物细胞对营养和环境条件的要求很高。培养基通常含有细胞生长所需的氨基酸、维生素、糖和微量元素。在使用合成培养基时需要添加一些天然成分，其中最重要的是血清，这是因为血清中含有多种促细胞生长因子和一些生物活性物质。环境因素主要是指无菌环境、合适的温度（35～37℃）、一定的渗透压［对大多数细胞来说，渗透压在 260～320mOsm/L 都适宜，渗透压大小通常用渗透浓度表示，单位是 mmol/L 或 mol/L，以及合适的气体环境（O_2 和 CO_2）和适宜的 pH（7.2～7.4）］。

3. 动物细胞培养的基本技术

（1）细胞的原代培养　原代培养是指直接从有机体中取出细胞、组织或器官后立即进行培养。原代培养的细胞一般传至 10 代就会出现大部分细胞衰老死亡的情况。因此，通常把传至 10 代以内的细胞统称为原代细胞。原代培养分为组织块培养和单层细胞培养两种方法（图 4-9）。

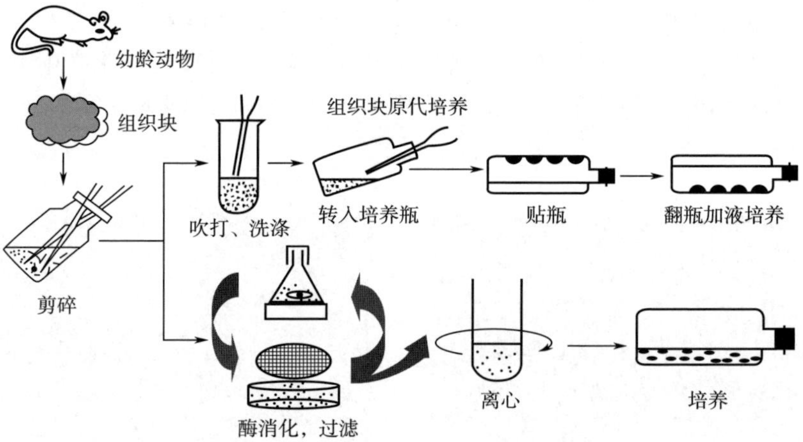

图 4-9　原代细胞培养步骤图

组织块培养法是将动物组织切成直径 1～2mm 的小块进行培养的方法。采用血浆凝固、胶原固着或直接固着于培养器壁的组织块，分别置于培养瓶中，加培养液后置于 37℃的培养箱中，通入含 5% CO_2 的空气培养，即可在组织块周围长出新的细胞单层，培养过程中进行旋转或振荡培养效果会更佳。

单层细胞培养法是将动物组织块中粘连在一起的细胞用酶法或物理分散法分散成单个细胞，制成细胞悬液，经计数、稀释后，接种于无菌培养液中，37℃，5% CO_2 的空气下进行原代培养，细胞即开始生长并逐渐形成单层。正常组织原代单层细胞不能无限期繁殖。分散细胞时，常用的蛋白酶有胰蛋白酶及胶原酶等，前者应用得最多。

（2）细胞的传代培养　从培养瓶中将原代细胞，以 1∶2（原代细胞对扩大培养后的细胞个数比）以上的比例扩大培养，称为传代培养。在传代过程中要注意减少对细胞的损伤以及保持培养基和培养条件的相对稳定。原代细胞经过传代、筛选、克隆等步骤，从多种细胞中纯化得到的某种具有一定特征的细胞统称为传代细胞系。

（3）细胞克隆培养　细胞克隆培养即单细胞分离培养，是将动物组织分散后，将一个细胞从群体细胞中分离出来，由单个细胞培养成纯系细胞集群。克隆培养过程中常用条件培养基，或者在培养基中加入饲养细胞如小鼠胸腺细胞或腹腔细胞，或者尽可能减少浸浴细胞的培养基量，以满足细胞克隆的条件。单细胞克隆培养技术有很多种方法，常用的有稀释铺板法、饲养层克隆法、胶原膜板法或血纤维蛋白膜层板克隆法和软琼脂平板克隆法等。

（4）动物细胞的冻存与复苏

①细胞的冻存：在-70℃以下时，细胞内的酶活性均已丧失，即代谢处于完全停止状态，故可以长期保存。在不加任何保护措施直接冻存细胞时，细胞内和外环境中的水都会形成冰晶，能导致细胞内发生机械损伤、电解质浓度升高、渗透压改变、脱水、pH 改变、蛋白质变性等，甚至引起细胞死亡。若向培养液中加入保护剂，可使冰点降低。在缓慢的冻结条件下，细胞内水分可在冻结前透出细胞。贮存在-130℃以下的低温中能减少冰晶的形成。目前为了保存细胞，都采用液氮低温（-196℃）冻存的方法。

细胞低温保存的关键在于通过-20～0℃阶段的处理过程。在此温度范围内，冰晶呈针状，极易导致细胞的严重损伤。在冷冻时，冷冻速度很重要，不能太快也不能太慢。太快不足以使水分排出，太慢会产生冰晶损伤细胞。一般利用等速降温仪以 1～3℃/min 的速度下降至-120℃以后投入液氮中。或者，将细胞管在 4℃放置 10min，然后-20℃放置 30min，-80℃放置 16～18h（或隔夜），置液氮罐颈口 1h，最后浸入液氮。

细胞冻存中的注意事项还有：a. 冻存的细胞应在对数生长期且存活率高的状态；b. 冻存的细胞应处在良好的营养状态，故在冻存前一天要换液培养；c. 细胞密度以 1×10^6～2×10^6 个/mL 为宜；配制冻存用培养基要与实际使用的一致，另加 10%（体积分数）二甲基亚砜或甘油作为保护剂，二甲基亚砜除菌过滤，不要用高压蒸汽灭菌，甘油应高压蒸汽灭菌后避光保存；配制的培养基需在开启后一年内使用，因长期储存后对细胞会有毒性；细胞冻存管封口后要检查其密封性。再者，细胞冻存管的标签上要标注细胞名称、编号和冻存日期。

②细胞的复苏:细胞复苏的原则是快速熔化,必须将冻存在-196℃液氮中的细胞快速熔化至37℃,使细胞外冻存时的冰晶迅速融化,避免冰晶缓慢融化时进入细胞形成再结晶,对细胞造成损害。在实际操作中需注意的事项有:a. 操作中要注意防护,戴面罩和手套以防止因玻璃安瓿封口不好,在熔化时渗入液氮引起安瓿爆炸;b. 从液氮罐取出的安瓿,应立即放入37℃水浴中,并要不断地摇动,使管中的固体迅速熔化;c. 1~2min后冻存管内液体完全熔化,取出,用乙醇擦拭冻存管的外壁,再拿到超净台内;d. 尽早将细胞离心,以去除对细胞有一定毒性的二甲基亚砜,或先将细胞悬液直接种入培养瓶内,加培养基10mL待细胞贴壁后(4~6h)立即换液;e. 隔天观察细胞生长情况,再换液一次。

(二)动物细胞培养基和其他常用试剂

1. 动物细胞培养基

动物细胞营养要求的特点为:a. 碳源不能为无机物,大多为葡萄糖;b. 氮源也不能为无机物,主要为各种氨基酸;c. 多数情况下尚需添加5%~20%(体积分数,余同)的小牛血清或适量的动物胚胎浸出液。血清是一种很好的营养物质,绝大多数动物细胞在含有胎牛或新生牛血清的培养基中生长得最好。

(1)天然培养基　直接采用取自动物体液或组织中的成分作为培养液,如乳蛋白水解物、酪蛋白水解物、血清、血浆及胚胎浸出液等,其中血清是最有效和最常用的培养基成分。

(2)合成培养基　自Eagle培养液开发以来,各种合成基本培养液的设计和研制得到发展。目前已经商业化的培养基有199、MEM、CMRL、DMEM、RPMI 1640、F12、IMEM等。合成培养基的化学成分主要为氨基酸、碳水化合物、蛋白质、核酸类物质、维生素、辅酶、激素、生长因子、微量元素及缓冲剂等。

(3)无血清培养基　无血清培养是指不需要添加血清就可以维持细胞在体外较长时间生长繁殖的合成培养基。常规细胞培养基的制备方法是在基础培养基中添加适量的血清或组织提取物,其中最常用于培养基的血清是一种组成很不明确的混合物。血清对细胞在体外培养时的主要作用是提供生长因子、激素、结合蛋白,并提供保护作用,但同时也有细胞生长抑制因子和毒性因子。由于动物血清提取的局限性,给细胞培养的标准化带来困难,同时也存在细胞培养表达产物分离纯化难的问题,具有潜在的细胞毒性作用,对规模化培养细胞增加了难度。应用无血清培养环境进行动物细胞的规模化生产重组蛋白已成为一种趋势。

动物细胞培养基的配制原则基本与微生物培养基一致,但不能采用高压法灭菌。将各种成分按一定比例配成母液,使用时再按要求配制与稀释,然后用膜过滤除菌、分装、储存。

2. 动物细胞培养常用的其他试剂

(1)平衡盐溶液　平衡盐溶液是由生理盐水和葡萄糖组成,其中的无机离子是细胞的组成成分。平衡盐溶液具有维持细胞渗透压、调控培养液酸碱度平衡的功能。

Hanks 液和 Earle 液是两种常用的平衡盐溶液基础溶液。前者缓冲能力较弱，后者缓冲能力较强。磷酸盐缓冲液成分较简单，也较常用。

(2)培养基 pH 调整液　大部分合成培养液都呈微酸性，培养前需要用 pH 调整液把培养基的 pH 调到所需的范围。灭菌会使 pH 又发生改变。因此，pH 调整液应单独配制、单独灭菌，在使用前再加入。这样做也可以保证营养成分的稳定并延长其保存期。常用 pH 调整液有：37g/L、56g/L、74g/L $NaHCO_3$ 溶液和羟乙基哌嗪乙磺酸(HEPES)溶液。HEPES 是具有较强缓冲能力的氢离子缓冲剂，它可以作为添加剂长时间控制培养液维持恒定的 pH，每 30mmol/L $NaHCO_3$ 相当于 2%的 CO_2(体积分数)。

(3)细胞消化液　细胞培养前要用消化液把组织块解离成分散细胞或传代培养时使细胞脱离贴壁器皿的表面并分散解离。常用消化液有两种，胰蛋白酶溶液和 EDTA 溶液。

①胰蛋白酶溶液：分离自牛、猪等动物胰脏，因其能水解细胞间的蛋白质，故用其解离分散细胞。此酶对细胞解离作用与细胞类型及其性质有关，不同细胞株对酶的浓度、温度、作用时间的要求也不尽相同。一般酶的相对浓度大、温度高、时间长，则解离效果较好，但超过一定限度会损伤细胞。在 pH 8.0，37℃时胰蛋白酶效果最好。胰蛋白酶溶液常配成 1.25g/L 和 2.5g/L 两种浓度，用无 Ca^{2+}、Mg^{2+}的 D-Hanks 平衡盐溶液配制，调 pH 至 6.8~7.2。消化细胞结束时，加入少量血清或含血清的培养基终止酶的作用。

②EDTA 溶液：EDTA 为一种化学螯合剂，其溶液又称 Versen 液，对细胞具有一定的非酶解离作用，因其经济方便、毒性小、易配制，是常用的消化液，常用浓度 0.2g/L(个别细胞系要求浓度较高)。使用完，需用 Hanks 液冲洗干净(血清对其无终止作用)。

此外，链霉蛋白酶、骨胶原酶、透明质酸酶等也可用于消化细胞，因价格昂贵、保存困难，只用于特殊种类的细胞消化。

(4)抗生素溶液　细胞培养过程中，常在培养液中加入适量的抗生素以防止发生微生物污染。常用的抗生素有青霉素、链霉素、卡那霉素、制霉菌素等。

知识拓展

制药工业中常用的动物细胞

目前一大批动物细胞已被用于多肽和蛋白质药物生产。表 4-4 列出了制药工业生产中常用的细胞株。根据 FDA 的规定，除原代细胞外，其他的细胞株或细胞系一旦建立后都必须进入细胞库保存，并且工程细胞必须建立两个细胞库，一个是原始细胞库（master cell bank，MCR），另一个是生产用细胞库（manufacturer's working cell bank，MWCB）或称为工作细胞库。所有进库的细胞都必须建立档案，进行无菌性、无交叉污染和各种有害因子的检查。

表 4-4　制药工业生产中常用的细胞株

细胞株名称	来源	常用培养基	用途
CHO-K1	中国仓鼠卵巢	DMEM，0.1mmol/L 次黄嘌呤 0.1mmol/L 胸苷，10%小牛血清，脯氨酸	分泌表达外源蛋白，如干扰素
BHK-21	地鼠幼鼠肾脏	DMEM，7%胎牛血清	增殖病毒，制备疫苗，表达外源蛋白
重组 NSO	鼠杂交瘤细胞系重组 NSO	无血清培养	生产单克隆抗体
W1-38	正常人胚胎组织	BME，10%小牛血清	生产疫苗
MRC-5	正常男性胚肺组织	BME，10%小牛血清	生产疫苗
Namalwa	肯尼亚淋巴瘤患者	RPMI-1640，7%胎牛血清	生产 α 干扰素
Vero	正常成年非洲绿猴肾脏	199 培养基，5%胎牛血清	增殖病毒，制备疫苗，表达外源蛋白
SP2/0-Ag14	小鼠脾细胞和骨瘤细胞的融合细胞	DMEM，10%胎牛血清	生产抗体

（三）细胞融合技术

细胞融合也称细胞杂交，是指细胞通过介导和培养，在离体条件下用人工方法将不同种的细胞通过无性方式融合（合并）成一个核或多核的杂合细胞的过程。这个杂合细胞得到了来自两个细胞的遗传物质（包括细胞核的染色体组合和核外基因），具有新的遗传或生物特性。一般来说，融合细胞的构建主要包括细胞融合和细胞筛选两个过程。

1. 细胞融合

细胞的融合大致包括细胞的接触、细胞质膜的融合、细胞质的重组和遗传物质的选择等过程。

目前，用于诱导动物细胞融合的方法主要有病毒法、PEG 法、电击法和激光法等。灭活病毒如仙台病毒、牛痘病毒和新城鸡瘟病毒等，由于病毒表面的神经氨酸酶降解了细胞膜上的糖蛋白，就会使细胞黏结在病毒的周围，从而使两个或多个细胞膜间互相渗透，细胞质也互相渗透，细胞核互相融合，其中最常用的是仙台病毒。PEG 的诱导机制目前尚不清楚，只是发现当 PEG 的浓度增加到 50%时，PEC 可能与邻近膜的水相结合,使细胞之间微小空间的水分被 PEG 取代,从而降低了细胞表面的极性,导致双脂层的不稳定,使细胞膜发生融合。电击和激光等方法则是在刺激时可使膜脂分子的排列发生改变,而当刺激因素解除后,细胞膜恢复原有的有序结构,在恢复过程中便可诱导紧密贴合的细胞发生融合。

2. 杂交细胞的筛选

动物细胞经过细胞融合后,除了目的杂交细胞之外,还有大量的同核体细胞和未融合亲本细胞,如果不进行筛选,目的杂交细胞往往因数量较少且生长缓慢,其生长很容易受到亲本细胞优势生长的抑制。因此对融合后的杂交细胞进行筛选,即将杂交细胞与未融合亲本细胞、同核体细胞区分开十分重要。

杂交细胞的筛选方法主要有三种:一是利用各种营养缺陷型细胞系或抗性细胞系作为参与细胞融合的亲本细胞,通过选择性培养基将互补的杂交细胞筛选出来;二是利用或人为造成两个或几个亲本细胞之间的物理特性差异,如大小、颜色或漂浮密度等方面的不同,从中筛选出杂交细胞;三是利用或人为地造成杂种细胞与未融合细胞之间生长或分化能力等方面的差异进行筛选。在具体应用过程中,上述的几种方法视具体实验对象可互相配合使用。

杂交细胞由于遗传表型不稳定,种间细胞融合的染色体可能会相互排斥,在体外培养过程中其结构基因或调节基因也有可能发生突变甚至丢失,因此,应对构建好的杂交细胞进行克隆和再克隆,并进行动态观察和定期分析。

(四)动物细胞的大规模培养

动物细胞的大规模培养是指在人工条件下(设定 pH、温度、溶氧等),在细胞生物反应器中高密度大量培养动物细胞用于生产生物制品的技术。

1. 动物细胞的大规模培养方法

(1)贴壁培养 贴壁培养是必须让细胞黏附在某种基质上进行生长繁殖的培养方法,其适用于一切贴壁细胞,也适用于兼性贴壁细胞。优势在于细胞依附于基质的表面,容易更换培养液进行灌流培养,从而提高单位体积内的细胞密度。贴壁培养不足之处是操作比较麻烦,需要合适的黏附材料并提供足够的表面积,且不能有效监测培养过程中细胞生长情况,培养条件不均一,传质和传氧较差。

(2)悬浮培养法 悬浮培养法是细胞在培养液中呈悬浮状态生长繁殖的培养方法(图 4-10),其适用于一切种类的非贴壁依赖性细胞,也适用于兼性贴壁细胞。可连续测定细胞浓度,连续收集部分细胞进行继代培养,也无须消化分散,细胞收率高。目前悬浮培养法已用于重组蛋白和单克隆抗体生产。

(3)微载体培养法 大多数动物细胞,包括非淋巴组织细胞和许多异倍体肿瘤细胞都是贴壁依赖性细胞,进行大规模动物细胞培养时要使用微载体或微珠(图 4-11)。微载体是直径 60~250μm 的颗粒,通过搅拌可使贴壁依赖性和兼性贴壁细胞吸附于颗粒表面长成单层,在培养液中进行悬浮培养。在微珠上培养的细胞,每个细胞产生抗原、干扰素等的能力与常规单层贴壁培养的细胞相当。

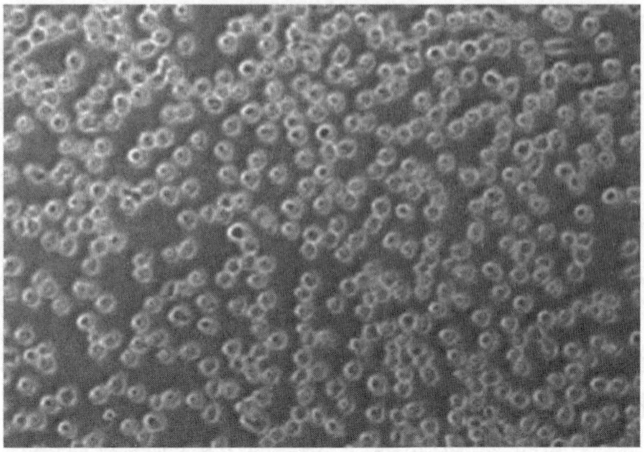

图 4-10　悬浮培养的动物细胞

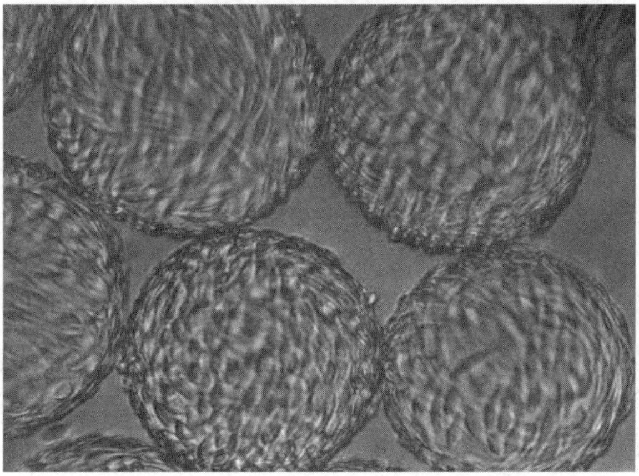

图 4-11　微载体培养的动物细胞

微载体培养法克服了常规贴壁培养方法的缺点,使贴壁细胞的培养兼有悬浮培养和固定化培养的优点,适用于正常组织细胞和二倍体传代细胞。自问世以来,微载体已成功应用于原代细胞和细胞系的培养,用于生产重组蛋白。

(4)微囊化培养法　20 世纪 80 年代 Lim 和 Sum 利用海藻酸和多聚赖氨酸制成了一种微囊。微囊化培养是借鉴了酶的固定化技术,它把细胞包裹在微囊里进行悬浮培养(图 4-12)。由于细胞分散在各自的微小环境中,受到微囊外壳的保护,从而减少了搅拌对细胞的剪切力,细胞可以大量生长,细胞的密度和纯度都得到提高。因此微囊化培养法已被应用于单克隆抗体、干扰素等生物药物的生产。

(5)中空纤维培养法　中空纤维细胞培养技术就是模拟细胞在体内生长的三维状态,把细胞接种在中空纤维的外腔,利用中空纤维模拟人工毛细血管供给营养,可以使细胞高密度生长(图 4-13)。目前该方法已在生长激素和单克隆抗体的生产中应用,现已开发成功的中空纤维材料有聚砜、聚丙烯等。

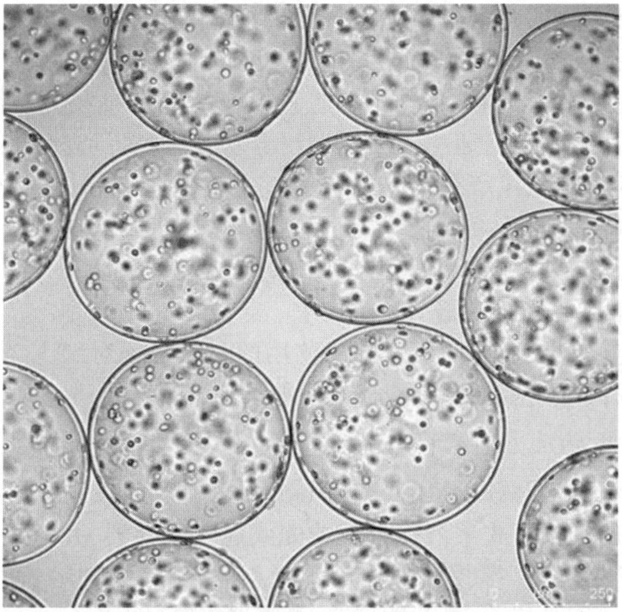

图 4-12　微囊化培养动物细胞

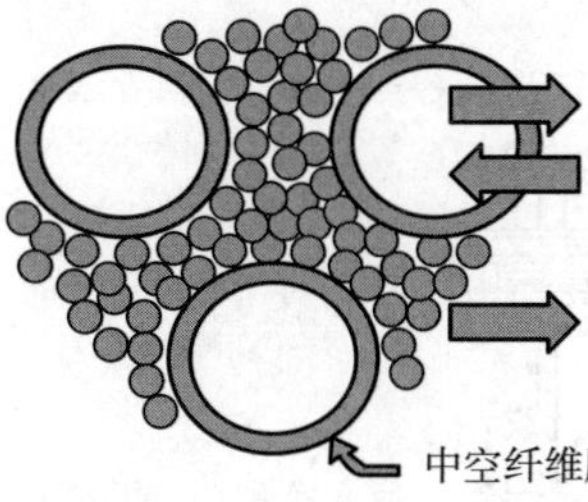

图 4-13　中空纤维培养片培养动物细胞模式图

2. 动物细胞生物反应器的主要操作方式

动物细胞大规模培养的操作方式主要为分批式、补料-分批式、灌流式。

(1)分批式操作　分批式操作是将细胞扩大培养后，一次性转入生物反应器内进行培养，一次性收获细胞、产物、培养液。

分批式操作简单、易于控制、培养周期短、污染的风险低，但分批式操作在细胞生长经过稳定期后，由于营养物质的消耗和代谢废物的积累，细胞逐渐衰退死亡，因此一般产物的产量较低。

(2)补料-分批式操作　补料-分批式操作是在分批式操作的基础上，在培养过程中根据细胞对营养物质的不断消耗和需求，流加浓缩的营养物质或培养基，从而使细胞持续生长至较高的密度，目标产品达到较高的水平，整个培养过程没有流出或回收，在细胞进入衰亡期或衰亡期后终止整个反应体系。补料-分批式操作只向培养系统补加必要的营养成分，如葡萄糖、氨基酸与维生素等。由于补料-分批式操作能控制更多的环境参数，使得细胞生长和产物生成容易维持在优化状态。

（3）灌流式操作　灌流式操作把细胞和培养基一起加入反应器培养一段时间后，收获培养液的同时不断地加入新鲜的培养基，可以提供充分的营养成分，并可带走代谢产物而使细胞保留在反应器内，维持较高的细胞密度，一般可达 $10^7 \sim 10^9$ 个/mL，从而大幅提高产品的产量，并可大大降低劳动力消耗。再者，产品在罐内停留时间短，可回收到低温下保存，有利于保持产品的活性。

（五）动物细胞生物反应器

对动物细胞生物反应器的要求除了使用的材料必须对细胞无毒，具有良好的传热性、密闭性外，最重要的是反应器必须能长期连续运转。

1. 搅拌式生物反应器

搅拌式生物反应器的高径比一般为1.5∶1，并且罐底是圆形的，搅拌采用倾斜式浆液搅拌器、船舶推进式浆液搅拌器或笼式通气搅拌器，并且配有进出液系统，这种反应器具有通气好、搅拌剪切力小等优点，利于动物细胞长时间和高密度培养，主要用于悬浮细胞培养、微载体培养、微囊培养等（图4-14）。

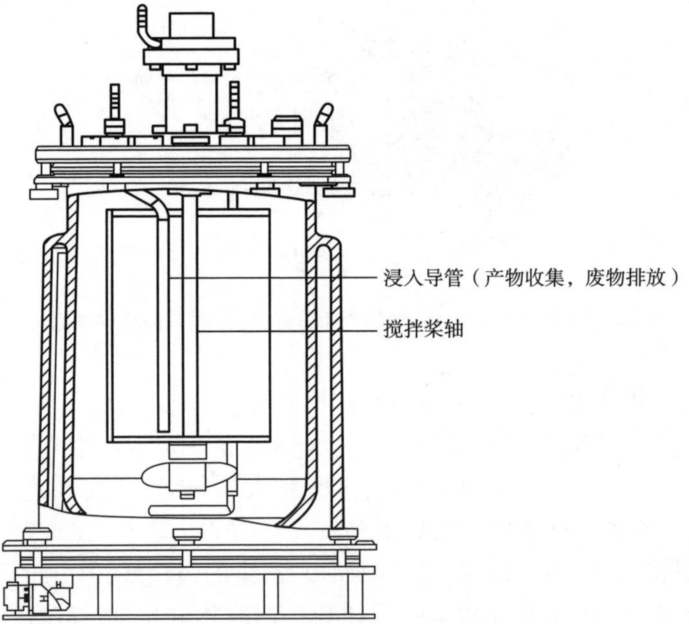

图4-14　搅拌式生物反应器

2. 气升式生物反应器

气升式生物反应器（图4-15）比搅拌式生物反应器剪切力还要小，反应器的高径比一般为10∶1，一般要求气泡直径为1～2mm，空气流速为0.01～0.06vvm，它主要用于悬浮细胞的分批培养,也可用于微载体培养。

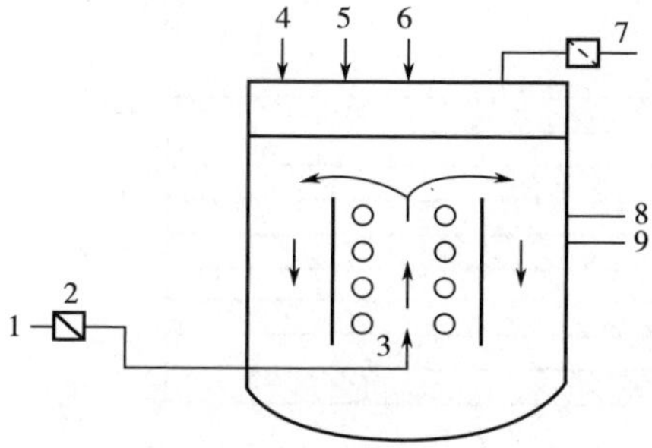

1—进气　2—过滤器　3—导流筒　4—无菌培养基　5—接种
6—消毒用蒸汽　7—排汽过滤器　8—温度计　9—pH计

图 4-15　气升式生物反应器

3. 中空纤维式生物反应器

中空纤维式生物反应器由数百或数千根中空纤维束组成,它可以是垂直的,也可以是平床式的(图 4-16),主要用于贴壁细胞培养,也可用于悬浮细胞培养。

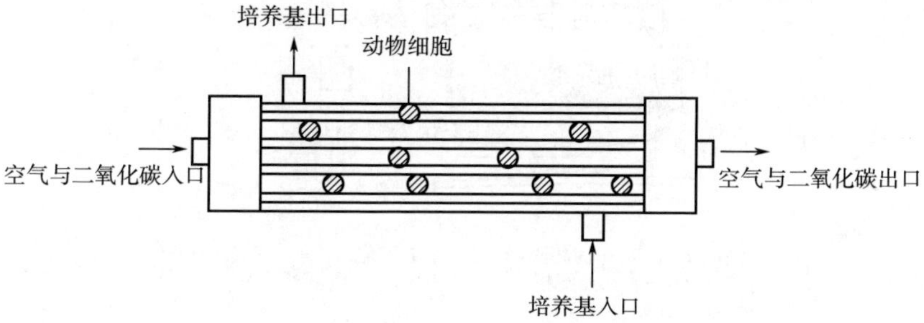

图 4-16　中空纤维式生物反应器

4. 透析袋式或膜式生物反应器

将反应器内设置为双室(培养基和细胞)或三室(培养基、细胞、产物)系统(图 4-17),根据需要,室与室之间装有滤膜,这样可以达到保留和浓缩产品或分离提纯产品的目的。

5. 固定床或流化床式生物反应器

固定床或流化床式生物反应器是在反应器内装填了一些对细胞生长无害且有利于细胞黏附的载体,如有孔玻璃、陶瓷、塑料等,反应器可以是床式的,当培养液从流化床下往上输入时,微球可在一定范围内旋转,保证微球内细胞获得充分的养料和氧气。另一种新型的生物反应器是将通气搅拌与固定床或流化床结合,由于其特殊的搅拌装置,在搅拌中可产生负压,迫使培养液不断流向黏附有细胞的载体,有利于营养物质和氧的输送(图 4-18)。

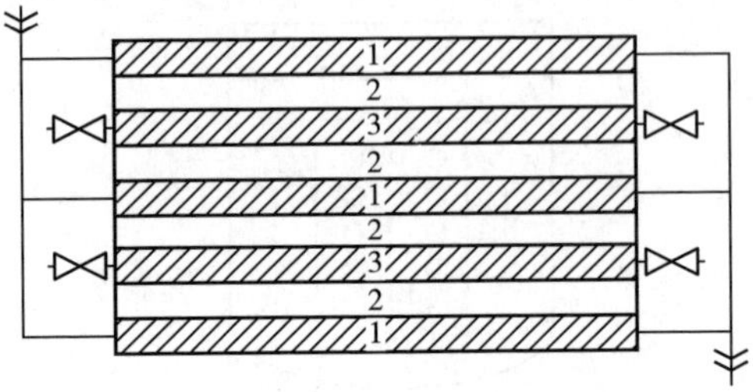

图 4-17　三室系统的 Membroferms 生物反应器示意图(1、2、3 为室的编号)

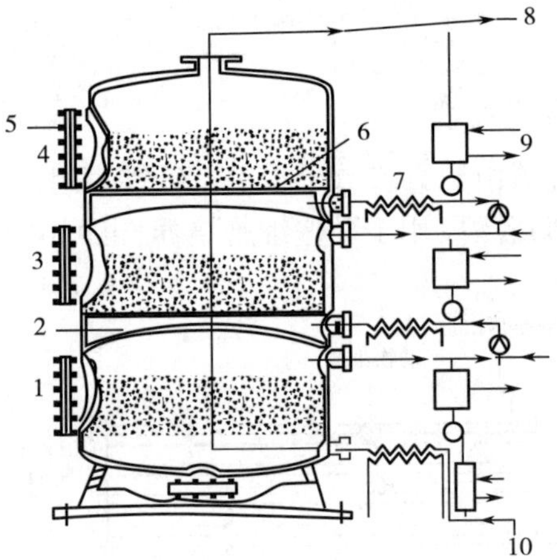

1—一级流化床　2—固相隔膜　3—二级流化床　4—三级流化床
5—清洁孔　6—多孔分配板　7—加热器　8—收液器　9—膜交换器
10—培养基进口

图 4-18　多级流化床生物反应器示意图

6. 一次性摇袋式细胞培养生物反应器

目前摇袋式细胞培养生物反应器适用于各种类型的细胞培养,包括中国仓鼠卵巢细胞(CHO)、鼠杂交瘤细胞(NSO)、杂交瘤、人胚胎肾细胞(HEK-293)、昆虫细胞/杆状病毒、腺病毒、T 细胞、植物细胞和初级人类细胞株。在摇袋式细胞培养生物反应器中,细胞及培养基被置于一个预先消过毒的无菌塑料袋中,这种塑料袋也被称之为生物反应器[图 4-19(1)]。由于袋子是一次性使用的,是独立无菌包装(经由 25~40kGy 射线辐射消毒),所以传统罐体所常见的污染、交叉污染等状况在该生物反应器中得以消除。培养基和接种细胞处于一个密封、无菌并且气密性的袋子中,通入空气(经由除菌过滤器过滤)后形成一个具有一定空间的培养容器,而袋子被置于一个摇动平台上。随着摇动平台的左右摇动,培养基液体在袋中形成波浪式的运动，起到良好的混合作用[图 4-11(2)]。同时，这种运动方式所产生的剪切力也很小，远远小于传统罐体中用搅拌或者气升式方法所产生的剪切力。波浪式起伏的培养基液面，不断地和通入袋内的空气反复接触混合，为细胞生长提供足够的溶氧。通过调节摇动平台的摇动频率和角度，以及向袋内通入一定比例的空气/氧气混合气，还可以提供更高水平的溶氧，最大可以支持 6×10^{7} 个/mL 的细胞密度。待培养周期结束，细胞和培养基可以分别被收取，袋子可以作为"生物垃圾"处理。目前最大的袋子已经放大到 500L 工作体积的规模。

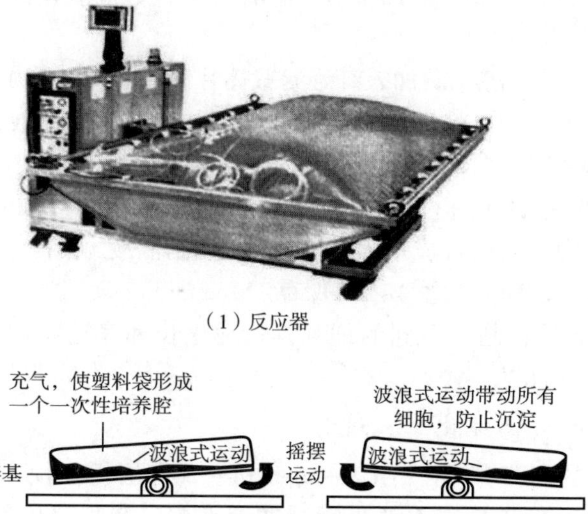

（1）反应器

（2）摇摆运动

图 4-19　一次性摇袋式细胞培养生物反应器

转基因动物生物反应器是利用基因工程手段获得转基因动物，可用来生产人类所需要的生物活性物质或药用珍稀蛋白，在此，转基因动物本身、转基因动物的器官和组织就可以作为一个生物反应器。研究表明，用转基因动物的乳腺、血液、尿液等均可替代生物发酵生产蛋白质和多肽。近期的研究已证明利用转基因猪的血液可生产人类血红蛋白，在转基因家畜血液中得到了人免疫球蛋白、干扰素、胰蛋白酶和生长激素等。在转基因山羊、绵羊和猪的乳汁中获得了纤维蛋白溶酶原激活因子和抗凝集因子，它们都具有正常的生物活性。转基因动物可作为生物反应器，如转基因动物乳腺生物反应器、转基因动物血液生物反应器、转基因动物尿液生物反应器、转基因鸡(蛋)生物反应器等，表达的产物能充分修饰且具有稳定的生物活性，产品成本低，可以大规模生产，产品质量高且易纯化。因此有关转基因动物反应器也是生物制药技术中的一个研究热点。

(六)动物细胞工程制药实例——利用动物细胞培养制造促红细胞生成素

促红细胞生成素(EPO)又称血细胞生成素，是第一个被发现并应用于临床的造血生长因子。正常情况下由肾脏产生,是一种糖蛋白,是调节前体红细胞增殖、分化以及保持外周血中红细胞数量处于正常生理范围内的最主要的激素,是至今认为作用最单一的造血生长因子。

1. 利用中国仓鼠卵巢细胞(CHO)培养制造EPO的主要过程

(1)工程CHO细胞培养工艺过程　在获得了能够高效表达蛋白的重组细胞株以后,要解决的问题就是通过培养而大量生产出目的蛋白。

①种子细胞制备:a. 冻存的细胞株37℃水浴复苏,无菌离心,弃去冻存液;b. 加入适量DMEM培养基(含10%小牛血清);c. 37℃二氧化碳培养箱培养,连续传三代;d. 细胞消化后接种。

②反应器连续培养:a. 加入纤维素载体片及pH 7.0的PBS缓冲液,5L细胞反应器高压灭菌1.5h;b. 将反应器接入主机,排出PBS缓冲液,加含有小牛血清的DMEM培养基,接种。控制条件pH 7.0,搅拌转速小于50r/min,在37℃、溶解氧(Do)50%~80%条件下进行贴壁培养;c. 转速提高到80~100r/min,继续扩增培养10天;d. 更换为无血清合成培养基,由软件控制温度、溶氧、pH等培养条件,进行连续流动培养:收获培养物,4~8℃保存。

(2)培养工艺控制　不同的细胞其最适生长和表达条件不完全相同,必须摸索出最适培养条件。

2. EPO的分离纯化工艺过程

(1)EPO的初级分离　①CM-Sepharose亲和层析柱预先用Na-HAc-异丙醇活化,并用20mmol/L Tris-HCl平衡缓冲液平衡。②收获培养基并滤膜过滤后上CM亲和层析柱,平衡缓冲液平衡,0.2mol/L NaCl,20mmol/L Tris洗脱液梯度洗脱,收集活性洗脱峰,10mmol/L Tris透析液透析过夜。

(2)EPO的精制　①透析后的活性组分加入预先平衡的DEAE离子交换柱中:0.1mol/L NaCl-Tris洗脱液梯度洗脱,收集活性洗脱峰;加入10%(体积分数,余同)乙腈平衡的RP-HPLC柱(C_4填料)中,10%~70%的乙腈溶液梯度洗脱,收集活性洗脱峰。冻干后最后得到产品,蛋白质含量为1.2mg/mL,其比活>1.2×10^5IU/mg。

3. EPO的质量控制

得到EPO纯品后,测定纯度、蛋白质含量、分子质量等物理化学性质和体内外生物学活性。EPO的体外活性即免疫学活性,用酶联免疫分析试剂盒检测;EPO的体内生物活性测定采用网织红细胞计数法。

三、抗体工程制药

抗体(antibody,Ab)是机体体液免疫的关键效应分子,同时还能辅助细胞免疫和补体系统。近年来随着杂交瘤技术、噬菌体文库技术、细胞大规模培养技术等迅猛发展，抗体已经可以在体外大规模生产，因其特异性强、治疗效果显著等特点，抗体已被广泛用于人类疾病的诊断、预防或治疗。

自1986年首个单克隆抗体药物Muromonab-CD_3在美国上市，获批上市的抗体药物数量逐年增多，市场规模不断扩大。抗体药物已经在自身免疫疾病、癌症等人类重大疾病中发挥作用。同时，随着抗体技术的不断发展，小分子抗体、全人源抗体、抗体偶联药物、双特异性抗体等新型抗体药物也必将在人类疾病治疗中发挥越来越重要的作用，抗体药物已经成为人类对抗疾病不可或缺的武器。

(一)抗体和抗体工程

抗体是指机体免疫细胞被抗原激活后，由分化成熟的终末B淋巴细胞(简称tb细胞)分泌的一类能与刺激其产生的抗原特异性结合的免疫球蛋白。免疫球蛋白(Ig)指具有抗体活性或化学结构，与抗体相似的球蛋白，可分为分泌型和膜型。前者主要存在于血液及组织液中，具有抗体的各种功能，后者构成B细胞膜上的抗原受体。

抗原(antigen，Ag)是指能够刺激机体产生(特异性)免疫应答，并能与免疫应答产物——抗体和致敏淋巴细胞在体外结合，发生免疫效应(特异性反应)的物质。

1. 抗体的基本结构

Ig单体是由4条肽链通过链间二硫键连接组成的异源二聚体蛋白，结构上呈“Y”形，见图4-20。

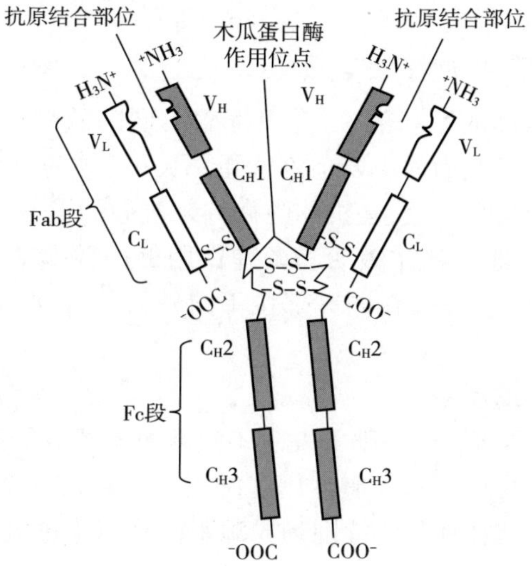

图4-20　免疫球蛋白的基本结构示意图

(1)重链和轻链　任何一类天然Ig分子均含4条异源性多肽链，其中相对分子质量较大的一对肽链称为重链(heavy chain，H链)，相对分子质量较小的一对肽链称为轻链(light chain,L 链)。同一天然 Ig 分子中的两条重链和两条轻链的氨基酸组成完成相同。

①重链:Ig 的每条重链相对分子质量为 50000~75000,由 450~550 个氨基酸残基组成。在重链上结合有不同量的糖基,故 Ig 属于糖蛋白。各类 Ig 重链恒定区的氨基酸的组成和排列顺序不尽相同,因而其免疫原性也存在差异。组成 Ig 的重链有 μ、γ、α、δ 和 ε 5 种,由它们参与组成的相应的 Ig 分别为 IgM、IgG、IgA、IgD 和 IgE。

②轻链:Ig 的每条轻链相对分子质量约为 25000,由 214 个氨基酸残基组成,由二硫键与重链端共价结合。轻链可分为两种,分别为 κ 链和 λ 链。据此,可将 Ig 分为两型,即 κ 型和 λ 型。

(2)可变区和恒定区　抗体近 *N* 端轻链的 1/2 区段与重链的 1/4 区段的氨基酸残基组成及排列顺序多变,称为可变区(variable region,V 区)。近 *C* 端轻链的 1/2 区段与重链的 3/4 区段则比较恒定,称为恒定区。

(3)超变区和骨架区　在可变区中,某些特定位置的氨基酸残基显示出更大的变异性,称为超变区或互补决定区。它们分别存在于轻链可变区内第 26~34、50~56、89~93 位氨基酸和重链可变区内第 31~35,49~66、86~91 和 101~110 位氨基酸的位置上。可变区中其他部分的氨基酸组成和排列顺序变化很小,称为骨架区。骨架区对维持超变区的空间结构具有重要作用。

(4)水解片段　木瓜蛋白酶可将抗体水解为两个完全相同的抗原结合片段(Fab)和一个可结晶片段(Fc)。而胃蛋白酶水解可产生一个大片段 Fab 和一些小片段 pFc。

2. 各类免疫球蛋白的特性与功能

各类 Ig 存在于机体的不同部位,并发挥着不同的效应功能。IgM 主要在感染早期起作用;IgA 是黏膜表面的主要免疫球蛋白,是机体防御外来抗原的第一道屏障;IgE 主要结合在肥大细胞上,是机体防御外来抗原的第二道屏障;而 IgG 主要存在于血液和组织液中,通过补体激活和调理作用促进吞噬细胞对病原体的吞噬作用。不同部位的 Ig 各司其职,在同一部位不同种类的 Ig 协同发挥作用,最终将病原体清除。

(二)单克隆抗体的制备

1890 年 Behring 和北里柴三郎等发现了白喉抗毒素,并建立了血清疗法,开创抗体制药之先河。动物来源的抗血清用于肺炎、白喉、麻疹等传染病的早期治疗,显示了一定效果,但毒副作用大,特别是异源蛋白易产生过敏反应。后来由于磺胺类药物和抗生素的出现,抗血清治疗才逐渐被废弃。

直至 1975 年,Kohler 和 Milstein 等首次利用 B 淋巴细胞杂交瘤技术制备出单克隆抗体(monoclonal antibody,McAb),开创了抗体技术的新时代。单克隆抗体具有高度特异性、均一性,又有来源稳定、可大量生产等特点,为抗体的制备和应用提供了全新的手段。单克隆抗体作为抗体制剂,在临床实践中主要用于疾病的诊断和治疗两个方面。如利用单克隆抗体检测与某些疾病有关的抗原,辅助临床诊断,或用放射性元素标记单克隆抗体进行肿瘤显像,做免疫定位诊断。单克隆抗体制剂也用于临床治疗,如 1986 年,FDA 批准了世界上第一个单抗治疗性药物——抗 CD3 单抗 OKT3 进入市场,用于治疗移植物抗宿主病。

但是,随着使用单抗进行治疗的病例数增加,鼠源单抗用于人体的毒副作用也越来越明显。由于大多数单抗均为鼠源性,在人体内反复应用会引起人抗鼠抗体(HAMA)反应,从而降低疗效,甚至可引起过敏反应,人们对于治疗用单抗的热情开始下降。之后,噬菌体展示技术、核糖体展示技术、酵母展示技术、转基因鼠技术等的发展,使人源性基因工程抗体的获得不再是难题,这又激发了单抗药物的研究热情。1994 年,美国批准第二个抗体药物上市,之后,抗体药物不断上市。2006 年,利用能够产生人类抗体的转基因小鼠 XenoMouse 技术,首个完全人源化单克隆抗体药物 Panitumumab 上市,标志着人源化抗体技术的发展达到了新的水平。

Kohler 和 Milstein 将可产生特异性抗体但短寿的 B 细胞与不产生抗体但长寿的骨髓瘤细胞融合,获得了可产生单克隆抗体的杂交瘤细胞,从而建立单克隆抗体技术(图 4-21)。通过该技术融合形成的杂交瘤细胞(hybridoma),既具有骨髓瘤细胞大量扩增和永生的特性,又具有免疫 B 细胞合成和分泌特异性抗体的能力。其优点是结构均一、纯度高、特异性强、效价高、血清交叉反应少或无、制备成本低;缺点是其鼠源性对人具有较强的免疫原性,人体反复使用后可诱导产生人抗鼠的免疫应答,从而削弱了其作用,甚至导致机体组织细胞的免疫病理损伤。

单抗的制备过程大体是制备抗原、免疫动物、B 细胞与骨髓瘤细胞融合形成杂交瘤细胞、筛选杂交瘤细胞、筛选产生目标单抗的杂交瘤细胞(阳性细胞)的克隆化、单抗的纯化及鉴定、体外大规模培养或动物腹腔培养阳性细胞株生产单抗(图 4-21)。

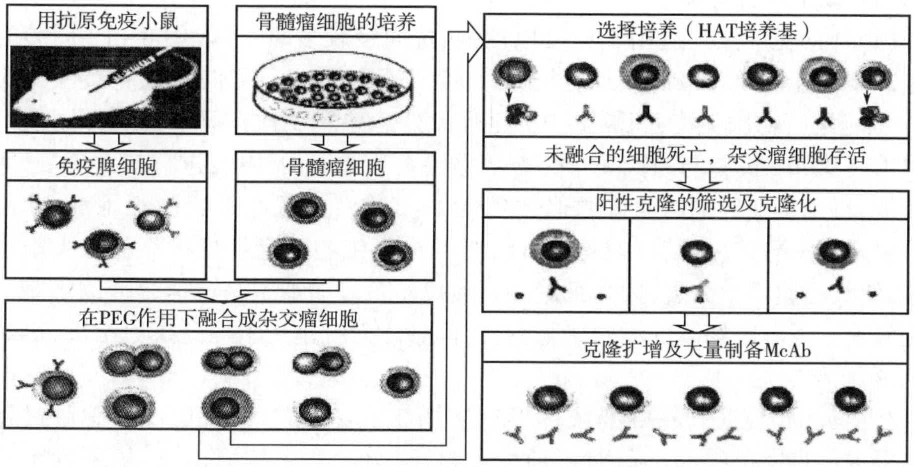

图 4-21　单克隆抗体制备示意图

1. 抗原的制备

凡是具有抗原性质的物质均可制备单克隆抗体，抗原可以是全病毒、亚单位组分或者是纯化分子，也可以是蛋白质、多糖、脂类等。制备单克隆抗体的免疫抗原从纯度上说虽不要求很高，但高纯度的抗原使得到所需单抗的机会增加，同时可以减轻筛选的工作量。因此，免疫抗原是越纯越好，应根据所研究的抗原和实验室的条件来决定。

在免疫接种前，检查抗原中是否含有潜在病原体是必要的，这适用于用细胞系、细胞系产生的蛋白质，或者在有血清存在的情况下制备的蛋白质。通过筛选试验，阳性结果意味着抗原已被污染，应当抛弃；阴性结果表明抗原是安全的，可用于体内注射。

2. 动物的选择

根据所用的骨髓瘤细胞可选用小鼠或大鼠作为免疫动物，因为所用的供杂交瘤技术用的小鼠骨髓瘤细胞系均来源于 BALB/c 小鼠，所用的大鼠骨髓瘤细胞都来源于 LOU/c 大鼠，所以一般的杂交瘤生产都是用这两种纯系动物作为免疫动物。最常用是 BALB/c 小鼠，在选择动物时应考虑到动物品系的免疫应答基因对抗原免疫应答的影响。如果 BALB/c 小鼠对所用抗原不能产生良好的免疫应答时，应改用其他品系小鼠或大鼠。就小鼠而言，初次免疫时间以 8~12 周龄为宜，雌性鼠较便于操作。

3. 免疫方法及免疫程序

免疫方法是单抗制备过程中的重要环节之一，其目的在于使 B 淋巴细胞在特异性抗原刺激下分化、增殖，以利于细胞融合形成杂交细胞，并增加获得可分泌特异性抗体的杂交瘤的机会。迄今为止尚没有一种适用于各种抗原的免疫方法，但常用的有以下几种。

(1)体内免疫法　适用于免疫原性强、抗原量较多时，一般用 8~12 周龄的雌性鼠。颗粒性抗原(如细菌、细胞抗原)的免疫原性强，可不加佐剂，直接注入腹腔 10 个细胞进行初次免疫，间隔 1~3 周，再追加免疫 1~2 次。可溶性抗原则按每只小鼠 10~100μg 抗原与弗氏完全佐剂等量混合后腹腔内注射，进行初次免疫，间隔 2~4 周，再用不加佐剂的原抗原追加免疫 1~2 次。一般在采集脾细胞前 3d 由静脉注射最后一次抗原，其目的是使对应的 B 淋巴细胞克隆受到可靠的最大限度的刺激，使其迅速增殖分裂，因为细胞融合后增殖最好的细胞是迅速分裂的细胞。在免疫后第三天淋巴细胞的增殖率最高，由静脉注射就是为了提高抗原浓度，刺激更多的 B 细胞。

(2)脾内免疫法　在麻醉条件下直接把 0.1~0.2mL 的抗原注入脾脏进行免疫。脾内免疫法可提高小鼠对抗原的免疫反应性，节省抗原用量，抗原细胞只需 10^5 个左右，可溶性抗原只需 10μg 左右。但多数人认为脾内免疫属初次免疫应答，产生 IgM 类抗体居多,故主张在常规免疫的基础上用脾内免疫法做追加免疫为佳。

(3)体外免疫法　在不能采用体内免疫法的情况下,如制备人源性单克隆抗体,或者抗原的免疫原性极弱且能引起免疫抑制时使用。体外免疫法的优点很多:所需抗原量少,一般只需几微克;免疫期短,仅 4~5d;干扰因素少。已成功制备出针对多种抗原的单克隆抗体,但融合后产生的杂交瘤细胞株不够稳定,其基本方法是用 4~8 周龄 BALB/c 小鼠的脾脏制成单个细胞悬液,再加入适当抗原使其浓度达 0.5~5pg/mL,在 5%CO_2,37℃下培养 4~5d,再分离脾细胞,进行细胞融合。

在设计免疫程序时,应考虑到抗原的性质和纯度、抗原量、免疫途径、免疫次数与间隔时间、佐剂的应用及动物对该抗原的应答能力等。没有一个免疫程序能适用于各种抗原。现用的免疫程序中多数是参照制备常规多克隆抗体的方法,表 4-5 列举了目前常用的免疫程序。免疫途径常用体内免疫法,包括皮下注射、腹腔或静脉注射,也采用足垫、皮内、滴鼻或点眼。最后一次加强免疫多采用腹腔或静脉注射,目前尤其推崇后者,因为可使抗原对脾细胞作用更迅速而充分。在最后一次加强免疫后第 3 天取脾融合为好。

表 4-5　　常见的免疫程序

免疫原特性	抗原量	接种次数及间隔时间	抗体滴度	亲和性
免疫原性强(如细胞、细菌或病毒等)	10^6~10^7 个细胞或 1~10μg	2~4 次,每次间隔 2~4 周	高	中等至强
免疫原性中等	10~100μg	2~4 次,每次间隔 2~4 周	中等或高	中等或强
免疫原性弱	20~400μg	先 2~4 次免疫,每次间隔一个月;然后 2~3 次免疫,每次间隔 2~3 月	中等	强
	10~50μg(2 次) 200~400μg(4 次)	先 2 次剂量,每次间隔 1 个月;再 4 次剂量,每次间隔 1 天	中等	中等
	10~100μg	先 2 次免疫,每次间隔 1 个月;再 4 次免疫,每次间隔 10d;然后“休息”1~2 个月,最后加强	中等	中等或强

(4)骨髓瘤细胞的选择　在 B 淋巴细胞杂交瘤技术中主要使用多发性骨髓瘤细胞作为亲本细胞,小鼠的骨髓瘤细胞系,最初都来源于由矿物油诱导 BALB/c 小鼠产生的浆细胞瘤(MOPC21),在体外经 8-氮杂鸟嘌呤培养(P3K)和选择后,获得嘌呤核苷酸补救合成途径中酶缺陷的克隆(HGPRT),同时也不分泌免疫球蛋白的重链或轻链。这些骨髓瘤细胞在培养基中可以连续生长,然而,在有选择试剂(如氨基蝶呤、氨甲蝶呤或重氮丝氨酸)存在的情况下,核苷酸的从头合成途径被这些试剂阻断,这些缺乏 HGPRT 酶的杂交瘤细胞由于不能使用核酸合成补救合成途径

而无法生存。因此，这些骨髓瘤细胞就成了能用选择培养剂筛选杂交瘤的非常好的模型。

采用小鼠或大鼠杂交瘤技术，应尽可能选择自身不合成或至少不分泌任何免疫球蛋白分子或片段的骨髓瘤细胞作为亲本细胞。无论选用哪种骨髓瘤细胞，其细胞必须处于良好的生长状态，处于对数生长期的骨髓瘤细胞最佳。一般认为骨髓瘤细胞浓度低于 1×10^6 个/mL 时生长缓慢，大于 5×10^6 个/mL 时细胞分裂逐渐停止，因此，一般细胞传代选择 $(1\sim5)\times10^5$ 个/mL 的浓度，在融合前一天用新鲜培养基将细胞传代一次后用于融合。融合时，活细胞数应至少大于 90%。

(5)细胞融合　细胞融合的基本方法是，取适量脾细胞（1×10^8 个）与骨髓瘤细胞（$2\times10^7\sim3\times10^7$ 个）进行混合，在聚乙二醇（PEG）作用下诱导它们融合，时间控制在 1min 以内，然后用培养液将 PEG 融合液缓慢稀释。用于细胞融合的骨髓瘤细胞应具备融合率高、自身不分泌抗体、所产生的杂交瘤细胞分泌抗体的能力强且长期稳定等特点。

(6)阳性杂交瘤细胞的筛选及克隆

①杂交瘤细胞的选择：由于融合剂的作用为非特异性的，即细胞管中杂交瘤细胞有骨髓瘤细胞-B 淋巴细胞、B 淋巴细胞-B 淋巴细胞、骨髓瘤细胞-骨髓瘤细胞融合的细胞。

HAT 培养液含有特殊成分的培养基，在这种培养液中，骨髓瘤细胞是不能生长的，而只有骨髓瘤细胞与 B 淋巴细胞的融合细胞能增殖生长；此外，正常 B 淋巴细胞一般情况下也不能连续培养。为此，在接种 96 孔板培养时，加入一定量的 HAT 选择培养液，经过 1~2 周的培养后，骨髓瘤细胞与 B 淋巴细胞的杂交瘤细胞即被选出。

②特异性抗体的筛选：HAT 培养基选择性地培养出骨髓瘤细胞-B 淋巴细胞融合细胞，但并不是所有的这类融合细胞都能分泌所期望的抗体，为此需筛选出能产生特异性单克隆抗体的杂交瘤细胞。由于细胞产生抗体为分泌型，即在细胞培养上清液中随着细胞浓度的增大，其所含的抗体浓度也增大，为此可通过对细胞培养上清液中抗体进行测定，即可达到筛选出具有分泌特异性抗体的杂交瘤细胞的目的。目前实验室最常用的仍是酶联免疫的方法，这种方法，简便易行且可大规模操作。

③杂交瘤细胞的克隆：通常在得到预定抗原的杂交瘤细胞以后需连续进行 2~3 次克隆化。克隆化的方法很多，如有限稀释法、软琼脂法、单细胞显微操作法、单克隆细胞基团显微操作法和荧光激活细胞分离法（FACS）。

(7)单克隆抗体的生物特性鉴定

①抗体分泌稳定性：鉴定杂交瘤细胞质量的一个重要指标是其分泌抗体能力的稳定性，可用连续传代法进行检测。

②染色体分析：正常小鼠脾细胞的染色体数是 40，全部为端着丝粒染色体；小

鼠骨髓瘤细胞染色体数目变异较大,如 SP2/0 细胞为 62~68,NS-1 细胞为 54~64,大多数为非整倍性,有中部和亚中部着丝点。杂交瘤细胞的染色体数目接近两亲本细胞染色体数目的总和,在结构上多数为端着丝粒染色体,并还应出现少数标志染色体。染色体数目多且较集中的杂交瘤细胞一般能分泌高效价的抗体。

③鼠源病毒检查:由于骨髓瘤细胞为肿瘤细胞,往往有潜在病毒污染,如流行性出血热病毒、淋巴细胞脉络丛脑膜炎病毒等,因而需要进行病毒污染检测。具体操作可按《中华人民共和国药典》(以下简称《中国药典》)(2020 版)鼠源病毒检查法进行。

④支原体检查:可按《中国药典》(2020 版)生物制品无菌试验规程进行。支原体污染的实验室检测方法有形态学检查、支原体培养、抗原检测、血清学方法和分子生物学方法,结果应为阴性。

⑤无菌试验:杂交瘤细胞无菌试验按《中国药典》(2020 版)生物制品无菌试验规程进行,可同时进行上清液和细胞悬液的检查。

⑥单克隆抗体的鉴定:在建立稳定分泌单克隆抗体杂交瘤细胞株的基础上,应对制备的单克隆抗体的特性进行系统鉴定。一般进行以下几个方面的鉴定:a. 抗体的特异性和交叉反应情况。b. 抗体的类型。c. 抗体的中和活性。d. 抗体识别的抗原表位。e. 抗体的亲和力。

(8)单克隆抗体的大量制备 单克隆抗体(以下简称"单抗")的生产分为体内法和体外法两种。前者是通过动物体内培养杂交瘤细胞生产单抗。后者则采用转瓶或生物反应器对杂交瘤细胞进行大规模培养并表达相应的单抗。

①体内培养法:将杂交瘤细胞注入 BALB/c 小鼠或 LOU 大鼠等组织相容性动物腹腔内,使其在腹腔内生长和表达,产生的抗体浓度可达到体外法的 1000 倍。其具体过程如下:先向动物腹腔注射 0.5mL 姥鲛烷或液状石蜡使之致敏。8~10d 后再向腹腔内接种 1×10^6 个杂交瘤细胞,其后 5~7d 可见腹部肿胀,此时视动物健康状况,一次性或反复多次抽取腹水或将动物处死后一次抽取。每只小鼠可得到 10mL 腹水,大鼠可得到 50mL 以上。腹水和血清均可经离心、沉淀及超滤处理制成粗品单抗,也可冻干后于 4℃或-20℃贮存。

②体外培养法:当培养孔底部长满细胞时,即转移至 25cm 培养瓶中扩大培养,然后 80cm、175cm 等逐级放大,使细胞密度达到 $1\times10^5\sim1\times10^6$ 个/mL。如采用转瓶培养,单抗产量为 5~10mg/L;如进行悬浮培养,产量可以达到 10~100mg/L;而有报道采用微载体方法进行生产,单抗产量可以高达 0.1~1g/L。

4. 单克隆抗体的纯化

确定单克隆抗体的类型后,根据抗体的用途综合选定纯化方法。对于体外诊断用的单克隆抗体,IgG 采用沉淀法结合亲和层析法,IgM 采用沉淀法结合凝胶过滤法。对于体内诊断或治疗用的单克隆抗体,应去除内毒素、核酸、病毒等可能的微量污染,必须经亲和层析法和阴离子交换层析法纯化。

腹水中单抗的纯化：①澄清和沉淀处理：先 $1000\times g$ 离心 5min 以去除沉淀，然后 $20000\times g$ 高速离心 30min 以去除残留的小颗粒物质，再用 0. 2pm 的微孔滤膜过滤，除去污染的细菌、支原体和类脂，然后用饱和硫酸铵沉淀抗体。②分离纯化：采用凝胶过滤法、阴离子交换层析法和亲和层析法等。

知识拓展

疫苗

疫苗是指将病原微生物及其代谢产物，经过人工减毒、灭活或基因工程技术等方法制成的用于预防特定传染病的免疫制剂。疫苗是一种免疫生物制品，诱导机体产生免疫保护力，预防特异的引起疾病的传染病病原的感染，阻断或减少病原在易感群体间传播，从而保护宿主不感染此传染病。同时疫苗也调节或者增强宿主针对某一抗原的特异免疫力，从而防治疾病或增强康复。

从成分上说，疫苗保留了病原体刺激机体免疫系统的特性，同时减少或去除了病原体的毒性。当动物或人接触到这种不具伤害力的病原体后，免疫系统会产生一些保护物质，如抗体、免疫激素、活性生理物质等；当动物或人再次接触到同样的病原体时，会激起免疫系统原有的应答记忆，迅速产生更多的保护物质来阻止同种病原体的侵害。按照用途来分，疫苗一般可分为两类：预防性疫苗和治疗性疫苗。预防性疫苗主要用于疾病的预防，接受者为健康个体或新生儿；治疗性疫苗主要用于患病的个体，接受者为患者，系通过诱导特异性的免疫应答，起到治疗或防止疾病恶化的作用。

传统疫苗有减毒活疫苗、灭活疫苗、类毒素疫苗。减毒活疫苗是指通过毒力变异或人工选择法而获得的减毒或无毒株，或从自然界直接选择出来的弱毒或无毒株经培养后制成的疫苗，如卡介苗。灭活疫苗是选用免疫原性强的细菌、病毒等经人工培养后，用物理或化学方法将其灭活，使其失去活性，使感染因子被破坏而保留免疫原性所制成的疫苗，如霍乱、天花灭活疫苗、伤寒疫苗等。灭活疫苗与减毒活疫苗相比性，其免疫性变弱，往往必须加强免疫。类毒素疫苗是用丧失毒性而保留免疫原性的毒素所制成的疫苗，如破伤风疫苗和白喉疫苗。

疫苗由抗原以及非活性成分，包括佐剂、防腐剂、稳定剂、灭活剂、缓冲液、盐类等组成。

生物技术疫苗与传统疫苗不同，是利用现代生物技术制备的疫苗，包括基因工程活载体疫苗、基因工程亚单位疫苗、病毒样颗粒疫苗、转基因疫苗以及核酸疫苗等。

技能拓展十

流感全病毒灭活疫苗的制备

流感全病毒灭活疫苗采用 WHO 推荐的并经国家主管部门批准的甲型和乙型流行性感冒病毒株(以下简称流感)分别接种鸡胚,经培养、收获病毒液、灭活病毒、浓缩和纯化后制成。用于预防本株病毒引起的流行性感冒。

一、制备方法

流感全病毒灭活疫苗制备流程见图 4-22,下文介绍重点制备步骤。

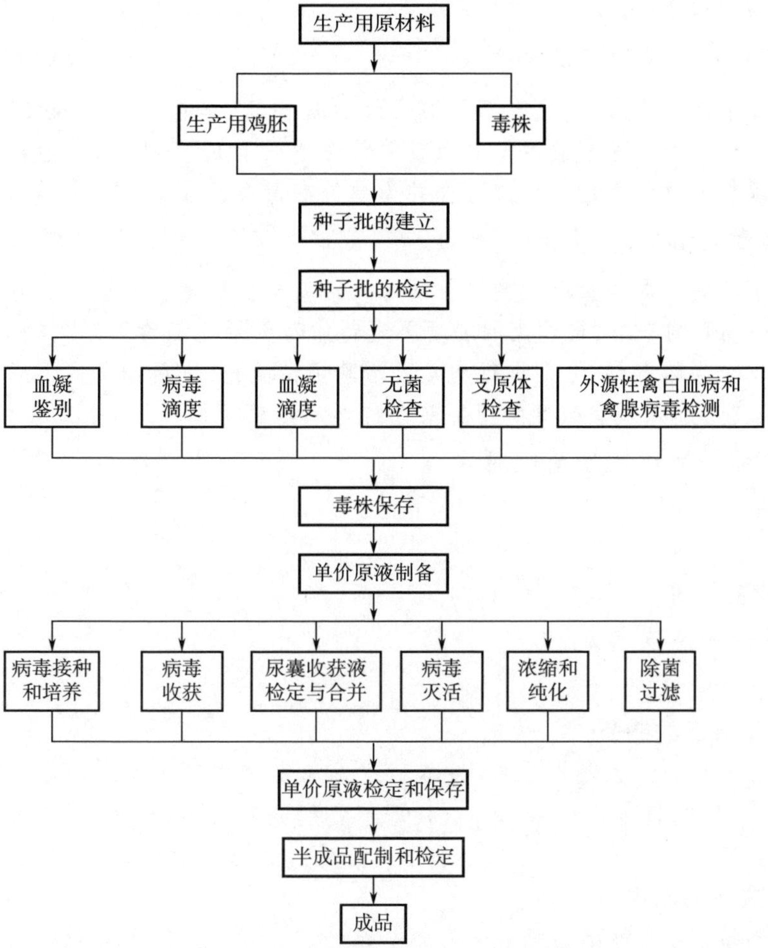

图 4-22　流感全病毒灭活疫苗制备流程图

(一)生产用原材料

毒株传代和制备用鸡胚应来源于无特定病原(SPF)鸡群;疫苗生产用鸡胚应来源于封闭式房舍内饲养的健康鸡群,并选用9~11日龄无畸形、血管清晰、活动的鸡胚。生产用毒株为WHO推荐并提供的甲型和乙型流感病毒株。

(二)毒株种子批的建立及检定

种子批应符合“生物制品生产检定用菌毒株管理规程”规定。以WHO推荐并提供的流感毒株代次(传代次数)为基础、传代建立主种子批和工作种子批,至成品疫苗病毒总传代不得超过5代。建立的种子批应进行全面检定并合格。

(三)单价原液的制备

1. 病毒收获

筛选活鸡胚,置2~8℃冷胚一定时间后,收获尿囊液于容器内。从容器取样进行尿囊收获液检定。

2. 尿囊收获液检定及合并

微生物限度检查按细菌、霉菌及酵母计数法检测,菌数应小于10^5CFU/mL,沙门菌检测应为阴性。血凝滴度检测血凝效价应不低于1∶160。每个收获容器检定合格的含单型流感病毒的尿囊液可合并为单价病毒合并液。

3. 病毒灭活

在规定的蛋白质含量范围内进行病毒灭活。单价病毒合并液中加入终浓度不高于200μg/mL的甲醛,置适宜的温度下进行病毒灭活。病毒灭活到期后,每个病毒灭活容器应立即取样,分别进行病毒灭活验证试验,并进行细菌内毒素含量测定(也可在纯化后加入适宜浓度的甲醛溶液进行病毒灭活)。

4. 浓缩和纯化及除菌过滤

(1)超滤浓缩。

(2)纯化。

(3)除菌过滤。

5. 单价原液保存

应于2~8℃保存。

(四)半成品的制备

根据各单价原液血凝素含量,将各型流感病毒按同一血凝素含量进行半成品配制(血凝素配制量可在15~18μg/剂,每年各型流感病毒株应按同一血凝素含量进行配制),可补加适宜浓度的硫柳汞作为防腐剂,即为半成品。

(五)成品的制备

半成品按照《生物制品规程》规定进行相应分批、分装及冻干后包装。每瓶0.5mL或1.0mL。每1次人用剂量为0.5mL或1.0mL。含各型流感病毒株血凝素应为15μg/剂。

二、检定要求

(一)单价原液检定

(1)鉴别试验　用相应(亚)型流感病毒特异性免疫血清进行血凝抑制试验或单向免疫扩散试验,结果证明抗原性与目标病毒株相一致。

(2)病毒灭活验证试验　将病毒灭活后的尿囊液样品做10倍系列稀释,取原倍、10^{-1}倍及10^{-2}倍稀释的病毒液分组接种鸡胚尿囊腔,每组接种10枚9~11日龄鸡胚,置33~35℃培养72h。24h内死亡的不计数,每组鸡胚须至少存活80%。自存活的鸡胚中每胚取0.5mL尿囊液,按组混合后,再盲传一代,每组各接种10枚胚,每胚接种0.2mL,经33~35℃培养72h后,取尿囊液进行血凝试验,结果应不出现血凝反应。

(3)血凝素含量　使用单免疫扩散试验测定血凝素含量:将抗原参考品和供试品分别加入含有抗体参考品的15%(质量分数,余同)琼脂糖凝胶板上,准确测量抗原参考品和供试品形成的沉淀环的直径,以抗原参考品形成的沉淀环直径对其相应抗原浓度做直线回归,求得直线回归方程。代入供试品的沉淀环直径,即可得到供试品的血凝素含量,应不低于90μg mL。

(二)半成品的检定

(1)游离甲醛含量　应不高于50μg/剂。

(2)硫柳汞含量　应不高于50μg/剂。

(3)血凝素含量　每剂中各型流感病毒株血凝素量应为配制量的80%~120%(质量分数)。

(4)无菌检查　依法检查,应符合规定。

(三)成品的检定

(1)鉴别　用相应(亚)型流感病毒特异性免疫血清进行单向免疫扩散试验,结果应证明抗原性与目标病毒株相一致。

(2)外观　应为微乳白色液体,无异物。

(3)pH　应为6.8~8.0。

(4)硫柳汞含量　应不高于50μg/剂。

(5)蛋白质含量　应不高于200μg/剂,并不得超过疫苗中血凝素含量的4.5倍。

(6)血凝素含量　每剂中各型流感病毒株血凝素含量应为配制量的80%~120%(质量分数)。

(7)卵清蛋白含量　采用酶联免疫法检测,卵清蛋白含量应不高于250ng/剂。

(8)抗生素残留量　生产过程中加入的抗生素应不高于50ng/剂。

项目检测

一、选择题

1. 细胞工程是以(　　)为单位,按人们的意志,应用细胞生物学、分子生物学等理论和技术,有目的地进行设计和操作。

A. 组织　B. 细胞　C. 细胞器　D. 微量元素

2. 贴壁细胞是指细胞附着于底物表面生长的细胞,在传代时需要经消化液消化后再分种。细胞消化使用的是(　　)。

A. 胰蛋白酶　B. 胃蛋白酶　C. 纤维素酶　D. 唾液淀粉酶

3. 血清成分复杂,对一些要求较高的基础性研究的结果影响较大,同时血清中也含有一定的细胞毒性物质和抑制性物质,影响细胞的正常生长。因此很多培养工作需要采用(　　)。

A. 合成培养基　B. 天然培养基

C. 无血清的培养基　D. 化学限定培养基

4. 单克隆抗体制备的克隆化方法包括哪几种方法?(　　)

①显微操作法　②有限稀释法　③软琼脂法　④荧光激光细胞分类法

A. ②④　B. ①②③④　C. ③④　D. ①③

5. (　　)是最经典、最早被采用的生物反应器。

A. 搅拌式生物反应器　B. 固定床生物反应器

C. 流化床生物反应器　D. 气升式生物反应器

6. 下列有关植物细胞全能性的含义,正确的是(　　)。

A. 每个植物体内的所有细胞都具有相同的功能

B. 植物体内的任何一个细胞可以完成该个体的全部功能

C. 植物体内的每一个活细胞都具有发育成完整个体的潜能

D. 植物体的每个细胞都经过产生、分裂、分化、生长、衰老、死亡的全过程

7. 在一定条件下,原来已经分化,并且具有一定功能的体细胞(或性细胞),丧失了原有的结构和功能,又重新恢复了分裂功能,这个过程叫做(　　)。

A. 脱分化　B. 去分化　C. 再分化　D. 脱分化或去分化

8. 下面哪种不是植物组织培养的表面消毒剂(　　)。

A. 次氯酸钠　B. 青霉素　C. 氯化汞　D. 次氯酸钙

9. 将培养基一次性地加入反应器中,接种、培养一定时间后收获细胞的操作方式称为(　　)。

A. 固定化培养法　B. 半连续培养法

C. 连续培养法　D. 分批培养法

10. 和微生物培养相比,下列选项不属于植物细胞培养特性的是(　　)。

A. 植物细胞的直径较大

B. 植物细胞的纤维素细胞壁具有较强的抗剪切能力

C. 植物细胞培养中倍增时间较长

D. 植物细胞的呼吸率比较低

11. 下列哪项不是人工诱导细胞融合的方式(　　)。

A. 电融合　B. PEG 融合　C. 仙台病毒融合　D. 超声波振荡融合

12. 以下不属于抗体功能的是(　　)。

A. 与抗原结合　B. 补体激活　C. 杀死细胞　D. 调理作用

13. 新生儿从母乳中获得的抗体是(　　)。

A. IgA　B. IgM　C. IgG　D. SIgA

14. 关于单克隆抗体描述以下哪项是错误的(　　)。

A. 特异性强　B. 纯度高

C. 高度的均一性和可重复性　D. 具有多种生物学功能

15. 无血清培养基的缺点是(　　)。

A. 避免血清不同批次间的质量差异

B. 成分稳定

C. 针对性很强,一种无血清培养基仅适合某一类细胞的培养

D. 下游产品纯化容易

16. 动物细胞培养的最适 pH 为(　　)。

A. 7.2~7.4　B. 6.8~7.0　C. 7.0~7.2　D. 6.5~6.8

17. 制备单克隆抗体时一般采用与(　　)供体同一品系的动物进行免疫。

A. 骨髓瘤细胞　B. 脾细胞　C. 肝细胞　D. 淋巴细胞

18. 下面哪个步骤不是单克隆抗体的制备过程?(　　)

A. 用抗原免疫动物得到抗体

B. 细胞融合

C. 提取小鼠 B 淋巴细胞核骨髓肿瘤细胞

D. 杂交瘤细胞破碎及蛋白质提取

19. 有关单克隆抗体,下面叙述不正确的是(　　)。

A. 是针对一个抗原决定簇的抗体

B. 完整的抗体分子相对分子质量过小,容易穿透实体肿瘤组织

C. 是单一的 B 淋巴细胞克隆产生的抗体

D. 鼠源性抗体,应用于人体内可产生人抗鼠抗体,加速了排斥反应

20. 植物培养细胞重量的增加主要取决于对数生长期,而次级代谢产物的累积则主要在(　　)。

A. 延迟期　B. 稳定期　C. 对数生长期　D. 衰落期

二、简答题

1. 植物细胞培养的培养基由哪些主要成分组成?

2. 比较动物细胞悬浮培养和贴壁培养的区别,各自存在哪些优点和缺点?

3. 离体培养的动物细胞有哪些类型?

4. 如何制备杂交瘤细胞?

5. 制备单抗时为什么要选用 B 淋巴细胞与骨髓瘤细胞融合形成杂交瘤细胞?

三、讨论题

提高产量是细胞工程制药工业追求的目标。改造宿主和载体,提升单细胞的表达水平,扩大细胞培养规模,以及改进培养基,提高细胞生长密度和分泌水平都可以达到提高蛋白产量的目的。请结合自己所学知识,谈谈各种方法的优缺点。

项目五　酶工程制药技术

项目五　酶工程制药技术

项目目标

●知识目标

1. 了解酶工程制药技术的基础知识。

2. 掌握酶工程制药生产的基本技术和方法。

●技能目标

1. 学会酶工程制药生产的操作技术、方法和基本操作技能。

2. 能够操作典型6-氨基青霉烷酸的制备工艺。

3. 能熟练进行典型酶工程制药生产相关参数的控制，并能编制生产的工艺方案。

●职业素质目标

1. 具有团结协作、勇于创新的精神和诚实守信的优良品质，树立"安全第一、质量首位、成本最低、效益最高"的意识，并贯彻到发酵制药生产的各个环节。

2. 培养学生具有良好的职业道德。

酶是由活细胞产生的、对其底物具有高度特异性和高度催化效能的蛋白质或RNA。酶的催化作用依赖于酶分子的一级结构及空间结构的完整，所有生物体在一定条件下都可以合成多种多样的酶。生物体内的各种生化反应，几乎都是在酶的催化作用下进行的，所有酶对生物体的新陈代谢是至关重要的。一旦酶的正常生物合成受到影响或酶的活力受到抑制，生物体的代谢将受到阻碍而出现各种疾病，此时若从体外补充所需的酶，将使代谢障碍得以解除而医治和预防疾病，这种酶称之为药用酶。酶在医药、食品、轻工、化工、能源、环保等领域受到广泛应用，其中通过酶的催化作用而制造药物的技术称为酶工程制药。

酶工程是酶的生产和应用的技术过程，即酶学和工程学相互渗透结合，应用酶的特异性催化功能并通过工程化，将相应原料转化成有用物质，为人类生产有用的产品和提供服务。研究的主要内容包括：①酶的分离、提纯、大批量生产及新酶和酶的应用开发。②酶和细胞的固定化及酶反应器的研究。③酶生产中基因工程技术的应用及遗传修饰酶的研究。④酶的分子改造与化学修饰以及酶的结构与功能之间关系的研究。⑤有机相中酶反应的研究。⑥酶的抑制剂、激活剂的开发及应用研究。⑦抗体酶、核酸酶的研究。⑧模拟酶、合成酶及酶分子的人工设计、合成的研究。酶工程的主要任务是:通过预先设计,经过人工操作控制而获得大量的酶,并通过酶工程技术和应用研究的深入,使其在工业、农业、医药和食品等方面发挥极其重要的作用。

一、酶的来源、特性与分类

(一)酶的来源

酶作为生物催化剂普遍存在于动物、植物和微生物中,可以直接从生物体中分离提纯。从理论上讲,酶与其他蛋白质一样,也可以通过化学合成法来制得。但从实际应用上讲,由于试剂、设备和经济条件等多种因素的限制,通过人工合成的方法来进行酶的生产还需要相当长的一段时间,因此酶的生产多数情况下可以直接从生物体中抽提分离。酶的来源主要有以下几种。

1. 动物来源酶类

动物来源酶类多数来源于动物的组织器官,如胃黏膜可制备胃蛋白酶,以胰脏为原料制备胰酶、胰蛋白酶、胰凝乳蛋白酶及弹性蛋白酶等,还可用动物的肺制备抑肽酶,用动物的睾丸制备透明质酸酶等。从人的尿液中也可制得尿激酶,从蛇毒、蝎毒中得到透明质酸酶,以及由蚯蚓内脏可提取到蚓激酶等。

2. 植物来源酶类

从植物来源的酶最早是从植物刀豆中提取的脲酶,后来又相继从无花果中得到无花果蛋白酶,从木瓜中提取到木瓜蛋白酶以及从菠萝中得到菠萝蛋白酶等。

3. 微生物来源酶类

几乎所有的酶都能通过微生物发酵获得,而且微生物结构简单,生长繁殖快,易于控制,可通过选育菌种提高酶的产量,以充实产业化,是制备酶的广阔资源。采用微生物发酵方法获得的酶主要有淀粉酶、枯草芽孢杆菌蛋白酶、纤维素酶、溶血性链球菌蛋白酶、灰色链霉菌蛋白酶及青霉素酶等。

利用微生物生产酶制剂,主要是因为微生物具有如下突出的优点:①微生物种类繁多,酶的品种齐全,可以说一切动、植物体内的酶几乎都能从微生物中得到。②微生物生长繁殖快、生产周期短、产量高。③培养方法简单,原料来源丰富,价格低廉,经济效益高,并可以通过控制培养条件来提高酶的产量。④微生物具有较强的适应性和应变能力,可以通过各种遗传变异的手段,培育出新的高产菌株。所以,目前工业上应用的酶大多数通过微生物发酵法来生产。

4. 基因工程菌生产的酶类

近年来,基因工程技术在制药工业中得到了迅速发展。通过研究清楚酶的一级结构,并在分子水平上对酶的结构与功能进行深入了解,就可以用重组 DNA 技术生产这一类药物,为酶的临床应用开辟了广阔的前景。目前利用基因工程获得的酶主要有尿激酶、链激酶、葡激酶、天冬酰胺酶和超氧化物歧化酶等。

另外，对酶进行化学修饰能大大提高酶的稳定性。例如用精氨酸酶经聚乙二醇（PEG）修饰超氧化物歧化酶（SOD），修饰酶的热稳定性、pH 稳定性、半衰期及抗炎活性都可得到不同程度的提高。也有采用将酶用脂质体包裹或制成微胶囊的，这不仅能保护酶的活性，还能大大提高生物利用度。

（二）酶的特性与分类

1. 酶的特性

（1）酶具有高效率的催化能力，其效率是一般无机催化剂的 $10^7 \sim 10^{13}$ 倍。

（2）酶具有专一性，即每一种酶只能催化一种或一类化学反应。

（3）酶在生物体内参与每一次反应后，它本身的性质和数量都不会发生改变（与催化剂相似）。

（4）酶的作用条件较温和　酶所催化的化学反应一般是在比较温和的条件下进行的。在最适宜的温度和 pH 条件下，酶的活性最高，温度和 pH 偏高或偏低，酶活性都会明显降低。一般来说，动物体内的酶最适温度在 35～40℃；植物体内的酶最适温度在 40～50℃；动物体内的酶最适 pH 大多在 6.5～8.0，但也有例外，如胃蛋白酶的最适 pH 为 1.5；植物体内的酶最适 pH 大多在 4.5～6.5。过酸、过碱或温度过高，会使酶的空间结构遭到破坏，使酶永久失活。0℃左右时，酶的活性很低，但酶的空间结构稳定，在适宜的温度下酶的活性可以升高。

（5）酶活性具有可调节性。

（6）有些酶的催化性与辅因子有关。

（7）易变性，大多数酶都是蛋白质，因而会被高温、强酸、强碱等破坏。

2. 酶的分类

根据酶所催化的反应性质的不同，将酶分成六大类。

（1）氧化还原酶类　促进底物进行氧化还原反应的酶类，包括转移电子、氢的反应和分子氧参加的反应。例如：脱氢酶、氧化酶、还原酶、过氧化物酶等。

（2）转移酶类　催化底物之间进行某些基团（如乙酰基、甲基、氨基、磷酸基等）的转移或交换的酶类。例如：甲基转移酶、氨基转移酶、乙酰转移酶、转硫酶、激酶和多聚酶等。

（3）水解酶类　催化底物发生水解反应的酶类。例如：淀粉酶、蛋白酶、脂肪酶、磷酸酶、糖苷酶等。

（4）裂合酶类　催化从底物（非水解）移去一个基团并留下双键的反应或其逆反应的酶类。例如：脱水酶、脱羧酶、碳酸酐酶、醛缩酶、柠檬酸合酶等。许多裂合酶催化逆反应，使两底物间形成新化学键并消除一个底物的双键。合酶便属于此类。

（5）异构酶类　催化各种同分异构体、几何异构体或光学异构体之间相互转化的酶类。例如：异构酶、表构酶、消旋酶等。

(6)合成酶类　催化两分子底物合成为一分子化合物,同时偶联有 ATP 的磷酸键断裂释能的酶类。例如:谷氨酰胺合成酶、DNA 连接酶、氨基酸、tRNA 连接酶以及依赖生物素的羧化酶等。

(三)酶的生产菌

所有的生物体在一定的条件下都能产生多种多样的酶。酶在生物体内产生的过程,称为酶的生物合成。经过预先设计,通过人工操作控制,利用细胞(微生物细胞、植物细胞和动物细胞)的生命活动,产生人们所需要的酶的过程,称为酶的发酵生产。

1. 对菌种的要求

酶制剂的生产前提之一,是根据生产酶的需要,首先要选育性能优良的产酶菌种,然后用适当的方法进行培养和扩大繁殖,并积累大量的酶。虽然同一种酶往往可以从多种微生物中得到,但菌种性能的优劣、产量的高低,会直接影响到微生物发酵生产酶的成本,所以优良的产酶微生物应具备下列几个条件:①产酶量高,酶的性质应符合使用要求,而且最好是产生胞外酶的菌。②不是致病菌,在系统发育上与病原体无关,也不产生毒素。③稳定,不易变异退化,不易感染噬菌体。④能利用廉价的原料,发酵周期短,易于培养。

2. 生产菌的来源

生产菌种可以从菌种保藏机构和有关研究部门获得,但大量的工作应该是从自然界中分离筛选。自然界是产酶菌种的主要来源,如土壤、深海、温泉、森林和火山等都是菌种采集地。筛选产酶菌的方法与其他发酵微生物的筛选方法基本一致,主要包括以下几个步骤:菌种采集、菌种的分离初筛、纯化、复筛和生产性能鉴定等。为了提高酶的产量,在酶的生产过程中应不断改良生产菌,主要应用遗传学原理进行改良,其基本途径有:基因突变、基因转移和基因克隆。

3. 目前常用的产酶微生物

大肠杆菌是应用最广泛的产酶菌,一般分泌胞内酶,需经细胞破碎才能分离得到。由于其遗传背景清楚还可被广泛用于遗传工程改造成为外来基因的宿主,而成为优良性状的“工程菌”。如工业上常用大肠杆菌生产谷氨酸脱羧酶、青霉素酰化酶、天冬酰胺酶和β-半乳糖苷酶等。

枯草芽孢杆菌是工业上应用最广泛的生产菌之一,主要用于发酵生产α-淀粉酶、β-葡萄糖氧化酶、碱性磷酸酯酶等。啤酒酵母是工业上广泛应用的酵母,主要用于生产啤酒、乙醇、饮料和面包,也可用于生产转化酶、乙醇脱氢酶和丙酮酸脱羧酶等。曲霉(黑曲霉和黄曲霉)可用于生产多种酶而在工业上被广泛应用,如蛋白酶、淀粉酶、糖化酶、果胶酶、葡萄糖氧化酶和脂肪酶等的生产。

其他常用的产酶菌还有:主要用于生产葡萄糖氧化酶、青霉素酰化酶、5′-磷酸二酯酶、脂肪酶等的青霉;主要用于生产纤维素酶的木霉;主要用于生产淀粉酶、蛋白酶、纤维素酶的根霉;主要用于生产葡萄糖异构酶的链霉素。微生物发酵法生产酶制剂是一个十分复杂的过程,由于具体的生产菌和目的菌不同,菌种的设备、发酵方法条件、酶的分离提纯方法也各不相同。

二、酶工程制药的基本技术

酶反应几乎都是在水溶液中进行的,属于均相反应。均相酶反应系统虽然操作简便,但也有许多缺点,如溶液中的游离酶只能一次性地使用,不仅造成酶的浪费,而且会增加产品分离的难度和费用,影响产品的质量,另外溶液酶很不稳定,容易变性和失活。如能将酶制剂制成既能保持其原有的催化活性,性能稳定又不溶于水的固形物,即固定化酶,就可以像一般固定催化剂那样使用和处理,大大提高了酶的利用率。

(一)固定化酶制备技术

1. 固定化酶的制备

(1)固定化酶的定义　固定化酶是20世纪50年代开始发展起来的一项新技术。所谓固定化酶,是指限制或固定于特定空间位置的酶,具体来说,是指经物理或化学方法处理,使酶变成不易随水流失即运动受到限制,而又能发挥催化作用的酶制剂,制备固定化酶的过程称为酶的固定化。固定化所采用的酶,可以是经提取分离后得到的有一定纯度的酶,也可以是结合在菌体(死细胞)或细胞碎片上的酶或酶系。

(2)固定化酶的特点　与天然酶相比,固定化酶具有下列优点:①可以在较长时间内多次使用。而且在多数情况下,酶的稳定性提高。如固定化的葡萄糖异构酶,可以在60~65℃条件下连续使用超过1000h。②反应后,酶与底物和产物易于分开,产物中无残留酶,易于纯化,产品质量高。③反应条件易于控制,可实现转化反应的连续化和自动控制。④酶的利用效率高,单位酶催化的底物量增加,用酶量减少。⑤比水溶性酶更适合于多酶反应。

与此同时,固定化酶也存在一些缺点:①固定化时,酶活力有损失。②增加了生产成本,工厂初始投资大。③只能用于可溶性底物,而且较适于小分子底物,对大分子底物不适宜。④胞内酶必须经过酶的分离纯化过程。⑤与完整菌体相比不适宜用于多酶反应,特别是需要辅助因子的反应。

(3)酶的固定化方法与制备技术　酶的固定化方法,按所用的载体和操作方法的差异,一般可分为载体结合法、包埋法及交联法3类。

①载体结合法:载体结合法是将酶结合到不溶性载体上的一种固定化方法,根据结合形式的不同,可以分为物理吸附法、离子结合法和共价结合法三种。

a. 物理吸附法:是用物理方法将酶吸附于不溶性载体上的一种固定化方法,此类载体很多,无机载体有活性炭、多孔玻璃、酸性白土、漂白土、高岭石、氧化铝、硅胶、膨润土、羟基磷灰石、磷酸钙、金属氧化物等;天然高分子载体有淀粉、谷蛋白等;大孔树脂、陶瓷等载体也已被应用;此外还有具有疏水基的载体(丁基或乙基-葡聚糖凝胶),它可以疏水性地吸附酶,以及以单宁作为配基的纤维素衍生物等载体。

物理吸附法的优点在于操作简单,可选用不同电荷和不同形状的载体,固定化过程可与纯化过程同时实现,酶失活后载体仍可再生,若能找到合适的载体,这是一种很好的方法;其缺点在于最适吸附酶量无规律可循,对不同载体和不同酶的吸附条件不同,吸附量与酶活力不一定呈平行关系,同时酶与载体之间结合力不强,酶易于脱落,导致酶活力下降并污染产物。

b. 离子结合法:酶通过离子键结合于具有离子交换基的水不溶性载体上的固定化方法,此法的载体有多糖类离子交换剂和合成高分子离子交换树脂,如 DEAE-纤维素、AmberliteCG-50、XE-97、IR-45 和 Dowex-50 等。

离子结合法的操作简单,处理条件温和,酶的高级结构和活性中心的氨基酸残基不易被破坏,能得到酶活回收率较高的固定化酶。但是载体和酶的结合力比较弱,容易受缓冲液种类或 pH 的影响,在离子强度高的条件下进行反应时,往往会发生酶从载体上脱落的现象。离子结合法也能用于微生物细胞的固定化,但是由于微生物在使用中会发生自溶,故用此法要得到稳定的固化微生物比较困难。

c. 共价结合法:酶以共价键结合于载体上的固定化方法,也就是使酶分子上非活性部位功能团与载体表面活泼基团之间发生化学反应而形成共价键的连接的方法。它是研究最广泛、内容最丰富的固定化方法。归纳起来有两类:一是将载体有关基团活化,然后与酶有关基团发生偶联反应;另一类是在载体上接上一个双功能试剂,然后将酶偶联上去。

共价结合法与离子结合法和物理吸附法相比,其优点是酶与载体结合牢固,稳定性好,一般不会因底物浓度高或存在盐类等原因而轻易脱落。缺点是反应条件苛刻,操作复杂,而且由于采用了比较强烈的反应条件,会引起酶蛋白高级结构的变化,破坏部分活性中心,所以不能得到比活高的固定化酶,甚至底物的专一性等酶的性质也会发生变化。因此,在进行共价结合之前应先了解所用酶的有关性质,选择适当的化学试剂,并严格控制反应条件,提高固定化酶的活力回收率和相对活力。在共价结合法中,载体的活化是个重要问题。目前用于载体活化的方法有酰基化、芳基化、烷基化及氨甲酰化反应等。

②交联法:交联法是用双功能或多功能试剂使酶与酶、微生物的细胞与细胞之间交联的固定化方法。常用的交联剂有戊二醛、双重氮联苯胺-2,2-二磺酸、1,5-二氟-2,4-二硝基苯及二酰亚胺二甲酯等。参与交联法反应的酶蛋白的功能团有 N 端 α-氨基、赖氨酸的 ε-氨基、酪氨基的酚基、半胱氨酸的巯基及组氨酸的咪唑基等。

交联法又可分为交联酶法、酶-辅助蛋白交联法、吸附法及载体交联法 4 种。

其内容有酶分子内交联或辅助蛋白与酶分子间交联,也可以先将酶或细胞吸附于载体表面后再交联或者在酶与载体之间进行交联。

a. 交联酶法是向酶液中加入多功能试剂,在一定的条件下使酶分子内、分子间彼此连接成网络结构而形成固定化酶的技术。反应速度与酶的浓度、试剂的浓度、pH、离子强度、温度和反应时间有关。

b. 酶-辅助蛋白交联法是指在酶溶液中加入辅助蛋白的交联过程。辅助蛋白可以是明胶、胶原和动物血清蛋白等。此法可以制成酶膜或在混合后经低温处理和预热制成泡沫状的共聚物,也可以制成多孔颗粒。酶-辅助蛋白交联法的酶的活力回收率和机械强度都比交联法高。

c. 吸附交联法是吸附与交联相结合的技术,其过程是先将酶吸附于载体上,再与交联剂反应。吸附交联法所制得的固定化酶成为壳状固定化酶,此法兼有吸附与交联的双重优点,既提高了固定化酶的机械强度,又提高了酶与载体的结合能力,酶分布于载体表面,与底物容易接触。

d. 载体交联法是指同一多功能试剂分子的一些化学基团与载体偶联而另一些化学基团与酶分子偶联的方法,其过程是多功能试剂(如戊二醛)先与载体(氨乙基纤维素、部分水解的尼龙或其他含伯氨基的载体)偶联,洗去多余的试剂后再与酶偶联,如将葡萄糖氧化酶、丁烯-3,4-氧化物和丙烯酰胺共聚偶联即可得到固定化的葡萄糖氧化酶。微囊包埋的酶也可以用戊二醛交联使之稳定化。另外,交联酶也可以再用包埋法来提高其稳定性并防止酶的脱落。

③包埋法:可分为网格型和微囊型两种。将酶或细胞包埋在高分子凝胶细微网格中的称为网格型,用于这种方法的载体材料有聚丙烯酰胺、聚乙烯醇和光敏树脂等合成高分子化合物,以及淀粉、明胶、胶原、海藻胶和角叉菜胶等天然高分子化合物。将酶或细胞包埋在高分子半透膜中的称为微囊型。由包埋法制得的微囊型固定化酶通常为直径几微米到几百微米的球状体,包有酶的微囊半透膜厚约20nm,膜孔径40nm左右,其表面积与体积比很大,包埋酶量也多,颗粒比网格型要小得多,比较有利于底物与产物的扩散,但是反应条件要求高,制备成本也高,其基本制备方法有界面沉降法和界面聚合法两类。包埋法制备固定化酶的条件温和,不能改变酶的结构,操作时保护剂及稳定剂均不影响酶的包埋率,适用于多种酶、粗酶制剂、细胞器和细胞的固定化。包埋法只适合作用于小分子底物和产生物的酶,对于那些作用于大分子底物和产物的酶是不适合的,因为只有小分子才能通过高分子凝胶的网格进行扩散,另外这种扩散阻力会导致固定化酶动力学行为的改变,降低酶活力。

④选择性热变性法:此法专用于细胞固定化,是将细胞在适当温度下处理使细胞膜蛋白变性但不使酶变性而使酶固定于细胞内的方法,其来源、结构和性质各不相同。因此在固定化过程中,需根据酶促反应性质、底物类型及固定化方法,选择相应的载体或基质。

固定化过程中使用的载体需符合如下条件:a. 固定化过程中不引起酶变性。b. 对酸碱有一定的耐受性。c. 有一定的机械强度。d. 有一定的亲水性及良好的稳定性。e. 有一定的疏松网状结构,颗粒均匀。f. 共价结合时具有可活化基团。g. 有耐受酶和微生物细胞的能力。h. 廉价易得。

2. 固定化方法与载体的选择依据

(1)固定化方法的选择　比较各种固定化方法的特点,可以为选择合适的方法提供必要的依据。选择固定化方法时应考虑以下几个因素。

①固定酶应用的安全性:尽管固定化生物催化剂比化学催化剂更为安全,但也需要按照药品和食品领域的检验标准做必要的检查。因为除了吸附法和几种包埋法外,大多数固定化操作都涉及化学反应,必须了解所用的试剂是否有毒性和残留,应尽可能选择无毒性试剂参与的固定化方法。

②固定化酶在操作中的稳定性:在选择固定化的方法时要求固定化酶在操作过程中十分稳定,能长期反复使用,这样才能在经济上有较强的竞争力。因此应考虑酶和载体的连接方式、连接键的多寡和单位载体的酶活力,从各方面进行权衡,选择最佳的固定化方法,以制备稳定性高的固定化酶或细胞。

③固定化的成本:固定化成本包括酶、载体和试剂的费用,也包括水、电、气、设备及劳务投资,如酶、载体及试剂价格较高,但由于固定化酶(细胞)能长期反复使用,可提高酶的利用效率,也比原工艺优越。即使固定化成本不低于原工艺,而对原工艺有较大改进,或可简化后处理工艺,提高产品质量和收率,节省劳务费,该固定化方法仍有实用价值。此外,固定化酶成本通常仅占成本的极小部分,在价格昂贵的药品生产中,固定化酶对产品纯度和收率的提高是非常有利的,因此仍需采用固定化酶。当然,为了工业应用,应尽可能采用操作简单、活力回收率高及载体和试剂价格低廉的固定化方法。

(2)载体的选择　为了工业化应用,最好选择工业化生产中已大量应用的廉价材料为载体,如聚乙烯醇、卡拉胶及海藻胶等。离子交换树脂、金属氧化物及不锈钢碎屑等,也都是有应用前途的载体。载体的选择还需考虑底物的性质,当底物为大分子时,包埋型的载体不能用于转化反应,只能用可溶性的固定化酶;若底物不完全溶解或黏度大,宜采用密度高的不锈钢屑或陶瓷等材料制备吸附型的固定化酶,以便实现转化反应和回收固定化酶。各种固定化方法和特性比较见表 5-1。

表 5-1　固定化方法及其特性比较

特征	吸附法		包埋法	交联法	共价法
	离子吸附法	物理吸附法			
制备	易	易	难	易	难
结合力	中	弱	强	强	强

续表

特征	吸附法		包埋法	交联法	共价法
	离子吸附法	物理吸附法			
酶活性	高	中	高	低	高
载体再生	能	能	不能	不能	极少用
底物专一性	不变	不变	不变	变	变
稳定性	中	低	高	高	高
固定化成本	低	低	中	中	高
应用性	有	有	有	无	无
抗微生物能力	无	无	有	可能	无

3. 固定化酶的形状和性质

(1)固定化酶的形状　由于应用目的和反应器类型的不同,所以需要不同物理形状的固定化酶。目前已有多种物理形状的固定化酶,如酶膜、酶管、酶纤维、微囊和颗粒状的固定化酶,颗粒状的固定化酶包括酶珠、酶块、酶片和酶粉等。

(2)固定化酶的性质　天然酶经过固定化后即成为固定化酶,其催化反应体系也由均相反应转变为非均相反应。由于固定化方法和所用载体的不同,制得的固定化酶可能会受到扩散限制、空间障碍、微环境变化和化学修饰等因素的影响,从而导致酶学性质和酶活力的变化。

①酶活力的变化:酶经过固定化后活力大都下降,其原因主要是:a. 酶分子在固定化过程中,空间构象发生变化,影响了活性中心的氨基酸。b. 固定化后,由于空间位阻效应,影响了活性中心对底物的定位作用。c. 内扩散阻力使底物分子与活性中心的接近受阻。d. 包埋时酶被高分子物质半透膜包围,大分子物质不能透过膜与酶接近。要减少固定化过程中酶活力的损失,反应条件要温和。此外,在固定化反应体系中加入抑制剂、底物或产物可以保护酶的活性中心。

②酶稳定性的变化:固定化酶的稳定性包括对温度、pH、蛋白酶变性剂和抑制剂的耐受程度。如蛋白酶经过固定化后,限制了酶分子之间的相互作用,阻止了其自溶,稳定性明显增加。其他的酶经过固定化后可以增加酶构型的牢固程度,因此稳定性提高,但是如果固定化的过程影响到酶的活性中心和酶的高级结构的敏感区域,也可能引起酶的活性降低,不过大部分酶在固定化后,其稳定性和有效寿命均比游离酶高。

③酶学特性的变化

a. 底物专一性:酶经过固定化后,由于变阻效应,对高分子底物的活性明显下降。

b. 最适 pH:酶经固定化后,其反应的最适 pH 可能变大,也可能变小;pH-酶活曲线也可能发生改变，其变化与酶蛋白和载体的带电性质有关。

c. 最适温度：酶经过固定化后可能导致其空间结构更为稳定，大多数酶经过固定化后，最适温度升高。

d. 米氏常数（K_m）：K_m 是表示酶和底物的亲和力大小的客观指标。天然酶经固定化后，其 K_m 均发生变化，有的增加很少，有的增加很多，但 K_m 不会变小。

e. 最大反应速度（V_{max}）：大多数的天然酶经固定化后，其 V_{max} 与天然酶相同或接近，但也有由于固定化的方法不同而有差异者。

4. 评价固定化酶的指标

（1）固定化酶活力的测定　固定化酶通常为颗粒状态，传统的溶液酶的测定方法需要做一些改进。固定化酶具有两个基本反应系统，即填充床反应系统和悬浮搅拌反应系统。因此，根据固定化酶的反应系统，其活力的测定可以分为分批测定法和连续测定法两种。

①分批测定法：分批测定法是固定化酶在搅拌或振荡的情况下进行测定的方法，与测定天然酶的方法基本一致，即间隔一定时间取样，过滤后按常规测定，方法比较简便。但测定结果与反应器的形状、大小和反应液的数量有关，同时也与搅拌和振荡的速度有关，速度加快，活力上升，达到一定程度后活力不再改变，但若搅拌过快会导致固定化酶破碎成更小的细粒而使酶的活力升高，因此测定过程中应严格控制反应条件。

②连续测定法：不管是分批反应器、连续搅拌反应器或填充反应器，都可以从其中引出反应液到流动比色杯中进行分光测定。在连续流动反应器中，可以根据底物的流入速度和反应速度之间的关系来计算酶的活力，但反应器的形状可能影响反应速度。除分光法外，也可以在缓冲能力弱的情况下用自动 pH 滴定仪来测定质子的产生与消耗过程，或者测定反应过程中氧气、NH_4^+、电导和旋光的变化来确定酶的活力。

影响酶活力测定的因素较多，如测定环境、pH、温度、离子强度、酶浓度、激活剂、振荡和搅拌速度以及固定化酶的颗粒大小的变化。在实际应用中，固定化酶不一定在底物饱和的条件下反应，因此测定条件应尽可能与实际工艺相同，这样才能对整个工艺过程进行估价，否则无可比性。

（2）偶联率及相对活力的测定　影响酶固有性质诸因素的综合效应及固定化期间引起的酶失活，可用偶联率、活力回收率或相对活力来表示。

$$偶联率/\% = (加入的酶活力 - 上清液的酶活力)/加入蛋白活力 \times 100\%$$

$$活力回收率/\% = (固定化酶总活力/加入酶的总活力) \times 100\%$$

$$相对活力/\% = [固定化酶总活力/(加入酶的总活力 - 上清液中未偶联的酶活力)] \times 100\%$$

偶联率＝1 时，表示反应控制好，固定化或扩散限制引起的酶失活不明显；偶联率<1 时，扩散限制对酶活力有影响；偶联率>1 可能由于固定化活细胞增殖或某些抑制因素排除等原因造成。

(二)酶的非水相催化制药技术

1. 非水介质中的酶催化作用

酶在非水介质中进行的催化作用称为酶的非水相催化。在非水相中,酶分子受到非水介质的影响,其催化特性与在水相中催化有着较大的不同。

(1)有机介质中的酶催化　有机介质中的酶催化是指酶在含有一定量水的有机溶剂中进行的催化反应,适用于底物、产物两者或其中之一为疏水性物质的酶催化作用。酶在有机介质中由于能够基本保持其完整的结构和活性中心的空间构象,所以能够发挥其催化功能。酶在有机介质中起催化作用时,酶的底物特异性、立体选择性、区域选择性、键选择性和热稳定性等都有所改变。

(2)气相介质中的酶催化　气相介质中的酶催化是指酶在气相介质中进行的催化反应。适用于底物是气体或者能够转化为气体的物质的酶催化反应。由于气体介质的密度低,扩散容易,所以酶在气相中的催化作用与在水溶液中的催化作用有明显的不同特点,但是研究不多。

(3)超临界流体介质中的酶催化　超临界介质中的酶催化是指酶在超临界流体中进行的催化反应。超临界流体是指温度和压力超过某物质超临界点的流体。用于酶催化反应的超临界流体应当对酶的结构没有破坏作用,对催化作用没有明显的不良影响;具有良好的化学稳定性,对设备没有腐蚀性;超临界温度不能太高或太低,最好在室温附近或在酶催化的最适温度附近;超临界压力不能太高,可节约压缩动力的费用;超临界流体要容易获得,价格要便宜等。

(4)离子液介质中的酶催化　离子液介质中的酶催化是指酶在离子液中进行的催化作用。离子液是由有机阳离子与有机(无机)阴离子构成的在室温条件下呈液态的低熔点盐类,挥发性低、稳定性好。酶在离子液中的催化作用具有良好的稳定性和区域选择性、立体选择性、键选择性等显著特点。

在酶的非水相催化中,研究最多的非水介质是有机溶剂。

2. 有机介质中水和有机溶剂对酶催化反应的影响

酶在有机介质中进行催化反应的反应体系与常规的水相催化反应体系有所不同,常见的有机介质反应体系包括微水介质体系、与水溶性有机溶剂组成的均一体系、与水不溶性有机溶剂组成的两相或多相体系、(正)胶束体系、反胶束体系等。其中,研究最多、应用最广泛的是微水介质体系,不管采用何种有机介质反应体系,酶催化反应的介质中都含有机溶剂和一定量的水,它们都对催化反应有显著的影响。

(1)水对有机介质中酶催化的影响　酶都溶于水,只有在一定量的水存在的条件下,酶分子才能进行催化反应,所以酶在有机介质中进行催化反应时,水是不可缺少的成分之一。有机介质中的水含量对酶的空间构象、酶的催化活性、酶的稳定性、酶的催化反应速度等都有密切关系,水还与酶催化作用的底物和反应产物的溶解度有关。

(2)有机溶剂对有机介质中酶催化的影响　有机溶剂是有机介质反应体系中的主要成分之一。常用的有机溶剂有辛烷、正己烷、苯、吡啶、丙醇、乙腈、己酯、二氯甲烷等。在有机介质酶催化反应中,有机溶剂对酶的活力、酶的稳定性、酶的催化特性和酶催化速度等都有显著的影响。

3. 酶在有机介质中的催化特性

酶在有机介质中由于能够基本保持其完整的结构和活性中心的空间构象,所以能够发挥其催化功能。然而,酶在有机介质中起催化作用时,由于有机溶剂的极性与水有很大差别,对酶的表面结构、活性中心的结合部位和底物性质都会产生一定的影响,从而影响酶的底物特异性、立体选择性、区域选择性、键选择性和热稳定性等,而显示出与水相介质中不同的催化特性。

(1)底物专一性　酶在水溶液中进行催化反应时,具有高度的底物专一性,或称为底物特异性,是酶催化反应的显著特点之一。不同的有机溶剂具有不同的极性,所以在不同的有机介质中,酶的底物专一性也不一样。一般说来,在极性较强的有机溶剂中,疏水性较强的底物容易反应;而在极性较弱的有机溶剂中,疏水性较弱的底物容易反应。例如,枯草芽孢杆菌蛋白酶催化 *N*-乙酰-L-丝氨酸乙酯和 *N*-乙酰-L-苯丙氨酸乙酯与丙醇的转酯化反应,在极性较弱的二氯甲烷或者苯介质中,含丝氨酸的底物优先反应;而在极性较强的吡啶或季丁醇介质中,则含苯丙氨酸的底物首先发生转酯化反应。

(2)对映体选择性　酶的对映体选择性又称为立体选择性或立体异构专一性,是酶在对称的外消旋化合物中识别一种异构体的能力大小的指标。

(3)区域选择性　酶在有机介质中进行催化时,具有区域选择性,即酶能够选择底物分子中某一区域的基团优先进行反应。

(4)键选择性　酶在有机介质中进行催化的另一个显著特点是具有化学键选择性。即在同一个底物分子中有两种以上的化学键都可以与酶反应时,酶对其中一种化学键优先进行反应。键选择性与酶的来源和有机介质的种类有关。例如,脂肪酶催化 6-氨基-1-己醇的酰化反应,底物分子中的氨基和羟基都可能被酰化,分别生成肽键和酯键。当采用黑曲霉脂肪酶进行催化时,羟基的酰化占绝对优势;而采用毛霉脂肪酶催化时,则优先使氨基酰化。研究表明,在不同的有机介质中,氨基的酰化与羟基的酰化程度也有所不同。

(5)热稳定性　许多酶在有机介质中的热稳定性比在水溶液中的热稳定性更好。例如,胰脂肪酶在水溶液中,100℃时很快失活;而在有机介质中,在相同的温度条件下,半衰期却长达数小时。胰凝乳蛋白酶在无水辛烷中,于 20℃保存 5 个月仍然可以保持其活性,而在水溶液中,其半衰期却只有几天。酶在有机介质中的热稳定性还与介质中的水含量有关。通常情况下,随着介质中水含量的增加,其热稳定性降低。例如,核糖核酸酶在有机介质中的水含量从 0. 06g 水/g 蛋白质增加到 0. 2g 水/g 蛋白质时,酶的半衰期从 120min 减少到 45min。色素氧化酶,在甲苯中的水含量从1.3%降低到0.3%时，半衰期从1.7min增加到4h。

(6)pH特性 在水溶液中，pH是影响酶催化的重要因素，因为在水溶液中，缓冲液的pH决定了酶分子活性中心基团的解离状态和底物分子的解离状态，从而影响酶与底物的结合和催化反应。

4. 有机介质中酶催化反应的条件及其控制

(1)酶的选择 要进行酶在有机介质中的催化反应，首先要选择好所使用的酶。不同的酶具有不同的结构和特性，同一种酶，由于来源的不同和处理方法(如纯度、冻干条件、固定化载体和固定化方法、修饰方法和修饰剂等)的不同，其特性也有所差别，所以要根据需要通过试验进行选择。在酶催化反应时，通常酶所作用的底物浓度远远高于酶浓度，所以酶催化反应速度随着酶浓度的升高而升高，两者成正比，在有机介质中进行催化反应，对酶的选择不但要看催化反应的速率的大小，还要特别注意酶的稳定性、底物专一性、对映体选择性、区域选择性、键选择性等。

(2)底物的选择和浓度控制 由于酶在有机介质中的底物专一性与在水溶液中的专一性有些差别，所以要根据酶在所使用的有机介质中的专一性选择适宜的底物。底物的浓度对酶催化反应速率有显著影响，一般说来，在底物浓度较低的情况下，酶催化反应速率随底物浓度的升高而增大。当底物达到一定浓度以后，再增加底物浓度，反应速率的增大幅度逐渐减少，最后趋于平衡，逐步接近最大反应速率。

(3)有机溶剂的选择 不同的有机溶剂由于极性不同，对酶分子的结构以及底物和产物的分配有不同的影响，从而影响酶催化反应速率。同时还会影响酶的底物专一性、对映体选择性、区域选择性和键选择性等。有机溶剂是影响酶在有机介质中催化的关键因素之一，在使用过程中要根据具体情况进行选择。有机溶剂的极性选择要适当，极性过强[极性系数($\lg P$)<2]的溶剂，会夺取较多的酶分子表面结合水，影响酶分子的结构，并使疏水性底物的溶解度降低，从而降低酶反应速率，在一般情况下不选用；极性过弱($\lg P \geq 5$)的溶剂，虽然对酶分子必需水的夺取较少，疏水性底物在有机溶剂中的溶解度也较高，但是底物难以进入酶分子的必需水层，催化反应速率也不高。所以通常选用$2 \leq \lg P \leq 5$的溶剂作为催化反应介质。

(4)水含量的控制 有机介质中，水的含量对酶分子的空间构象和酶催化反应速度有显著影响。

(5)温度的控制 温度是影响酶催化作用的主要因素之一。一方面，随着温度的升高，化学反应速率加快，另一方面，酶是生物大分子，过高的温度会引起酶的变性失活。两种因素综合的结果，在某一个特定的温度条件下，酶催化的反应速率达到最大，这个温度称为酶反应的最适温度。在微水有机介质中，由于水含量低，酶的热稳定性增强，所以其最适温度高于在水溶液中催化的最适温度。但是温度过高，同样会使酶的催化活性降低，甚至引起酶的变性失活。因此，需要通过试验，确定有机介质中酶催化的最适温度，以提高酶催化反应速度。要注意的是酶与其他非酶催化剂一样，温度升高时，其立体选择性降低。这一点在有机介质的酶催化过程中显得特别重要，因为手性化合物的拆分是有机介质酶催化的主要应用领域。必须通过试验，控制适宜的反应温度，使酶催化反应在较高的反应速度以及较强的立体选择性条件下进行。

（6）pH 的控制　酶催化过程中，pH 影响酶活性中心基团和底物的解离状态，直接影响酶的催化活性，对酶的催化反应速率有很大影响。在某一特定的 pH 时，酶的催化反应速率达到最大，这个 pH 称为酶催化反应的最适 pH。研究结果表明，酶在有机介质中催化的最适 pH 通常与在水溶液中催化的最适 pH 相同或者接近。因为在有机介质中，与酶分子基团结合的必需水维持酶分子的空间构象，而且只有在特定的 pH 和离子强度条件下，酶的活性中心上的基团才能达到最佳的解离状态，从而保持其催化活性。

5. 酶非水相催化在药物生产中的应用

酶的非水相催化，可以生成一些具有特殊性质与功能的产物，在医药、食品、化工、功能材料、环境保护等领域具有重要的应用价值，显示出广阔的应用前景。酶的非水相催化在药物生产中主要用于手性药物的拆分。

（三）手性药物的酶法合成技术

1. 手性药物两种对映体的药效差异

根据两种对映体之间的药理、药效差异，手性药物两种对映体可以分为以下 5 种类型。

（1）一种对映体有显著疗效，另一种对映体疗效很弱或者没有疗效。如常用的消炎解热镇痛药萘普生的两种对映体中，*S*-（+）-萘普生的疗效是 *R*-（-）-萘普生疗效的 28 倍。如果进行对映体拆分，单独使用 *S*-构型，则其疗效将显著提高。

（2）一种对映体有疗效，另一种却有毒副作用。如镇咳药羟基苯哌嗪的 *S*-（-）对映体有镇咳作用，而 *R*-（+）对映体却对神经系统有毒副作用。镇静剂反应停的 *S*-构型有镇静作用，而 *R*-构型不但没有镇静作用，而且有致畸胎的副作用，若要消除其副作用，必需进行拆分，使用单一的 *S*-构型。

（3）两种对映体的药效相反，如 5-（二甲丁基）-5-乙基巴比妥是一种常用的镇静、抗惊厥药物，其左旋体对神经系统有镇静作用，而右旋体却有兴奋作用，由于左旋体的镇静作用比右旋体的兴奋作用强得多，所以消旋体仍然表现为镇静作用。如果使用单一的左旋体，就可以显著增强其药效。

（4）两种对映体具有各自不同的药效　如曲托喹酚的 *S*-构型具有扩张支气管的功效，而 *R*-构型具有抑制血小板凝集的作用。在此情况下，必需将两种异构体分开，分别用于不同的目的。

（5）两种消旋体的作用具有互补性　如治疗心律失常的普萘洛尔，其 *S*-构型

具有阻断 P-受体的作用，而 R-构型具有抑制钠离子通道的作用，所以外消旋普萘洛尔的抗心律失常作用效果比单一对映体的作用效果好。

对于上述 1~4 类的手性药物，两种对映体的药理、药效都有很大的不同，所以有必要进行对映体的拆分。只有在第 5 类的情况下，才是使用消旋体为好。可见手性药物的拆分具有重要意义和应用价值。

2. 酶在手性化合物拆分方面的应用

酶在手性化合物拆分方面的研究、开发和应用越来越广泛，举例如下所示。

(1)环氧丙醇衍生物的拆分　2,3-环氧丙醇单一对映体的衍生物是一种多功能手性中间体，它可以用于合成 P-受体阻断剂、HIV 蛋白酶抑制剂、抗病毒药物等多种手性药物，其消旋体可以在有机介质体系中用酶法进行拆分，获得单一对映体。例如，用猪胰脂肪酶(PPL)等在有机介质体系中对 2,3-环氧丙醇丁酸酯进行拆分，得到单一的对映体。

(2)芳基丙酸衍生物的拆分　2-芳基丙酸($CH_3CHArCOOH$)是手性化合物，其单一对映体衍生物是多种治疗关节炎、风湿病的消炎镇痛药物，如布洛芬、酮洛芬、萘普生等的活性成分。用脂肪酶在有机介质体系中进行消旋体的拆分，可以得到 S-构型的活性成分。

(3)苯甘氨酸甲酯的拆分　苯甘氨酸的单一对映体及其衍生物是半合成 β-内酰胺类抗生素，如氨苄西林、头孢氨苄、头孢拉定等的重要侧链。脂肪酶在有机介质中通过不对称氨解反应，可以拆分得到。

(四)药用酶的化学修饰技术

酶作为生物催化剂，其高效性和专一性是其他催化剂所无法比拟的，但工业用酶常常由于酶蛋白抗酸、抗碱、抗有机溶剂变性及抗热失活能力差，容易受产物和抑制剂的抑制。工业反应要求的 pH 和温度不总是在酶反应的最适 pH 和最适温度范围内，底物不溶于水或酶的 K_m 过高等弱点限制了酶制剂的应用范围。因此，提高酶的稳定性、解除酶的抗原性、改变酶学性质(最适 pH、最适温度、K_m、催化活性和专一性等)，扩大酶的应用范围的研究越来越引起人们的重视。通过酶的分子改造可克服上述应用中的缺点，使酶发挥更大的催化功效，以扩大其在科研和生产中的应用范围。

1. 酶化学修饰概述

(1)酶化学修饰的概念　通过主链的切割、剪接和侧链基团的化学修饰对酶蛋白进行分子改造，以改变其理化性质及生物活性，这种应用化学方法对酶分子施行种种“手术”的技术称为酶分子的化学修饰。自然界本身就存在着酶分子改造修饰的过程，如酶原激活、可逆共价调节等，这是自然界赋予酶分子本身的提高酶活力的特异功能。从广义上说，凡涉及共价键或部分共价键的形成或破坏的转变都可看成是酶的化学修饰；从狭义上说，酶的化学修饰则是指在较温和的条件下，以可控制的方式使一种酶同某些化学试剂起特异反应，从而引起单个氨基酸残基或其功能基团发生共价修饰的化学改变。

(2)酶化学修饰的目的　酶化学修饰的目的在于人为地改变天然酶的一些性质,创造天然酶所不具备的某些优良特性甚至创造出新的特性,来扩大酶的应用领域,促进生物技术的发展。通常,酶经过改造后会产生各种各样的变化,概括起来主要是:①提高生物活性(包括某些在修饰后对效应物反应性能的改变)。②增强在不良环境(非生理条件)中的稳定性。③针对异体反应,可降低生物识别能力。可以说,酶的化学修饰在理论上为生物大分子结构与功能关系的研究提供了有力的实验依据和证明,是改善酶学性质和提高其应用价值的一种非常有效的措施。

2. 酶化学修饰的方法

(1)酶的表面化学修饰

①大分子修饰:可溶性大分子,如聚乙二醇(PEG)、聚乙烯吡咯烷酮(PVP)、聚丙烯酸(PAA)、聚氨基酸、葡聚糖、环糊精、乙烯/顺丁烯二酰肼共聚物、羟甲基纤维素、多聚唾液酸、肝素等可通过共价键连接在酶分子表面,形成覆盖层。其中相对分子质量在500~20000的PEG类修饰剂应用最广,它是既能溶于水,又可以溶于绝大多数有机溶剂的两亲分子,一般没有免疫原性和毒性,其生物相容性已经通过FDA认证。PEG分子末端有两个能被活化的羟基,但是化学修饰时多采用单甲氧基聚乙二醇(MPEG)。

②小分子修饰:利用小分子化合物对酶的活性部位或活性部位之外的侧链基团进行化学修饰,以改变酶学性质。已被广泛应用的小分子化合物主要有氨基葡萄糖、乙酸酐、硬脂酸、邻苯二酸酐、乙酸-*N*-丁二酰亚胺酯等。

③交联修饰:应用双功能基团试剂如戊二醛、PEG等将酶蛋白分子之间、亚基之间或分子内不同肽链部分间进行共价交联,可使酶分子活性结构加固,并可提高其稳定性,增加了酶在非水溶液中的使用价值。

④固定化修饰:通过酶表面的酸性或碱性残基,将酶共价连接到惰性载体上后,由于酶所处的微环境的改变,会使酶的性质(最适pH、最适温度、稳定性等),特别是动力学性质发生改变。如固定在带电载体上的酶,由于介质中的质子靠近载体并与载体上的电荷发生作用,结果使酶的最适pH向碱性(阴离子载体)或酸性(阳离子载体)方向移动,这很有应用价值,如在某一工艺中需几个酶协同作用,而这几个酶的最适pH又不一致的情况下,可用固定化法使不同酶的最适pH彼此靠近,从而简化工艺过程。

(2)酶分子内部修饰

①非催化活性基团的修饰:最经常修饰的残基既可以是亲核的,如Ser、Cys、Met、Lys、His;也可以是亲电的,如Tyr、Trp;或者是可氧化的,如Tyr、Typ、Met。对这类非催化残基的修饰可改变酶的动力学性质,改变酶对特殊底物的束缚能力。研究得比较充分的例子是胰凝乳蛋白酶,将此酶Met192氧化成亚砜,则使该酶对含芳香族或大体积脂肪族取代基的专一性底物的K_m提高2~3倍,但对非专

一性底物的 K_m 不变,这说明对底物的非反应部分的束缚在酶催化作用中有重要的作用。

②蛋白主链的修饰:迄今为止,蛋白主链修饰主要靠酶法。将猪胰岛素转变成人胰岛素就是一个成功的例子。猪和人的胰岛素仅在 B 链羟甲基端有一个氨基酸的差别。用蛋白水解酶将猪胰岛素 B 链末端的 Ala 水解下来,再在一定条件下,用同一个酶将 Thr 接上去,就可以将猪胰岛素转变成人胰岛素。用胰蛋白酶对天冬氨基酶进行有限水解切去 10 个氨基酸后,酶活力提高了 5.5 倍。活化酶仍是四聚体,亚单位相对分子质量变化不大,说明天然酶并不总是处于最佳构象状态。

③催化活性基团的修饰:蛋白质工程的出现使人们能够任意改变酶的氨基酸顺序,然而,通过选择性修饰氨基酸侧链成分来实现氨基酸取代更为便捷。这种将一种氨基酸侧链化学转变为另一种新的氨基酸侧链的方法称为化学突变。尽管这种方法受到是否有专一性修饰剂和有机化学工艺水平的限制,化学修饰所获得的种类,没有蛋白质工程来得多;但可以通过进一步研制有用的试剂等措施,使化学修饰成为蛋白质工程技术有利的补充。

④与辅因子有关的修饰:与辅因子有关的修饰有以下几方面:a. 对依赖辅因子的酶可用两种方法进行化学修饰:ⓐ如果辅因子与酶的结合不是共价的,则可能将辅因子共价结合在酶上。ⓑ引入新的或修饰过的具有强烈反应性的辅因子。b. 最有创造性的修饰方法是将新的辅酶引入结构已经弄清的蛋白质上。这要求对辅酶本身的化学性质要有清楚了解,在实验上则是如何让辅酶更好地适应新的环境。c. 金属酶中的金属取代:酶分子中的金属取代可以改变酶的专一性、稳定性及其抑制作用。例如,酰化氨基酸水解酶活性部位中的锌被钴取代时,酶的底物专一性和最适 pH 都有改变。

⑤肽链伸展后的修饰:为了有效地修饰酶分子的内部区域,可以先用脲或盐酸胍处理酶,使酶分子的肽链充分伸展,这就提供了化学修饰酶分子内部疏水基团的可能性。然后,让修饰后的伸展肽链,在适当条件下,重新折叠成具有某种催化活力的构象。遗憾的是,到目前为止这只是一个设想,还没有成功的例子。

(3)结合定点突变的化学修饰　通过一些可控制的方法在酶的特殊位点引入特定分子来修饰酶,结合定点突变引入一种非天然氨基酸侧链来进行化学修饰,从而得到一些新的酶制剂。它的策略是利用定点突变技术在酶的关键活性位点引入一个氨基酸残基,然后利用化学修饰法将突变的氨基酸残基进行修饰,引入一个小分子化合物,得到一种称为化学修饰突变酶的新型酶。

3. 修饰酶的特性

酶分子经过化学修饰后,其特性在一定程度上发生了改变,天然酶的一些不足之处可以得到改善。

(1)热稳定性提高　某些酶经化学修饰后稳定性提高。这是由于修饰剂共价连接于酶分子后，使酶的天然构象产生一定的"刚性"，不宜伸展失活，并减少了酶分子内部基团的热振动，从而增加了热稳定性，而且这种热稳定性效果和修饰剂与酶之间的交联点的数目有关，PEG 和酶以单点交联时热稳定性提高并不明显，通常交联点增多，酶的热稳定性就可提高。

(2)抗各类失活因子能力提高　某些修饰酶抗蛋白水解酶水解、抑制剂、抗酸、抗碱、抗有机溶剂等变性失活能力提高。如过氧化氢酶经 PEG 修饰后，抗胰蛋白酶和胰凝乳蛋白酶水解能力明显提高；尿激酶经白蛋白修饰后，抗胃蛋白酶水解和抗胎盘抑制剂能力也分别增加，原因是修饰剂所产生的空间屏蔽有效地阻挡了水解酶、抑制剂等失活因子的进攻，或酶分子中对蛋白水解酶等失活因子敏感的基团被修饰，因此使得某些修饰酶的抗失活因子能力提高。

(3)抗原性消除　α-葡萄糖苷酶用白蛋白修饰后抗原性消除，L-天冬酰胺酶用 PEG 修饰后也消除了抗原性。有些修饰剂在消除抗原性上并无作用，如 PVP 修饰酶在重复用于体内后，会诱导机体产生抗体使酶失活。糖类物质包括右旋糖酐也不容易消除酶的抗原性，这类修饰酶仍可诱发过敏反应。目前研究表明，PEG、人血清白蛋白、聚丙氨酸在消除或降低酶抗原性方面效果比较明显。

(4)体内半衰期延长　许多酶经过化学修饰后，由于增强了抗蛋白水解酶、抗抑制剂等失活因子的能力和热稳定性的提高，体内半衰期比天然酶延长，这对提高药用酶的疗效很有意义。L-天冬酰胺酶经 PEG 修饰后，体内半衰期延长 13 倍；白蛋白修饰的 α-葡萄糖苷酶在体内的半衰期延长 18 倍以上。

(5)最适 pH 改变　有些酶经过化学修饰后，最适 pH 发生变化，这对于在生理和临床应用上及工业生产中更好地发挥酶的催化作用具有重要意义。例如猪肝尿酸酶的最适 pH 为 10.5，在 pH 7.4 的生理环境时酶活力仅剩 5%~10%，但用白蛋白修饰后，最适 pH 范围扩大，在 pH 7.4 时仍保留 60%的酶活力，这就更有利于酶在体内发挥作用。吲哚-3-链烷羟化酶用聚丙烯酸修饰后，最适 pH 由 3.5 变为 5.5，在 pH 7.0 时，这种修饰酶的活力是天然酶的 4 倍；显然，在生理条件下用聚丙烯酸修饰的吲哚-3-链烷羟化酶的抗肿瘤效果要比天然酶好得多。

(6)酶学性质变化　绝大多数酶经过化学修饰后，最大反应速率 V_{max} 没有变化。但是有些酶在修饰后，K_m 会增大，化学修饰还可以改变某些酶的底物专一性。如脂肪酶经过 PEG 修饰后，可溶于有机溶剂并能催化酯合成和酯交换等有机反应，这将扩大酶在科研和生产中的应用范围。化学修饰改变酶对底物专一性的方法还可以用于立体专一性的有机合成中。

(7)对在组织中分布能力的改变　一些酶经化学修饰后，对在组织中的分布能力有所改变，能在血液中被靶器官选择性地吸收。如 α-葡萄糖苷酶经白蛋白修饰后，有利于肝细胞对其的摄入，使更多的酶到达靶器官发挥作用。辣根过氧化物酶用聚赖氨酸修饰后，细胞的摄入量增加，对细胞的穿透能力增加 100 倍。

4. 酶化学修饰的应用

(1)结构与功能的研究应用　化学修饰在研究酶的结构与功能方面的应用最多,研究也比较细,是最简单的一种方法,特别是蛋白质的可逆化学修饰在这方面能提供大量的信息。如研究酶的空间构象、确定氨基酸残基的功能、测定酶分子中某种氨基酸的数量等。除此之外,在测定酶的氨基酸序列和研究变构酶时,也都是以化学修饰为基础。如胰蛋白酶对精氨酸和赖氨酸具有高度特异性,所以常用此酶水解蛋白质,以制备小肽。为了防止精氨酸和赖氨酸相互干扰的问题,可选择性化学修饰赖氨酸和精氨酸,使水解局限在其中一种残基的肽键上。

(2)在医药方面的应用　随着科学技术的进步,人们发现许多疾病与酶有密切关系,酶在疾病的诊断、治疗等方面发挥着越来越重要的作用。但是,由于各种原因使酶的作用受到了限制。例如,天冬酰胺酶是治疗白血病的有效药物,但它往往带有抗原性,若不除去,再度使用可能引起免疫休克。因此有人用聚乙二醇修饰此酶的两个氨基,消除了其抗原性。利用高碘酸氧化法活化的右旋糖酐对大肠杆菌 L-天冬酰胺酶Ⅱ进行化学修饰,使酶抗胰蛋白酶水解的能力明显提高,抗原性显著减弱。牛血铜锌-超氧化物歧化酶用 β-环糊精修饰后,抗炎活性增强,抗原性降低,稳定性提高。

5. 酶化学修饰的前景

综上所述,化学修饰法可以改变天然酶的各种特性,扩大酶的应用范围。化学修饰法是改造酶分子的有效方法,而且已经获得了一定的规律性和普遍性,具有广泛的应用前景。但是并不是所有的酶经化学修饰后都能改善其天然的不足,即化学修饰法并不适用于所有的酶;也不是经化学修饰后,酶的所有性质特征均有改善;有时修饰结果难以预测、不易解释。通常酶经化学修饰后只是能改善其一点或几点不足,使其更适合某些实际应用的需要。基因工程法、蛋白质工程法、人工模拟法和某些物理修饰方法,各具优点,都是酶分子改造的有效方法,可弥补化学修饰法的不足。

三、酶类药物的生产

(一)酶的生产方法

酶的生产是各种生物技术优化与组合的过程,它可分为生物提取法、生物合成(转化)法和化学合成法 3 种,其中生物提取法是最早采用而沿用至今的方法,生物合成法是 20 世纪 60 年代以来酶生产的主要方法,而化学合成法至今仍处在实验室研究的阶段。

1. 生物提取法

生物提取法是采用各种提取、分离、纯化技术从动物、植物、器官、细胞或微生物细胞中将酶提取出来。酶的提取是指在一定的条件下,用适当的溶剂处理含酶原料,使酶充分溶解到溶剂中的过程。主要的提取方法有盐溶液提取、酸溶液提取、碱溶液提取和有机溶剂提取等。在酶的提取时,首先应当根据酶的结构和性质,选择适当的溶剂。一般来说,亲水性的酶要采用水溶液提取,疏水性的酶或者被疏水物包裹的酶采用碱溶液提取,等电点偏于碱性的酶应采用酸性溶液提取,等电点偏于酸性的酶应采用碱性溶液提取。在提取过程中,应当控制好温度、pH、离子强度等各种提取条件,以提高提取率并防止酶的变性失活。

酶的分离纯化是采用各种生化分离技术,如离心分离、萃取分离、沉淀分离、层析分离、电泳分离以及浓缩、结晶和干燥等,使酶与各种杂质的分离,达到所需的纯度,以满足使用的要求。

酶的分离纯化技术多种多样,选用的时候要认真考虑以下问题:①目标酶分子特性及其物理性质。②酶与杂质的主要性质差异。③酶的使用目的和要求。④技术实施的难易程度。⑤分离成本的高低。⑥是否会造成环境污染等。

2. 生物合成(转化)法

生物合成(转化)法,也称生物转化法,它是利用微生物细胞、植物细胞或动物细胞的生命活动而获得人们所需酶的技术过程。自从 1949 年细菌淀粉酶发酵成功以来,生物合成法就成为酶的主要生产方法。生物合成法生产酶首先要经过筛选、诱变、细胞融合、基因重组等方法获得优良的产物工程菌。然后在生物反应器中进行细胞培养,通过细胞反应条件优化,再经过分离纯化得到人们所需的酶。

生物合成法具有生产周期短、酶的产率高、不受生物资源、气候条件等影响的特点,但是它对发酵设备和工艺条件的要求较高。

3. 化学合成法

由于酶的化学合成要求单体达到很高的纯度,化学合成的成本高,而且只能合成那些已经弄清楚其化学结构的酶,这就使化学合成法受到限制,难以工业化生产。然而利用化学合成法进行酶的人工模拟和化学修饰,对认识和阐明生物体的行为和规律,设计和合成具有酶的催化特点又克服酶的弱点的高效非酶催化剂等方面却成为人们关注的课题,具有重要的理论意义和应用前景。

模拟酶是在分子水平上模拟酶活性中心的结构特征和催化作用机制,设计并合成的仿酶体系。现在研究较多的小分子仿酶体系有环状模型、冠醚模型、卟啉模型、环芳烃模型等大环化合物模型。例如,利用环状糊精模型,已经获得了酯酶、转氨酶、氧化还原酶、核糖核酸酶等多种酶的模拟酶,取得可喜进展。大分子仿酶体系有分子印迹酶模型和胶束酶模型等。例如,利用印迹酶模型已经得到合成二肽合成酶、酯酶、过氧化物酶、氟水解酶等多种酶的模拟酶。随着科学的发展和技术的进步,酶的生产技术将进一步发展和完善。人们将可以根据需要生产得到更多更好的酶,以满足世界科技和经济发展的要求。

(二)酶生产的工艺过程

以动、植物为材料生产酶的工艺过程主要包括:选取符合要求的动、植物材料→生物材料的预处理→提取→纯化。

1. 原料选择应注意的问题

生物材料中虽普遍含有酶,但在数量和种类上不同材料却有很大的差别,组织中酶的总量虽然不少,但各种酶的含量却非常少。从已有的资料看,个别酶的含量在0.0001%~1%(质量分数,余同)。因此在提取酶时应根据各种酶的分布特点和存在特性选择适宜的生物材料,如表5-2所示。

表5-2　某些酶在组织中的含量　单位:%

酶	来源	含量	酶	来源	含量
胰蛋白酶	牛胰脏	0.55	细胞色素C	肝脏	0.015
3-磷酸甘油醛脱氢酶	兔骨骼肌	0.40	柠檬酸酶	猪心肌	0.07
过氧化氢酶	辣根	0.02	脱氧核糖核酸酶	胰脏	0.0005

(1)了解目的酶在生物材料中的分布特点,选择适宜的生物材料　如乙酰氧化酶在鸽子肝脏中含量高,提取此酶时宜选用鸽子肝脏为原料;提取溶菌酶选用鸡蛋清;提取凝血酶选用牛血液;提取透明质酸酶选用羊睾丸;提取超氧化物歧化酶选用血液和肝脏等。用微生物生产酶时,需根据酶活力测定,来决定提取酶时间。

(2)考虑生物在不同发育阶段及营养状况时酶含量的差别及杂质干扰的情况,如从鸽子肝脏中提取乙酰氧化酶时,在饥饿状态下取材,可排除杂质肝糖原对提取过程的影响;凝乳酶只能用哺乳期的小牛胃作为材料。

(3)用动物组织作为原料,应在动物组织宰杀后立即取材。

(4)考虑生化制备的综合成本,选材时应注意原料来源应丰富,能综合利用一种资源获得多种产品,还应考虑纯化条件的经济性。

2. 生物材料的预处理

生物材料中酶多存在于组织或细胞中,因此提取前需将组织或细胞破碎,以便酶从其中释放出来,利于提取。由于酶活性与其空间构象有关,所以预处理时一般应避免剧烈条件,但如果是结合酶,则必须进行剧烈处理,以利于酶的释放。生物材料的预处理方法有以下几种。

(1)机械处理　用绞肉机将事先切成小块的组织绞碎。当绞成组织糜后,许多酶都能从颗粒较粗的组织糜中提取出来,但组织糜颗粒不能太粗,这就要选择好绞肉机板孔径,若使用不当,会对产率有很大的影响。通常可先用粗孔径的机板绞,有时甚至要反复多绞几次。如是速冻的组织也可在冰冻状态下直接切块绞碎。采用绞肉机,一般并不能破碎细胞,而有的酶必须在细胞破碎后才能有效地提取,对此则需采用特殊的匀浆工艺。实验室常用的是玻璃匀浆器和组织捣碎器，工业上可用高压匀浆机。对于用机械处理仍不能有效提取的酶，可用下述方法处理。

(2)反复冻融处理　将材料冷冻到-10℃左右，再缓慢溶解至室温，如此反复多次。由于细胞中冰晶的形成及剩余液体中盐浓度的增高，可使细胞中颗粒及整个细胞破碎，从而使酶释放出来。

(3)制备丙酮粉　组织经丙酮迅速脱水干燥制成组织粉，不仅可减少酶的变性，同时因细胞结构的破坏使蛋白质与脂质结合的某些化学键打开，促使某些结合酶释放到溶液中，如鸽子肝脏中乙酰氧化酶就是用此法处理。常用的方法是将组织糜或匀浆悬浮于 0. 01mol/L(pH6. 5)磷酸缓冲液中，再在 0℃下将其一边搅拌，一边慢慢倒入 10 倍体积的-15℃无水丙酮内，10min 后，离心过滤取其沉淀物，反复用冷丙酮洗几次，真空干燥即得丙酮粉。丙酮粉在低温下可保存数年。

(4)微生物细胞的预处理　若是胞外酶，则除去菌体后就可直接从发酵液中提取；若是胞内酶，则需将菌体细胞破壁后再进行提取。通常用离心或压滤法取得菌体，用生理盐水洗涤除去培养基后，冷冻保存。

3. 酶的提取

酶的提取方法主要有水溶液法、有机溶剂法和表面活性剂法 3 种。

(1)水溶液法　常用稀盐溶液或缓冲液提取。经过预处理的原料，包括组织糜、匀浆、细胞颗粒以及丙酮组织粉等，都可用水溶液抽提。为了防止提取过程中酶活力降低，一般在低温下操作；但对温度耐受性较高的酶(如超氧化物歧化酶)，却应提高温度，以使杂蛋白变性，利于酶的提取和纯化。

水溶液的 pH 选择对提取液也很重要，应考虑的因素有：酶的稳定性、酶的溶解度、酶与其他物质结合的性质。选择 pH 的总原则是：在酶稳定的 pH 范围内，选择偏离等电点的适当 pH。

应注意的是，许多酶在蒸馏水中不溶解，而在低盐浓度下易溶解，所以提取时加入少量盐可提高酶的溶解度。盐浓度一般以等渗为好，相当于 0. 15mol/L NaCl 的离子强度最适宜于酶的提取。

(2)有机溶剂法　某些结合酶，如微粒体和线粒体膜的酶，由于和脂质牢固结合，用水溶液很难提取，为此必须除去结合的脂质，且不能使酶变性，最常用的有机溶剂是丁醇。

丁醇具有下述性能：亲脂性强，特别是亲磷脂的能力较强；兼具亲水性，0℃时在水中的溶解度为 105g/L；在脂与水分子间能起到表面活性剂的桥梁作用。

用丁醇提取的方法有两种：一种是均相法：用丁醇提取组织的匀浆然后离心，取下层，但许多酶在与脂质分离后极不稳定，需加注意。另一种是二相法：在每克组织或菌体的干粉中加 5mL 丁醇，搅拌 20min，离心，取沉淀(注意：均相法是取液相，二相法是取沉淀)，接着用丙酮洗去沉淀物上的丁醇，再在真空中除去溶剂，所得干粉可进一步用水提取。

(3)表面活性剂法　表面活性剂分子具有亲水或疏水性的基团。表面活性剂能与酶结合使之分散在溶液中,故可用于提取结合酶,但此法用得较少。

4. 酶的纯化

酶的纯化是一个复杂的过程,不同的酶,因性质不同,其纯化工艺有很大不同。评价一个纯化工艺的好坏,主要看两个指标:一是酶比活,二是总活力回收率。设计纯化工艺时应综合考虑上述两项指标。目前,国内外纯化酶的方法很多,如盐析法、有机溶剂沉淀法、选择性变性法、柱层析法、电泳法和超滤法等,类同于蛋白质的纯化方法。在此重点讨论酶在纯化过程中可能遇到的技术难点。

(1)杂质的去除　酶提取液中,除所需酶外,还含有大量的杂蛋白、多糖、脂类和核酸等,为了进一步纯化,可用下列方法除去。

①调 pH 和加热沉淀法:利用蛋白质在酸碱条件下的变性性质,可以通过调节 pH 除去某些杂蛋白;也可利用不同蛋白质对热稳定的差异,将酶液加热到一定温度,使杂蛋白变性而沉淀。超氧化物歧化酶就是利用这个特点,在 65℃ 加热 10min,除去大量的杂蛋白。

②蛋白质表面变性法:利用蛋白质表面变性性质的差别,也可除去杂蛋白。例如制备过氧化氢酶时,加入氯仿和乙醇进行震荡,可以除去杂蛋白。

③选择性变性法:利用蛋白质稳定性的不同,除去杂蛋白。如对胰蛋白酶、细胞色素 C 等少数特别稳定的酶,甚至可用 20~50g/L 三氯乙酸处理,这时其他杂蛋白都变性而沉淀,而胰蛋白酶和细胞色素 C 仍留在溶液中。

④降解或沉淀核酸法:在用微生物制备酶时,常含有较多的核酸,为此,可用核酸酶将核酸降解成核苷酸,使黏度下降便于离心分离。也可采用一些核酸沉淀剂,如三甲基十六烷基溴化铵、硫酸链霉素、聚乙烯亚胺、鱼精蛋白和二氯化锰等。

⑤利用结合底物保护法除去杂蛋白:近来发现,酶与底物结合或与竞争性抑制剂结合后,稳定性大大提高,这样就可用加热法除去杂蛋白。

(2)脱盐　酶的提纯以及酶的性质研究中,常常需要脱盐,最常用的脱盐方法是透析和凝胶过滤。

①透析:最广泛使用的是玻璃纸袋,由于它有固定的尺寸、稳定的孔径,故已有商品出售。由于透析主要是扩散过程,如果袋内外的盐浓度相等,扩散就会停止,因此需经常更换溶剂。如在冷处透析,则溶剂也要预先冷却,避免样品变性。透析时的盐是否去净,可用化学试剂或电导仪进行检查。

②凝胶过滤:这是目前最常用的方法,不仅可除去小分子的盐,而且也可除去其他相对分子质量较小的物质。用于脱盐的凝胶主要有 Sephadex G-10、Sephadex G-15、Sephadex G-25 以及 Bio-Gel P-2、Bio-Gel P-4、Bio-Gel P-6 和 Bio-Gel P-10。

(3)浓缩　酶的浓缩方法很多,有冷冻干燥、离子交换、超滤、凝胶吸水等。

①冷冻干燥:此法是最有效的方法,它可将酶液制成干粉。采用这种方法既能

使酶浓缩,酶又不易变性,便于长期保存。需要干燥的样品最好是水溶液,如溶液中混有有机溶剂,就会降低水的冰点,在冷冻干燥时样品会熔化起泡而导致酶活性部分丧失。另外,低沸点的有机溶剂(如乙醇,丙酮)在低温时仍有较高的蒸气压,逸出蒸气冷凝在真空轴里,会使真空轴失效。

②离子交换:此法常用的交换剂有 DEAE-SephadxA50 等。当需要浓缩的酶液通过交换柱时,几乎全部的酶蛋白会被吸收,然后用改变洗脱液 pH 或离子强度等方式洗脱,即可以达到浓缩的目的。

③超滤:超滤的优点在于操作简单,快速且温和,操作中不产生相的变化。影响超滤的因素很多,如膜的渗透性,溶质形状、大小及其扩散性、压力、溶质浓度、离子环境和温度等。

④凝胶吸水:由于 Sephadex Bio-Gel 都具有吸水及吸收相对分子质量较小的化合物的性能,因此用这些凝胶干燥粉末和需要浓缩的酶液混在一起后,干燥粉末就会吸收溶剂,再用离心或过滤方法除去凝胶,酶液就得到浓缩。这些凝胶的吸水量,每克 1~3. 7mL。在实验室为了浓缩小体积的酶液,可将样品装入透析袋内,然后用风扇吹透析袋,使水分逐渐挥发而使酶液浓缩。

(4)酶的结晶　把酶提纯到一定纯度以后(通常纯度应达 50%以上),可进行结晶,伴随着结晶的形成,酶的纯度经常有一定程度的提高。从这个意义上讲,结晶既是提纯的结果,又是提纯的手段,酶结晶的明显特征在于有顺序,蛋白质分子在结晶中均是对称型排列,并具有周期性的重复结构。形成结晶的条件是设法降低酶分子的自由能,从而建立起一个有利于结晶形成的平衡状态。

①酶的结晶方法:酶的结晶方法主要是缓慢地改变酶蛋白的溶解度,使其略处于过饱和状态。常用的改变酶溶解度的方法有以下几种。

a. 盐析法:即在适当的 pH、温度等条件下,保持酶的稳定,慢慢改变盐浓度进行结晶。结晶时采用的盐有硫酸铵、柠檬酸钠、乙酸铵、硫酸镁和甲酸钠等。利用硫酸铵结晶时一般是将盐加入一个比较浓的酶溶液中,并使溶液微呈浑浊为止,然后放置并且非常缓慢地增加盐浓度。操作要在低温下进行,缓冲液 pH 要接近酶的等电点。我国利用此法已得到羊胰蛋白酶原,羊胰蛋白酶和猪胰蛋白酶的结晶。

b. 有机溶剂法:酶液中滴加有机溶剂,有时也能使酶形成结晶。这种方法的优点是结晶悬液中含盐少。结晶中的有机溶剂有乙醇、丙醇、丁醇、乙腈、异丙醇、二甲基亚砜和二氧杂环乙烷等。与盐析法相比,用有机溶剂法易引起酶失活。一般在含少量无机盐的情况下,选择使酶稳定的 pH,缓慢滴加有机溶剂,并不断搅拌,当酶液微呈浑浊时,在冰箱中放置 1~2h。然后离心去掉无定形物,取上清液在冰箱中放置使其结晶。加有机溶剂时,应注意不能使酶液中所含的盐析出,而用氯化物或已酸盐。用这种方法已获得不少酶结晶,如天冬酰胺酶。

c. 复合结晶法:也可以利用有些酶和有机化合物或金属离子形成复合物或盐的性质来结晶。

d. 透析平衡法：利用透析平衡进行结晶也是常用方法之一。它既可进行大量样品的结晶，又可进行微量样品的结晶。大量样品的透析平衡结晶是将样品装在透析袋中，对一定的盐溶液或有机溶剂进行透析平衡，这时酶液可缓慢地达到饱和而析出晶体。这个方法的优点是透析膜内外的浓度差减少时，平衡的速度也变慢。利用这种方法可获得过氧化氢酶、已糖激酶和羊胰蛋白酶等结晶。

e. 等电点法：一定条件下，酶的溶解度明显受 pH 影响。这是由于酶所具有的两性离子性质决定的。一般说，在等电点附近酶的溶解度很小，这一特征为酶的结晶条件提供了理论依据。例如在透析平衡时，可改变透析外液的氢离子浓度，从而到达结晶的 pH。

②结晶条件的选择：在进行酶的结晶时，要选择一定条件与相应的结晶方法配合。这不仅为了能够得到结晶，也是为了保证不引起酶活性丧失。影响酶活性因素很多，如下所示。

a. 酶液的纯度：酶只有到相当纯度后才能进行结晶。总的来说酶的纯度越高，结晶越容易，生成大的单晶的可能性越大。杂质的存在是影响单晶长大的主要障碍，甚至也会影响微晶的形成。在早期的酶结晶研究工作中，大都是由天然酶混合物直接结晶的，例如由鸡蛋清中可获得溶菌酶结晶，在这种情况下，结晶对酶有明显的纯化作用。

b. 酶的浓度：结晶母液应保持尽可能高的浓度。酶的浓度越高越有利于溶液中溶质分子间的相互碰撞聚合，形成结晶的机会越大，对大多数酶来说，浓度为 5~10mg/mL 为好。

c. 温度：结晶的温度通常在 4℃下或室温 25℃下，低温条件下酶不仅溶解度低，而且不易变性。

d. 时间：结晶形成的时间长短不一，从数小时到几个月都有，有的甚至需要 1 年或更长时间。一般来说，较大而性能好的结晶是在生长慢的情况下得到的。一般希望使微晶的形成快些，然后慢慢地改变结晶条件，使微晶慢慢长大。

e. pH：除沉淀剂的浓度外，在结晶条件方面最重要的因素是 pH。有时 pH 只差 0.2 就只得到沉淀而不能形成微晶体或单晶。调整 pH 可使晶体长到最适大小，也可以改变晶体。结晶溶液 pH 一般选择在被结晶酶的等电点附近。

f. 金属离子：许多金属离子能引起或有助于酶的结晶，例如羧肽酶、超氧化物歧化酶、碳酸酐酶，在二价金属离子存在下，有促进晶体长大的作用。在酶的结晶过程中常用的金属离子有 Ca^{2+}，Co^{2+}，Cu^{2+}，Mg^{2+}，Mn^{2+}，Ni^{2+}等。

g. 晶种：不易结晶的蛋白质和酶，有的需加入微量的晶种才能结晶，例如，在胰凝乳蛋白酶结晶母液中加入微量胰凝乳蛋白酶结晶可导致大量晶体的形成。要生长大的晶体时，也可引入晶种。加晶种以前，酶液要调到适于结晶的条件，然后加入晶种，在显微镜下观察，如果晶种开始溶解，就要追加更多的沉淀直到晶种不溶解为止。当达到晶种不溶解并有无定形物形成时，将此溶液静置，使晶体慢慢长大。超氧化物歧化酶就是用此法制备大单晶的。

(5)酶分离和纯化中应注意的问题

提纯过程中,酶纯度越高,稳定性越差,因此在酶分离和纯化时尤其要注意以下几点。

①防止酶蛋白变性:为防止酶蛋白变性,保持其生物活性,应避免高温,避免pH过高或过低,一般要在低温(4℃左右)和中性pH下操作。为防止酶蛋白的表面变性,不可激烈搅拌,避免产生泡沫。应避免酶与重金属或其他蛋白变性剂接触。如要用有机溶剂处理,操作必须在低温下短时间内进行。

②防止辅助因子流失:有些酶除酶蛋白外,还含有辅酶、辅基和金属等辅助因子。在进行超滤、透析等操作时,要防止这些辅助因子的流失,影响总产品的活性。

③防止酶被蛋白水解酶降解:在提取液尤其是微生物培养液中,除目的酶外,还常常存在一些蛋白水解酶,要及时采取有效措施将它们除去。如果操作时间长还要防止杂菌污染酶液,造成目的酶的失活。

从动、植物中提取酶受到原料的限制,随着酶应用的日益广泛和需求量的增加,酶的工业生产的重点已逐渐转向微生物发酵法生产。

四、酶工程技术在制药工业上的应用

酶在制药工业中的作用主要是催化前体物质转化为药物,另外固定化酶膜或者酶管也广泛应用于制药过程的参数检测与测量,特别是生物制药过程。下面以几个典型的应用为例进行叙述。

(一)青霉素酰化酶在新型抗生素生产中的应用

青霉素酰化酶能以青霉素或头孢霉素为原料,可以分别在青霉素的6位碳原子或者头孢霉素的7位碳原子催化酰胺键的形成与断裂。典型的应用顺序为首先催化青霉素或头孢霉素酰胺键的断裂,获得半合成抗生素的直接底物6-氨基青霉烷酸(6-APA)或7-氨基头孢霉烷酸(7-ACA),然后在其他酰基供体存在的条件下催化形成新的酰胺键,从而获得具有全新侧链的新型抗生素。

天然发酵生成的青霉素有两种:一种为青霉素G,另一种为青霉素V。通过青霉素酰化酶催化进行酰基置换反应,用新的酰基供体置换苯乙酰基,则可以获得许多新型的半合成青霉素。比如用α-氨基苯乙酰置换原来的苯乙酰基,可以获得氨苄西林。羟氨苄西林、羧苄西林和磺氨苄西林等也都是采用酶催化半合成的方法通过青霉素的酰基置换反应获得的。

天然发酵生成的头孢霉素是头孢霉素C,头孢霉素C在青霉素酰化酶催化下,首先水解生成7-ACA,再与侧链羧酸衍生物反应形成各种新型头孢霉素。例如:头孢利定、头孢噻吩、头孢氨苄等。

虽然青霉素酰化酶既可以催化酰胺键的形成,也可以催化其水解,具有催化正逆两个反应的能力,但催化水解反应和催化合成反应时所要求的条件存在较大差异,特别是最优催化 pH 相差较大。常用的催化水解反应的 pH 为 7.0~8.0,而催化合成反应的 pH 应降低到 5.0~7.0。因此应采用两个连续但独立的反应器顺序进行水解和合成反应。

(二)酶应用于生物大分子

由于中草药多来源于植物,即药源植物,但只有这些植物中的一些特定小分子成分,才是其中的药效成分。中草药制剂提取就是将这些有效成分从植物整体或者器官中提取出来,并结合辅料,制备成适合保存、运输和服用的药物。这个过程的第一步就是中草药药材的粉碎提取,由于植物中纤维素的存在,使得药材的粉碎难度加大。一个可行的方案是采用纤维素酶降解纤维素,形成可溶性单糖,从而提高其溶解度并降低黏度。但由于纤维素酶价格较高,目前该应用还只限于实验室研究阶段。

另外利用纤维素酶降解农作物秸秆中的纤维素形成可被微生物利用的可溶性单糖,可以使得生物质能系统中的微生物利用原来难以利用的纤维素作为碳源进行发酵,从而提高产能效率。

(三)固定化酶在生物传感方面的应用

生物传感器是用生物活性材料(酶、蛋白质、DNA、抗体、抗原、生物膜等)与物理化学换能器有机结合的一门交叉学科,是发展生物技术必不可少的一种先进的检测方法与监控方法,也是一种分子水平的快速、微量的分析方法。在 21 世纪知识经济发展过程中,生物传感器技术必将是信息和生物技术结合的新增长点,在国民经济中的临床诊断、工业控制、食品和药物分析(包括生物药物研究开发)、环境保护以及生物技术、生物芯片等研究中有着广泛的应用前景。其原理为:待测物质经扩散作用进入生物活性材料,经分子识别,发生生物学反应,产生的信息继而被相应的物理或化学换能器转变成可定量和可处理的电信号,再经两次仪表放大并输出,便可知道待测物浓度。

生物传感器具有以下共同的结构:包括一种或数种相关生物活性材料(生物膜)及能把生物活性表达的信号转换为电信号的物理或化学换能器(传感器),两者组合在一起,用现代微电子和自动化仪表技术进行生物信号的再加工,构成各种可以使用的生物传感器分析装置、仪器和系统,其中固定化酶膜是采用最多的生物膜。

生物传感器采用固定化生物活性物质作为催化剂,价值昂贵的试剂可以重复多次使用,克服了过去酶法分析试剂费用高和化学分析烦琐复杂的缺点。另外,生物传感器还具有其他特点:①专一性强,只对特定的底物起反应,而且不受颜色、浊度的影响。②分析速度快,可以在 1min 内得到结果。③准确度高,一般相对误差可以低至 1%。④操作系统比较简单,容易实现自动分析。⑤成本低,在连续使用时,每例测定仅需要几分钱人民币。⑥有的生物传感器能够可靠地指示微生物培养系统内的供氧状况和副产物的产生。在生产控制中能得到许多复杂的物理化学传感器综合作用才能获得的信息,同时它们还指明了增加产物得率的方向。生物传感器已广泛应用于体育、工业发酵等行业。

目前重组蛋白质药物、抗体、疫苗等生物药物都来源于发酵过程,而发酵过程的监控是实现发酵过程最优化的前提。目前应用最成功的生物传感器是利用固定化酶催化原理实现信号转换,从而实现发酵过程参数的测量。

应用最早的葡萄糖传感器就是采用固定化葡萄糖氧化酶的生物膜作为活性材料,在有氧气存在的情况下,当样品中的葡萄糖组分接触到固定在膜上的葡萄糖氧化酶时,就被转化为过氧化氢和葡萄糖酸。产生的过氧化氢可以通过电化学的方法通过氧电极进行准确测量。由于葡萄糖的浓度和经酶催化产生的过氧化氢浓度之间存在线性关系,所以可以通过氧电极作为换能器将过氧化氢浓度转化为电信号,从而通过电信号的强弱来表示样品中葡萄糖的浓度。具体操作是首先利用标准葡萄糖溶液建立校正曲线,由于该设备线性程度非常好,只需要采用两个标准葡萄糖溶液即可。

利用相同的原理,采用其他氧化酶替代葡萄糖氧化酶,可以用于乳酸、谷氨酸、乙醇、次黄嘌呤、肌苷、尿素和胆碱等的测量。

但由于固定化酶膜热稳定性差等原因,生物传感器难以制作成溶解氧电极的形式对发酵过程中的参数进行实时监测。比如高温灭菌会严重破坏生物传感器生物活性物质,如酶的活性;发酵时 pH、温度等条件与生物传感器上酶测定条件不符造成的测量偏差;发酵液的底物浓度往往超出传感器线性范围;膜长期与底物接触活性下降,使电极寿命缩短等。因此,在生化反应体系中实现在线检测生物、化学量的分析系统尚未见报道,但可以通过接口将发酵液从发酵罐中自动取出,并进行过滤、稀释等预处理后,送入自动生物传感测量装置实现发酵过程的自动在线检测。

知识拓展

酶工程制药技术的前景

酶工程作为生物工程的重要组成部分,其作用之重要,研究成果之显著已为世人所公认。充分发挥酶的催化功能,扩大酶的应用范围,提高酶的应用效率是酶工程应用研究的主要目标。21 世纪酶工程的发展主题是:新酶的研究与开发、酶的优化生产和酶的高效应用。除采用常用技术外,还要借助基因学和蛋白质组学的最新知识,借助 DNA 重排和细胞、噬菌体表面展示技术进行新酶的研究与开发,目前最令人瞩目的新酶有核酸类酶、抗体酶和端粒酶等。要采用固定化、分子修饰和非水相催化等技术实现酶的高效应用，将固定化技术广泛应用于生物芯片、生物传感器、生物反应器、临床诊断、药物设计、亲和层析以及蛋白质结构和功能的研究，使酶技术在制药领域发挥更大的作用。

技能拓展十一

6-氨基青霉烷酸的生产

青霉素G(或青霉素V)经青霉素酰化酶作用，水解除去侧链后的产物称为6-氨基青霉烷酸(6-APA)，也称无侧链青霉素(图5-1)。6-APA是生产半合成青霉素的最基本原料。目前为止，以6-APA为原料已合成近3万种衍生物，并已筛选出数十种耐酸、低毒及具有广谱抗菌作用的半合成青霉素。

一、生产工艺路线

6-氨基青霉烷酸生产工艺路线见图5-1。

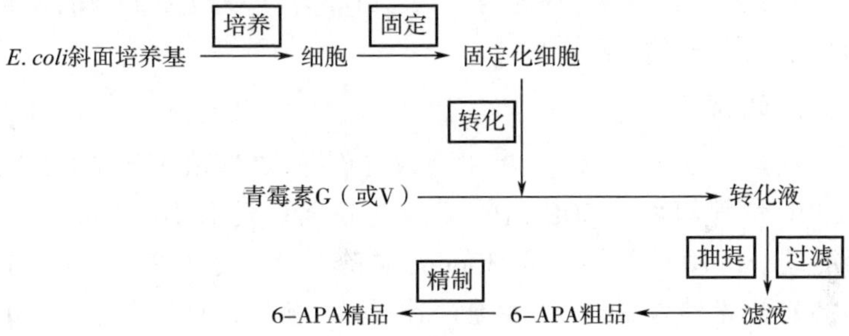

图5-1　6-氨基青霉烷酸生产工艺流程

二、主要生产工艺过程及控制要点

1. 大肠杆菌的培养

斜面培养基为普通肉汁琼脂培养基，发酵培养基的成分为蛋白胨20g/L、NaCl 5g/L、苯乙酸2g/L(以上均为终浓度，余同)、自来水。培养基用2mol/L NaOH溶液调pH至7.0，在55.16kPa压力下灭菌30min后备用。在250mL三角烧瓶中加入发酵培养液30mL，将斜面接种后培养18~30h的*E. coli* D816(产青霉素酰化酶)用15mL无菌水制成菌细胞悬液，取1mL悬浮液接种至装有30mL发酵培养基的三角烧瓶中，在摇床上28℃，170r/min振荡培养15h，如此依次扩大培养，直至1000~2000L规模后通气搅拌培养。培养结束后用高速管式离心机离心收集菌体，备用。

2. *E. coli* D816 固定化

取 *E. coli* D816 湿菌体 1000kg，置于 40℃ 反应罐中，在搅拌下加入 50L 100g/L 明胶溶液，搅拌均匀后加入 250g/L 戊二醛 5L，再转移至搪瓷盘中，使之成为 3~5cm 厚的液层，室温放置 2h，再转移至 4℃ 冷库过夜，待形成固体凝胶块后，通过粉碎和过筛，使其成为直径为 2mm 左右的颗粒状固定化 *E. coli* D816 细胞凝胶，用蒸馏水及 0.3mol/L（pH7.5）的磷酸缓冲液先后充分洗涤，抽干，备用。

3. 固定化 *E. coli* 反应堆制备

将上述充分洗涤后的固定化 *E. coli* D816 细胞（产青霉素酰化酶）装填于带有保温夹套的填充床反应器中，即成为固定化 *E. coli* 反应堆，反应器规格为 Φ(70×160)cm。

4. 转化反应

取 2kg 青霉素 G（或青霉素 V）钾盐，加入 1000L 配料罐中，用 0.03mol/L（pH7.5）的磷酸缓冲液溶解并使青霉素钾盐浓度为 30g/L，用 2mol/L NaOH 溶液调 pH 至 7.5~7.8，然后将反应器及 pH 调节罐中反应液温度升到 40℃，维持反应体系的 pH 在 7.5~7.8，以 70L/min 流速将青霉素钾盐溶液通过固定化 *E. coli* 反应堆进行循环转化，直至转化液 pH 不变为止，循环时间一般为 3~4h，反应结束后，放出转化液，再进入下一批反应。

5. 6-APA 的提取

上述转化液经过滤澄清后，滤液用薄膜浓缩器减压浓缩至 100L 左右；冷却至室温后，于 250L 搅拌罐中加 50L 乙酸丁酯充分搅拌提取 10~15min，取下层水相，加 10g/L 活性炭，于 70℃ 搅拌脱色 30min，滤除活性炭；滤液用 6mol/L HCl 调 pH 至 4.0 左右，5℃ 放置结晶过滤，用少量冷水洗涤，抽干，115℃ 烘干 2~3h，得成品 6-APA。按青霉素 G 计，收率一般为 70%~80%。

6. 计算 6-氨基青霉烷酸的收率

$$\text{收率}/\% = \frac{m_{\text{测得}}}{m_{\text{理论}}} \times 100\%$$

项目检测

一、名词解释

1. 酶　2. 酶的发酵生产　3. 固定化酶　4. 酶分子化学修饰

二、填空题

1. 酶提纯过程中，酶纯度越高，稳定性越差，因此在酶分离和纯化时尤其要注意（　　）（　　）和（　　）三种情况。

2. 酶的生产是各种生物技术优化与组合的过程，它可分为（　　）（　　）和（　　）三种。

3. 以动、植物为材料的酶生产的工艺过程主要包括（　　）（　　）（　　）和（　　）等过程。

4. 根据酶所催化的反应性质的不同，将酶分成（　　）（　　）（　　）（　　）（　　）和（　　）六大类。

5. 工业生产中酶的浓缩方法有（　　）（　　）（　　）（　　）（　　）等。

6. 根据固定化酶的反应系统，其活力的测定可以分为（　　）和（　　）两种。

7. 酶的提取方法主要有（　　）（　　）和（　　）三种。

三、简答题

1. 酶工程主要有哪些研究内容？

2. 酶有哪些主要来源？优良的产酶微生物应具备哪些条件？

3. 与天然酶相比，固定化酶优缺点有哪些？

项目六　基因工程制药技术

项目六　基因工程
制药技术

项目目标

●**知识目标**

1. 了解基因工程制药技术的基础知识。

2. 熟悉基因工程制药生产的基本技术和方法。

3. 掌握典型重组人胰岛素生产的工艺流程,生产技术及其操作要点,相关参数的控制。

●**技能目标**

1. 学会基因工程制药生产的操作技术、方法和基本操作技能。

2. 能够操作典型重组胰岛素制备工艺。

3. 能熟练进行典型基因工程制药生产相关参数的控制,并绘制生产的工艺路线图。

●**职业素质目标**

1. 具有吃苦耐劳、独立思考、团结协作、勇于创新的精神和诚实守信的优良品质,树立“安全第一、质量首位、成本最低、效益最高”的意识,并贯彻到基因工程制药生产的各个环节。

2. 培养学生良好的职业道德。

基因是生物体传递和表达遗传信息的基本单位,目前认为它是合成有功能的蛋白质或 RNA 所必需的全部核苷酸序列。基因工程制药是利用重组 DNA 技术,结合发酵工程、细胞工程、酶工程等现代生物技术研制预防、诊断和治疗人类、动物重大疾病的蛋白质药物、核酸药物以及生物制品的一门技术。基因工程制药是重组 DNA 技术的产业化设计与应用,包括上游技术和下游技术两大组成部分。上游技术指的是基因重组、克隆和表达的设计与构建(即重组 DNA 技术);而下游技术则涉及基因工程菌或细胞的大规模培养以及基因药物的分离纯化过程。

20 世纪 50 年代,沃森和克里克提出了 DNA 双螺旋结构理论,为基因工程制药奠定了理论基础。1972 年,斯坦福大学 PaulBerg 博士创造了第一个重组 DNA,掀开了现代生物技术的新纪元。加利福尼亚大学 Herbert Boyer 教授与美国(Eli Lilly)公司一起研制出人重组胰岛素,并于 1982 年正式推向市场,开创了基因工程制药的历史,开启了现代生物医药的商品化时代。此后,基因工程制药得到了迅速发展。随着分子生物学的不断进步,如 PCR/RT-PCR 技术、基因芯片技术、荧光定量 PCR 技术、RNA 干扰技术的问世,特别是人类基因组计划的完成,使基因工程制药有了更加快速蓬勃的发展。

一、基因工程制药原理

利用基因工程技术生产药物的过程大体可以分为 5 个步骤:①制药基因的获得。②制药基因与载体连接成为重组 DNA。③重组 DNA 分子导入宿主细胞(微生物、哺乳动物细胞或人体组织靶细胞)进行扩增。④阳性重组子的筛选和鉴定。⑤重组子的表达以及蛋白质的纯化。实现以上过程需要的条件包括:用于核酸操作的工具酶、用于基因克隆的载体以及用于基因转移的受体菌或细胞。

(一)制药基因的获得

制药基因的获得一般可分为直接获取法和化学合成法两大类,如图 6-1 所示。

- 获取制药基因的方法
  - 直接获取法
    - 直接分离法
    - 互补DNA(cDNA)法
    - 基因库筛选法
  - 化学合成法
    - 固相亚磷酸酰胺法
    - 聚合酶链反应法(PCR)

图 6-1　获取制药基因的方法分类

目前认为 cDNA 法主要用于真核微生物及动、植物细胞中特定基因的克隆;基因库筛选法是取得任何目的基因最好和最有效的方法。原核生物基因组相对于真核生物基因组来说结构简单、数量较少,所以常采用直接分离法获得。化学合成法主要用于那些结构简单、核苷酸顺序清楚的基因的克隆。真核生物基因组庞大、结构复杂,分离时还要尽量排除内含子,常采用 cDNA 文库克隆制药基因和应用 RT-PCR 法获得,该方法不仅操作简单,还能最大限度地排除内含子的干扰。

1. 直接分离法

直接分离法又称“鸟枪法”或“散弹射击法”,类似用猎枪发射的散弹打鸟,无论哪一颗弹粒击中目标,都能把鸟打下来。鸟枪法的具体做法是:用限制性内切酶将供体细胞中的 DNA 切成许多片段,将这些片段分别载入运载体,然后通过运载体分别转入不同的受体细胞,让供体细胞所提供的外源 DNA 的所有片段分别在受体细胞中大量复制,从中找出含有目的基因的细胞,再用一定的方法把带有目的基因的 DNA 片段分离出来。如许多抗虫、抗病毒的基因都可以用上述方法获得。用“鸟枪法”获取目的基因的优点是操作简便,缺点是工作量大,具有一定的盲目性。

2. cDNA 法

cDNA 法即逆转录法。cDNA 文库是指汇集以某生物成熟 mRNA 为模板逆转录而成的 cDNA 序列的重组 DNA 群体。虽然可用基因组文库法来获取真核生物的目的基因,但是由于高等真核生物基因组 DNA 文库比其 cDNA 文库大得多,相关工作量同样大得多。更为重要的是,在真核生物基因组中含有大量的间隔序列或内含子,但在大肠杆菌等原核生物中没有类似序列的存在,所以大肠杆菌不能从真核生物基因的初级转录本中去除间隔序列,即不能表达真核生物 DNA。而在真核生物成熟 mRNA 中已不存在间隔序列(已在拼接过程中被去除),所以可以以真核生物成熟 mRNA 为模板,逆转录而成的 cDNA 可被大肠杆菌表达。因此,在基因工程中,cDNA 法是从真核生物细胞中分离目的基因的常用方法。

3. 基因库筛选法

基因库筛选法就是使用限制性内切酶从现成的基因储存受体菌中提取目的 DNA,利用 λ 噬菌体载体构建基因组文库的一般操作程序:①选用特定限制性内切酶,DNA 进行部分酶解,得到 DNA 限制性片段。②选用适当的限制性内切酶酶解 λ 噬菌体载体 DNA。③经适当处理,将基因组 DNA 限制性片段与 λ 噬菌体载体进行体外重组。④利用体外包装系统将重组体包装成完整的颗粒。⑤以重组噬菌体颗粒侵染大肠杆菌,形成大量噬菌斑,从而形成含有整个 DNA 的重组 DNA 群体,即文库。

4. 固相亚磷酸酰胺法

固相亚磷酸酰胺法主要是针对序列已知的基因,利用 DNA 自动合成仪,通过固相亚磷酸酰胺法合成,可以按照已知序列将核苷酸一个一个地连接上去成为核苷酸序列,一般适于分子较小而不易获得的基因。对于大的基因一般是先用化学合成法合成引物,再利用引物获得目的基因。

5. PCR 法

PCR 的原理是利用模板 DNA 变性、引物退火和引物延伸的多个循环来扩增 DNA 序列,这是一个指数增长的过程,上一轮的扩增产物作为下一轮扩增的模板,使其成为扩增、检测核酸的一种非常灵敏的技术。经过 20~30 个循环得到的扩增产物足够肉眼在溴化乙锭染色的凝胶上观察到。模板可以是纯化的基因组或质粒 DNA;由 mRNA 转化得到的 cDNA;或未经纯化的粗制生物样品,如细菌克隆或噬菌斑。PCR 法是 20 世纪 80 年代中期发展起来的一项技术,它具有特异、敏感、产率高、快速、简便、重复性好、易自动化等突出优点;能在一个试管内将所要研究的目的基因或某一 DNA 片段于数小时内扩增至十万乃至百万倍,使肉眼能直接观察和判断;可从一根毛发、一滴血,甚至一个细胞中扩增出足量的 DNA,供分析研究和检测鉴定。

6. RT-PCR 法

RT-PCR 法是一种把逆转录合成 cDNA 及 PCR 技术结合在一起的方法。RT-PCR 的模板可以为总 RNA 或 poly(A)+选择性 RNA。逆转录反应可以使用逆转录酶,以随机引物、Oligo(dT)或基因特异性的引物(GSP)起始。RT-PCR 可以一步法或两步法的形式进行。在一步法 RT-PCR 中,逆转录和 PCR 在同时为逆转录和 PCR 优化的条件下,在一只管中顺次进行。在两步法 RT-PCR 中,每一步都在最佳条件下进行。cDNA 的合成首先在逆转录缓冲液中进行,然后取出 1/10 的反应产物进行 PCR。这项技术还可以用来检测基因表达差异或不必构建 cDNA 文库克隆 cDNA。

(二)制药基因与载体分子的体外连接

制药基因必须进入宿主细胞中才能得到复制和表达,基因进入宿主细胞,则需要通过载体的运载作用才能实现。制药基因与载体的连接主要是利用 DNA 连接酶催化制药基因和载体形成磷酸二酯键来实现的。制药基因与载体连接之后形成重组 DNA 分子,又称为嵌合体分子,或重组体分子。制药基因与载体连接之前需要利用限制性内切核酸酶对载体 DNA 及制药基因进行适当处理,使其形成黏性末端或平齐末端。对于具有相应黏性末端的制药基因片段和载体,它们的黏性末端可以碱基互补配对而形成重组分子,然后应用 T4DNA 连接酶催化缺口处碱基间形成磷酸二酯键;对于具有平齐末端的 DNA 分子之间,既可以用 T4DNA 连接酶直接催化具有平齐末端的制药基因片段和载体分子之间的连接,也可以先用末端转移酶给制药基因和载体分别加上 poly(dA)-poly(dT)尾巴、衔接物或是接头,使 DNA 片段形成黏性末端,然后再用 DNA 连接酶催化制药基因与载体的连接。

载体通常是指具备自我复制能力的 DNA 分子,常用的载体系统有细菌质粒、黏性质粒、酵母菌质粒、λ 噬菌体、动物病毒等。作为基因克隆的载体必须具备以下特性:①载体必须是复制子。②具有合适的筛选标记,便于重组子的筛选。③具备多克隆位点,便于外源基因插入。④自身相对分子质量较小,拷贝数高。⑤在宿主细胞内稳定性高。

1. 质粒载体

质粒是独立于染色体以外的、能自主复制的、裸露的、双链环状(少数为线形和 RNA)DNA 分子。广泛存在于细菌细胞中,在霉菌、蓝藻、酵母和一些动、植物细胞中也发现了质粒。目前对细菌质粒的研究比较深入,常用质粒有质粒 pBR 322、pLIC 质粒载体。

(1)质粒 pBR 322　结构包括:DNA 复制起点、氨苄西林抗性基因、四环素抗性基因。优点有:氨苄西林抗性基因内部有 3 种限制酶单一识别位点;四环素抗性基因内部有 7 种限制酶单一识别位点;启动区内有两种限制酶单一识别位点;该质粒具有较小的相对分子质量;具有两种抗生素抗性基因,可作为转化子的选择记号;具有较高的拷贝数,而且经过氯霉素扩增之后,每个细胞中可累积 1000~3000 个拷贝;对多种常见的限制性内切核酸酶只含有一个能切割的位点。

(2)pUC 质粒载体　pUC 质粒载体是 1987 年 J. Messing 和 J. Vieria 采用 MCS 技术在 pBR 322 基础上构建的,其具有更小的相对分子质量和更高的拷贝数,其结构包括:来自 pBR 322 的 DNA 复制起点、氨苄西林的抗性基因、MCS 区段。和 pBR322 相比其优点有:具有更小的相对分子质量和更高的拷贝数,平均每个细胞即可达 500~700 个拷贝;适用于组织化学法检测重组体,便于筛选;MCS 区段为一段用于插入外源 DNA 片段的特定区域,由一系列紧密相连的限制性内切酶位点组成,而且每个限制性内切酶位点在整个载体中是唯一的,可以定向克隆防止载体自我连接。

2. 噬菌体载体

(1)λ 噬菌体载体　λ 噬菌体由蛋白质外壳和线状双链 DNA 分子组成,DNA 长度为 48502bp,在分子两端各有 12 个碱基的单链互补黏性末端。λ 噬菌体属于温和噬菌体,一般以溶原性生长进行增殖。当其注入寄主细胞中后,可以迅速通过这两个黏性末端的互补作用形成双链的环形 DNA 分子。插入型 λ 噬菌体载体仅有一个可供外源 DNA 插入的克隆位点,如 λ*gt*10、λ*gt*11;置换型 λ 噬菌体载体具有两个对应的酶切克隆位点,在两个位点之间的 λDNA 区段是 λ 噬菌体的非必需序列,可以被外源插入的 DNA 取代。

(2)M13 噬菌体　是单链闭合环状噬菌体,只能感染有性菌毛的雄细菌,外形成丝状,基因组 DNA 长约 6. 4kb,可分为 10 个区和 507bp 基因间隔区(IS 区),该区可以接受外源 DNA 的插入而不会影响到噬菌体的活力。这类载体包括了 M13mp8、M13mp9、M13mp18 和 19 等,这类载体的突出优点在于其既可以提供单链 DNA,也可以提供双链的 DNA。缺点是插入大的 DNA 片段后表现不稳定,在噬菌体增殖过程中容易发生缺失,因而通常用于克隆 300~400bp 的片段。

3. 柯斯质粒载体

柯斯质粒是一类人工构建的含有 λDNA 的 *cos* 序列和质粒复制子的特殊类型的质粒载体,由 3 部分组成:多克隆位点区、含有 *cos* 位点的 λDNA 区、复制起始位点和抗性标记区。柯斯质粒载体连接上适宜长度的外源 DNA 后可以在体外包装成噬菌体颗粒,并能高效转导寄主细胞。进入寄主细胞的 DNA 也能环化和复制,但是不会形成新的噬菌体颗粒,也不能发生溶菌现象;能像质粒一样在寄主细胞内复制,且带有抗性选择标记基因,有些还带有插入失活型的多克隆位点,为重组体的筛选提供了方便。柯斯质粒本身很小,只有复制起点、选择标记和 *cos* 位点等构成,所以其克隆上限可达 45kb 左右。

4. 限制性核酸内切酶

限制性核酸内切酶是一类能够识别双链 DNA 分子中的某种特定核苷酸序列,并由此切割 DNA 双链结构的核酸内切酶。切开的是 3′,5′-磷酸二酯键,分为 I

型、Ⅱ型和Ⅲ型。其中Ⅱ型限制性核酸内切酶都有其特定的DNA识别位点,通常为4~8个核苷酸组成的特定序列(靶序列)。靶序列通常具有双重旋转对称的结构,即双链的核苷酸顺序呈回文结构,交错切或对称切可形成黏性末端或平齐末端的DNA分子。

5. DNA连接酶

1967年科学家发现首个大肠杆菌基因编码DNA连接酶——大肠杆菌DNA连接酶。1970年,科学家发现了由大肠杆菌T4噬菌体基因编码T4DNA连接酶。DNA连接酶连接的两条链必须分别具有自由3′-OH和5′-P,而且这两个基团彼此相邻;在羟基和磷酸基团间形成磷酸二酯键需要消耗能量。

E. coli DNA连接酶需要NAD^+辅助因子,可以连接具有互补碱基的黏性末端,也可连接平齐末端,但是活性较低。T4DNA连接酶需要ATP辅助因子,可以连接具有互补碱基的黏性末端,也可连接平齐末端,活性较高,是常用的一类连接酶。

6. DNA聚合酶

(1)大肠杆菌DNA聚合酶Ⅰ　1956年科学家首先从大肠杆菌(*E. coli*)细胞中分离出来大肠杆菌DNA聚合酶Ⅰ。它是一种多功能性的酶,具有3种催化能力:5′→3′聚合酶活性、双链特异性的5′→3′核酸外切酶活性、3′→5′核酸外切酶活性。

(2)Klenow片段酶　Klenow片段酶是大肠杆菌聚合酶Ⅰ全酶经枯草芽孢杆菌蛋白酶处理后产生的大片段酶分子,具有两种催化能力:5′→3′的聚合酶活性、3′→5′的核酸外切酶活性。

(3)T4DNA聚合酶　T4DNA聚合酶是从被T4噬菌体感染的大肠杆菌中分离出来的,其酶催化活性包括:5′→3′的聚合酶活性、3′→5′的核酸外切酶活性。

7. 逆转录酶(反转录酶)

逆转录酶是一种依赖RNA的DNA聚合酶,可以有效地将mRNA反转录成DNA的酶,其产物称为cDNA。此酶首先是1970年从鼠白血病毒和劳氏肉瘤病毒中发现的,主要用途是将mRNA转录成cDNA以制备基因片段。

(三)制药基因导入受体细胞

制药基因的片段与载体在体外连接形成重组DNA分子后,下一步操作是将重组DNA分子导入受体细胞中进行扩增。制药基因导入受体细胞后,就可以随着受体细胞的繁殖而复制,在很短的时间内就能够获得大量的制药基因。为了保证制药基因在细胞中的大量扩增和表达,选择合适的受体细胞是非常重要的环节。基因工程的受体细胞一般常用原核生物的大肠杆菌及真核生物的酿酒酵母、动物细胞等。因大肠杆菌、酵母菌具有生长快、易培养、可使用廉价培养基、遗传学及分子生物学背景十分清楚等优点,使之成为被广泛应用的受体细胞。目前常借鉴细菌或病毒侵染细胞的途径将体外重组的DNA分子转移到受体细胞。

1. 感受态细胞

感受态就是宿主细胞能够吸收外源重组DNA分子的生理状态。在基因工程的操作中转化率的高低直接与宿主细胞的感受态状态有关。采取一些方法处理宿主细胞,使细菌的表面结构发生变化,导致细菌细胞壁和细胞膜的通透性增加,经处理的细胞就容易接受外源重组 DNA 分子。将快速生长的大肠杆菌置于经低温(0℃)预处理的低渗氯化钙溶液中,便会造成细胞膨胀,同时 Ca^{2+} 会使细胞膜磷脂双分子层形成液晶结构,促使细胞外膜与内膜间隙中的部分核酸酶解离,离开所在区域,诱导细胞成为感受态细胞。

2. 转化

转化就是一种细菌菌株捕获携带有外源 DNA 的质粒载体,而导致性状特征发生遗传性改变的生命过程。操作中常采用热休克法和电转化法进行转化。

(1)热休克法　热休克法是将待转化的重组 DNA 分子与感受态细胞的转化体系在 42℃的短暂热刺激下,使重组 DNA 分子进入宿主细胞。这个过程要经历四个阶段,分别是吸附阶段、转入阶段、自身稳定阶段及表达阶段。之后,便可以在选择性培养基上长出转化子的菌落。

(2)电转化法　也称为高压电穿孔法,是在感受态细胞上施加短暂、高压的电流脉冲,使感受态细胞的质膜上形成数个纳米大小的微孔,DNA 能直接通过这些微孔,或者作为膜组分在微孔闭合时伴随膜组分的重新分布而进入细胞质中。电转化的效率极高,既可用于克隆化的基因的瞬时表达,也可用于建立有外源基因的真核细胞系,如构建文库。

(四)阳性重组子的筛选和鉴定

在全部受体细胞中,真正能够摄入重组 DNA 分子的受体细胞是很少的。因此,必须通过一定的手段对受体细胞中是否导入了制药基因进行筛选和鉴定。常用的方法有:重组体表型特征的鉴定、重组 DNA 分子结构特征的鉴定等。

1. 重组体表型特征的鉴定

(1)抗生素平板法　通常载体中的报告基因大多数是一些抗生素的抗性基因,如果外源 DNA 片段插入载体的位点位于该抗性基因之外,那么将转化后的重组体细胞置于含有载体抗性的抗生素培养平板上进行培养时,仍可长出菌落,而不含有重组子的受体细胞则不能生长。但是由于细胞中可能存在一些自身环化的载体和未被酶解的载体,会出现概率较高的假阳性。

(2)插入表达法　在某些载体的报告基因的上游会有一段阻遏调节序列,当目的基因插入到这段阻遏调节序列时,阻遏调节序列失活,下游的报告基因不会受到阻遏调节而能够表达。通常报告基因会表达特定的抗生素抗性,从而使转化后的重组体细胞,在含有相应抗生素的平板中可形成菌落,从而被鉴定出来。

(3)β-半乳糖苷酶显色反应法　某些载体,如 M13 噬菌体载体、pUC 质粒等,带有 β-半乳糖苷酶基因(*lacZ*)的调控序列和 β-半乳糖苷酶 *N* 端 146 个氨基酸的编码序列。受体细胞含有 β-半乳糖苷酶 *C* 端的编码信息,当载体分子与宿主细胞各自独立时,均无 β-半乳糖苷酶的酶活性,而当二者融为一体时,这个细胞就会表达β-半乳糖苷酶活性，这种现象称为α-互补。由α-互补产生的Lac^+细菌在生色底物5-溴-4-氯-3-吲哚-β-D-半乳糖苷的存在下被异丙基硫代-β-D-半乳糖苷诱导形成蓝色菌落。而当载体和外源基因形成重组DNA后，失去α-互补能力，因此在同样条件下含重组质粒的转化子在生色诱导培养基上只能形成白色菌落。

2. 重组DNA分子结构特征的鉴定

（1）酶切法筛选　将初步筛选的阳性重组子小量培养后，提取重组质粒或重组噬菌体DNA、用1~2种内切酶酶切，然后进行凝胶电泳，检测插入DNA片段的大小。

（2）PCR鉴定　通过与插入片段两侧互补的引物，以重组质粒DNA作为模板进行PCR分析，可快速测出插入DNA片段的大小及鉴定其序列特异性。

（五）重组子的表达及蛋白的纯化

外源基因引入受体后，能否很好地表达，表达所形成的外源蛋白能否分泌或到达催化反应的场所等，是关系到能否工业化应用的问题。影响外源基因表达的因素主要表现在以下几个方面：转录水平上，启动子和受体细胞中RNA聚合酶的统一；翻译水平上，mRNA的核糖体结合部位与受体细胞核糖体的统一；外源基因插入方向对表达的影响；转录后修饰和翻译后修饰等。其中主要集中在转录、翻译及修饰三方面，任何一步的失效均会造成表达失败。

随着重组DNA技术的发展，将高等生物的基因克隆到大肠杆菌中，由大肠杆菌发酵生产人胰岛素、人生长激素和干扰素等高附加值药物产品已实现工业化生产。同时，在微生物发酵生产的其他产品中，重组DNA技术对产量的提高及性状的改良等也得到了广泛的研究和应用。

目前外源蛋白的表达形式主要有三类：以包涵体形式表达外源蛋白，以分泌形式表达外源蛋白，以融合蛋白的形式表达外源蛋白。

（六）培养装置

用于基因重组体的培养装置，与一直沿用的通气搅拌培养罐存在较大区别：即不仅要防止外部微生物侵入罐内，还必须采用不使培养物外漏的培养装置。现今使用的密闭型通气搅拌式培养装置，划分为操作液量20L以上和20L以下两种。按其灭菌法又可分两类：一是在高压灭菌器中进行培养基及培养罐的灭菌，罐本身通常是玻璃制的，容量在10L以下的居多；另一类是20L以上的培养罐，一般为不锈钢制品，多采用通蒸汽进行灭菌。

二、基因工程药物

基因工程药物是以基因组学研究中发现的功能性基因或基因的产物为起始材料，通过生物学、分子生物学或生物化学、生物工程等相应技术制成的，并以相应分析技术控制中间产物和成品质量的生物活性物质产品，临床上可用于某些疾病的预防、诊断和治疗。

(一)基因工程药物种类

1. 细胞因子类药物

细胞因子是指机体细胞合成和分泌的小分子多肽类因子,它们可以调节机体的生理功能和免疫功能,可利用基因工程技术进行生产,可以用于治疗肿瘤、感染、免疫低下、造血功能障碍等疾病。目前已研制成功或正在研制的基因工程细胞因子类药物主要有促红细胞生成素(EPO)、集落刺激因子(CF)、干扰素(IFN)、白细胞介素(IL)、肿瘤坏死因子(TNF)、趋化因子、生长因子(GF)和凝血因子(F)等。

(1)干扰素α类　它是以白细胞为来源的干扰素基因克隆和表达的基因工程药物,包括干扰素α-1b、干扰素α-2a、干扰素α-2b,是国内外公认的抗炎药物。如与抗病毒药物合用,可以提高其疗效,还可用于各种病毒性疾患、多种肿瘤的治疗。

(2)干扰素γ类　其来源于Ⅰ型辅助T细胞,是一种免疫调节剂,具有抗肿瘤、抗病毒、调节和增强机体免疫功能的作用,广泛用于肿瘤,如肝细胞瘤、肺肿瘤、卵巢子宫肿瘤、肾细胞肿瘤、白血病、恶性黑色素细胞肿瘤等,以及免疫性疾病,如类风湿性关节炎、特应性皮炎、系统性硬皮病、瘢痕疙瘩等。

(3)白细胞介素-2(IL-2)　是由淋巴细胞产生的糖蛋白,用重组技术生产的白细胞介素-2与天然的生物活性相同。其参与免疫反应,调节T淋巴细胞生长与分化,刺激T淋巴细胞、NK细胞及LAK细胞的增殖,增强B淋巴细胞的增殖和抗体的分泌,诱导γ-干扰素的分泌,可以增强机体免疫能力,提高化疗的疗效,对肿瘤转移和复发有一定的预防作用。

(4)粒细胞-巨噬细胞集落刺激因子　其是用重组基因工程技术生产的非糖基化酸性蛋白。可促进造血系统细胞的增殖和分泌,刺激粒细胞、单核巨噬细胞成熟、释放,增强白细胞的多种功能,以增强机体抗病毒、抗细菌及抗肿瘤的能力。用于防治多种原因引起的白细胞减少症,如再生障碍性贫血,化疗、放疗引起的白细胞减少,骨髓移植及骨髓异常增生综合征,与干扰素并用治疗病毒性肝炎、艾滋病,与白介素并用治疗恶性肿瘤等。

(5)表皮生长因子　可用于角膜损伤及角膜移植、严重烧伤及患十二指肠溃疡的患者。

(6)成纤维细胞生长因子　可用于创口修复、间歇性外周血管疾病。

(7)促红细胞生成素(EPO)　EPO是一种主要由肾脏和中枢神经系统等部位合成分泌的多功能糖蛋白激素,是作用于造血干细胞的造血生长因子,对神经元的许多功能也具有重要的调控作用。促红细胞生成素临床应用于肾功能衰竭所致的贫血、癌性贫血、类风湿性关节炎和红斑狼疮所致的贫血、骨髓增生异常综合征贫血。

2. 蛋白类激素

蛋白类激素是由内分泌腺或内分泌细胞产生和分泌的生物活性物质，经血液循环，局部弥散到相应的组织和细胞与受体特异结合发挥其调节作用，参与机体的生长、发育、生殖等多种生命活动过程。特殊情况下，有些非内分泌细胞可变为内分泌细胞产生激素。

(1)胰岛素　其由两条肽链经两个二硫链相连，α 链含 21 个氨基酸，而 β 链含 30 个氨基酸，利用 DNA 技术人工合成人胰岛素及人胰岛素原，并通过化学方法制成各种不同制剂，以供临床选用，用于治疗糖尿病，是人类生产的第一种基因工程药物。

(2)人生长激素　通过细菌基因重组 DNA 技术人工合成人生长激素，用于治疗生长激素缺乏性侏儒症与儿童矮小，以及与艾滋病有关的分解代谢性消瘦。

3. 溶血栓药物

急性心肌梗死、脑梗死等血栓性疾病的致残率和致死率都很高，严重威胁人类生命和健康，而治疗血栓性疾病的安全有效的手段是溶血栓。临床使用的溶血栓药物有纤溶酶原激活剂、链激酶、尿激酶、葡萄球菌激酶以及水蛭素等，大部分已有基因重组药物产品。

链激酶为 β-溶血性链球菌产生的非酶蛋白质，可间接激活纤溶酶原，使之转为具有活性的纤溶酶，使纤维蛋白分解为纤维蛋白降解产物，将已形成的血栓溶解后清除。用于静脉溶栓和冠脉溶栓。

4. 酶类药物

目前生产的基因工程酶类药物有超氧化物歧化酶(SOD)、端粒酶、胸苷激酶(TK)、葡糖脑苷脂酶(GC)、蛇毒磷脂酶 A2(PLA2)、DNA 甲基化酶 1(DNMT1)、乙酰胆碱酯酶(AChE)、D-氨基酸氧化酶(DAAO)、基质金属蛋白酶(MMP)。

5. 可溶性受体和黏附分子

受体指具有识别结合专一配体，介导配体发挥生物功能的一类蛋白质，以是否锚定于细胞(核)膜上为根据，把受体分为膜结合型受体和可溶性受体。

可溶性受体的生物学功能有：①作为相应膜受体的竞争者阻断配体的信号转导。②作为血清结合蛋白转运、稳定、富集配体。③下调膜受体数量。④上调配体效应等。其临床应用主要是作为某些疾病的监测指标和相应细胞因子的拮抗剂。

可溶性受体主要有肿瘤坏死因子受体、人白细胞介素-4 受体、人促红细胞生成素受体、细胞集落刺激因子受体、成纤维细胞生长因子受体和血管内皮细胞生长因子受体等。

黏附分子(AM)是一类位于细胞膜表面的大分子糖蛋白，表达于循环白细胞和组织固有细胞表面，通过介导细胞与细胞间、细胞与细胞外基质的相互黏附，促使白细胞贴壁、外渗、游走、聚集、抗原表达和淋巴细胞激活。黏附分子参与胚胎发育和分化、正常组织结构的维持、炎症与免疫应答、伤口修复、凝血与血栓形成等多种生理、病理过程,对临床治疗具有重要意义,尤其是某些黏附分子的增加可以造成肿瘤转移,因此控制黏附分子的增加,可以控制肿瘤转移。

已发现的黏附分子按其基因家族和分子结构的不同可分为 4 类:即免疫球蛋白超家族、选择素家族、整合素家族和钙依赖黏附分子家族。

6. 疫苗

(1)重组亚单位疫苗　主要是通过基因工程表达的蛋白抗原纯化后制成的疫苗,以及将抗原组装成病毒颗粒样(VLP),从而形成 VLP 疫苗。基因工程表达的抗原不但可以代替传统的方法生产抗原,而且还可以用于病原体难于培养或有潜在致癌性,或有免疫病理作用的疫苗。已经上市的亚单位疫苗产品有重组带状疱疹疫苗、基因工程乙型肝炎疫苗、基因工程人乳头瘤疫苗、基因工程戊型肝炎疫苗等。

(2)多肽疫苗　按照病原体抗原基因中已知或预测的某段抗原表位的氨基酸序列,通过合成技术制备的疫苗。

(3)载体疫苗　指利用微生物,如某些细菌和病毒做载体,将保护性抗原重组到微生物中,使用能表达保护性抗原基因的重组微生物制成的疫苗。已经上市的载体疫苗有重组埃博拉病毒疫苗(腺病毒载体)。

核酸疫苗是将编码某种抗原蛋白的外源基因(DNA 或 RNA)直接导入动物体细胞内,并通过宿主细胞的表达系统合成抗原蛋白,诱导机体产生对该抗原蛋白的免疫应答,以达到预防和治疗疾病的目的。核酸疫苗一般分为 DNA 疫苗和 mRNA 疫苗两种。mRNA 疫苗发挥作用无须进入细胞核,没有整合至宿主基因组的风险,且为一过性表达,半衰期可以通过修饰进行调整。因此,mRNA 疫苗的发展前景比较明朗。

(二)人类第一个基因工程药物——重组人胰岛素

1. 胰岛素简介

在人体十二指肠旁边,有一条长形的器官,称为胰腺。在胰腺中散布着许多细胞群,叫做胰岛。根据胰岛细胞分泌激素的功能可将其分为以下几种。

(1)B 细胞　占胰岛细胞的 60%~80%,分泌胰岛素,胰岛素可以降低血糖。

(2)A 细胞　占胰岛细胞的 20%~40%,分泌胰高血糖素,作用同胰岛素相反,可增高血糖。

(3)D 细胞　占胰岛细胞总数的 6%~15%,分泌生长激素抑制激素。

胰岛素由 A、B 两个肽链组成,结构示意图见图 6-2。A 链有 11 种 21 个氨基酸,B 链有 15 种 30 个氨基酸,共 26 种 51 个氨基酸。其中 A7(Cys)-B7(Cys)、A20(Cys)-B19(Cys)四个半胱氨酸中的巯基形成两个二硫键,使 A、B 两链连接起来。此外,A 链中 A6(Cys)与 A11(Cys)之间也存在一个二硫键。

胰岛素的分子式是 $C_{257}H_{383}N_{65}O_{77}S_6$,相对分子质量为 5807.69,通常是白色或类白色的结晶粉末。熔点是 233℃,等电点为 5.35~5.45。在 pH 4.5~6.5 几乎不溶于水,在乙醚中不溶,在 90%(体积分数,余同)以上乙醇或 80%以上丙酮中难

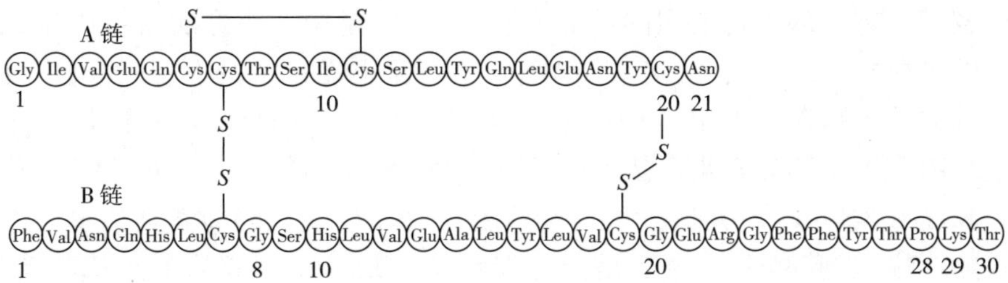

图 6-2　人胰岛素结构示意图

溶,易溶于稀酸或稀碱溶液,在 80%以下乙醇中也可溶解。胰岛素的锌盐在 pH 4~7 时,聚合成不溶解状态的沉淀,pH>9 时解聚并失活。在弱酸性水溶液中或混悬在中性缓冲液中较稳定,还原剂及多种重金属能使其失活,紫外线、光氧化、超声波会引起胰岛素变性。

2. 胰岛素的功能

胰岛素是促进合成代谢、调节血糖稳定的主要激素,其主要功能如下所示。

(1)对糖代谢的调节　胰岛素可促进组织、细胞对葡萄糖的摄取和利用,加速葡萄糖合成为糖原,贮存于肝和肌肉中,并抑制糖异生,促进葡萄糖转变为脂肪酸,贮存于脂肪组织,导致血糖水平下降。胰岛素缺乏时,血糖浓度升高,如超过肾糖阈值,尿中将出现糖,引起糖尿病。

(2)对脂肪代谢的调节　胰岛素可促进肝脏合成脂肪酸,然后转运到脂肪细胞贮存。在胰岛素的作用下,脂肪细胞也能合成少量脂肪酸。胰岛素还促进葡萄糖进入脂肪细胞,除了用于合成脂肪酸外,还可转化为 α-磷酸甘油,脂肪酸与 α-磷酸甘油形成甘油三酯,贮存于脂肪细胞中,同时,胰岛素还抑制脂肪酶的活性,减少脂肪的分解。胰岛素缺乏时,出现脂肪代谢紊乱,脂肪分解增强,血脂升高,加速脂肪酸在肝内的氧化,生成大量酮体,由于糖氧化过程发生障碍,不能很好地处理酮体,可导致酮血症与酸中毒。

(3)对蛋白质代谢的调节　胰岛素可促进蛋白质合成过程,其作用体现在蛋白质合成的各个环节:①促进氨基酸通过膜的转运进入细胞。②可使细胞核的复制和转录过程加快,增加 DNA 和 RNA 的生成。③作用于核糖体,加速翻译过程,促进蛋白质合成。另外,胰岛素还可抑制蛋白质分解和肝糖异生。由于胰岛素能增强蛋白质的合成过程,所以,它对机体的生长也有促进作用,但胰岛素单独作用时,对生长的促进作用并不很强,只有与生长素共同作用时,才能发挥明显的效应。

(三)胰岛素生产历史

胰岛素由美国礼来公司于 1923 年研制上市,此时的胰岛素一直由猪、牛等动物胰腺提取而得,具有免疫原性、短效、浓度低,需每日多次注射等缺陷。1955 年英国桑格小组测定了牛胰岛素的全部氨基酸序列;1965 年 9 月 17 日,中国科学家人工合成了具有全部生物活力的结晶牛胰岛素，它是第一个在实验室中用人工方法合成的蛋白质。20 世纪 70 年代，单组分胰岛素出现在市场上，并相继出现全合成和半合成的人胰岛素产品。1982 年后美国礼来公司和丹麦诺和诺德公司相继开发出基因重组人胰岛素生产技术，人胰岛素逐渐走上临床。20 世纪 90 年代至今重组人胰岛素类似物成功研发上市，包括超短效和长效人胰岛素类似物。人胰岛素类似物或称“类胰岛素”，主要是指将天然胰岛素上一个或几个氨基酸更改，产生出活性更高的超效胰岛素和作用时间更长的胰岛素以及快速吸收、作用的胰岛素。

根据国际糖尿病联盟（IDF）统计，2019 年，全球共有约 4.63 亿名糖尿病患者，我国糖尿病患者约为 1.2 亿人，占了全球的 1/4 左右，并且 65 岁以上糖尿病患者也有 3550 万，两者均为全球第一。全球胰岛素市场规模超 220 亿美元，我国胰岛素市场规模约为 200 亿人民币。美国礼来公司、丹麦诺和诺德公司、法国赛诺菲公司这三家跨国药企垄断了全球 80%以上的胰岛素市场，行业集中度非常高。1993 年诺和诺德公司的二代重组人胰岛素进入中国，迅速占领糖尿病市场，1997 年礼来公司的二代重组人胰岛素也进入了中国。

我国政府于 1982 年发布《生物技术政策》蓝皮书，1986 年开始实施“863 计划”，把生物技术列为国家重点开发的技术。

1998 年，甘忠如团队研制出中国第一支基因工程人胰岛素，并于 2002 年获得国家科技技术进步奖，2002 年通化东宝药业股份有限公司实现量产，使中国成为继美国、丹麦之后世界上第三个能生产重组人胰岛素的国家，打破了一直以来我国糖尿病患者在使用人胰岛素产品上依赖进口的格局，2003 年通化东宝药业股份有限公司二代重组人胰岛素“甘舒霖”上市。2002 年赛诺菲公司的三代长效胰岛素类似物——甘精胰岛素开始进入中国，三代胰岛素类似物具有更高的安全性及有效性，提高了血糖控制达标率并降低了患者发生低血糖事件的风险。同年诺和诺德公司的三代速效胰岛素类似物——门冬胰岛素也进入中国。2001 年，2002 年甘李药业股份有限公司先后研发出了中国第一支速效三代胰岛素类似物“速秀霖”和第一支长效三代胰岛素类似物“长秀霖”。

（四）重组人胰岛素表达系统

胰岛素具有高度生物活性，相对分子质量很大，立体结构异常复杂，体外难以人工合成。过去糖尿病患者大多靠服用从牛、猪体中提取的胰岛素来治疗；但牛、猪胰岛素结构上与人胰岛素有差别，如人胰岛素与猪胰岛素 B 链第 30 个氨基酸残基不同，有 1 个氨基酸差异，而牛胰岛素有 3 个氨基酸差异。因而部分患者的免疫系统会产生针对动物源性胰岛素的抗体，减弱了临床疗效且出现注射部位的炎症反应，长期服用会引起肾和眼的疾病。重组人胰岛素是利用基因工程技术，获得的高纯度的生物合成人胰岛素，其氨基酸排列顺序及生物活性与人体本身的胰岛素完全相同。

胰岛素生物合成的控制基因在第 11 对染色体短臂上。在 β 细胞的细胞核中，第 11 对染色体短臂上胰岛素基因区 DNA 向 mRNA 转录，mRNA 从细胞核移向细胞质的内质网，转译成由 105 个氨基酸残基构成的前胰岛素原。前胰岛素原经过蛋白水解作用除其前肽，生成 86 个氨基酸组成的长肽链——胰岛素原（图 6-3）。胰岛素原随细胞质中的微泡进入高尔基体，经蛋白水解酶的作用，切去 31、32、60 三个精氨酸连接的链，断链生成没有作用的 C-肽，同时生成胰岛素，分泌到 β 细胞外，进入血液循环中。未经过蛋白酶水解的胰岛素原，一小部分随着胰岛素进入血液循环。

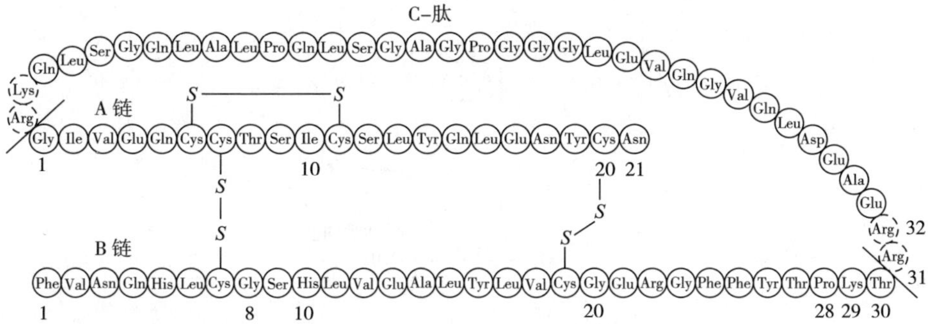

图 6-3　人胰岛素原结构示意图

1978 年 8 月，美国研究者采用生物技术制备的基因及 *E. coli* 第一次在实验室中成功制备了约 20ng 的重组人胰岛素 rDNA。1982 年 5 月，FDA 接收了生物合成人胰岛素（BHI）的新药申请，同年 10 月，FDA 批准新药“优泌林”的上市申请。1987 年，酵母菌生产方法出现。大肠杆菌和酵母菌成为沿用至今的，生产重组人胰岛素的两大菌株系统。

1. 大肠杆菌表达系统

（1）AB 链合成（图 6-4）　用化学方法分别合成 A 链和 B 链编码的 DNA 片段，并在其 5’端分别加上甲硫氨酸密码子。将上述基因插入克隆载体，置于载体上色氨酸合成酶操纵子的后面。转化大肠杆菌，经过发酵，分别从细胞中分离出含有 A 链和 B 链的融合蛋白，用溴化氰处理此融合蛋白，裂解甲硫氨酸使 A 链和 B 链释放出来，并将其转化成稳定的 *S*-磺酸盐。经过纯化，在过量的 A 链存在下，由 A 链和 B 链组合成人胰岛素。

（2）反转录酶法（图 6-5）　合成胰岛素原的 cDNA，在其 5’端加上甲硫氨酸密码子，接在色氨酸合成酶操纵子的后面，插入质粒，转化大肠杆菌。表达产生的色氨酸合成酶-人胰岛素原融合蛋白沉淀于细胞质中。从细胞中分离融合蛋白，经溴化氰裂解后得到人胰岛素原，将其转变成稳定的 *S*-磺酸盐，分离纯化后得到 *S*-磺酸型人胰岛素原，经变性、复性和二硫键配对，折叠成天然构象的人胰岛素原，产率可达45%。同分异构体和多聚体副产物回收后可重复利用。具有天然构象的人胰岛素原经胰蛋白酶和羧肽酶B处理,去除C-肽得到结晶人胰岛素。

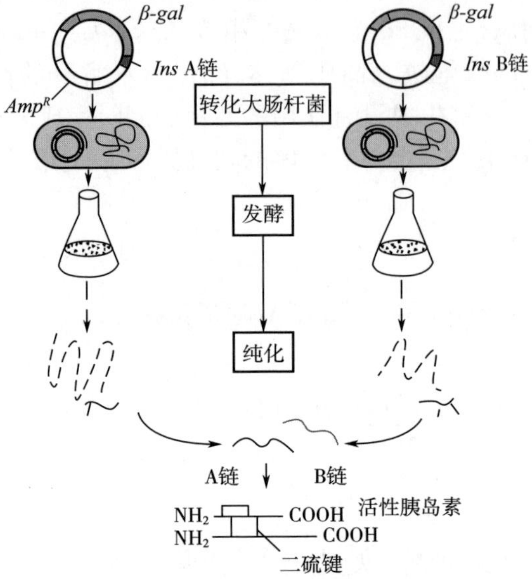

图6-4　AB链合成法示意图

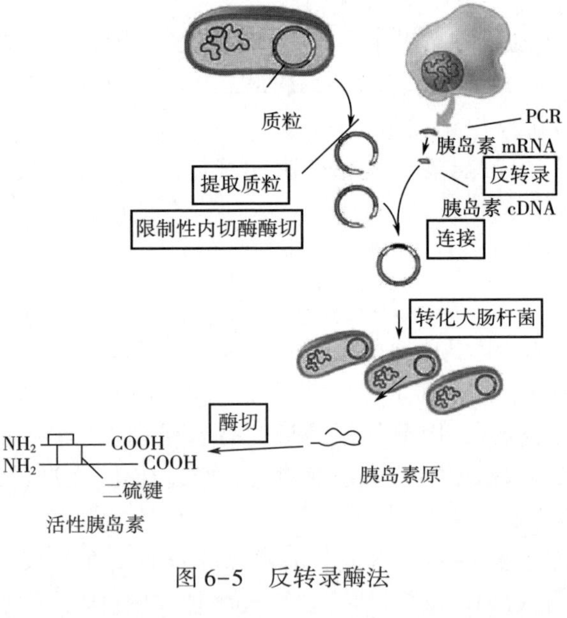

图6-5　反转录酶法

大肠杆菌表达系统的优点是:遗传背景和生化特性清楚,容易操作,生长迅速,营养需求简单等。缺点是:缺少蛋白质翻译后的修饰和加工;表达的蛋白质多以包涵体形式存在,需要经过复杂的复性才能恢复构象和活性;背景杂蛋白很多,纯化起来麻烦;表达量一般不高。

2. 酿酒酵母表达系统

酿酒酵母是最早被应用于食品和饮料行业的微生物,具有生长迅速,含有强启动子,可对蛋白质进行多种翻译后修饰等优点,也同样被应用在基因工程药物生产领域。自 1978 年至今,已有多种外源蛋白在酿酒酵母中得到表达。研究表明酿酒酵母可表达单碱性氨基酸 C-肽的单链胰岛素前体,用于在酵母中分泌表达上述单链胰岛素前体的基因包括磷酸丙糖异构酶启动子、交配因子 $\alpha1$(MF$\alpha1$)信号肽、磷酸丙糖异构酶的终止序列。这些基因不仅保证了单链胰岛素前体基因的高效转录,而且借助信号肽可将表达产物分泌到发酵液中。

酿酒酵母表达系统的优点是:繁殖速度快,能高密度发酵,可以进行蛋白质翻译后的修饰和加工等。缺点是:表达产物发酵得率比较低;缺乏强有力的启动子,质粒稳定性差;分泌的外源蛋白糖基化后可能会引起免疫反应;在外源蛋白生产中容易大量生成乙醇等。

3. 毕赤酵母表达系统

毕赤酵母属子囊菌类,为单倍体,是一种甲醇营养型酵母,在缺乏葡萄糖或甘油时,可利用甲醇作为唯一碳源生长代谢。所有表达菌株均来源于野生型石油酵母 NRRI:Y11430。毕赤酵母表达系统是 20 世纪 80 年代初期发展起来的外源蛋白表达系统。诺和诺德公司的研究人员于 1999 年使用毕赤酵母 GS115 菌株,实现了人胰岛素原的表达。

毕赤酵母表达系统的优点:毕赤酵母作为一种真核细胞生物,可以进行翻译后的蛋白质加工,以使外源蛋白得到正确的折叠和修饰;利用受甲醇诱导的醇氧化酶(AOX1)启动子,可严格控制外源基因的表达;毕赤酵母培养条件简单,生长快速,适合高密度培养,有利于提高目的蛋白质产量;毕赤酵母自身分泌的蛋白质很少,有利于外源蛋白质的分离和纯化等。缺点:基因工程产物也能形成不溶性复合物;有时会出现蛋白质切割问题;甲醇做诱导物存在安全隐患。

知识拓展

第一个基因工程公司——Genentech 公司

赫伯·博耶(Herb Boyer)1936 年出生于宾夕法尼亚州,从小便对生物学情有独钟,沃森和克里克也是他青年时期的偶像。1966 年 Boyer 以助理教授身份加入加利福尼亚大学旧金山分校(UCSF),此后便一直专注于纯化 DNA 剪切酶及重组 DNA 技术。罗伯特·斯旺森(Robert Swanson)不是科学家,但他从小就很喜欢读科普杂志,看科幻电影,对新技术有种天生的敏锐,尽管他不太懂生物学,但他依然感觉重组 DNA 技术的出现能够完全改变人们对基因和遗传学的思考方式。

1976 年,27 岁 Robert Swanson 与 Herb Boyer 走进 UCSF 附近位于 Inner Sunset 的一家酒吧,讨论着重组 DNA 技术以及生物学的未来。3 个小时的会谈和几杯啤酒之后,Swanson 和 Boyer 达成了初步的协议——建立一个公司。他们决定每人出资 500 美金用来支付公司成立所需的费用。之后 Swanson 写了 6 页的商业企划书,找到其前雇主寻求投资,获得了其提供的 10 万美金投资。Herb Boyer 为二人的公司取名为[Genentech(Genetic Engineering Technology),美国基因泰克公司,以下简称:基因泰克],世界第一个基因工程公司。Boyer 从洛杉矶的 City of Hope 医院招聘了两名化学家板仓圭一和阿特·里格斯(Art Riggs),两人都是 DNA 合成领域的专家。

1977 年夏天,Riggs 和板仓成功合成了生长抑素的 DNA,该 DNA 片段被顺利插入细菌的质粒,细菌也成功被转化,但是细菌自身的蛋白酶消化降解了生长抑素蛋白。Boyer 决定将生长激素抑制素(以下简称生长抑素)的基因与该细菌的某些自身基因相连接,从而生产出同时具有两种类型蛋白组分的复合蛋白,之后再将两个蛋白剪切就能够得到生长抑素。采用这种方式细菌就会把生产的杂合蛋白识别为自身的蛋白,生长抑素却不会被降解。1977 年 8 月,Boyer 团队成功生产了生长激素抑制素。

1978 年 5 月,基因泰克的科学家团队终于在细菌中合成了胰岛素的两条肽链;7 月,他们从细菌中纯化出了包含两条胰岛素肽链的蛋白质。8 月初,他们剪切掉了连接的细菌蛋白,成功分离得到了胰岛素的两条肽链。1978 年 8 月 21 日,他们成功将两条肽链连接,第一次获得了重组人胰岛素。

知识拓展

重组人胰岛素

重组人胰岛素的生产目前主要通过两大表达途径:一是在大肠杆菌中表达胰岛素前体的包涵体,通过溶解和复性等过程获得胰岛素。二是通过酵母表达系统,分泌表达可溶性的胰岛素前体进入培养液。酵母表达系统中常用酿酒酵母、毕赤酵母。大肠杆菌系统表达效率较高,但产生活性胰岛素的后期处理非常复杂;酿酒酵母系统表达产物的后处理较简便,但表达量很低。毕赤酵母可利用甲醇为唯一碳源进行高密度发酵,其乙醇氧化酶的启动子(AOX1)是特强启动子,可控制异源蛋白质大量表达,并且其表达可通过甲醇供给进行严格调控,是目前最为理想的真核表达系统之一。

巴斯德毕赤酵母是一类在缺乏葡萄糖或甘油时,能利用甲醇作为唯一碳源和能源的酵母菌,包括毕赤酵母属、汉逊酵母属、念珠酵母属和球拟酵母属。其中,毕赤酵母是常用的外源蛋白表达系统。巴斯德毕赤酵母存在着一种称为微体的细胞器，由于该细胞器中含有大量过氧化物酶，所以微体也称过氧化物酶体，它是一种由外膜包围着的结构简单的细胞器，其蛋白由细胞核基因编码，本身不含DNA，经诱导产生并随细胞生长而分裂，微体是一种储存合成蛋白质的地方，该特点对外源蛋白基因的表达十分有利，可使它们免受蛋白酶的降解且不对细胞产生毒害。

技能拓展十二

重组毕赤酵母生产人胰岛素

一、生产流程

重组毕赤酵母生产人胰岛素的生产工艺路线见图6-6。

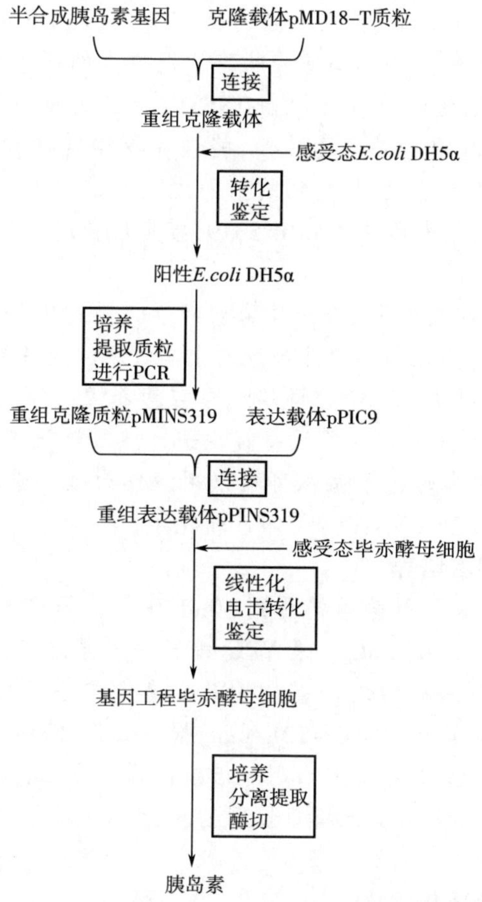

图6-6　重组毕赤酵母生产人胰岛素工艺路线

二、主要生产过程

(一)半合成人胰岛素基因

参考多种酵母中表达的蛋白质,每种氨基酸均选择酵母中高频使用的密码子,将人胰岛素基因设计为两两末端互补的四个片段,四个片段等量混合,经过高温变性和迅速退火后,四个片段通过互补碱基进行配对,在 Klenow 聚合酶的作用下,缺口处从 3′向 5′进行延伸合成完整的人胰岛素基因。

(二)人胰岛素基因与克隆载体 pMD18-T 连接

用聚丙烯酰胺凝胶回收基因片段,克隆到 pMD18-T 载体,转化 *E. coli* DH5α,进行方向鉴定及基因测序,克隆的胰岛素基因命名为 *ins*319,此克隆载体命名为 pMINS319。

(三)构建表达载体 pPINS319

选择 pPIC 质粒为人胰岛素基因的载体,根据其多克隆位点的序列特点,为确保表达产物经信号肽酶切割后产生精确的胰岛素蛋白 *N* 末端,并能直接进行定向克隆,重新设计上游和下游引物,在上游引物 5' 端添加 pPIC9 质粒 *Xho* Ⅰ位点处的 12 个碱基(包括 *Xho* Ⅰ位点和编码信号肽酶识别位点的两个氨基酸序列),下游引物添加 *Eco*R Ⅰ位点,以此两个引物和 pMINS319 质粒为模板进行 PCR 扩增,SDS-PAGE 电泳回收扩增的胰岛素基因片段,将该片段和质粒 pPIC9 分别用 *Xho* Ⅰ和 *Eco*R Ⅰ酶切,电泳回收大片段;将酶切的基因片段与 pPIC9 大片段混合,用 T4 连接酶连接,构建成毕赤酵母表达载体 pPINS319,鉴定后备用。

(四)酵母细胞转化

将待转化的细胞悬液与使用 *Bgl* Ⅱ酶切线性化后的重组质粒 pPINS319 混合,转移至冰冷电击杯中;将装有细胞混合液的小池置于冰上并使用 2500V 电击;加入 1mL 1mol/L 的冰冷山梨醇,转移后将其涂布在营养缺陷型培养基(MD,用于毕赤酵母菌株筛选)平板上 30℃培养两天得转化子。挑取转化子接种在基础甲醇培养基(MM 培养基)上,如有转化子菌株可在以甲醇作为唯一碳源的 MM 培养基上缓慢生长,则挑取后进行 PCR 鉴定可得阳性转化子。

(五)毕赤酵母细胞培养

新鲜 MM 平板上挑取单菌落接种到 50mLYPG 种子培养基中,30℃、200r/min 振荡培养过夜,然后接入 450mL 二级 YPG 种子培养基继续培养 24h,再以 10%的接种量转接到装有 5L 基础盐培养基的 10L 发酵罐中进行批次补料培养,温度为 30℃,pH 为 5.5~6.0,通气量为 3~12L/min,搅拌转速 200~500r/min,溶解氧保持在 30%。当甘油耗尽后,每小时补加甘油 50mL,共补加 4h,菌体饥饿 1h 后补加甲醇进行诱导。在诱导 24h 后加入酵母提取物、大豆蛋白胨以补充养分,诱导 96h 后放罐。

(六)胰岛素的分离与纯化

将发酵液离心去除菌体;上清液通过中空纤维柱脱盐浓缩;将浓缩液通过金属

螯合亲和层析柱，用柠檬酸-柠檬酸钠缓冲液洗脱目的蛋白；洗脱峰过凝胶层析柱；收集洗脱液与酶切缓冲液混合均匀，加入肠激酶进行酶切；酶切后的样品液过 Sephadex G-50 凝胶层析柱，分离酶切后的胰岛素与连接肽，收集第一个洗脱峰，即为胰岛素。

三、胰岛素分离纯化的控制要点

(1) 离心转速为 6000r/min，时间大约 20min。

(2) 发酵上清液流经中空纤维柱时流速应控制在 300mL/min，压力控制在 0.05MPa。

(3) 金属螯合亲和层析柱应先使用 0.02mol/L，pH7.4 的 Na_2HPO_4/NaH_2PO_4 缓冲液平衡。

(4) 柠檬酸-柠檬酸钠缓冲液为 0.02mol/L，pH4.0。

(5) 酶切缓冲液 pH 为 8.0，肠激酶应在 20℃ 条件下恒温酶切。

四、基因工程菌培养过程的安全问题

经过重组的微生物和质粒可能存在间接危害人体健康，使治疗药物失去效用，污染环境等安全问题，工业化生产过程中应做好防泄露措施，避免菌体直接进入自然界。1974 年，科学界提出了 DNA 重组实验具有潜在生物危险性的问题，后来制订了有关 DNA 重组实验的准则，其目的是保证实验的安全和推动重组 DNA 的研究，这些准则参照了防止病原微生物污染的措施，以及根据对实验安全度的评定，在培养时可采用物理密封(P1~P4)和生物学密封(B1 和 B2)两种方法。

物理密封是将重组菌封闭于设备内，以防止传染给实验人员和向外界扩散。实验规模在 20L 以下时，物理密封由密封设施、实验室设计和实验注意事项组成。密封程度分为 P1、P2、P3 和 P4 级，数字越大，密封水平越高。生物学密封要求用只有在特殊培养条件下才能生存的宿主，同时用不能转移至其他活细胞的载体，通过这样组合的宿主载体系统，可以防止重组菌向外扩散。按密封程度分 B1 和 B2 级，B2 级的密封要求最严格。

基因工程菌的培养常采用好氧培养装置，不仅要防止外部微生物侵入罐内，还必须采用不使培养物外漏的培养装置。工程菌外漏防范的重点主要在于可能发生外漏的部位和操作过程如排汽、机械密封、接种、取样、培养后的灭菌(通入湿热蒸汽)、排液(输至下一工序)。

(1) 培养过程排出的汽中含有大量气溶胶，在激烈起泡培养时气溶胶从排汽口外排，重组菌也容易随之外漏，可以在排汽管处加装加热装置或排汽鼓泡瓶、膜过滤装置等。

(2) 通气搅拌培养罐中贯穿罐的搅拌轴需与传动部件连接。轴封使用的是机械密封，有单机械密封和双机械密封之分。单密封面因高速旋转产生摩擦热及灭菌时的热膨胀差会增加外漏风险，不宜用于基因重组菌的培养。双机械密封用高于罐内压的压力，将贮存于另一润滑液槽中的无菌水压入机械密封部位。用于轴封润滑液,防外漏效果较好。使用磁力搅拌代替机械搅拌器可以避免因机械密封不好造成的外漏,但是通常只适合于10L以下的培养装置。

(3)采用向罐内直接接种的方法是不安全的,简单的安全接种法是将种子瓶与培养罐以管道相连接后,用无菌空气加压压入的方法。另一种方法是先把种子液在安全柜内移至供接种用的小罐内,再将其与培养罐连接,用蒸汽对连接部分灭菌后,把种子罐中的种子液接入培养罐内。

(4)普通培养罐的取样管道在取样时会流出样品　取样后对样品管道灭菌时,未灭菌的培养液污水被排至排水管内。必须采取措施,使用专门的自动取样灭菌工具进行取样。

(5)培养后对培养液和管道等进行灭菌时,一开始流出的未灭菌排水有可能存在活的重组菌。取样、排液的管道中也能产生这类排水,因此,一定要另行安装排水管并与废液灭菌贮槽等相连接,以便排放污水。

(6)培养后要将培养液输送至贮罐等下一道工序,这时也有可能产生气溶胶和重组菌的扩散。安全的方法是在培养开始前就将排液口与下段工序相连接并进行灭菌,这样培养一结束即可直接输送培养液。如果排液口未与下段工序相连,那就应与连接废液灭菌罐的排水管道相接,这样就安全了。

项目检测

一、名词解释

1. 基因工程制药　2. 直接分离法　3. cDNA法　4. 基因库筛选法　5. PCR　6. RT-PCR　7. 质粒　8. 载体　9. 限制性核酸内切酶　10. 感受态

二、填空题

1. 20世纪50年代,(　　)(　　)提出了DNA双螺旋结构理论。

2. 基因是(　　)和(　　)的基本单位。

3. 制药基因的获得一般可分为(　　)和(　　)两大类。

4. 常用的大肠杆菌质粒有(　　)(　　)和(　　)三种。

5. 基因工程药物种类主要包括两大类:(　　)(　　)。

6. 胰岛素是(　　)(　　)的主要激素。

7. 我国政府于(　　)年发布《生物技术政策》蓝皮书,(　　)年开始实施“863计划”,把生物技术列为国家重点开发的技术。

三、简答题

1. 简述利用基因工程技术生产药物的过程。

2. 简述作为基因克隆的载体必须具备以下特性。

3. 简述制药基因获得的方法。

4. 简述基因工程药物种类。
5. 简述胰岛素的主要功能。

四、工艺路线题

绘制重组毕赤酵母生产人胰岛素的工艺路线图。

项目七　生物制药生产的下游技术

项目七　生物制药生产的下游技术

项目目标

●知识目标

1. 了解分离纯化的相关技术。
2. 掌握各种细胞破碎方法的作用机理及适用性。
3. 熟悉生物材料的预处理技术。
4. 掌握目标产物的提取技术。

●技能目标

1. 能够根据实验对象细胞壁特点选择适当的细胞破碎方法及判断细胞破碎效果。
2. 能够进行植物材料粉碎、发酵液预处理和固-液初级分离操作。
3. 能够进行萃取技术和固相析出分离技术操作。

●职业素质目标

1. 培养学生规范操作、爱护仪器的习惯。
2. 培养学生发现问题、分析问题和解决问题的能力。
3. 培养学生安全生产、吃苦耐劳的工作态度。

生物制药生产的下游技术即以含有目的物的生物原材料为出发点，设法将细胞（菌体）富集或除去，使所需的目标产物转移至液相中，并以含目的物的液相为出发点，进行分离纯化等一系列操作，最终获得合格的所需要的目的产物。

一、生物材料的预处理技术

（一）明确预处理任务

在原料药生产初始阶段，得到的原材料是通过化学合成、微生物发酵或酶催化反应、提取等方法制备的含有目标产物的成分复杂的混合物。预处理的目的就是通过一些方法将目标产物从生物材料中释放出来，初步去除部分杂质，改善发酵液或培养液的物理性质，浓缩目标产物，以利于后续提取工序顺利进行。不同生物材料所采用的预处理方法不同。动物组织和器官首先除去脂肪、结缔组织等非活性部分，采用高速组织捣碎机或匀浆器进行绞碎、匀浆，选择适当的溶剂制成细胞悬液。植物组织和器官首先去壳、脱脂、再粉碎，选择适当的溶剂制成细胞悬液。发酵液、细胞培养液、组织分泌液及制成的细胞悬液等则根据目标产物所处位置不同进行相应的处理。预处理好的材料若不能及时使用，需冷冻保存。预处理阶段就要根据目标产物性质和分离纯化的要求，结合所含杂质的种类和特点，选用适当的方法将部分杂质除去，如表 7-1 所示。

表 7-1　　常见的可溶性杂质类别、来源及去除方法

类别	来源及去除方法
多肽与蛋白质类	包括宿主细胞中各种结构功能蛋白、酶类等，多数可通过沉淀、吸附、色谱、超滤及超速离心等方法去除
脂类	原材料或宿主细胞如质膜的磷脂分子、脂蛋白等，可用萃取法去除
内毒素	来自革兰阴性菌的细胞壁，可用超滤、吸附、离子交换色谱和亲和色谱等方法去除
核酸类	宿主细胞裂解释放至提取液中，可增大提取液黏度，可用离子交换色谱、硫酸鱼精蛋白沉淀或加入核酸酶消化等方法去除
多酚类	多为植物组织或细胞来源的色素类物质，发酵产物粗制提取液中也存在，可用沉淀或色谱法去除
牛血清	细胞培养液添加成分，主要是牛血清白蛋白，可用高浓度的中性盐沉淀去除
盐类	含 Ca^{2+}、Mg^{2+}、Fe^{2+} 等的盐，加酸或碱去除
小分子类物质	糖类以及工艺处理溶液中所含有的小分子组分，可用透析、色谱和超滤等方法去除

(二)细胞破碎技术

1. 细胞壁的组成与结构

由于植物和微生物都有细胞壁，但成分不同，且同类细胞结成的网状结构不同，因此其细胞壁的坚固程度不同，总体呈现递增态势。动物细胞虽没有细胞壁，但具有细胞膜，也需要一定的细胞破碎方法来破膜，达到提取产物的目的。进行细胞破碎就是破坏或破损微生物和动、植物等的细胞壁或细胞膜，增大细胞膜通透性，使胞内产物最大程度地释放到液相中，保证后续提取和分离纯化胞内的多肽、蛋白质、酶和核酸等生物物质顺利进行。了解植物、微生物细胞壁的结构和组成的差异，有助于判断细胞破碎的难易程度，并选择合适的细胞破碎方法。

不同种类的细胞结构差别很大，破碎的难易程度也不同，由难到易的大致排列顺序为：植物细胞>真菌（如酵母菌）>革兰阳性菌>革兰阴性菌>动物细胞。

2. 细胞破碎方法

细胞破碎的目的是使细胞壁和细胞膜受到不同程度的破坏，增加其通透性或破碎率，使目标产物释放出来。根据细胞破碎是否使用外加作用力，将其分为机械破碎法和非机械破碎法两大类，如表 7-2 所示。

表 7-2　　常用的细胞破碎方法(按是否使用外加作用力)

分类		作用机理	特点
机械破碎法	珠磨法	固体剪切作用	可达到较高破碎率,可较大规模操作,大分子目的产物易失活,不易分离出浆液
	高压匀浆法	液体剪切作用	可达较高破碎率,可大规模操作,不适合丝状菌和革兰阳性菌
	超声破碎法	液体剪切作用	对酵母菌效果较差,破碎过程升温剧烈,不适合大规模操作
	X-Press 法	固体剪切作用	破碎率高,活性保留率高,对冷冻敏感目的产物不适合
非机械破碎法	化学渗透法	改变细胞膜的渗透性	具有一定选择性,易分离出浆液,但释放率较低,通用性差
	渗透压冲击法	渗透压剧烈改变	破碎率较低,常与其他方法结合使用
	冻结熔化法	反复冻结-熔化	破碎率较低,不适合对冷冻敏感的目的产物
	酶溶法	酶分解作用	具有高度专一性,条件温和,易分离出浆液,溶酶价格高,通用性差
	干燥法	改变细胞膜渗透性	条件变化剧烈,易引起大分子物质失活

机械破碎中细胞所受的机械力主要有压缩力和剪切力,化学破碎利用化学或生化试剂或酶改变细胞壁或细胞膜的结构,增大胞内物质的溶解速率,或完全溶解细胞壁,形成原生质体后,在渗透压作用下,使细胞膜破裂而释放出胞内物质,细胞破碎机理如图 7-1 所示。

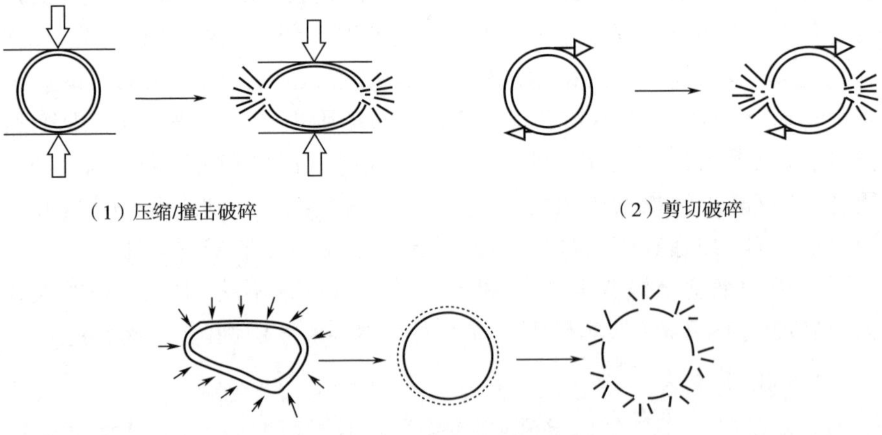

(1) 压缩/撞击破碎　　(2) 剪切破碎

(3) 化学渗透

图 7-1　细胞破碎机理

(1)机械破碎法　一般需要使用专用设备,处理量大、破碎时间短、效率高、破碎充分、破碎后内含物能得到完全释放、通用性强、成本低,可用于实验室和工业生产。通过挤压、剪切和撞击作用使细胞破碎。但因机械搅拌产生的大量热量易使蛋白质、核酸、酶等物质失活,破碎过程中需要通入冷却水冷却处理。同时,机械破碎法使细胞完全破碎,所有的细胞内容物都将被释放,所以目标产物必须从混有蛋白质、核酸、细胞壁的碎片和其他产物混合物中分离。核酸会增加溶液黏度,这将使随后的分析过程复杂,尤其是色谱分析。机械破碎产生细胞碎片,使溶液很难澄清,影响粉碎设备中液体的循环,使用离心法无法完全去除微小的碎片。机械破碎法主要有珠磨法、高压匀浆法、超声破碎法和 X-Press 法。

(2)非机械破碎法　此法较为温和,仅溶解局部壁、膜,细胞外形较为完整,导致溶液中出现许多较大的碎块,会影响离心后细胞内含物的纯度;只有部分内含物得到释放,耗时长、效率低、成本高、通用性差,不同菌株需要选择不同的化学试剂或酶,最好的解决方案条件难以确定。此外,在溶酶系统中,产物抑制是一个不可避免的问题,甘露糖会抑制蛋白酶的作用,葡聚糖会抑制葡聚糖酶的作用,这也可能是导致细胞内含物释放率低的一个最重要的因素。因此,非机械破碎法基本用于实验室,其中酶溶法应用最广。

3. 选择破碎方法的依据

在选择细胞破碎方法时,主要考虑以下 5 个方面:①细胞处理量。②细胞壁强度和结构(高聚物交联程度、种类、壁厚度)。③目标产物对破碎条件的敏感性。④破碎程度。⑤目标产物的选择性释放。

选择细胞破碎方法时,应遵循以下一般原则:①目标产物在细胞质内,选用强烈的机械破碎法。②目标产物在细胞膜附近可用温和的非机械破碎法,如酶溶法、渗透压冲击法、冻结熔化法等。③目标产物与细胞壁或细胞膜结合时,采用机械破碎法与化学法相结合的方法。④为提高破碎效率,应采用机械破碎法和非机械破碎法相结合的方法。适宜的操作条件应从高产物释放率、低能耗和便于后续提取三方面权衡。机械破碎法和非机械破碎法破碎细胞的比较如表 7-3 所示。

表 7-3　机械破碎法与非机械破碎法的比较

比较项目	机械破碎法	非机械破碎法
破碎处理	切碎细胞	溶解局部壁膜
碎片大小	细小	大,细胞外形完整
内含物释放	全部	部分
黏度	高(核酸多)	低(核酸少)
时间、效率	时间短、效率高	时间长、效率低
设备	需专用设备	不须专用设备

续表

比较项目	机械破碎法	非机械破碎法
通用性	强	差
经济	成本低	成本高
应用范围	实验室、工业生产	实验室,部分工业生产

4. 细胞破碎效果的检查

细胞破碎效果直接影响细胞内含物的流出,常用破碎率表示细胞破碎效果。破碎率(Y)即被破碎的细胞数量占原始细胞数量的百分数,公式如下所示。

$$Y/\% = [(N_0 - N)/N_0] \times 100\%$$

式中　N_0——原始细胞数

　　N——破碎后残存的正常细胞数

破碎率可通过直接测定法、目的产物测定法和电导率测定法测得。

(1)直接测定法　样本经过适当稀释,通过用显微镜观察血球计数板计数或电子微粒计数器直接计数等方法,检测破碎前后的完整细胞数量即可直接计算其破碎率。为避免破碎过程中释放出的 DNA 和其他聚合物组分等成分影响破碎后细胞计数,采用染色法将破碎的细胞与未破碎的细胞区别开来,如采用革兰染色法染色酵母破碎液,完整的细胞呈紫色,而受损害的细胞呈亮红色。破碎的革兰阳性菌染成革兰阴性菌的颜色。

对于量大的样品,显微镜计数法耗时长;电子微粒计数器虽可测定酵母细胞破碎率,但大的细胞破碎物可能有干扰,用于细菌破碎率的测定时灵敏度较低。同时直接测定法还需要寻找一种合适、可用的细胞染色技术区分破碎与未破碎细胞。

(2)目的产物测定法　目的产物测定法是指细胞破碎后,通过测定破碎液中目的产物的释放量来估算破碎率。通常将破碎后的细胞悬浮液离心,测定上清液中目的产物(如蛋白质或酶)的含量或活性,并与100%破碎率所获得的标准值比较,计算其破碎率,公式如下所示。

$$Y/\% = [(R_m - R)/R_m] \times 100\%$$

式中　R_m——理论最大值

　　R——实验测得值

(3)电导率测定法　细胞破碎后,大量带电荷的内含物被释放到水相,使电导率上升,电导率随着破碎率的增加而呈线性增加。电导率的大小受微生物种类、处理条件、细胞浓度、温度和悬浮液中原电解质含量等因素影响,因此,正式测定前,应预先用其他方法绘制标准曲线。

(三)植物材料粉碎

植物材料的粉碎是药物预处理的一个重要环节,对后续的加工操作有着重要的意义。粉碎不仅仅是将物料尺寸由大变小,利于有效成分的溶解和溶出,当物料粒度尺寸减小到一定值以下时，物料的性质会发生显著的变化，具备一般颗粒所没有的特殊理化性质，如良好的溶解性、吸附性、分散性等。植物材料的粉碎是借助机械力将大块的植物材料粉碎成适宜程度的碎块或细粉的操作过程，是植物材料加工中的基本操作之一。

1. 植物材料粉碎的目的

(1)中药材的原料多为植物材料，粉碎后增加了植物材料的表面积，便于药物有效成分的溶解和浸出。经过粉碎后的中药材薄片比厚片、小颗粒比大块材料更易煎煮和浸出有效成分。

(2)难溶的中药植物材料粉碎后可提高溶出度和生物利用度。

(3)粉碎可改善植物材料的流动性，同时可控制多种植物材料处于相近的粒度，便于均匀混合。颗粒越小，越接近，混合均匀度越高。

(4)适当的粉碎可以实现植物材料颗粒内的成分分离，如小麦的制粉过程中，通过研磨实现胚乳分离后磨成细粉。

(5)在植物材料前处理中应用超微粉碎技术，可使其具有独特的物理化学性能，如良好的分散性、吸附性、溶解性等，利于提高药效。对于一些昂贵的药材，如人参、灵芝、冬虫夏草等，超微粉碎还可以减少资源浪费，提高吸收率与疗效。

(6)粉碎还可以减小植物材料体积，利于干燥与贮存。

2. 植物材料粉碎的方式

目前，植物材料粉碎的方式很多，不同的粉碎设备作用也不同，其基本作用力有：挤压、截切、研磨、撞击、劈裂和锉削等，各种粉碎作用力见图 7-2，应按照被粉碎材料的理化性质、粒度要求等来选择粉碎方式。

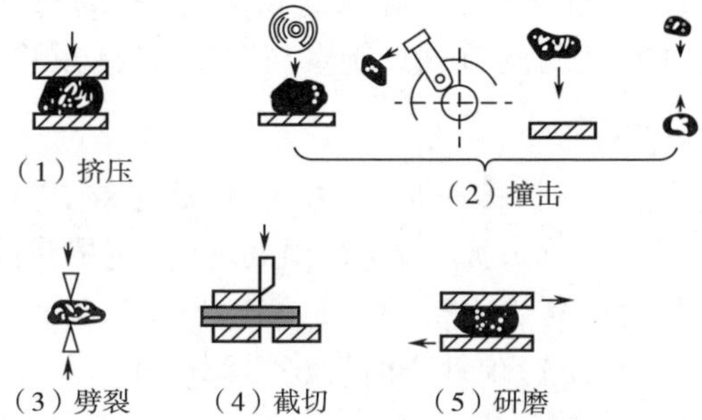

图 7-2　粉碎作用力示意图

(1)以挤压作用为主的粉碎　将物料置于两个工作构件之间，逐渐加压，使之由弹性变形或塑性变形而至破裂粉碎的粉碎方式，这种粉碎方式仅适用于硬而脆性的物料。

(2)以截切作用为主的粉碎　指物料在构件间承受切应力超过强度极限而折

断的粉碎方式。常用的有切片机、切药机、截切机等，一般植物的根、茎、叶的切制或药用部分的切块、切片、切丝、切碎块都属于这一类。

(3)以撞击作用为主的粉碎　是指当物料与工作构件以相对高速运动撞击时或受到锤击作用而粉碎的方式，这种粉碎方式适用于质量较大的脆性物料。撞击粉碎应用范围很广，从较大块的破碎到微粉碎均可使用，而且可以粉碎多种物料。常见的有冲钵、锤击式粉碎机、万能粉碎机等，也有利用物料自身超高速运动而碰撞粉碎的机器，如超声速喷射粉碎机等。

(4)以研磨作用为主的粉碎　是指物料与粗糙工作面之间在一定压力下相对运动而摩擦，使物料受到破坏，表面剥落的粉碎方式。这种粉碎方式往往还带有挤压和截切作用，常见的设备有研钵、铁研船、球磨机。

(四)发酵液预处理技术

发酵液(或培养液)成分复杂，除含有目标药物产物外，还存在大量的菌体、细胞、细胞内外代谢产物和大量的不参与发酵过程的不溶性悬浮物、剩余的培养基、可溶性杂质、高价态金属离子以及各种杂蛋白等杂质。有些杂质成分会对进一步的提取分离工艺或对产品质量产生影响，因此在预处理阶段就要采取适当的方法将其去除。发酵液预处理目的在于改变发酵液(或培养液)的过滤特性，利于固-液分离；去除部分杂质，实现发酵液的相对纯化，以利于后续提取和精制各工序的进行。

1. 发酵液过滤特性及其改变方法

发酵液因其成分复杂，且具有产物浓度较低、悬浮物颗粒小且相对密度与液相相差不大、固体粒子可压缩性大、液相黏度大、多为非牛顿流体、性质不稳定等特性。这些特性往往使得发酵液的过滤与分离变得比较困难，因此通过对发酵液进行适当的预处理，可改善其流体性能，降低滤饼阻力，提高过滤与分离的速率。常用的方法有：降低液体的黏度、调节 pH、凝聚与絮凝、加入反应剂、加入助滤剂等。

2. 发酵液的相对纯化

发酵液的成分复杂，存在许多杂质，其中高价无机离子(Ca^{2+}、Mg^{2+}、Fe^{3+}等)和杂蛋白等对下一步分离的影响最大，因此在预处理时，应尽量除去这些杂质。

(1)无机离子的去除　高价无机离子，尤其是 Ca^{2+}、Mg^{2+}、Fe^{3+}等的存在，会影响树脂对生化物质的交换容量，预处理时应将它们去除。

(2)杂蛋白的去除　发酵液中，可溶性杂蛋白的存在会影响后续的分离过程：杂蛋白降低了离子交换和吸附法提取时交换容量和吸附能力；在有机溶剂法或双水相萃取时，杂蛋白易产生乳化现象，使两相分离不清；在粗滤或膜过滤时，杂蛋白也易使过滤介质堵塞或受污染，影响过滤速率。所以，在预处理时，必须采用适当的方法将这些杂蛋白去除，可采用的方法有等电点沉淀法、变性沉淀法、盐析法和吸附法。

(3)有色物质的去除　发酵液中的有色物质可能是培养基带入的色素，如糖蜜、玉米浸出液等都带有颜色,也可能是微生物在生长代谢过程中分泌的。一般采取离子交换树脂、活性炭等材料来吸附脱色。

(五)固–液分离技术

固–液分离是生物分离过程中应用最多的操作过程,可用于分离细胞、细胞碎片、包含体、沉淀物,并广泛应用到产品的初级分离、纯化精制阶段。固–液分离是指将发酵液中的悬浮固体,如细胞、菌体、细胞碎片以及蛋白质等沉淀物或它们的絮凝体从液相中分离开来的技术。固–液分离的目的包括两个方面:其一是收集含胞内产物的细胞或菌体等沉淀,分离除去液相;其二是收集含目的产物的液相,分离除去固体悬浮物。

固–液分离包括过滤和离心两类单元操作技术。通过这个过程可以得到清液和固态浓缩物两部分。固–液分离的效果取决于原材料的理化性质、固–液分离方法及条件的选择。一般说来,对于那些固体颗粒小,固体颗粒外形尺寸在 1~10μm,溶液黏度大的发酵液,选用离心技术,如细菌、酵母等微粒的分离,也可在预处理后,使用过滤技术。对于含较大颗粒的发酵液,也可选用过滤技术,如霉菌、丝状放线菌等粒子的分离。

1. 过滤技术

过滤操作是借助于过滤介质,在一定的压降作用下,使悬浮液中的液体通过介质的孔道,而固体颗粒被截留在介质上,从而实现固–液分离的单元操作。

(1)过滤技术的分类

①按过滤过程的推动力不同,过滤可分为重力过滤、加压过滤、真空过滤、离心过滤。

②按过滤过程中固体颗粒截留的机理不同,过滤可分为滤饼过滤、深层过滤和绝对过滤。

③按料液流动方向的不同,过滤可分为常规过滤和错流过滤。常规过滤操作如图 7–3 所示,固体颗粒被过滤介质截留,在介质表面形成滤饼,滤液则透过过滤介质的微孔。滤液的透过阻力来自两个方面:过滤介质和介质表面不断堆积的滤饼。过滤操作中,滤饼的阻力占主导地位。

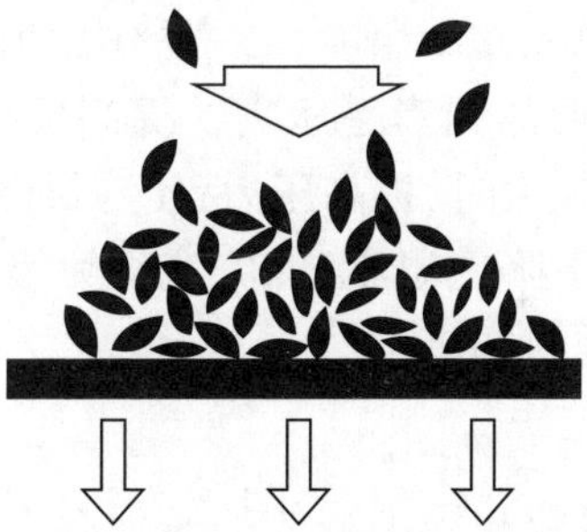

图 7–3　常规过滤

错流过滤中料液流动的方向与过滤介质平行，其操作特点是使悬浮液在过滤介质表面做切向流动，利用流动液体的剪切作用将过滤介质表面的固体（滤饼）移走，是一种维持恒压下高速过滤的技术（图 7-4）。错流过滤的过滤介质通常为微孔膜或超滤膜。错流过滤适用于十分细小的悬浮颗粒（如细菌）的发酵液的过滤。对于细菌悬浮液，错流过滤的滤速可达 67～118L/(m^2 · h)。但是，采用这种方式过滤时，液-固两相的分离不太完全，固相中有 70%～80%（以细菌悬浮液为基准，为体积分数，余同）的滞留液体，而用常规过滤，固相中只有 30%～40%的滞留液体。

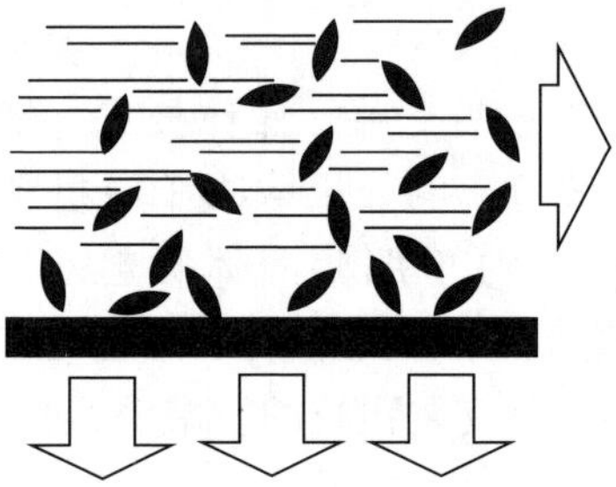

图 7-4　错流过滤

（2）影响过滤性能的主要因素　过滤性能主要与过滤液的理化性质及操作条件有关。

①料液的理化性质

a. 料液中悬浮微粒的性质和大小：一般情况下，悬浮液微粒越大，粒子越坚硬，大小越均匀，固-液分离越容易。如果发酵液中的菌体较小，过滤速率就会相对减小。

b. 料液的黏度：料液的黏度越大，固-液分离越困难，过滤速率就会降低。黏度与料液组成和浓度密切相关，组成越复杂，浓度越高，黏度越大。发酵所用的菌体种类和浓度不同，黏度相差也很大。另外，培养基若用淀粉为碳源，黄豆饼为氮源，其发酵液的黏度也较大。若发酵终点控制不当，菌体发生自溶，黏度也会增大。改善料液的理化性质，可采用预处理技术，以提高过滤速率。

②操作条件：固-液分离操作中温度、pH、操作压力、滤饼厚度等的控制也会影响固-液分离的速率。最重要的因素是压力。提高操作压力一般也可提高过滤速率，但如果滤饼的可压缩性较大时，提高压力，使滤饼受压而不断变得致密，导致流动阻力逐渐增大，滤速反而下降。温度升高，流体黏度降低；调节 pH，也可改变流体黏度，从而使固-液分离速率提高。

2. 离心技术

离心分离是基于固体颗粒和周围液体的密度存在差异，在转鼓高速转动时所产生的离心力使不同密度的固体颗粒加速沉降，实现悬浮液、乳浊液分离或浓缩的分离过程。

离心分离技术广泛应用于食品、生物制药生产中的固-液分离、液-液分离及不同大小的分子分离等。其优点是分离速率快、分离效率高、液相澄清度好。但也存在设备投资高、能耗大,连续排料时,固相干度不如过滤分离等缺点。

(1)离心技术分类

①根据分离方式分类:可分为离心沉降和离心过滤两种方式。离心沉降是利用固、液两相的相对密度差,在离心机无孔转鼓或管子中进行悬浮液的分离操作,可用于液-固、液-液物料的分离。离心过滤是离心机的转鼓为一多孔圆筒,圆筒转鼓内表面铺有滤布,操作时料液由圆筒口表面连续进入筒内,在离心力的作用下,清液穿过过滤介质,经转鼓上的小孔流出,固体吸附在滤布上形成滤饼,以后的液体要依次流经饼层、滤布,再经小孔排出,滤饼层随过滤时间的延长而逐渐加厚,至一定厚度后停止离心,进行卸料处理后再转入离心操作,从而实现固-液分离。

②根据离心原理分类:根据离心原理,可分为沉降速率法和沉降平衡离心法两类。沉降速率法是根据粒子大小、形状不同进行分离的,包括差速离心法和速率区带离心法。沉降平衡离心法依粒子密度差进行分离,包括等密度离心和经典式沉降平衡离心。

(2)影响离心效果的因素及控制　影响离心效果的因素主要包括所分离样品的理化性质、所选用的离心设备及离心操作条件等。

①样品的理化性质:样品各组分相对分子质量的大小、分子形状、密度及黏度等对离心分离效果影响很大。因此,在制订离心分离方案前,必须详细地了解要分离的料液的性质。

②离心分离设备:样品处理量、样品理化性质是选择离心分离设备的决定性因素。对于处理量大的场合,往往需要选用连续离心机,对于组分大小比较接近或流体黏度较大的场合,一般选用高速离心机甚至超速离心机。

③离心条件的选择:离心分离因数、离心时间和操作温度是影响离心效果最重要的工艺参数。

a. 离心分离因数:分离因数是离心机分离能力的主要指标,分离因数越大,物料所受的离心力就越大,分离效果就越好。对于小颗粒,液相黏度大的难分离悬浮液,需要采用分离因数大的离心机加以分离。目前,工业用离心机的分离因数(F)有几百至数十万。分离因数(F)与离心机的转鼓半径(r)成正比,与转鼓转速(n)的平方也成正比,因此,提高转鼓转速比增大转鼓半径对分离因子的影响要大得多。

b. 离心时间:离心时间是样品颗粒从液面沉降到离心管底部的沉降时间。离心时间与离心速率及粒子的沉降距离有关。对于某一样品溶液,当需达到要求的沉降效果(沉降距离)时,离心时间与转速乘积为一定值,因此,采用较低的转速、较长的离心时间或较高的转速、较短的离心时间都可以达到同样的离心效果。

c. 操作温度:在生物实训操作过程中,很多蛋白质、酶都必须在低温下进行操作才能保持其良好的生物活性。有些蛋白质在温度变化的情况下,可能出现变性,或改变颗粒的沉降性质,影响分离效果。因此,必须严格控制温度。

3. 影响固-液分离的因素

固-液分离的效果取决于原材料的理化性质、固-液分离方法及条件的选择。一般来说,对于那些固体颗粒小,溶液黏度大的发酵液,选用离心技术分离效果较好,如细菌、酵母等微粒的分离。也可在预处理后,使用过滤技术。对于含较大颗粒的发酵液,选用过滤技术分离较适合,如霉菌、丝状放线菌等粒子的分离。大多数微生物发酵液都属于非牛顿型液体,固-液分离较困难,发酵液的流变特性与很多因素有关,主要取决于菌种和培养条件。

(1)微生物种类对固-液分离的影响　一般真菌的菌丝比较粗大,固-液分离容易,含真菌菌体及絮凝蛋白质的发酵液,可采用鼓式真空过滤或板框过滤。对于酵母,离心分离的方法具有较好的效果。但是细菌或细胞碎片相当细小,固-液分离十分困难,用一般的离心分离或过滤方法效果很差,因此应先用各种预处理手段来增大粒子,才能获得澄清的滤液。

(2)发酵液的黏度　固-液分离的速度通常与黏度成反比。影响发酵液黏度的因素很多:菌体种类和浓度不同,其黏度有很大差别;不同的培养基组分和用量也会影响黏度,如用黄豆饼粉、花生饼粉为氮源,用淀粉做碳源会使黏度增大。发酵液中未用完的培养基较多或发酵后期用油为消沫剂也会使过滤困难;一般说来发酵进入菌丝自溶阶段,抗生素产量才能达到高峰,但菌丝自溶使发酵液变黏,为保证过滤工序的顺利进行,必须正确选择发酵终点和放罐时间;染菌的发酵液黏度也会增高。

(3)其他因素　发酵液的 pH、温度和加热时间也会影响过滤速度。另外加助滤剂有利于改善固-液分离速度。如灰色链丝菌发酵液过滤与助滤剂硅藻土的加入量有明显关系,实践证明,随助滤剂加入量增多,比阻值降低,滤速大大提高。

二、药物提取分离技术

(一)萃取技术

发酵结束后,目标产物存在于发酵液中,经过发酵液预处理和过滤得到滤液。利用不同的 pH 条件下以不同的化学状态(游离态酸或盐)存在时,根据在水及水互不相溶的溶媒中溶解度不同的特性,从一种液相(如发酵滤液)转移到另一种液相(如有机溶媒)中去,以达到浓缩和提纯的目的。

1. 溶剂萃取技术

(1)溶剂萃取的概念与原理

①溶剂萃取的概念:将所选定的某种溶剂,加入一种与其不互溶的液体混合物中,根据混合物中不同组分在该溶剂中的溶解度不同,将需要的组分分离出来,这

个操作过程称为溶剂萃取。萃取操作的实质是溶质在两个不互溶的液相之间通过传质实现再分配的过程,通过萃取操作溶质优先溶于溶解度高的液相中。

②溶剂萃取的原理

a. 分配定律和分离因数:在恒温恒压条件下,溶质 A 在互不相溶的两相中达到分配平衡时,如果其在两相中以相同的分子形态存在,则其在两相中的平衡浓度之比为常数,称为分配常数(K),这就是溶质的分配平衡定律,简称为分配定律。

$$K = \frac{c_2}{c_1}$$

式中　K——分配常数

c_2——A 在萃取相 E 中的浓度,mol/L

c_1——A 在萃余相 R 中的浓度,mol/L

分配常数是以相同分子形态存在于两相中的溶质浓度之比,但在多数情况下,特别是在化学萃取中,溶质在各相中并非以同一种分子形态存在。因此,萃取过程中常用溶质在萃取相 E 和萃余相 R 中的总浓度之比表示溶质的分配平衡,该比值称为分配系数,用 K_D 表示。

在萃取操作中,不仅要求萃取剂 S 对溶质 A 的效果好,而且要求萃取剂 S 尽可能与原溶剂 B 不互溶,这种性质称为溶剂的选择性,通常用分离因数 β 来表示。分离因数 β 也称为分离因子,或选择性系数。

$$\beta = \frac{K_A}{K_B} = \frac{y_A/x_A}{y_B/x_B} = \frac{y_A/y_B}{x_A/x_B}$$

式中　β——分离因数,萃取剂 S 对溶质 A 和原溶剂 B 的选择性系数

K_A——溶质 A 在两相中的分配系数

K_B——原溶剂 B 在两相中的分配系数

y_A——溶质 A 在萃取相 E 中的摩尔分数

y_B——原溶剂 B 在萃取相 E 中的摩尔分数

x_A——溶质 A 在萃余相 R 中的摩尔分数

x_B——原溶剂 B 在萃余相 R 中的摩尔分数

分离因数 β 越大,说明萃取分离的效果越好,若 $\beta=1$,表示 A、B 在 E 相和 R 相中分配系数相等,不能用萃取的方法对 A、B 进行分离。

b. 萃取系统的组成:萃取是由水溶液和有机溶剂组成的两个液相的传质过程。在这两个液相中含有萃取剂、稀释剂、无机酸(碱)和盐析剂等物质,但并不一定在每一个萃取过程中都有。

(2)萃取剂的选择

①选择依据:溶剂萃取中,萃取剂通常是有机溶剂,根据目标产物以及与其共存杂质的性质选择合适的有机溶剂,可使目标产物有较大的分配系数和较高的选择性。根据"相似相溶"的原理,选择与目标产物极性相近的有机溶剂为萃取剂,可以得到较大的分配系数。

②常用萃取剂：常用的萃取剂大致有以下四类：a. 中性配合萃取剂，如醇、酮、醚、酯、醛及烃类。b. 酸性萃取剂，如羧酸、磺酸、酸性磷酸酯等。c. 螯合萃取剂，如羟肟类化合物。d. 叔胺和季铵盐。

(3)溶剂萃取操作过程与方式

①溶剂萃取操作过程

a. 混合：萃取剂和含有组分(或多组分)的原料液混合接触，进行萃取，溶质从原料液转移到萃取剂中。

b. 分离：分离互不相溶的两相。

c. 回收：萃取剂从萃取相及萃余液(残液)除去，并加以回收，其中萃取后含有溶质的萃取相称为萃取液，萃取剂接触后离开的原料液称为萃余液(残液)。

②溶剂萃取操作方式：根据原料液与萃取剂的接触方式，萃取操作流程可分为单级和多级萃取流程，后者又分为多级错流萃取流程和多级逆流萃取流程，以及两者结合进行操作的流程。

a. 单级萃取：只用一个混合器和一个分离器的萃取称为单级萃取，这种流程比较简单，但由于只萃取一次，一般萃取效率不高，产物在水相中含量仍然很高。如增加萃取剂的用量会使产品的浓度降低，也会增加萃取剂回收处理的工作量。

b. 多级错流萃取：由几个萃取器串联所组成，原料液经第一级萃取(每级萃取由萃取器与分离器所组成)后分离成两个相；萃余相依次流入下一个萃取器，再加入新鲜萃取剂继续萃取；萃取相则分别由各级排出，将它们混合在一起，再进入回收器回收溶剂，回收得到的溶剂仍可做萃取剂循环使用。由于溶剂分别加入各级萃取器，故萃取推动力较大，萃取效果较好；缺点是仍需加入大量的溶剂，需消耗较多的能量回收溶剂。

c. 多级逆流萃取：原料液从前端进入，连续通过各级萃取器，最后从末端排出；萃取剂则从末端进入，通过各萃取器最后从前端排出。在整个过程中，萃取剂与原料液互成逆流接触，故称为多级逆流萃取流程。与上两种萃取相比，逆流萃取收率最高，溶剂用量最少，这在工业生产中很经济，因而被普遍采用。

(4)影响溶剂萃取的因素　温度、时间、原料液中被萃取组分的浓度、萃取剂及稀释剂的性质、两相体积比、盐析剂种类及浓度、原液 pH、不连续相的分散程度。另外，萃取操作方式及选用的萃取设备也影响萃取效率。因此，在采取萃取操作过程中应综合考虑各方面的因素，以满足生产的需求。

(5)溶剂萃取的工艺问题及处理　在溶剂萃取过程中，两相界面上经常会产生乳化现象。乳化是指液体以细小液滴的形式分散在另一不相溶的液体中。破乳的方法有：加入强电解质，破坏乳状液双电层的化学法；加热、稀释、吸附及离心等物理法；加入表面活性更强的物质，把界面活性替代出来的顶替法等。但这些方法耗时、耗能、耗物，最好在实施溶剂萃取操作前，对发酵液进行预处理，从源头上消除乳化现象的发生。

(6)溶剂回收　萃取剂回收是萃取操作过程中实现萃取剂循环利用,减少萃取操作生产成本的主要辅助过程。回收萃取剂所用的方法主要是蒸馏。根据物质的性质,可以采用简单蒸馏、恒沸蒸馏、萃取蒸馏,水蒸气蒸馏、精馏等方法分离出萃取剂。对于热敏性药物,可以通过降低萃取相温度使溶质结晶析出,达到与萃取剂分离的目的,或者通过反萃取的措施使被萃取组分与萃取剂分开。对于后两种方法,分开后的溶剂可以循环利用,但一段时间后由于萃取剂中所含杂质含量升高,对萃取操作有很大影响,仍需要通过蒸馏进行萃取剂的提纯和浓缩。

2. 双水相萃取技术

双水相现象是当两种聚合物或一种聚合物与一种盐溶于同一溶剂时,由于聚合物之间或聚合物与盐之间的不相溶性,当聚合物或无机盐浓度达到一定值时,就会分成不互溶的两相。因使用的溶剂是水,因此称为双水相,在这两相中水分都占很大比例(85%~95%,体积分数)。活性蛋白或细胞在这种环境中不会失活,但可以按不同比例分配于两相,这就克服了有机溶剂萃取中蛋白质容易失活和强亲水性蛋白质难溶于有机溶剂的缺点。

(1)双水相萃取的原理　双水相萃取的原理即当物质进入双水相体系后,由于物质表面性质、电荷以及各种力(如疏水键、氢键、离子键等)的存在以及环境的影响,使其在上下两相中的分配系数 K_D 明显不同,从而达到分离的目的。如:各种类型的细胞离子分配系数都大于 100 或小于 0.01,而酶、蛋白质等生物大分子物质的 K_D 在 0.1~10;更有一些小分子物质的 K_D 在 1.0 左右,因此双水相系统能很好地选择性地将它们分离。

(2)双水相萃取的工艺流程

①双水相系统的选择:双水相系统的选择应根据目标蛋白质和共存杂质的表面疏水性、相对分子质量、等电点和表面电荷等性质上的差别,综合利用静电作用、疏水作用和增加适当种类和浓度的盐,可选择性地萃取目标产物。

②双水相体系的制备:确定体系组成后,将形成双水相的聚合物或盐溶解在水中,搅拌制备双水相。通过控制聚合物或盐的浓度来调整分配系数大小,在保证聚合物或盐浓度不变的情况下,通过调整水量、盐和聚合物的量来实现双水相体积变化,以达到一定的萃取率。

③相平衡与相分离:双水相萃取过程包括以下几个步骤,即双水相的形成、溶质在双水相中的分配和双水相的分离。在实际操作中,经常将固态(或浓缩的)聚合物和盐直接加入细胞匀浆液中,同时进行机械搅拌使成相物质溶解,形成双水相;溶质在双水相中发生物质传递,达到分配平衡。由于常用的双水相系统的表面张力很小,相间混合所需能量很低,通过机械搅拌很容易分散成微小液滴,相间比表面积极大,达到相平衡所需时间很短,一般只需几秒钟,所以,如果利用固体聚合物和盐成相,则聚合物和盐的溶解多为萃取过程的速率控制步骤。

双水相系统的相间密度差很小,重力沉降法需 10h 以上,两相很难完全分离。

利用离心沉降可大大加快相分离速度,并易于连续化操作。

④多步萃取:细胞匀浆液中的目标产物可以经过多步萃取获得较高的纯化倍数。

第一步萃取:使细胞碎片、大部分杂蛋白和亲水性核酸、多糖等发酵副产物分配于下相,目标产物分配于上相。如目标产物尚未达到所需纯度,向上相中加入盐使其重新形成双水相。

第二步萃取:此步萃取可除去大部分多糖和核酸。

第三步(最后一步)萃取:则使目标产物分配于盐相,以使目标产物与 PEG 分离,便于 PEG 的重复利用和目标产物的进一步加工处理。

⑤大规模双水相萃取:双水相萃取系统的相混合能耗很低,达到相平衡所需时间很短。因此,双水相萃取的规模放大非常容易,在双水相萃取过程中,当达到相平衡后可采用连续离心法进行相分离。

(3)影响双水相萃取的因素

①成相聚合物:聚合物的类型如何选择是双水相萃取过程中至关重要的关键问题,当两种不同的聚合物溶液混合时,可能出现以下三种情况:a. 完全混溶,称为溶液,未形成双水相体系。b. 物理性不溶,即形成双水相。c. 复杂的凝聚,有些水溶液聚合物呈现出与此不同的性能,当混合时,水分被大量地排出,两聚合物表现为强烈的相互吸引力,在这种情况下,聚合物聚集在单一的相中,这一过程称为复杂的凝聚。

②离子环境(盐的种类和浓度):双水相萃取时,蛋白质的分配系数受离子强度的影响很小。盐的种类和浓度对分配系数的影响主要反映在相间电位和蛋白质疏水性的影响。不同电解质的正负离子的分配系数不同,当双水相系统中含有这些电解质时,由于两相均应各自保持电中性,从而产生不同的相间电位。因此盐的种类(离子组成)影响蛋白质、核酸等生物大分子的分配系数。

③pH:相体系的 pH 对溶质的分配有很大影响,这是由于体系的 pH 变化能明显地改变两相的电位差,而且 pH 的改变还导致蛋白质带电性质的变化,从而改变分配系数。如体系 pH 与蛋白质的等电点相差越大,则蛋白质在两相中分配越不平均,对于酶蛋白体系应控制在酶稳定的 pH 范围内。

④温度:分配系数对温度的变化不敏感。大规模双水相萃取操作一般在室温下进行,不须冷却。基于成相聚合物对蛋白质有稳定作用,室温操作活性收率依然很高,而且常温下溶液黏度较低,有助于相的分离并节省冷却费用。

温度影响双水相系统的相图,因而影响蛋白质的分配系数,也影响到上下相体积比,因此,在实验中对某些敏感的相体系仍要注意温度的影响。

(4)双水相萃取的应用　到目前为止,双水相萃取分离技术在生化工艺过程、中草药有效成分的提取、双水相萃取分析方面均得到成功应用,比如氨基酸、多肽、核酸、细胞器、细胞膜以及各类细胞、病毒等的分离纯化,部分已实现工业化。

3. 超临界流体萃取技术

流体在超临界状态下,其密度接近液体,具有与液体溶剂相当的萃取能力;其黏度接近气体,传递阻力小,传质速率大于其处于液态下的溶剂萃取速率。基于超临界流体的这种优良特性,自 20 世纪 70 年代以来,其迅速发展为一门综合了精馏与液-液萃取两个单元操作的优点独特的分离工艺。

每一种物质都有其特征的临界参数。在压力-温度的纯物质的相图上(图 7-5),当达到图中 A 点时,体系的性质变得均一,不再分为气体和液体,称 A 点为临界点。临界点对应的压力称为临界压力,对应的温度称为临界温度,用 T_e 表示。不同的物质有不同的临界点。临界点是气体和液体转化的极限,在此点饱和液体和饱和气体的差别消失。当温度和压力超过临界点值时,物质处于既不是液体也不是气体的超临界状态,称其为超临界流体(SCF)。常用的超临界气体流体有 CO_2、SO_2、NH_3、H_2O、CH_3OH、C_2H_5OH、C_2H_6、C_3H_8、C_4H_{10}、C_5H_{12}、C_2H_4、$CClF_3$ 等。

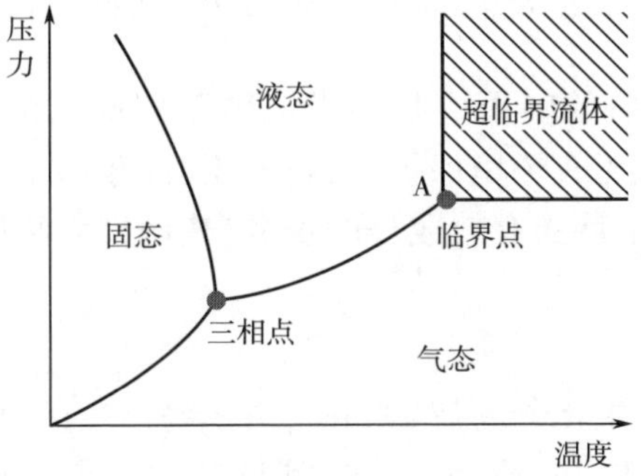

图 7-5　压力-温度的纯物质相图

(1)超临界流体萃取的原理　溶质在一种溶剂中的溶解度取决于两种分子间的作用力。这种溶剂与溶质之间的作用力随着分子靠近而强烈增加,分子间作用力越大,溶剂的溶解度越大。超临界流体的密度越接近液体的密度,对溶质的溶解能力越和液体相同。压力越大,超临界流体的密度越大,对溶质的溶解度也就越大,随着压力的降低,超临界流体的密度减小,溶解度急剧减小。

超临界流体萃取分离过程是利用其溶解能力与密度的关系,即利用压力和温度对超临界流体溶解能力的影响而进行的。在超临界状态下,流体与待分离的物质接触,使其有选择性地依次把极性大小、沸点高低和相对分子质量大小不同的成分萃取出来,然后借助减压、升温的方法使超临界流体变成普通气体,被萃取物质自动完全或基本析出,从而达到分离提纯的目的,并将萃取分离的两个过程合为一体。

(2)超临界流体萃取的工艺流程　超临界流体萃取工艺流程是由萃取和分离两个阶段组合而成的,如图 7-6 所示。根据分离方法的不同,可以把超临界萃取流程分为:等温法、等压法和吸附法。

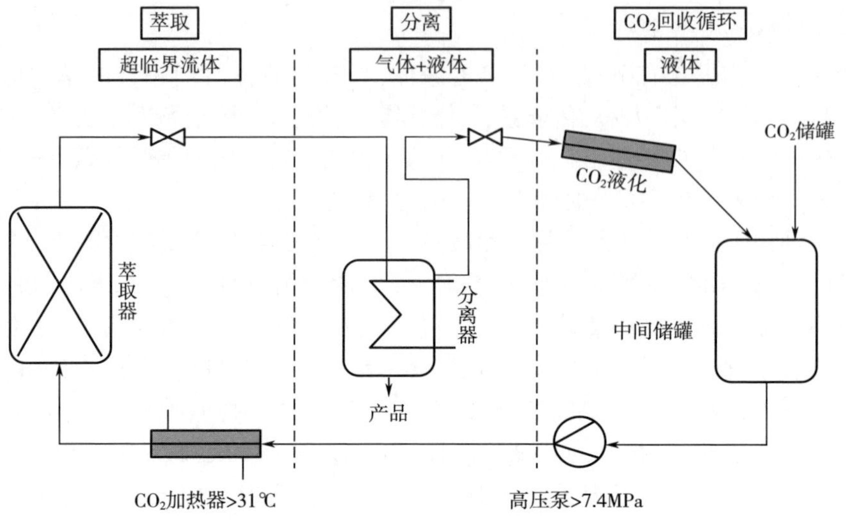

图 7-6　超临界流体萃取工艺流程

(3)超临界流体萃取的应用　超临界流体萃取应用的领域广泛,除了天然产物的提取、有机合成外,还有环境保护、材料加工、油漆印染、生物技术和医学等;如在医药工业中,可用于中草药有效成分的提取,热敏性生物制品药物的精制及脂质类混合物的分离。

(二)盐析技术

盐析是最早使用的生化分离技术之一,由于易产生共沉作用,故其分辨率不是很高,但配合其他分离纯化手段完全能达到良好的分离效果,再有因其成本低,操作简单、不须特殊设备、安全、应用范围广、对许多生物活性物质具有很好的稳定作用,一般用于生物分离纯化的初步纯化阶段。

1. 盐析技术的基本原理

高浓度的中性盐溶液中存在着大量的带电荷的盐离子,它们能够中和生物分子表面的电荷,使之赖以稳定的双电层受损,从而破坏分子外围的水化层;另外,大量盐离子自身的水合作用降低了自由水的浓度,从另一方面摧毁了水化层,使生物分子相互聚集而沉淀。

2. 盐析用盐的种类及其选择

(1)选用中性盐的几点原则　在盐析过程中,离子强度和离子种类对蛋白质等溶质的溶解度起着决定性的影响。在选择中性盐时要考虑以下几个问题:①要有较强的盐析效果:一般多价阴离子的盐析效果比阳离子显著。②要有足够大的溶解度,且溶解度受温度的影响尽可能地小,这样便于获得高浓度的盐溶液,尤其是在较低的温度下操作时,不至于造成盐结晶析出,影响盐析效果。③盐析用盐在生物学上应是惰性的,并且,最好不引入给分离或测定带来麻烦的杂质。④来源丰富，价格低廉。

（2）常用的中性盐种类及选择　生物大分子盐析常用的中性盐，主要有硫酸铵、硫酸钠、硫酸镁、磷酸钠、氯化钠等，其中应用最广的是硫酸铵。磷酸盐也常用于盐析，具有缓冲能力强的优点，但它们的价格较昂贵，溶解度较低，还容易与某些金属离子生成沉淀，所以也没有硫酸铵应用广泛。

3. 影响盐析的因素

（1）蛋白质性质　各种蛋白质的结构和性质不同，盐析沉淀要求的离子强度也不同。硫酸铵的浓度为饱和度的20%时，血浆中的蛋白质、纤维蛋白原最易析出；硫酸铵的浓度为饱和度的28%~33%时，优球蛋白析出；硫酸铵的浓度为饱和度的33%~50%时，拟球蛋白析出；硫酸铵的浓度大于饱和度的50%时，白蛋白析出。

（2）蛋白质浓度　中性盐沉淀蛋白质时，溶液中蛋白质的实际浓度对分离的效果有较大的影响。在相同的盐析条件下，样品的浓度越大，越容易沉淀，所以通常高浓度的蛋白质用稍低的硫酸铵饱和度即可将其沉淀下来。但样品的浓度越高，则易产生各种蛋白质包括杂质的共沉淀作用，从而使分辨率降低；相反，样品浓度低时，共沉作用小、分辨率高，但盐析所需的盐饱和度大，用盐量大，样品的回收率低，所以在盐析时，要根据实际条件选择适当的样品浓度。通常认为比较适中的蛋白质浓度是25~30mg/mL。

（3）离子强度和类型　按照盐析理论，离子强度对蛋白质等溶质的溶解度起着决定性的影响。一般说来，离子强度越大，蛋白质的溶解度越低。离子种类对蛋白质溶解度也有一定影响，一般阴离子的盐析效果比阳离子好，尤其以高价阴离子更为明显。阴离子的盐析效果排序为：柠檬酸>磷酸盐>硫酸盐>醋酸盐>盐酸盐>硝酸盐>硫氰酸盐，阳离子的盐析效果排序为：铝盐>钙盐>镁盐>铵盐>钾盐>钠盐。

（4）pH　pH 对盐析的影响表现为蛋白质所带净电荷越多，它的溶解度就越大。改变 pH 可改变蛋白质的带电性质，因而就改变了蛋白质的溶解度。远离等电点处溶解度大，在等电点处溶解度小，因此用中性盐沉淀蛋白质时，pH 常选在该蛋白质的等电点附近。但必须注意在水中或稀盐液中的蛋白质等电点与高盐浓度下所测的结果是不同的，需根据实际情况调整溶液 pH，以达到最好的盐析效果。

（5）温度　温度是影响溶解度的重要因素，对于多数无机盐和小分子有机物，温度升高则溶解度加大，但对于蛋白质、酶和多肽等生物大分子，在高离子强度溶液中，温度升高，它们的溶解度反而减小。在低离子强度溶液或纯水中，蛋白质的溶解度大多数还是随温度升高而增加的。在一般情况下，对蛋白质盐析的温度要求不严格，可在室温下进行。但对于某些对温度敏感的酶，要求在0~4℃下操作，以避免活力丧失。

4. 盐析操作过程及应用

硫酸铵是盐析中最为常用的中性盐，下面以硫酸铵盐析蛋白质为例介绍盐析操作的过程。

(1)操作方式　盐析时,将盐加入溶液中,有以下两种方式。

①加硫酸铵的饱和溶液:在实验室和小规模生产中溶液体积不大时,或硫酸铵浓度不须太高时,可采用这种方式。这种方式可防止溶液局部过浓,但是溶液会被稀释,不利于下一步的分离纯化。

②直接加固体硫酸铵:在工业生产溶液体积较大时,或需要达到较高的硫酸铵饱和度时,可采用这种方式。加入之前应先将硫酸铵研成细粉不能有块,加入时速度不能太快,要在搅拌下缓慢均匀少量多次地加入,尤其到接近计划饱和度时,加盐的速度要更慢一些,尽量避免局部硫酸铵浓度过高而造成不应有的蛋白质沉淀。

(2)脱盐　利用盐析技术进行初级纯化时,产物中的盐含量较高,一般在盐析沉淀后,需要进行脱盐处理,才能进行后续的纯化操作。通常所说的脱盐就是指将小分子的盐与目的物分离开。最常用的脱盐方法有两种:即透析和凝胶过滤。凝胶过滤脱盐不仅能除去小分子的盐,也能除去其他小分子物质。用于脱盐的凝胶主要有 Sephadex G-10、G-15、G-25 和 Bio-Gel P-2、P-6、P-10。与透析法相比,凝胶过滤脱盐速度比较快,对不稳定的蛋白质影响较小,但样品的黏度不能太高,不能超过洗脱液的 2~3 倍。

(3)操作注意事项

①加入固体硫酸铵时应注意温度变化对溶液体积的影响。

②分段盐析时,要考虑到每次分段后蛋白质浓度的变化。蛋白质浓度不同要求盐析的饱和度也不同。

③为了获得实验的重复性,盐析的条件如 pH、温度和硫酸铵的纯度都必须严格控制。

④盐析后一般要放置 0.5~1h,待沉淀完全后再离心与过滤,分离过早将影响收率。低浓度硫酸铵溶液盐析可采用离心分离,高浓度硫酸铵溶液则常用过滤方法。因为高浓度硫酸铵密度太大,要使蛋白质完全沉降下来需要较高的离心速度和较长的离心时间。

⑤盐析过程中,搅拌必须是有规律和温和的。搅拌太快容易引起蛋白质变性,其变性特征是起泡。

⑥为了平衡硫酸铵溶解时产生的轻微酸化作用,沉淀反应至少应在 50mmol/L 缓冲溶液中进行。

(4)盐析的应用　盐析广泛应用于各类蛋白质的初级纯化和浓缩。例如,人干扰素的培养液经硫酸铵盐析沉淀,可使人干扰素纯化 1.7 倍,回收率为 99%;白细胞介素-2 的细胞培养液经硫酸铵沉淀后,沉淀中白细胞介素-2 的回收率为 73.5%,纯化倍数达到 7。

(三)有机溶剂沉淀技术

在含有蛋白质、酶、核酸、黏多糖等生物大分子的水溶液中,加入一定量亲水性的有机溶剂,能降低溶质的溶解度,使其从溶液中沉淀出来。利用生物大分子在不同浓度的有机溶剂中的溶解度差异而分离的方法,称为有机溶剂沉淀法。

1. 有机溶剂沉淀的基本原理

(1)有机溶剂可降低水溶液的介电常数,使溶质分子之间的静电引力增加,互相吸引聚集,形成沉淀。

(2)有机溶剂的亲水性比溶质分子的亲水性强,它会抢夺本来与亲水溶质结合的自由水,破坏其表面的水化膜,导致溶质分子之间的相互作用增大而发生聚集,从而沉淀析出。不同溶质沉淀要求不同浓度的有机溶剂,是有机溶剂分级沉淀的理论基础。

2. 常用的有机溶剂及其选择

常用于生物大分子物质沉淀的有机溶剂有甲醇、乙醇、异丙醇和丙酮等,其中乙醇是最常用的沉淀剂,因为它无毒,适用于医药上使用,并能很好地用于蛋白质混合物的分级沉淀。有机溶剂的加入量应适当,过多的加入量不仅造成浪费,还会使溶液中更多的色素、糊精及其他杂质沉淀,影响产品纯度。

沉淀用的有机溶剂一般要能与水无限混溶,也可使用一些与水部分混溶或微溶的溶剂,如三氯甲烷等,一般利用其变性作用除去杂蛋白。在选择有机溶剂时需考虑以下几方面:①介电常数小,沉淀作用强。②对生物大分子的变性作用小。③毒性小,挥发性适中。沸点低虽有利于溶剂的去除和回收,但挥发损失较大,且给劳动保护和安全生产带来麻烦。④一般需能与水无限混溶。

进行有机溶剂沉淀时,欲使溶液达到一定的有机溶剂浓度,需要加入的有机溶剂的量可按下面的公式计算而得。

$$V = V_0 \frac{S_2 - S_1}{100\% - S_2}$$

式中　V——需加入的有机溶剂的体积

V_0——原溶液体积

S_1——原溶液中有机溶剂的浓度,%

S_2——需达到的有机溶剂的浓度,%

100%——加入的有机溶剂浓度为 100%(体积分数,余同),如所加入的有机溶剂的浓度为 95%,公式中的分母应改为$(95\%-S_2)$

注:本公式体积无单位,实际单位应依据实验确定;浓度单位应换算为%。

3. 影响有机溶剂沉淀的因素

(1)温度　多数蛋白质在有机溶剂与水的混合液中,溶解度随温度降低而下降。值得注意的是,大多数生物大分子如蛋白质、酶和核酸在有机溶剂中对温度特别敏感,温度稍高就会引起变性,且有机溶剂与水混合时产生放热反应,因此有机溶剂必须预先冷却至较低温度,操作要在冰盐浴中进行,加入有机溶剂时必须缓慢且不断搅拌以免局部过热。一般规律是温度越低得到的蛋白质活性越高。

(2)样品浓度　样品浓度对有机溶剂沉淀生物大分子的影响与盐析的情况相似。低浓度样品要使用比例更大的有机溶剂进行沉淀,且样品的损失较大,即回收率低,具有生物活性的样品易产生稀释变性。但对于低浓度的样品,杂蛋白与样品共沉淀的作用小,有利于提高分离效果。反之,对于高浓度的样品,可以节省有机溶剂,减少变性的危险,但杂蛋白的共沉淀作用大,分离效果下降。通常使用5~20mg/mL的蛋白质初浓度为宜,可以得到较好的沉淀分离效果。

(3)pH　有机溶剂沉淀适宜的pH要选择在样品稳定的pH范围内,而且尽可能选择样品溶解度最低的pH,通常是选在等电点附近,从而提高此沉淀法的分辨能力。

(4)离子强度　是影响有机溶剂沉淀生物大分子的重要因素。以蛋白质为例,盐浓度太大或太小都有不利影响。通常溶液中盐浓度以不超过50g/L为宜,使用乙醇的量也以不超过原蛋白质水溶液的2倍体积为宜,少量的中性盐对蛋白质变性有良好的保护作用,但盐浓度过高会增加蛋白质在水中的溶解度,降低了有机溶剂沉淀蛋白质的效果,通常是在低盐或低浓度缓冲液中沉淀蛋白质。

4. 有机溶剂沉淀技术的操作过程及应用

(1)有机溶剂沉淀技术的操作过程　操作前先要选择合适的有机溶剂,将待分离溶液和有机溶剂分别进行预冷,一般蛋白质溶液冷却到0℃左右,有机溶剂预冷到-10℃以下。然后注意调控样品的浓度、温度、pH和中性盐的浓度,使之达到最佳的参数控制范围。由于高温环境下有机溶剂易引起蛋白质变性失活,因此必须在低温下进行。加入有机溶剂时注意少量多次加入,同时要注意搅拌均匀以避免局部浓度过大使目标物变性。作用一定时间后过滤或离心,分离得到固体目的物沉淀。沉淀应立即用水或缓冲液溶解,以降低有机溶剂浓度,同时进行下一步的分离。如果不能立即溶解,则应尽可能抽真空以减少其中有机溶剂的含量,以免影响目的物的生物活性。

(2)有机溶剂沉淀技术的应用　有机溶剂沉淀法是常用的多糖提取工艺,它是利用多糖溶于水或酸、碱、盐溶液而不溶于醇、醚、丙酮等有机溶剂的特点,从不同材料中进行提取。提取时一般先将原料物质脱脂与脱游离色素,然后用水或稀酸、稀碱或稀盐溶液进行提取,提取液经浓缩后即以数倍体积的甲醇或乙醇沉淀析出,得粗多糖。

(四)等电点沉淀技术

等电点沉淀法是有效的蛋白质初级分离手段,因其操作简单,设备要求不高,操作条件温和,对蛋白质损伤小等特点,被广泛应用于蛋白质等特别是疏水性大的生物大分子的初级分离。利用蛋白质在等电点时溶解度最低的特性,向含有目的药物成分的混合液中加入酸或碱,调整其pH,使蛋白质沉淀析出的方法,称为等电点沉淀法。

1. 等电点沉淀的基本原理

在等电点时，蛋白质分子以两性离子形式存在，其分子净电荷为零（即正负电荷相等），此时蛋白质分子颗粒在溶液中因没有相同电荷的相互排斥，分子相互之间的作用力减弱，其颗粒极易碰撞、凝聚而产生沉淀，所以蛋白质在等电点时，其溶解度最小，最易形成沉淀物。等电点时的许多物理性质如黏度、膨胀性、渗透压等都变小，从而有利于悬浮液的过滤。等电点沉淀法只适用于水化程度不大，在等电点时溶解度很低的物质，如四环素在其等电点（$pI=5.4$）附近，难溶于水，能产生沉淀，又如酪蛋白也能用该法沉淀。但对于亲水性很强的物质，即使在等电点的 pH 下，仍不产生沉淀，因此可与其他沉淀法结合起来。在采用该法时必须注意溶液 pH 应首先满足生化物质的稳定性。等电点沉淀法除可用于所需生化物质的提取，也可用于沉淀除去杂蛋白及其他杂质，例如胰岛素纯化时，调 pH 至 8.0 除去碱性杂蛋白，调 pH 至 3.0 除去酸性杂蛋白，粗提液经这样处理后纯度大大提高，有利于后面的提取操作。提取某些酶时，也可先将溶液 pH 调至 5.0 沉淀并分离除去核蛋白等杂质，使酶液纯度大大提高。

2. 影响等电点沉淀的因素

影响蛋白质等电点最直接的因素就是它的一级结构，因为一级结构决定了有多少 R 基带电基团和疏水氨基酸的数量。但是在实验操作中，有很多因素可以影响蛋白质的等电点，并可以根据这个原理对蛋白质进行分离。

（1）pH　在等电点以上或以下 pH 时，蛋白质携带同种符号的静电荷相互排斥，阻止了单个分子聚集成沉淀。生产中应尽可能避免直接用强酸或强碱调节 pH，以免局部过酸或过碱，而引起目标蛋白或酶的变性。另外，调节 pH 所用的酸或碱应与原溶液中的盐或即将加入的盐相适应，如溶液中含硫酸铵时，可用硫酸或氨水调 pH；如原溶液中含有氯化钠时，可用盐酸或氢氧化钠调 pH。总之，应以尽量不增加新物质为原则。

（2）盐的浓度　在盐溶液中，蛋白质若结合较多的阳离子，则等电点的 pH 升高；因为结合阳离子后，正电荷相对增多，只有 pH 升高才能达到等电点状态，如胰岛素在水溶液中的等电点为 5.3，在含一定浓度锌盐的水-丙酮溶液中的等电点为 6.0；如果改变锌盐的浓度，等电点也会改变。蛋白质若结合较多的阴离子（如 Cl^-、SO_4^{2-} 等），则等电点移向较低的 pH，因为负电荷相对增多了，只有降低 pH 才能达到等电点状态。

（3）杂蛋白影响　在生产过程中应根据分离要求，除去目标产物之外的杂蛋白；若目标产物也是蛋白质，且等电点较高时，可先除去低于等电点的杂蛋白，如细胞色素 C 的等电点为 10.7，在细胞色素 C 的提取纯化过程中，调 pH 至 6.0 除去酸性蛋白，调 pH 为 7.5~8.0，除去碱性蛋白。

3. 等电点沉淀的操作过程及应用

（1）等电点沉淀法操作　低离子浓度时 $pH=pI$，因此，等电点沉淀操作需要低离子浓度下调整溶液的 pH 至等电点，或在等电点的 pH 下利用透析等方法降低离子强度，使蛋白质沉淀。由于一般蛋白质的等电点多在偏酸性范围内，故等电点沉淀操作中，多通过加入无机酸（如盐酸、磷酸和硫酸等）调节 pH。

（2）等电点沉淀法应用　等电点沉淀主要应用于蛋白质等两性电解质的分离提纯，还可应用于大豆异黄酮的分离：用等电点沉淀法脱去蛋白质，可提高异黄酮制品的纯度，异黄酮截留率为 7.2%，蛋白质截留率为 91.1%。

（五）结晶技术

固体物质分为结晶形和无定形两种状态。食盐、蔗糖、氨基酸、柠檬酸等都是结晶形物质，而淀粉、蛋白质、酶制剂、木炭、橡胶等都是无定形物质，形成结晶形物质的过程称为结晶。结晶操作能从杂质含量较高的溶液中得到纯净的晶体；结晶过程可赋予固体产品以特定的晶体结构和形态；结晶过程所用设备简单，操作方便，成本低；结晶产品的外观优美，它的包装、运输、贮存和使用都很方便。许多化工产品、医药产品及中间体、生物制品均需制备成具有一定形态的纯净晶体。因此，结晶是一个重要的生产单元操作，在化工、医药、轻工、生物行业分离纯化物质的过程中得到广泛应用。

1. 结晶的基本原理

结晶分为溶质溶解为分子，扩散进入溶液内部，溶质分子从液体中扩散到固体表面进行沉积两个过程。如果溶液浓度未达到饱和，则固体的溶解速率大于沉积速率；如果溶液的浓度达到饱和，则固体的溶解速率等于沉积速率，溶液处于一种平衡状态，不能析出晶体。当溶液浓度超过饱和浓度，达到一定的过饱和度时，溶液平衡状态被打破，固体的溶解速率小于沉积速率，这时才有晶体析出。最先析出的微小颗粒是结晶的中心，称为晶核。晶核形成以后，在良好的结晶环境中，继续成长为晶体。可见，结晶包括三个过程：过饱和溶液的形成、晶核的生成、晶体的生长。

（1）过饱和溶液的形成　结晶的首要条件是溶液的过饱和。溶液的过饱和度，与晶核生成速率和晶体生长速率都有关系，因而对结晶产品的粒度及其分布有重要影响。在低过饱和度的溶液中，晶体生长速率与晶核生成速率的比值较大，因而所得晶体较大，晶形也较完整，但结晶速率很慢。当过饱和度增大时，溶液黏度增高，杂质含量也增大：成核速率过快，晶体细小；晶体生成速率过快，容易在晶体表面产生液泡，影响结晶质量；结晶壁产生晶垢，给结晶操作带来困难，产品纯度降低。因此，过饱和度与结晶速率、成核速率、晶体生产速率及结晶产品质量之间存在着一定的关系，应根据具体产品的质量要求，取最适宜的过饱和度。

（2）晶核的形成　晶核是在过饱和溶液中最先析出的微小颗粒，是以后结晶的中心。单位时间内在单位体积溶液中生成的新晶核数目，称为成核速率。成核速率是决定晶体产品粒度分布的首要因素。工业结晶过程要求有一定的成核速率,如果成核速率超过要求必将导致细小晶体生成,影响产品质量。

(3)晶体的生长　在过饱和溶液中已有晶核形成或加入晶种后,以浓度差为推动力,晶核或晶种将长大,这种现象称为晶体的生长。晶体的生长速率也是影响晶体产品粒度大小的一个重要因素。因为晶核形成后立即开始有晶体产生,同时新的晶核还在继续形成,如果晶核形成速率大大超过晶体生产速率,则过饱和度主要用来生成新的晶核,因而得到细小的晶体,甚至称无定形固体颗粒;反之,如果晶体的生产速率超过晶核的形成速率则得到粗大而均匀的晶体。在实际生产中,一般希望得到粗大而均匀的晶体,因为这样的晶体便于以后的过滤、洗涤、干燥等操作,且产品质量也较高。

2. 影响结晶的因素

(1)溶液浓度　结晶要以过饱和度为推动力,所以目标物质浓度是结晶的首要条件。溶液浓度高,结晶收率高,但溶液浓度过高时,结晶物的分子在溶液中聚集析出的速率超过这些分子形成晶核的速率,便得不到晶体,只能获得一些无定形固体颗粒。另外,溶液浓度过高,相应的杂质浓度也高,容易生成纯度较差的粉末结晶。因此,溶液的浓度应根据工艺和具体情况确定。一般说,生物大分子的浓度控制在 30~50g/L 比较适宜,小分子物质如氨基酸浓度可适当增大。

(2)样品纯度　大多数情况下,结晶是同种分子的有序堆砌,杂质无疑是结晶形成的空间障碍。所以大多数生物分子需要有一定的纯度才能析出结晶,一般来说,结晶母液中的物质的纯度应达到50%以上,纯度越高越容易结晶。

(3)溶剂　溶剂对于晶体能否形成和晶体质量的影响十分显著,故选用合适的溶剂是结晶首先考虑的问题。对于大多数生物小分子来说,水、乙醇、甲醇、丙酮、氯仿、乙酸乙酯、异丙醇、丁醇、乙醚等溶剂使用较多。尤其是乙醇,既亲水又亲脂,而且价格便宜、安全无毒,所以应用较多。对于蛋白质、酶和核酸等生物大分子,使用较多的是硫酸铵溶液、氯化钠溶液、磷酸缓冲溶液、Tris 缓冲溶液和丙酮、乙醇等。有时需要考虑使用混合溶剂。

(4)pH　一般来说,两性生化物质在等电点附近溶解度较低,有利于达到饱和而使晶体析出,所选择 pH 应在生化性质稳定的范围内,尽量接近其等电点。例如:50g/L 的溶菌酶溶液,调 pH 为 9.5~10,在 4℃放置过夜便析出晶体。

(5)温度　对于生物活性物质,一般要求在较低的温度下结晶,因为高温容易使其变性失活。另外,低温可使溶质溶解度降低,有利于溶质的饱和,还可以避免细菌繁殖。所以生化物质的结晶温度一般控制在 0~20℃,对富含有机溶剂的结晶体则要求更低的温度。但有时温度过低时,由于溶液黏度增大会使结晶速度变慢,这时可在析出晶体后,适当升高温度。另外,通过降温促使结晶时,降温快,则结晶颗粒小;降温慢,则结晶颗粒大。

(6)搅拌与混合　增大搅拌速率可提高成核和生长速率,但搅拌速率过快会造成晶体的剪切破碎,影响结晶产品质量。为获得较好的混合状态,同时避免结晶的破碎,可采用气提式混合方式,或利用直径或叶片较大的搅拌桨,降低桨的转速。

3. 结晶的操作类型

结晶操作既要满足产品生产规模的要求,又要符合产品质量、粒度的要求。我国发酵产品的结晶过程目前仍以分批操作为主,分批操作的结晶设备一般比连续结晶设备简单。但连续操作有很多显著的优点,特别是当生产规模达到一定水平,采用连续操作更为合理。

(1)分批结晶　分批结晶有4种操作方式:不加晶种,迅速冷却;不加晶种,缓慢冷却;加晶种,迅速冷却;加晶种,缓慢冷却。

(2)连续结晶　连续结晶操作有以下几项要求:产品粒度分布符合质量要求;生产强度高;晶垢的产生速率尽量低,以延长结晶的操作周期;维持结晶器的操作稳定性。因此,在连续结晶的操作中往往要采用细晶消除、粒度分级排料、清母液溢流等技术。

(3)提高晶体质量的方法

①晶体大小的控制:工业上通常希望得到粗大而均匀的晶体。粗大而均匀的晶体相较于细小不规则晶体便于过滤与洗涤,在储存过程中不宜结块,但对一些抗生素,药用时有些特殊要求。生产上可通过控制溶液的过饱和度、温度、搅拌速度和晶种来控制晶体的大小。

②晶体形状的控制:同种物质的晶体,用不同的结晶方法产生,虽然仍属于同一晶体,其外形可以完全不同,通过下列措施可以改变晶体外形。

a. 过饱和度:在结晶过程中,对于某些物质来说,过饱和度对其各个结晶面的生长速度影响不同,提高或降低过饱和度有可能使晶体外形受到显著影响。如果只有在过饱和度超过亚稳区的界限后才能得到所要求的晶体外形,则需采用向溶液中加入抑制晶核生长的添加剂。

b. 选择不同的溶剂:在不同溶剂中结晶常得到不同的外形,如普鲁卡因青霉素在水溶液中结晶得到方形晶体,而在醋酸丁酯中结晶得到长棒形晶体;光神霉素在醋酸戊酯中结晶得到微粒晶体,而在丙酮中结晶,则得到长柱状晶体。

c. 杂质:杂质存在会影响晶形。例如普鲁卡因青霉素结晶中,作为消泡剂的丁醇存在会影响晶形,醋酸丁酯存在会使晶体变得细长。

另外,晶种形状、结晶温度、溶液pH等也会影响晶体的形状。

③晶体纯度的控制

a. 晶体洗涤:结晶过程中,含杂质多的母液是影响产品纯度的一个重要因素。晶体表面具有一定的物理吸附能力,因此表面上有很多母液和杂质黏附在晶体上。晶体越细小,比表面积越大,吸附杂质越多。一般把晶体和溶剂一起放在离心机或过滤机中,搅拌后再离心或抽滤,这样洗涤效果好。边洗涤边过滤的效果较差,因为易形成沟流使有些晶体不能洗到。对非水溶性晶体,常可用水洗涤,如红霉素、麦迪霉素、制霉菌素等。灰黄霉素也是非水溶性抗生素,若用丁醇洗涤后,其晶体由黄变白,原因是丁醇将吸附在表面上的色素溶解所致。

b. 重结晶:重结晶是利用杂质和结晶物质在不同溶剂和不同温度下的溶解度不同,将晶体用合适的溶剂溶解并再次结晶,从而使其纯度提高。重结晶的关键是选择合适的溶剂,选择溶剂的原则:溶质在某溶剂中的溶解度随温度升高而迅速增大,冷却时能析出大量结晶;易溶于某一溶剂而难溶于另一溶剂,若两溶剂互溶,则需通过试验确定两者在混合溶剂中所占的比例。

最简单的重结晶方法是把收获的晶体溶解于少量的热溶剂中,然后冷却使之再次结成晶体,分离母液后或经洗涤,就可获得更高纯度的新晶体。若要求产品的纯度很高,可重复结晶多次。

④晶体结块的控制:大气湿度、温度、压力及贮存时间等对结块也有影响。空气湿度高会使结块严重;温度高,增大化学反应速率使结块速率加快;晶体受压,一方面使晶粒紧密接触增加接触面,另一方面对其溶解度有影响,因此压力增加导致结块严重;随着贮存时间增加,结块现象趋于严重,这是因为溶解及重结晶次数增多所致。

为避免结块,在结晶过程中应控制晶体粒度,保持较窄的粒度分布及良好的晶体外形,还应贮存在干燥、密闭的容器中。

4. 结晶技术的设备及应用

工业生产中,结晶设备的形式有多种多样。依据操作方式的不同,结晶设备可分为连续式、半连续式和间歇式;依据流动方式的不同,可分为母液循环型和晶浆循环型;依据操作能否进行粒度分级,可分为粒析作用式和无粒析作用式;依据过饱和度产生方法的不同,又可分为冷却式、蒸发式和真空式。

三、色谱分离技术

色谱分离技术是一类分离方法的总称,利用不同组分在固定相和流动相中的物理化学性质(如吸附力、分子极性及其大小、分子亲和力、分配系数等)的差别,使各组分在两相中,以不同的速率移动而进一步分离的技术,称为色谱分离技术。

(一)吸附色谱技术

吸附色谱的固定相为固体吸附剂,吸附剂表面的活性中心具有吸附能力。混合物被流动相带入柱内,依据固定相对不同物质的吸附力不同而使混合物分离的方法,称为吸附色谱技术。

1. 吸附色谱分离原理

吸附色谱技术是靠溶质与吸附剂之间的分子吸附力的差异而分离的方法。吸附力主要是范德瓦耳斯力,有时也可能形成氢键或化学键。操作关键是选择吸附剂和展开剂。

当混合物被流动相带入色谱柱并在柱中移动时，由于各组分在固定相中的分配系数和溶解、吸附、交换、渗透或亲和能力的差异，各组分随流动相移动的速度不同。因此当流动相移动一定柱长后，各组分在色谱柱内分层，从而达到分离各组分的目的，其分离原理如图 7-7 所示。

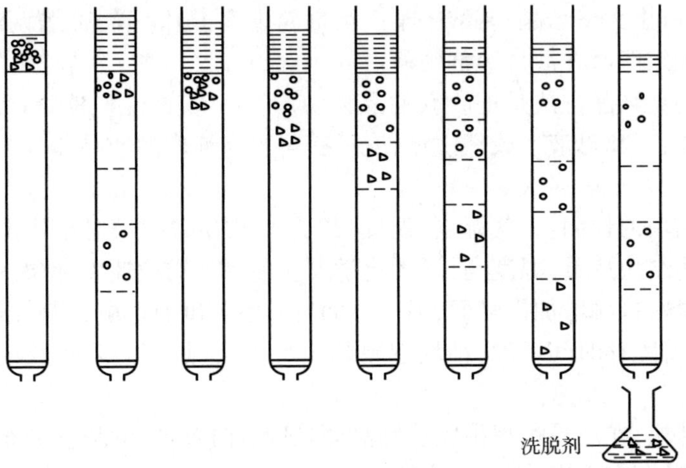

图 7-7　吸附色谱分离原理

2. 吸附色谱操作

(1) 薄层吸附色谱操作

①薄层色谱板的制备

a. 干法铺板(软板制备)：多用于氧化铝薄层板的制备。在一块边缘整齐的玻璃板上，铺上适量的氧化铝，取一合适物品顶住玻璃板右端，两手紧握铺板玻璃棒的边缘，按箭头方向轻轻拉过，一块边缘整齐、薄厚均匀的氧化铝薄层板即成。

b. 湿法铺板(硬板制备)：可用于硅胶、聚酰胺、氧化铝等薄层板的制备，但最常用的是硅胶硬板。为使铺成的硅胶板坚固，要加入黏合剂，用硫酸钙为黏合剂铺成的薄层板称为硅胶 G 板，用羧甲基纤维素钠做黏合剂铺成的板为硅胶 CMC 板。

②点样：将混合液用玻璃毛细管或点样器在薄层板上点样，要求点样点距底边约 2cm，每点间距约 2cm，点的直径一般小于 0.5cm。点样的量与样品浓度有关。

③展开：展开操作需要在密闭的容器中进行，根据薄层板的大小，选择不同的层析缸。配好展开剂，将展开剂倒入层析缸，密闭放置一段时间，待层析缸被展开剂饱和后，再迅速将薄层板放入，密闭，展开即开始，这样可防止边缘效应的产生。注意在薄层板放入层析缸时，切勿使溶剂浸没样品点。当溶剂移动到接近薄层板

上端边缘时取出，划出溶剂前沿。

④显色

a. 紫外线照射法：常用的紫外线波长有两种：254nm 和 365nm。有些化学成分在紫外灯下会产生荧光或暗色斑点，可直接找到出色点位置。对于在紫外灯下自身不产生颜色但有双键的化合物可用掺有荧光素的硅胶铺板，展开后在紫外灯下观察，板面为亮绿色，化合物为有色斑点。

b. 喷雾显色法：每类化合物都有特定的显色剂，展开完毕，用显色喷雾器进行喷雾显色，多数在日光下可找到色点。注意氧化铝软板在展开后，应取出立即划出前沿，趁湿喷雾显色。如果干后显色，吸附剂可被吹散。

c. 生物显迹法：抗生素等生物活性物质可以用生物显迹法进行。取一张滤纸，用适当的缓冲溶液浸湿，覆盖在板层上，上面用另一块玻璃压住，10～15min 后取出滤纸，然后立即覆盖在接有试验菌种的琼脂平板上，在适当的温度下，经一定时间培养后，可显出抑菌性。

（2）吸附柱色谱操作

①色谱柱的选择与处理：色谱柱通常用玻璃柱，柱的入口端应该有进料分布器，使进入柱内的流动相分布均匀。柱的底部可以用玻璃棉，也可用砂芯玻璃板或玻璃细孔板支持固定相。柱的出口管子应该尽量短些，避免已分离的组分重新混合。

②装柱：装柱分为湿法装柱和干法装柱两种。

a. 湿法装柱：先在吸附剂中加入适量的色谱（色谱最初用洗脱剂调成稀糊状），再把放好棉花、砂子或合适大小的玻璃砂芯的色谱柱下口打开，然后慢慢将制好的糊浆灌入柱子。整个操作要缓慢，不要将气泡压入吸附剂中，而且要始终保持吸附剂上有溶剂，切勿流干，最后让吸附剂自然下沉。当洗脱剂刚好覆盖吸附剂平面时，关紧下口活塞。

b. 干法装柱：在柱下端加少许棉花或玻璃棉，再轻轻撒上一层干净的砂粒，或放置大小合适的玻璃砂芯。打开下口，然后将吸附剂经漏斗缓缓加入柱中，同时轻轻敲动色谱柱，使吸附剂松紧一致。最后，将最初的洗脱剂小心沿壁加入色谱柱至刚好覆盖吸附剂顶部平面，并使柱内无气泡，关紧下口活塞。

③上样：分为湿法上样和干法上样两种。

a. 湿法上样：把被分离的物质溶在少量色谱柱最初用的洗脱剂中，小心加在吸附剂上层，注意保持吸附剂上表面为一水平面。打开下口活塞，待溶液面正好与吸附剂上表面一致时，在吸附剂上面撒层细砂，关紧柱活塞。

b. 干法上样：选用一种对被分离物质溶解度大且沸点低的溶剂，取尽可能少的溶剂将其溶解，在溶液中加入少量吸附剂，拌匀，挥干溶剂，研磨使之成松散均匀的粉末，轻轻撒在色谱柱吸附剂上面，然后再撒一层细砂。

④洗脱：在装好吸附剂的色谱柱中缓缓加入洗脱剂，进行梯度洗脱，各组分先

后被洗出。若用 50g 吸附剂，一般每份洗脱液量常为 50mL。为了及时了解洗脱剂中各洗脱部分的情况，以便调节收集溶液体积的多少或改变洗脱剂的极性，现多采用薄层色谱或纸色谱定性检查各馏分中的化学成分组成，根据色谱分析结果，可将相同成分合并或更换洗脱剂。洗脱液合并后，回收溶剂，得到某单一组分。含单一色点的部分用合适的溶剂析晶，仍为混合物的部分进一步寻找分离方法再进行分离。

（二）离子交换色谱技术

离子交换色谱技术是利用离子交换树脂上能解离的离子与流动相中具有相同电荷的组分离子进行可逆交换，当混合液中各种组分（离子）与树脂上基团结合的牢固程度（即结合力大小）有差异时，选用适当的洗脱液，即可将各组分逐个洗脱下来，来实现混合物中各组分的分离，其分离原理如图 7-8 所示。

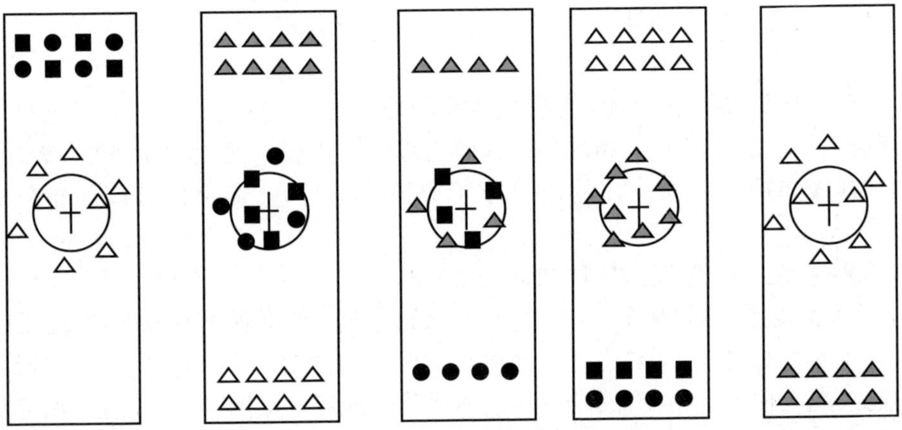

（1）初始稳定状态：活性离子（△）与功能基团以静电作用结合形成稳定的初始状态，此时从柱顶上样

（2）离子交换过程：引入带电荷的目标分子（■与●，其中■与活性基团的结合力比●强），则目标分子会与活性离子进行交换结合到功能基团上，结合的牢固程度与该分子所带电荷量成正比

（3）洗脱过程：以一定强度的离子（▲）或不同pH的缓冲液将结合的分子洗脱下来

（4）再生过程：以适当再生剂平衡，使活性离子（△）重新结合至功能基团，恢复其重新交换的能力

图 7-8　离子交换色谱技术分离原理

1. 离子交换色谱操作

（1）离子交换树脂的预处理

①物理处理：预处理前要先去杂过筛，粒度过大时可稍加粉碎，粉碎后的树脂应筛选或浮选处理。经筛选去除杂质后的树脂，还需要水洗以去除木屑、泥沙等杂质，再用酒精或其他溶剂浸泡以去除吸附的少量有机杂质。

②化学处理：用 8～10 倍（体积比）的 1mol/L 的盐酸或氢氧化钠溶液交替搅拌

浸泡 4h 左右，再反复用水洗至近中性。

（2）离子交换操作条件

①交换 pH：选择时应考虑的因素有：在药物稳定的 pH 范围内；使药物能离子化；使树脂能离子化。一般对于弱酸性和弱碱性树脂，为使树脂能离子化，应采用钠型或氯型。而对强酸型和强碱型树脂，可以采用任何形式。

②洗涤：适宜的洗涤剂应能使杂质从树脂上洗脱下来，而不与有效组分发生化学反应。

（3）装柱及上样　离子交换剂的装柱与一般色谱柱技术相同，主要是防止出现气泡和分层，装填要均匀。防止产生气泡和分层的方法是装柱时柱内先保持一定高度的起始洗脱液（一般为柱高的 1/3），加入树脂时使树脂借水的浮力慢慢自然沉降。装柱完毕后，用水或缓冲液平衡到所需的条件，如特定的 pH、离子强度等。

上样是指将溶解在少量溶剂（通常为展开剂）中的试样加到色谱柱中，使被交换物质从料液中交换到树脂上的过程，分正交换法和反交换法两种。应根据料液的黏度及工艺条件选择上样法，生产中大多采用正交换法，在离子交换操作时必须注意，树脂层之上应保持有液层，处理液的温度应在树脂耐热性允许的最高温度以下，树脂层中不能有气泡。

（4）洗脱　完成离子交换后，将树脂吸附的物质释放出来重新转入溶液的过程称为洗脱。洗脱剂应根据树脂和目的药物的性质来选择，可选用酸、碱、盐以及有机溶剂等。对于强酸性树脂，一般选择氨水、甲醇及甲醇缓冲液等作为洗脱剂；弱酸性树脂用稀硫酸、盐酸等作为洗脱剂；强碱性树脂用盐酸-甲醇、乙醇等作为洗脱剂。若被交换的物质用酸、碱洗不下来，或遇酸、碱易破坏，可以用盐溶液为洗脱剂，此外还可以用有机溶剂为洗脱剂。

（三）凝胶过滤色谱技术

凝胶色谱技术是基于分子大小不同而进行分离的一种分离方法，是近年来发展起来的新技术。它具有一系列的优点，如操作方便、不会使物质变性、适用于不稳定的化合物、凝胶不用再生、可反复使用，因此在生物分离中占有重要地位。缺点是分离速度较慢。凝胶色谱的整个过程和过滤相似，又称凝胶过滤、凝胶渗透过滤、分子筛过滤等。由于物质在分离过程中的阻滞减速现象，也称阻滞扩散色谱、排阻色谱等。

1. 凝胶色谱基本原理

凝胶色谱技术分离原理如图 7-9 所示，柱内装有凝胶颗粒，凝胶颗粒内部具有多孔网状结构，当被分离的混合物流过色谱柱时，各组分分子存在两种运动，即垂直向下的移动和无定向的扩散运动。由于混合物中含有大、小不同的分子，在随流动相移动时，比凝胶孔径大的分子不能进入凝胶内，而是随流动相在凝胶颗粒之间的孔隙向下移动，并最先被洗脱出来；比凝胶孔径小的分子以不同的扩散程度进入凝胶颗粒的微孔内，使其向下移动的速率较慢，在色谱柱中逐渐与大分子物质拉开距离，最终达到分离目的。

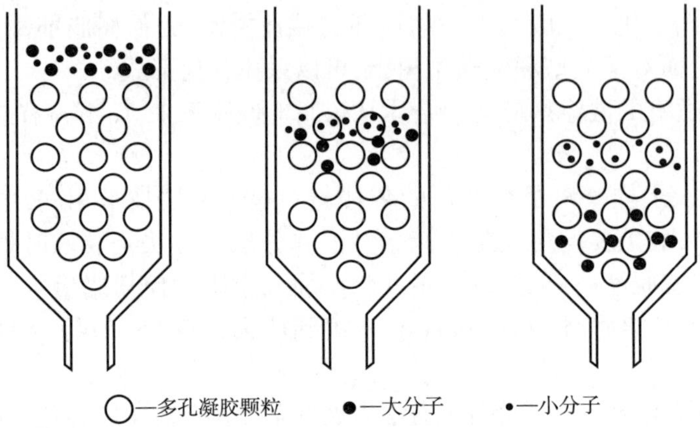

图 7-9　凝胶色谱原理示意图

2. 凝胶色谱操作

(1)凝胶的预处理　凝胶必须经过充分溶胀后才能使用，如果溶胀不充分，则装柱后凝胶继续溶胀，造成填充层不均匀，影响分离效果。在烧杯中将干燥凝胶加水或缓冲液，搅拌、静置、倾去上层混悬液，除去过细的粒子。如此反复多次，直至上层澄清为止。

(2)色谱柱的选择　凝胶色谱用的色谱柱，其体积和高径比与色谱分离效果的关系相当密切。色谱柱的长度与直径的比一般称为柱比。色谱柱的有效体积(凝胶柱床的体积)与柱比的选择必须根据样品的数量、性质以及分离目的加以确定。对于相对分子质量差别大的混合物的分离，柱床体积为样品溶液体积的 5 倍或略多一些，柱比为 10 : 1~5 : 1 即可，这样流速快，节省时间，样品稀释程度也小。对于分级分离，则要求柱床体积大于样品 25 倍以上，甚至多达 100 倍。柱比也在 25~100。

(3)凝胶柱的装填　根据样品状况和分离要求选择色谱柱后开始装柱，为了避免胶粒直接冲击支持物，空柱中应留有 1/5 的水或溶剂，所用的凝胶必须是经过充分溶胀的。为了防止出现气泡，胶液温度必须与室温平衡，并用水泵减压排气。开始进胶后应当打开柱端阀门并保持一定流速，太小的流速往往造成凝胶板结，对分离不利。进胶过程必须连续、均匀，不要中断，并在不断搅拌下使凝胶均匀沉降，使不发生凝胶分层和胶面倾斜。

(4)样品处理和加样　样品的上柱是凝胶色谱中的关键操作。理想的样品色谱带应是狭窄且平直的矩形色谱带。为了做到这一点，应尽量减少加样时样品的稀释及样品非平流流经色谱凝胶床体；反之，会造成色谱带扩散、紊乱，严重影响分离效果。

(5)洗脱与收集　为了防止柱床体积的变化,造成流速降低及重复性下降,整个洗脱过程中始终保持一定的操作压,且不超限是很必要的。流速不宜过快且要稳定。洗脱液的成分也不应改变,以防止凝胶颗粒的胀缩引起柱床体积变化或流速改变。在许多情况下可用水作为洗脱剂,但为了防止非特异性吸附,避免一些蛋白质在纯水中难以溶解,以及蛋白质稳定性等问题的发生,常采用缓冲盐溶液进行洗脱。

(四)高效液相色谱技术

高效液相色谱技术作为一种分离方法,是利用物质在两相之间吸附或分配的微小差异达到分离的目的。当两相进行相对移动时,被测物质在两相之间做反复多次分配,这样使得原来微小的差异产生了很大的分离效果,达到分离、分析和测定一些理化常数的目的。

1. 高效液相色谱的基本原理

高效液相色谱分离原理如图 7-10 所示。

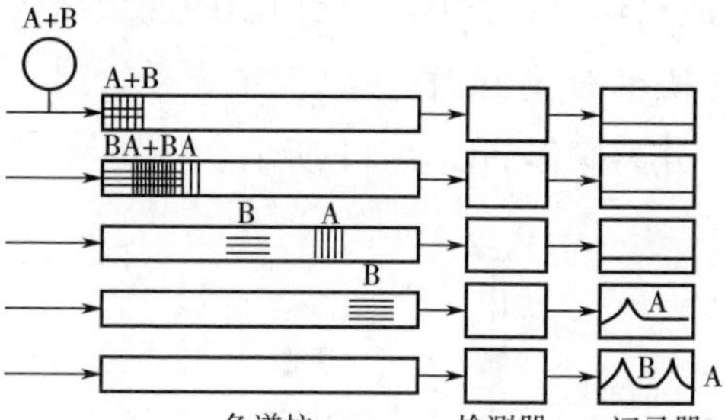

图 7-10　分离过程示意图(A、B 是组分)

(1)液-固吸附色谱　液-固吸附色谱是以液体作为流动相,活性吸附剂作为固定相。被分析的样品分子吸附在吸附剂表面的活性中心,并发生吸附与洗脱过程,被分析样品不进入吸附剂内,与薄层色谱在分离机理上有很大的相似性。主要按样品极性大小的顺序而分离,非极性溶质先流出色谱柱,极性溶质在柱内停留时间长。

(2)液-液分配色谱　以液体作为流动相,把另一种液体涂布在载体上作为固定相。从理论上说流动相与固定相互不相溶,两者之间有一明显的分界面。样品溶于流动相后,在色谱柱内经过分界面进入到固定相中,这种分配现象与液-液萃取的机理相似,样品各组分借助于它们在两相间的分配系数的差异而获得分离。

(3)离子交换色谱　以液体作为流动相,以人工合成的离子交换树脂作为固定相,用来分析那些能在溶液中解离成正或负的带电离子的样品。固定相是惰性网状结构,其上带固定电荷,溶剂中被溶解的样品如果具有与反向缓冲离子相同的电荷便可完成分离。由于不同物质在溶剂中解离后,对离子交换中心具有不同的亲和力,因此亲和力高的物质在柱中保留时间较长。

(4)凝胶渗透色谱　也称为空间排斥色谱或体积排阻色谱,它是以液体作为流动相,以不同孔穴的凝胶作为固定相。固定相通常是化学惰性的空间网格状结构,它近乎分子筛效应。样品随流动相进入,在凝胶外部间隙以及凝胶孔穴旁流过,相对分子质量大的分子没有渗透作用而较早地被冲洗出来。这样,样品分子基本是按分子大小先后由柱中流出,完成分离和纯化的任务。

(5)亲和色谱　配位体以共价键形式与不溶性载体连接并以此为色谱介质,高选择性地吸附分离生物活性物质。这里的配位体指底物、抑制剂、辅酶、变构效应物或其他任何能特异性地、可逆地与被纯化的生物物质发生作用的化合物。在亲和色谱柱上加入生物活性大分子,其中只有与配位体表现出明显亲和性的生物大分子才被吸附,其他无亲和性的生物大分子则很快通过色谱柱而流出,被吸附的生物大分子只有在改变流动相的组成时才洗脱。因此,亲和色谱可应用于任何两种有特异性相互作用的生物大分子。因为亲和色谱应用的是生物学特异性而不是依赖于物理化学性质,因此非常适用于分离低浓度的蛋白质,如血清结合物和转运蛋白,并且可一次性完成操作,从而稳定了蛋白质的四级结构,且产率高。

2. 高效液相色谱技术分离操作

高效液相色谱技术分离操作如图 7-11 所示。

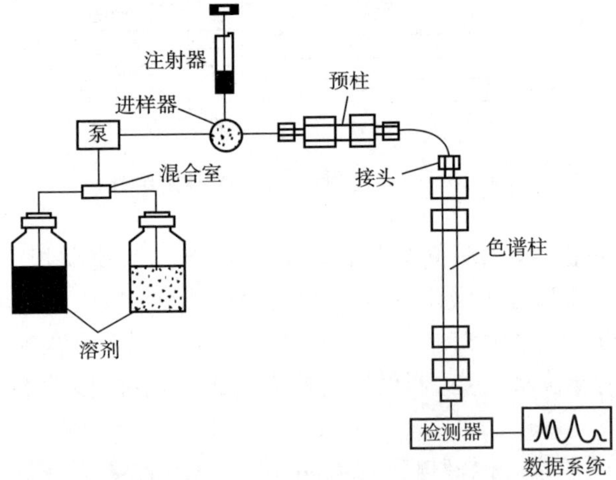

图 7-11　高效液相色谱技术分离操作示意图

(1)进样前的准备工作　首先使用的溶剂(流动相)要求具有较高的纯度。有机溶剂要使用色谱纯,使用前要用 0.22μm 或 0.45μm 的膜过滤,用水要经过混合离子交换树脂处理和活性炭处理后,再重蒸以除去各种杂质,并经 0.22μm 或 0.45μm 的膜过滤后再使用。各种溶剂一般要求新鲜配制,使用时经过脱气处理。

样品加入前，必须用流动相充分洗柱，待流出液经过检测器的基线校正，证明柱内残留杂质确已全部除尽时才能进样。

（2）样品处理　在某些生物样品中，常含有多量的蛋白质、脂肪及糖类等物质。它们的存在将影响待测组分的分离测定，同时容易堵塞和污染色谱柱，使柱效降低，所以常需对试样进行预处理。样品的预处理方法很多，如溶剂萃取、吸附、超速离心及超滤等。

①溶剂萃取：适用于待测组分为非极性物质。在试样中加入缓冲液调节 pH。进样时，用与流动相相同的或互溶的溶剂完全溶解样品，如果有悬浮颗粒，需要过滤除去，然后通过注射器或进样阀进样。进样量应根据不同的柱容量而定，但如果待测组分和蛋白质相结合，在大多数情况下，难以用萃取操作来分离。

②吸附：将吸附剂直接加到试样中，或将吸附剂填充于柱内进行吸附。亲水性物质用硅胶吸附，疏水性物质可用聚苯乙烯－二乙烯基等类树脂吸附。

③超速离心：向试样中加入三氯乙酸或丙酮、乙腈、甲醇，蛋白质就被沉淀下来，然后经超速离心，吸取上层清液供分离测定用。

④超滤：用孔径 0.01～0.5μm 的多孔膜过滤，可除去蛋白质等高分子物质。

（3）洗脱　如果样品中各组分与固定相之间的亲和力差别较大时，采用梯度洗脱方法（包括极性、pH 和离子强度的改变）可获得较好的分离效果。流动相的流速，选择恒速或变速或每段时间内要求一定的流动相流速。实际上，样品展开后所得的色谱图一次很难获得良好的分离效果，需要根据色谱图中峰的形状、位置进行综合分析，并按所需分析或制备的谱峰分离情况，调整流动相的极性梯度组合、流速及洗脱时间等。

（五）膜和膜组件

在一种流体相间有一种薄层凝聚相物质，把流体相分隔开来成为两部分，这一薄层物质称为膜。膜本身是均匀的一相或是由两相以上凝聚物质所构成的复合体，被膜分隔开来的流体相物质是液体或气体。膜的厚度应为 0.5mm 以下，否则就不称为膜。同时不管膜本身薄到何等程度，至少要具有两个界面，通常它们分别与被膜分隔的两侧的流体相物质接触。膜可以是完全可透过性的，也可以是半透过性的，但不应该是完全不透过性的；它的面积可以很大，独立地存在于流体相间，也可以非常微小，附着于支撑体或载体的微孔隙上；膜还必须具有高度的渗透选择性；作为一种有效的分离技术，膜传递某物质的速度必须比传递其他物质快。

1. 膜的分类和性能

（1）按膜孔径大小分　微滤膜（0.025～14μm）；超滤膜（0.001～0.02μm，即 1～20nm）；反渗透膜（0.0001～0.001μm，即 0.1～1nm）；纳米过滤膜，平均孔径 2nm。

（2）按材料分　高分子合成聚合物膜、无机材料膜等。

（3）按来源形态和结构分类　如图 7－12 所示。

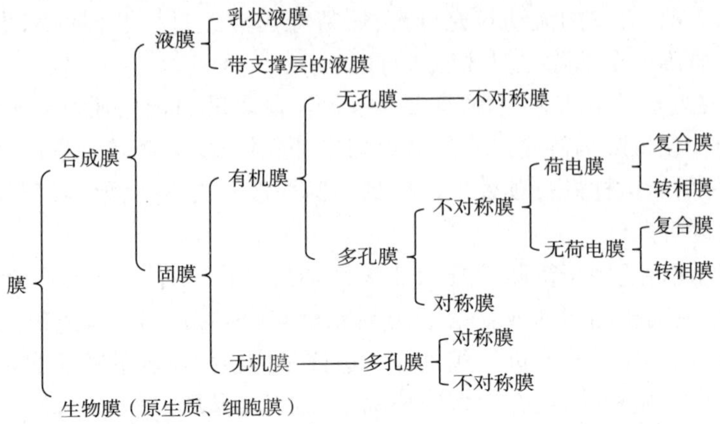

图 7-12　膜按来源和结构分类示意图

2. 膜组件

由膜、固定膜的支撑体、间隔物以及收纳这些部件的容器构成的一个单元，称为膜组件或膜装置。膜组件的结构根据膜的型式不同而异，目前市场上出售的有4种型式：管式、中空纤维式、螺旋卷式和平板式。各种膜组件的优缺点比较见表7-4，各种膜组件的特性和应用范围见表7-5。

表 7-4　各种膜组件的优缺点比较

膜组件	优点	缺点
管式	易清洗，无死角，适用于处理含固体较多的液料，单根管子可以调换	保留体积大，单位体积中所含过滤面积较小，压降大
中空纤维式	保留体积小，单位体积中所含过滤面积大，可以逆流，操作压力较低（小于 0.25MPa），动力消耗较低	料液需要预处理，单根纤维损坏时，需调换整个膜件
螺旋卷式	单位体积中所含过滤面积大，换新膜容易	料液需要预处理，压降大，易污染，清洗困难
平板式	保留体积小，能量消耗介于管式和螺旋卷式膜组件	死体积较大

表 7-5　各种膜组件的特性和应用范围

膜组件	比表面积/(m^2/m^3)	设备费	操作费	膜面吸附层的控制	应用
管式	20~30	极高	高	很容易	UF、MF
平板式	400~600	高	低	容易	UF、MF、PV
螺旋卷式	800~1000	低	低	难	RO、UF、MF

续表

膜组件	比表面积/(m^2/m^3)	设备费	操作费	膜面吸附层的控制	应用
毛细管式	600~1200	低	低	容易	UF、MF、PV
中空纤维式	约 104	很低	低	很难	RO、DS

注:UF 表示超滤;MF 表示微滤;PV 表示渗透汽化;RO 表示反渗透;DS 表示透析。

(1)管式膜组件　将膜固定在内径为 10~25mm、长约 3m 的圆管状多孔支撑体上,10~20 根管式膜并联或用管线串联,收纳在筒状的容器内构成管式膜组件,具体结构如图 7-13(1)所示。

(2)中空纤维式膜组件　由数百至数百万根中空纤维膜固定在圆筒形的容器内构成,具体结构如图 7-13(2)所示。

(3)螺旋卷式膜组件　两张平板膜固定在多孔性滤液隔网上,隔网为滤液流路,两端密封,具体结构如图 7-13(3)所示。

(4)平板式膜组件　与板式换热器或加压叶滤器相似,由多枚圆形或长方形平板膜以 1mm 左右的间隔重叠加工而成,膜间衬有多孔薄膜,供料液或滤液流动,具体结构如图 7-13(4)所示。

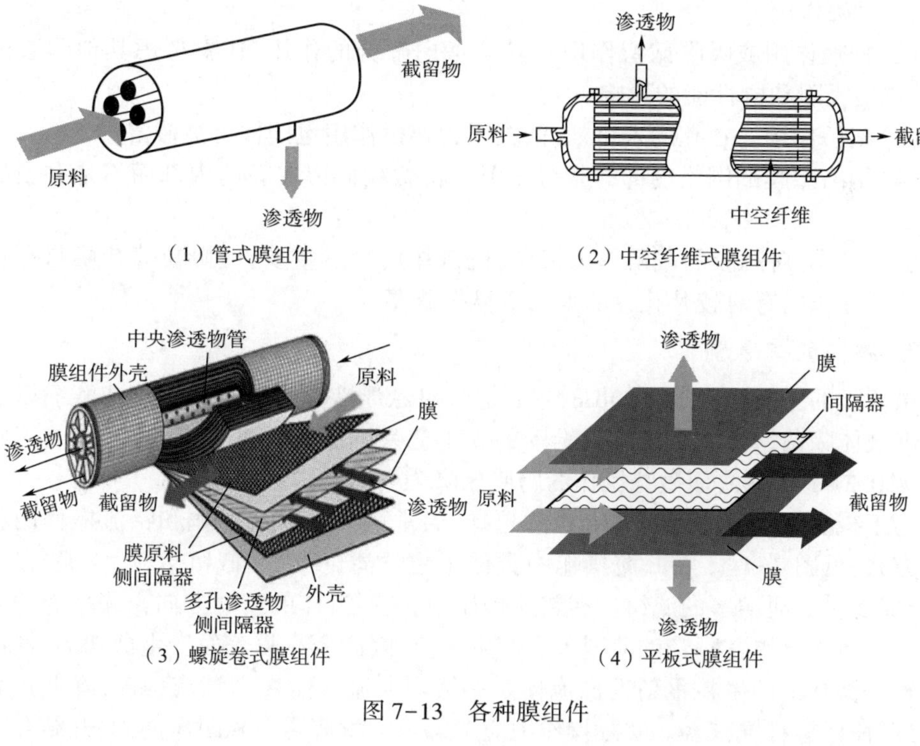

图 7-13　各种膜组件

(六)微滤技术

微滤是一种精密过滤技术,微滤膜分离技术始于19世纪中期,是以静压降为推动力,利用筛网状过滤介质膜的"筛分"作用进行分离的膜过程。

实施微孔过滤的膜称为微滤膜。微滤膜是均匀的多孔薄膜,厚度为90~150μm。微滤膜的主要技术优点是:膜孔径均匀、过滤精度高、滤速快、吸附量少、无介质脱落等。微滤膜主要用于截留悬浮固体、细菌,超滤膜主要用于截留大分子有机物、蛋白质、多肽等。

1. 基本原理

微滤又称微孔过滤,是利用微孔滤膜的筛分作用,在静压降推动下,将滤液中尺寸为0.1~10μm的微生物和微粒子截留下来,以实现溶液的净化、分离和浓缩的技术。由于微滤所分离的粒子通常远大于用反渗透、纳滤和超滤所分离的溶液中的溶质及大分子,基本上属于固-液分离。微滤过程不必考虑溶液渗透压的影响,过程的操作压降为0.01~0.2MPa,而膜的渗透量远大于反渗透、纳滤和超滤。

一般认为微滤的分离机理为筛分机理,微孔滤膜的物理结构起决定作用。通过电镜观察,微孔滤膜的截留作用大体可分为以下几种。

(1)机械截留作用　指膜具有截留比它孔径大或孔径相当的微粒等杂质的作用,此即过筛作用。

(2)物理作用或吸附截留作用　除了考虑筛分的作用,还要考虑其他因素的影响,包括吸附和电性能的影响。

(3)架桥作用　在孔的入口处,微粒因为架桥作用也同样可被截留。

(4)网络型膜的网络内部的截留作用　将微粒截留在膜的内部而不是在膜的表面。

由上可见,对滤膜的截留作用来说,机械作用固然重要,但微粒等杂质与孔径之间的相互作用有时较其孔径的大小更显得重要。

2. 微滤的工艺流程

微滤膜的孔径为0.11~10μm,主要适合对悬浮液和乳液进行截留或浓缩以及低浊度液体除菌。微滤属于压力推动的膜工艺系列。一般来说,超滤操作的跨膜压降为0.3~1.0MPa,而微滤操作的跨膜压降为0.1~0.3MPa。

为了减少污染应注意操作方式的选择,通常可分为并流操作和错流操作两种操作方式,见图7-14。在并流操作中类似于粗过滤,所以被截留微粒都沉积在膜上,形成随时间而增厚的滤饼。在错流操作中,进料流体的流动方向与膜平面的方向平行。由于流体在一定的流速下会产生湍流,因此会在膜表面产生剪切力,使部分沉积在微孔上的微粒重新返回流体。显然增大流速能提高湍流程度,降低边界层厚度,使污染程度减轻。实际操作中应考虑膜的耐剪切力和耐压能力,并结合能耗进行操作条件的优化。

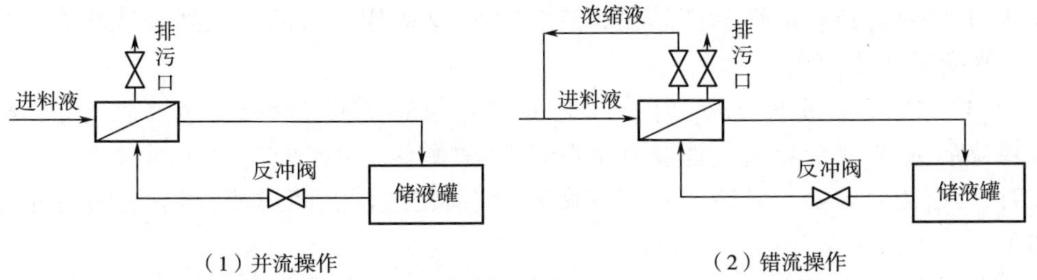

图 7-14　微滤的两种操作工艺

并流操作的缺点是经过一段时间运行后,必须对组件进行反冲洗,并且过滤间隔相对较短,这将浪费部分净化液。因此该操作方式不适宜高浓度的料液处理,也不适于原料液的浓缩。例如当废水中固体物料含量升高,则不仅组件堵塞的风险增加,而且也使反冲洗间隔变短,每次的反冲洗都要消耗能量和物料。所以随着固体含量的增加,过程的总收率下降而且能耗增加。此时,错流过滤技术显示出其优越性。对于错流操作,为了保证有较高的回收率必然要有部分处理液回流至进料段,这将引起额外能耗。

(七)超滤技术

超滤技术是综合了过滤和透析技术的优点而发展起来的高效分离技术,是脱盐、浓缩、生物大分子的分级分离常用的方法,在生物制品、食品、制药工业生产中占有重要的地位。

1. 基本原理

超滤是一种筛分过程,超滤膜表面分布有一定大小和形状的孔,在一定的压力作用下,含有大、小分子溶质的溶液流过超滤膜表面时,溶剂和小分子物质(如无机盐类)透过膜,一般称为滤液;而大分子溶质(如有机胶体)则被膜截留而作为浓缩液被回收,实际应用中发现,不仅是膜表面孔的大小对分离有影响,膜表面的化学特性对大分子溶质的截留也有着重要的影响。在超滤中,超滤膜对溶质的分离过程主要包括:在膜表面的机械截留,在膜表面及微孔内吸附,在孔内停留而被去除。

2. 超滤操作

(1)充分了解超滤膜的性能　不同材质的超滤膜其化学稳定性不同,对溶液的吸附量也不同。不同类型的超滤装置其耐压性能不同,截留分子质量不同,超滤膜的使用范围也不同。避免选择能与超滤液体中的成分发生化学反应的超滤膜材质。

(2)正确安装超滤装置　输液管道和进、出口压力表及阀门连接要牢固无渗漏,安装后可通过完整性实验进行验证。

(3)超滤膜清洗消毒处理后的检测　超滤膜清洗消毒处理后,应根据生产工艺要求进行必要的检测,如 pH、蛋白质残留实验及热原检测等。为避免目标成分失活,有些具有特殊活性的产品在料液超滤前,必须用相应的工艺处理缓冲液进行循环平衡后才能使用。

(4)对加工溶液的要求　生产工艺中需进行超滤的溶液必须经澄清过滤去除大颗粒杂质,以避免堵塞超滤膜孔而降低超滤效率。生产中使用超滤操作时间较长时,为避免对最终产品带来不利的影响,可预先进行除菌过滤,然后再进行超滤加工。

(5)洗滤　生产中若以洗滤为使用目的时,使用前可先将原始溶液预先浓缩至适当体积,然后根据生产的需要和实际情况用等量稀释法或连续稀释法进行透析。等量稀释法:先将原始溶液超滤浓缩至半量后,再加入水或缓冲液至原始液量。如此反复几次,直至洗滤达到最终目的。

(八)反渗透技术

反渗透就是对溶液施加一个大于渗透压的压力,使水透过特制的半透膜,从溶液中分离出来。因为这个过程和渗透现象相反,所以称为反渗透。

1. 反渗透的基本原理

一种只能透过溶剂而不能透过溶质的膜一般称为理想的半透膜。当把溶剂和溶液或把两种不同浓度的溶液,分别置于此膜的两侧时,纯溶剂将自然穿过半透膜而自发地向溶液或从低浓度溶液向高浓度溶液一侧流动,这种现象称为渗透。当渗透过程进行到溶液的液面便产生一压力 H,以抵消溶剂向溶液方向流动的趋势,即达到平衡,此 H 称为该溶液的渗透压 Π。

渗透压的大小取决于溶液的种类、浓度和温度,而与膜本身无关。在这种情况下,若在溶液的液面上再施加一个大于 Π 的压力 p 时,溶剂将与原来的渗透方向相反,开始从溶液向溶剂或从高浓度溶液向低浓度溶液一侧流动,这就是所谓的反渗透(RO)。凡基于此原理进行的浓缩或纯化溶液的分离方法,一般称为反渗透工艺,其原理如图 7-15 所示。

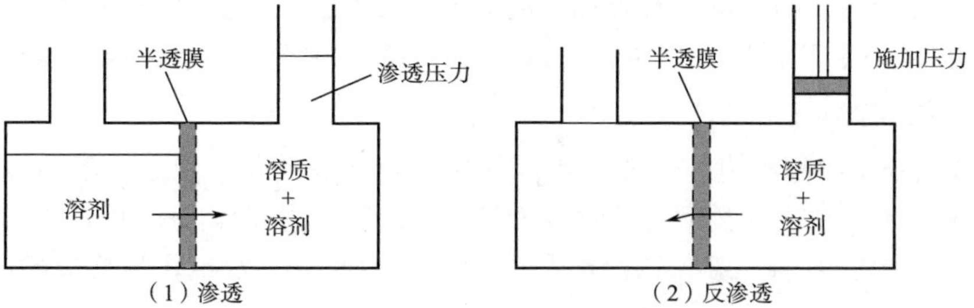

图 7-15　渗透与反渗透原理示意图

2. 反渗透法的基本流程

反渗透技术作为一种分离、浓缩和提纯的方法,其基本流程常见的有以下 4 种形式。

(1)一级流程　一级流程是指在有效横断面保持不变的情况下,原水一次通过反渗透装置便能达到要求的流程。此流程的操作最为简单,能耗也最少。

(2)一级多段流程　当采用反渗透作为浓缩过程时,如果一次浓缩达不到要求,可以采用多段浓缩的流程方式。它与一级流程不同的是,有效横断面逐段递减。

(3)二级流程　如果反渗透浓缩一级流程达不到浓缩和淡化的要求,可采用二级流程。二级流程的工艺线路是把由一级流程得到的产品水,送入另一个反渗透单元,进行再次淡化。

(4)多级流程　在生物化工分离中,一般要求达到很高的分离程度。如在废水处理中,为了有利于最终处置,经常要求把废液浓缩至体积很小而浓度很高的程度;又如对淡化水,为达到重复使用或排放的目的,要求产品水的净化程度越高越好。在这种情况下,就需要采用多级流程,但由于必须经过多次反复操作才能达到要求,所以操作相当烦琐,能耗也很大。

在工业应用中,有关反渗透法究竟采用哪种级数流程有利,需根据不同的处理对象、要求和所处的条件而定。

(九)透析技术

当把一张半透膜置于两种溶液之间并使其与之接触时,将会出现双方溶液中的大分子溶质原地不动,小分子溶质以及溶剂透过膜而交换的现象,即为透析(DS)。

1. 透析的基本原理

利用具有一定孔径大小、高分子溶质不能透过的亲水膜(袋),将含有的高分子溶质和其他小分子溶质的溶液(左侧)与纯水或缓冲液(右侧)分隔,由于膜两侧的溶质浓度不同,在浓度差的作用下,左侧高分子溶液中的小分子溶质(例如无机盐)透向右侧,右侧中的水透向左侧,这就是透析。图 7-16 所示的操作中,通常将右侧纯水或缓冲液称为透析液,所用亲水膜称为透析膜。由于透析过程是以浓度差为传质推动力,因此,在透析过程中,必须经常更换透析液才能使扩散不断进行,直至符合要求。

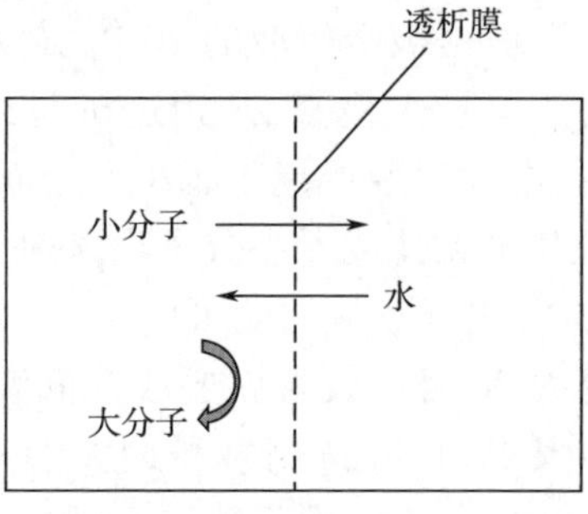

图 7-16　透析原理示意图

2. 透析的操作

(1)透析膜的处理

①新购的透析膜处理及保存:新购的透析膜因含有增塑剂(也是防干裂剂)、甘油、硫化物以及重金属离子,使用前必须除去。方法是:分别用蒸馏水、0.01mol/L 乙酸或稀 EDTA 溶液浸泡,洗后再用。要求高时则应进行严格处理:先将玻璃纸放在 50%(体积分数,余同)的乙醇溶液中用水浴煮 1h,再依次换 50%的乙醇溶液、10mmol/L 碳酸氢钠溶液、1mmol/L EDTA 溶液、蒸馏水各泡洗 2 次,最后在 4℃蒸馏水中保存备用。存放时间长的要放在 0.2mg/mL 叠氮化钠溶液或加适量氯仿的蒸馏水中防腐保存。

②改变透析袋孔径大小的方法

a. 用 640g/L 氯化锌溶液处理 15min,可使膜孔径增大,使大分子也能通过膜孔。

b. 纤维素膜用 27%乙酸吡啶溶液处理,会使孔径减小。

c. 将透析袋内盛满水,在两端进行拉伸,会使透析袋变薄,加快透析速率;如果不向袋内注入水而充满空气再拉伸两端,膜的孔径会变小,使有些溶质不能透过膜。

用过或用溶液处理过的透析膜一定要湿保存,否则一经干燥便会开裂,不能再使用。

(2)透析膜的使用

①检查膜有无小孔:将透析膜一端扎紧,装入蒸馏水,轻轻挤压,检查膜有无水渗出。若有水渗出,说明有小孔,不能使用。

②加样、排气:若无孔,即倒掉水,灌入待透析液但不能灌满,处理液含盐分越多,吸入的水分越多,袋胀得越大,越易胀破,应留出的空袋越大。空袋中的空气要排出再扎紧袋口。

③透析:将透析袋置透析液面下数毫米处进行透析,用磁力搅拌器将由袋中透出的盐及小分子及时驱散,保持袋内外的浓度差,使小分子由高浓度向低浓度的扩散作用继续进行。

④及时更换袋外透析液:当袋内外的盐及小分子浓度相等或相近时,即袋内外浓度差很小或为零时,就要换上新的透析液。透析液可以是蒸馏水、去离子水或低浓度的盐及低浓度的缓冲液,根据需要选择。一般隔 5~6h 或过夜换一次透析液,透析液的体积要尽量大些,一般是被透析液的 20 倍(体积比,余同)以上。

⑤透析结束的判断:可用电导仪检查,开始透析时,透析液的电导率会越来越大,当更换了几次透析液后,电导率变得越来越小。当新加透析液,透析几小时后,电导率几乎未变,表示袋内几乎无盐或无小分子出来时,透析可结束。若无电导仪可以凭经验判断,更换 4~5 次透析液基本就可以了。如果被透析的目的物是对温度敏感的物质,在室温下易失活,整个装置就要放在低温(1~3℃)下进行。如果待透析的液体体积大、含盐量又高时,除选用直径最大的透析袋外,还可先用流动的自来水透析(细菌、病毒等和大分子物质不能进入袋内)一段时间,将大部分盐去掉后再改用去离子水、蒸馏水透析,可节省能源。

(3)透析的操作方式　透析操作时,透析袋一端用橡皮筋或线绳扎紧,也可以使用特制的透析袋夹夹紧,由另一端灌满水,用手指稍加压,检查是否漏液,方可装入待透析液。通常要留 1/3~1/2 的空间,以防止透析的小分子分子质量较大时,袋外的水和缓冲液过量进入袋内将袋涨破。透析的容器要大一些,可以使用大烧杯、塑料桶等。小体积溶液的透析,可在袋内放一截两头烧圆的玻璃棒或两端封口的玻璃管,以使透析袋沉入液面以下,如图 7-17 所示。

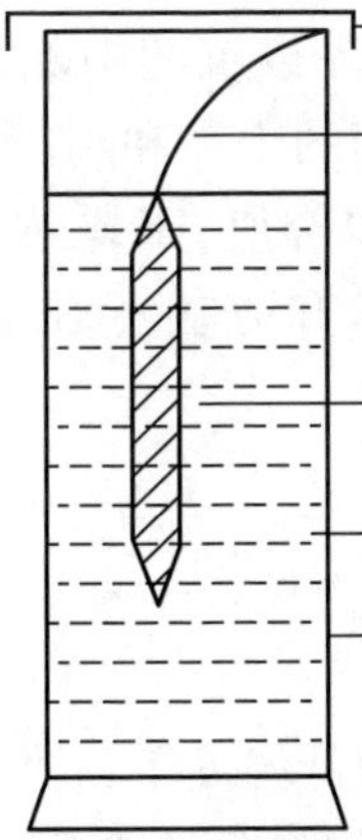

图 7-17　简易透析装置

(十)浓缩技术

浓缩是从溶液中除去部分溶剂的单元操作。生化物质制备中往往在提取后和结晶前进行浓缩。浓缩是对液体状态而言,液体体系除含可溶性的溶质外,还含有不可溶性的物质。浓缩是指总固形物与溶剂(一般为水分)部分分离的过程,使生物制品原料中水浓度降低到符合工艺要求的过程,此过程常在低温、低压下进行,营养成分一般不发生相变。常用浓缩技术见表 7-6。

表 7-6　常用浓缩技术

浓缩技术	基本原理	技术特点
冷冻浓缩	常压或低压下将水体系冷冻而将纯的冰结晶直接升华而去除水分	由结晶器和分离器组成,适用于浓缩挥发性芳香物质和热敏物质
蒸发浓缩	温度提高到溶剂的沸点使之蒸发,有常压和减压蒸发之分;有单效和多效的区别	传统蒸发浓缩法用于对热稳定的体系
膜浓缩法	分为超滤和透析:前者在压降的作用下,小于膜孔的分子(0.05~1000μm)透过膜介质;后者利用膜的选择透过性,在压降的作用下,水分由浓向稀的方向移动	前者适合于分离、提纯、浓缩含有机酸、氨基态氮等物质的溶液;后者适用于蛋白质溶液的浓缩及纯化

续表

浓缩技术	基本原理	技术特点
凝胶浓缩	浓缩胶是高分子网状结构的有机聚合物,具有很强的吸水性能,加入蛋白质溶液中,凝胶粒子吸水后,离心除去	适用于浓缩相对分子质量10000以上的生物大分子物质

(十一)干燥技术

干燥是从目标产物浓缩悬浮液或结晶或沉淀中除去水分和溶剂,而获得相对或绝对干燥制品的工艺过程,包括原料药的干燥和制成的临床制剂的干燥。

干燥的质量直接影响产品的质量和价值,干燥技术和方法的选择对于保证产品的质量至关重要。常用的干燥技术和方法有真空干燥、喷雾干燥和冷冻干燥等。

1. 真空干燥

真空干燥,又名解析干燥,是一种将物料置于真空负压条件下,使水的沸点降低,水在一个大气压下的沸点是100℃,在真空负压条件下可使水的沸点降到80℃、60℃、40℃时开始蒸发,使物料在较低温度下得到干燥。

(1)真空干燥的原理　将被干燥的物料放置在密闭的干燥室内,用真空系统抽真空的同时,对被干燥物料不断适当加热,使物料内部的水分通过压降或浓度差扩散到表面,水分子在物料表面获得足够的动能,在克服分子间的吸引力后,逃逸到真空室的低压空气中,从而被真空泵抽走除去。

(2)真空干燥工艺过程　将湿物料置浅盘内,放到干燥柜的搁板上,加热蒸汽由蒸汽入口引入,通入夹层搁板内,冷凝水从干燥箱下部出口流出,经冷凝管至冷凝液收集器中;冷凝系统通过管道和阀门与真空泵紧密相连,组成一个完整的密闭系统,使干燥操作连续进行。干燥过程中,液体水分汽化有蒸发和沸腾两种方式。水在沸腾时的汽化速度比在蒸发时的汽化速度快得多,水分蒸发变成蒸汽可以在任何温度下进行。水分沸腾变成蒸汽,只能在特定温度下进行,但是当降低压强时,水的沸点也降低。例如,在19.6kPa气压下,水的沸点即可降到60℃。真空干燥机就是在真空状态下,提供热源,通过热传导、热辐射等传热方式供给物料中水分足够的热量,使蒸发和沸腾同时进行,加快汽化速度。同时,抽真空又快速抽出汽化的蒸汽,并在物料周围形成负压状态,物料的内外之间及表面与周围介质之间形成较大的湿度梯度,加快了汽化速度,达到快速干燥的目的。

2. 喷雾干燥

(1)喷雾干燥的原理　喷雾干燥是流化技术用于液态物料干燥的一种较好的技术。它是利用不同的喷雾器,将悬浮液或黏滞的液体喷成雾状,与热空气之间发生热量和质量传递而进行干燥的技术。

(2)喷雾干燥的工艺过程　喷雾干燥过程可分为四个阶段:料液雾化、雾滴与空气接触、雾滴干燥、干燥产品与空气分离。

①料液雾化:料液经过滤器由泵或者压缩空气送至干燥塔顶的雾化器,雾化成平均直径为20~60μm的雾滴,这些雾滴具有很大的总表面积,当其与热干燥介质接触时,雾滴中的水分可以迅速汽化,在极短的时间内物料干燥为粉末或颗粒产品。

②雾滴与空气接触:空气通过过滤器和加热器,进入干燥塔顶部的空气分配器,通过热风分布器的热空气呈螺旋状均匀地进入干燥室。

③雾滴干燥:雾滴与干燥空气接触时,热量即由空气经过雾滴表面的饱和蒸汽膜传递给雾滴,于是雾滴中的水分蒸发。只要雾滴内部的水分扩散到雾滴表面的量足以补充表面的水分损失,蒸发就以恒速进行。当雾滴内部水分向表面扩散不足以保持表面的润湿状态,雾滴表面逐渐形成干壳。

④干燥产品与空气分离:由干燥塔底部和旋风分离器排出,废汽经滤袋过滤器收集细粉后由风机排出。干燥的粉末或颗粒成品落到干燥室的锥体四壁并滑落到锥底,通过星形阀之类的排灰阀排出,收集瓶回收,少量的细粉则随空气进入旋风分离器进一步分离。然后将这两处成品输送到别处,混合后根据生产需要制成粉体、颗粒、空心球、团粒或直接包装。

3. 冷冻干燥

(1)冷冻干燥技术原理　冷冻干燥是利用升华的原理进行干燥的一种技术,它是将含有大量水分的物质在低温下快速冻结到三相点温度以下,然后在适当的真空环境下,使冻结的固态水分子直接升华成为水蒸气逸出并从物品中排出,从而使物品干燥的过程。冷冻干燥得到的产物称为冻干物,该过程称为冻干。

(2)冷冻干燥工艺流程　冷冻干燥工艺流程包括预冻(冻结)过程、升华干燥(第一阶段干燥)过程、解吸干燥(第二阶段干燥)过程。

①预冻(冻结)过程:预冻是冻干工艺过程的第一步,它使得处理样品完全冻结。在这个过程中,样品成为冰晶和分散的溶质。

②升华干燥(第一阶段干燥)过程:升华干燥是将物料中的冰全部汽化移走。升华的两个基本条件:一是保证冰不融化,二是冰周围的水蒸气必须低于物料冻结点的饱和蒸汽压。

③解吸干燥(第二阶段干燥)过程:把残余的未冻结水分(以结合水和玻璃态形式存在)除去,最终得到干燥物料。

四、下游技术的选择

(一)分离和提纯物质遵循的原则

(1)不引入新杂质的原则　如果引入新杂质则在后续操作中必须除杂。

(2)不损耗、不减少被提纯物质的原则。

(3)实验操作要简便易行的原则。

(4)加入试剂的顺序要合理的原则　用化学方法除去溶液中的杂质时,要使被分离的物质或离子尽可能除净,需要加入过量的分离试剂,在多步分离过程中,后加的试剂应能够把前面所加入的无关物质或离子除去。

(二)各种分离纯化方法的异同点

表 7-7 总结了各种分离纯化方法的异同点。

表 7-7　各种分离纯化方法的异同

方法	原理	条件	范围	仪器	注意事项
过滤	根据固体的溶解度不同,将不溶性固体从溶液中分离出来的方法	一种固体不溶,一种固体可溶	适用于不溶固体和液体的分离	漏斗、铁架台、烧杯、玻璃棒、滤纸	“一贴二低三靠”;对于有些溶液温度下降则会有晶体析出,应趁热过滤
结晶	通过蒸发溶剂或降低温度使溶质的溶解度变小,从而使晶体析出的方法	固体的溶解度小或固体的溶解度随温度升高变化较大	固体的溶解度小,一般用蒸发结晶法;固体的溶解度随温度升高变化较大,一般用冷却结晶法或重结晶法	过滤、蒸发仪器	溶解→蒸发浓缩→趁热过滤→冷却结晶→洗涤干燥
萃取	利用溶质在互不相溶的溶剂中溶解度的不同,选择萃取剂将溶质从一种溶剂中转移到另一种溶剂中的方法	萃取剂与原溶剂互不相溶,溶质在萃取剂中的溶解度大于在原溶剂中的溶解度	适合于溶质在互不相溶的液体中的分离	分液漏斗、烧杯	物质在不同溶剂中的溶解性
盐析	利用轻金属盐能够降低胶体的溶解度的性质,分离提纯胶体的方法	一种是胶体,一种是溶剂	适合胶体和溶剂的分离	烧杯、过滤装置	盐的饱和度、pH、温度
色谱	利用吸附剂对不同有机物的吸附作用不同,分离提纯有机物的操作	同一吸附剂吸附有机物能力不同	适合分离吸附能力不同的有机物	吸附柱	选择碳酸钙、硅胶、氧化铝、活性炭等吸附剂

知识拓展

高速逆流色谱技术

高速逆流色谱仪(HSCCC),于1982年由美国国立卫生研究院Ito博士研制开发的一种新型的、连续高效的液-液分配色谱技术。

高速逆流色谱是一种液-液色谱分离技术,它的固定相和流动相都是液体,没有不可逆吸附,具有样品无损失、无污染、高效、快速和大制备量分离等优点。由于HSCCC与传统的分离纯化方法相比具有明显的优点,因此此项技术已被广泛应用于中药成分分离、保健食品、生物化学、生物工程、天然产物化学、有机合成、环境分析等领域。我国是继美国、日本之后最早开展逆流色谱应用的国家。张天佑等在国内首先自行研制了分析型和制备型的高速逆流色谱仪,促进我国中药功能成分的分离制备并取得了显著成果。上海同田生化技术有限公司生产的高速逆流色谱仪,分离中药成分纯度达到99%,可用于HPLC检测标准样。

项目检测

一、名词解释

1. 细胞破碎　2. 溶剂萃取　3. 超临界流体萃取技术　4. 吸附色谱技术　5. 离子交换色谱技术　6. 膜组件　7. 干燥

二、填空题

1. 细胞破碎的方法有(　　)(　　)(　　)。

2. 萃取方式有(　　)(　　)(　　)(　　)(　　)。

3. 液膜分离法是一种以(　　)为分离介质,以(　　)为推动力的膜分离操作。

4. 当溶质从液相中析出时形成晶形物质的过程称为(　　),而得到无定形物质的过程称为(　　)。

5. 蛋白质沉淀的方法有(　　)(　　)(　　)(　　)(　　)(　　)。

6. 吸附操作是通过(　　)与某一混合组分体系接触,有选择地使体系中的一种或多种组分附着于固体表面,从而实现特定组分分离的操作过程。

7. 影响离子交换反应速率的因素有(　　)(　　)(　　)(　　)(　　)(　　)(　　)。

8. 微孔滤膜的截留作用大体可分为(　　)(　　)(　　)(　　)。

9. 微滤过程不必考虑溶液渗透压的影响,过程的操作压降为(　　),而膜的渗透量远大于反渗透、纳滤和超滤。

三、简答题

1. 试述双水相萃取法和溶剂萃取法的异同点。

2. 凝胶色谱技术的工作原理是什么?

3. 常见的浓缩技术有哪些? 它们的基本原理分别是什么? 各自有哪些技术特点?

4. 各种色谱分离(吸附、分配、离子交换、凝胶、亲和)的机理是什么?

5. 喷雾干燥有哪些优缺点?

项目八　药品质量控制

项目八　药品质量控制

项目目标

●知识目标

1. 掌握药品研发、生产、流通过程中各规范的相关规定、要求以及实施方法。

2. 知道《中华人民共和国药典》等药品质量标准的主要规范的要点。

3. 掌握药品质量检验过程中的管理要求和实施方法。

●技能目标

1. 会执行药品生产过程、药品经营过程、处方调配过程、药物研发过程的管理规范。

2. 掌握生物药物检验流程和常用的检验方法。

3. 会用 GMP 和 GSP 等知识管理药品生产和经营。

●职业素质目标

1. 树立“依法制药、规范生产”的观念,培养严谨细致、认真负责的工作态度。

2. 严格执行 GMP 管理,养成实事求是、一丝不苟的职业习惯。

3. 具有吃苦耐劳、独立思考、团结协作、勇于创新的精神和诚实守信的优良品质。善于沟通和合作的品质,树立环保、节能、质量第一和安全生产的意识。

药品是一种特殊的商品,关系到人民用药的安全和有效,为保证其质量,国家对药品有强制执行的标准,即药品质量标准。药品质量标准是国家对药品质量、规格及检验方法所作的技术规定,是药品生产、经营、使用、检验和监督管理部门共同遵循的法定依据,具有法律效力。

药品的质量标准是药品检验、评判和技术监督的法定依据。一个科学的药品质量标准是药品质量好坏的外化表征,因此药品的质量标准与药品质量本身有着密切的相关性。药品质量标准的质量高低体现和决定了一个国家或者企业在药物分析技术、产品质量控制能力等相关科学领域的技术水平和能力。药品质量标准是医药行业发展的重要技术支撑,对于促进产业升级,规范行业管理,提高产品的安全性,提高药品的国际竞争力等方面具有十分重要的意义。

一、药品质量标准

(一)药品质量标准含义

药品质量概念可以理解为药品的物理、化学、生物药剂学、安全性、有效性、稳定性、均一性等指标符合规定标准的程度,具体为以下几个指标。

1. 物理指标

药品活性成分、辅料的含量、制剂的重量、外观等指标。

2. 化学指标

药品活性成分化学、生物化学特性变化等指标。

3. 生物药剂学指标

药品的崩解、溶出、吸收、分布、代谢、排泄等指标。

4. 安全性指标

药品的"三致"、毒性、不良反应、药物相互作用和配伍、使用禁忌等指标。

5. 有效性指标

药品针对规定的适应证在规定的用法、用量条件下治疗疾病的有效程度指标。

6. 稳定性指标

药品在规定的储藏条件下在规定的有效期内保持其物理、化学、生物药剂学、安全性、有效性指标稳定的指标。

7. 均一性指标

药品活性成分在每一单位(片、粒、瓶、支、袋)药品中的物理、化学、生物药剂学、安全性、有效性、稳定性等同程度指标。

(二)制订药品质量标准的目的和意义

(1)药品质量的优劣直接影响到药品的安全性和有效性,关系到用药者的健康与生命安危。

(2)药品质量标准是国家对药品质量、规格及检验方法所做的技术规定,是药品生产、供应、使用、检验和药政部门共同遵守的法定依据。

(三)制订药品质量标准的原则

(1)安全性　毒副反应物质。

(2)有效性　生物利用度、晶型等。

(3)先进性　采用选择性强、灵敏度高的方法。

(4)针对性　针对药物本身的特点,做到安全有效、技术先进、经济合理。

（四）药品质量标准的分类

1. 国家药品标准:《中华人民共和国药典》和药品标准

《中华人民共和国药典》,以下简称《中国药典》,由国家药典委员会编制。不同版本以其后括号内的年份来表示,根据需要,不同版本之间出版增补本。基本结构和主要内容由凡例、正文、附录、索引四部分组成。

(1)凡例　是解释和使用《中国药典》,正确进行质量检定的基本原则,它把正文品种、附录及质量检定有关的共性问题加以规定,有关规定具有法定的约束力。“凡例”按内容归类,并冠以标题,分别为:标准规定、检验方法和限度、残留溶剂、标准品、对照品、计量、精确度、试药、试液、指示剂、包装、标签等。

(2)正文　收载不同药品、制剂的质量标准,对复方制剂收载有处方和制法,对制剂载有规格,对原料药则载有主要的制剂。

(3)附录　主要内容有制剂通则、生物制品通则、通用检测方法、生物检定法、试药和试纸、溶液配制、原子量表等。制剂通则中收载有片剂、胶囊剂等二十种制剂。在每种剂型下,规定了对该剂型的基本要求和常规的检查项目,除另有规定外均应符合通则项下的有关规定。

(4)索引　中文索引和英文索引。

2. 临床研究用药品质量标准

新药研制过程中、临床试验前必须报批的药品标准,以保证临床用药安全、结论可靠。此标准仅适用于研制单位、临床试验单位和药检单位。

3. 暂行或试行药品标准

1~3 类新药经临床试验及国家药品监督管理局批准试生产阶段的药品标准称为“试行标准”,试行期 2~3 年。期满后报请国家药品监督管理局,由药典委员会审批转正。

4. 企业标准

由企业制订并报有关部门批准备案,也是 GMP 认证的必备条件。通常企业标准高于法定标准的要求。

（五）药品质量标准的主要内容

1. 名称

名称包括中文名称和英文名称。中文名称是按照“中国药品通用名称”推荐的名称以及命名原则命名的,是药品的法定名称。英文名称尽量采用世界卫生组织制订的“国际非专利药品名”(简称 INN),没有 INN 的药品,可采用其他合适的英文名称。中国药品通用名称的命名原则指出“药品名称应科学、明确、简短;词干已确定的译名要尽量采用,使同类药品能体现系统性”“药品的命名应尽量避免采用给患者以暗示的有关药理学、解剖学、生理学、病理学或治疗学的药品名称,并不得用代号命名”。

2. 性状

性状主要记述药物的外观、臭、味、溶解性、一般稳定性情况以及物理常数等。

(1)外观、臭、味　质量标准性状项下,首先要对药物的外观、臭、味做一般性描述。药物的外观具有鉴别的意义,也可在一定程度上反映药物的内在质量。

(2)溶解性　是药物的重要物理性质,可以作为精制或制备溶液的参考。用术语表示,“极易溶解”“易溶”“溶解”“略溶”“微溶”“极微溶解”等。

(3)物理常数　具有鉴别的意义,也能反映药物的纯杂程度,是评价药品质量的重要指标,如熔点、相对密度、凝点、比旋度、黏度、吸收系数、碘值等。

3. 鉴别

鉴别是指用规定的方法来辨别药物的真伪。对于原料药,还应结合性状项下的外观和物理常数进行确认,是药品质量控制的重要环节。

(1)化学方法　制备衍生物,测定熔点、显色反应、沉淀反应等。

(2)物理化学方法　主要是一些仪器分析方法,如紫外分光光度法、红外分光光度法、色谱法等。

(3)生物学方法　是利用微生物或实验动物进行鉴别,主要用于抗生素和生化药物的鉴别。

4. 检查

检查一般包括有效性、均一性、纯度要求和安全性四个方面的内容。

(1)有效性　是指和疗效有关,但在鉴别、纯度检查和含量测定中不能有效控制的项目。

(2)均一性　主要是检查制剂的均匀程度,如片剂等固体制剂的重量差异检查、含量均匀度检查等。

(3)纯度要求　是对药物中的杂质进行检查。杂质按来源可分为一般杂质和特殊杂质。一般杂质是指在自然界中分布广泛,在多种药物的生产中可能引入的杂质,如水分、氯化物、硫酸盐、铁盐、重金属、砷盐等。一般杂质的检查方法收载在《中国药典》附录中。特殊杂质是指在个别药物的生产和贮存中引入的杂质,其检查方法收载在正文各品种的质量标准中。药物中杂质的检查一般为限量检查,即仅检查药物中的杂质是否超过限量。

5. 含量测定

含量测定是指用规定的方法测定药物中有效成分的含量,一般可采用化学、仪器、生物测定等方法。

6. 类别

类别是指按药品的主要作用、主要用途或学科划分的类别,如有抗高血压药、抗肿瘤药、镇痛药、抗生素药等。

7. 贮藏

贮藏项下规定的贮藏条件，是根据药物稳定性，对药品包装和贮存的基本要求，以避免或减缓药品在正常贮藏期内变质。有关贮藏条件的专用名词在《中国药典》凡例中规定。

(1)遮光　系指用不透光的容器包装，例如棕色容器或黑纸包裹的无色透明、半透明容器。

(2)密闭　系指将容器密闭，以防止尘土及异物进入。

(3)熔封或严封　系指将容器熔封以防止空气与水分的侵入并防止污染。

(4)阴凉处　系指不超过 20℃。

(5)凉暗处　系指避光并不超过 20℃。

(6)冷处　系指 2~10℃。

(7)常温　系指 10~30℃。除另有规定外，贮藏项下未规定贮藏温度的一般系指常温。

二、生物药物常用的检验方法

生物药物分析与检验是以分析化学、仪器分析、分子生物学、免疫学等为分析手段，研究生物药物分析鉴定方法的学科。生物药物是利用生物体、生物组织或组成生物体的各种成分，综合应用多门学科的原理和方法，特别是采用现代生物技术，进行加工、制造而形成的一大类用于预防、治疗、诊断的药物。

生物药物分析是药物分析的一个分支。药物分析研究小分子之间的反应较多，特点是反应体系简单，反应迅速，主要是化学键的断裂、组合或重排，是小分子在反应体系中做布朗运动无序膨胀发生的反应。生物药物分析则是分析研究大分子与大分子或者大分子与小分子之间的反应。生物药物检测技术利用生物体(整体组织、离体组织微生物和细胞等)来测定药物的生物活性的一种方法，它以药物的药理为基础，以生物统计学为工具，运用特定的实验设计，在一定条件下比较供试品和相当的标准品或对照品所产生的特定反应，通过等反应剂量间比例的运算，从而测得供试品的效价。

生物药物检验的特点如下所示。

(1)需要进行相对分子质量的测定。

(2)需要检查生物活性。

(3)需要做安全性检查：如热原检查、过敏试验、异常毒性试验等。

(4)需要做效价测定：可测含量时，测含量；不可测含量时，测效价。

(5)利用生物药物的生物化学性质进行生物化学方法试验从而确证结构。

(一)生物药物质量及其控制

1. 生物药物质量的重要性与特殊性

生物药物在化学构成上十分接近于人体内的正常生理物质；在药理学上具有

更高的特异性治疗有效性；在医疗上药理活性高、针对性强、毒性低、副作用小；生物药物的有效成分在生物材料中浓度低，杂质的含量相对比较高；生物药物常常是一些生物大分子；生物药物对各种理化因素的变化敏感。生物药物是一类特殊的药品，除用于临床治疗和诊断，还用于健康人特别是儿童的预防接种，以增强机体对疾病的抵抗力。因此严格控制质量就显得十分必要。

2. 生物药物分析方法的分类

按检测原理和操作方法的不同分为化学分析法、仪器分析法和生物测定法。

(1)化学分析法　有重量分析法、容量分析法(滴定法)，如，酸碱滴定法、沉淀滴定法、氧化还原法、络合滴定法。

(2)仪器分析法　有电化学分析法(电位滴定法)、光化学分析法(光谱法、UV、IR、旋光分析法，原子吸收分光光度法等)、色谱法(TLC、HPLC、GC 等)。

(3)生物测定　效价测定，微生物限度，动物实验等。

(二)生物药物质量检验的程序

生物药品检验工作的基本程序一般为取样、鉴别、检查、含量测定、写出检验报告以及安全性检查。

药品检验工作的根本目的就是保证人民用药的安全、有效。药物分析工作者必须具备严谨求实和一丝不苟的工作态度，必须具有熟练、正确的操作技能以及良好的科学作风，从而保证药品检验工作的公正性。

1. 取样

取样系指从一批产品中，按取样规则抽取一定数量具有代表性的样品；样品系指为了检验药品的质量，从整批产品中采取足够检验用量的部分。分析任何药品首先是取样，要从大量的样品中取出少量样品进行分析，应考虑取样的科学性、真实性和代表性，不然就失去了检验的意义。据此，取样的基本原则应该是均匀、合理。药品生产所抽取的样品，应包括进厂原料、中间体(半成品)及成品。

取样量：按批取样。设批总件数(桶、袋、箱)为 x。

当 $x \leqslant 3$ 时，每件取样。

当 $3<x \leqslant 300$ 时，按 $x^{1/2}$ 取样量随机取样。

当 $x>300$ 时，按 $(x^{1/2}/2)+1$ 取样量随机取样。

取样要有代表性(全批取样，分部位取样)，一次取得的样品最少可供 3 次检验用量，即抽取 3 倍量。

取样时应先检查品名、批号、数量及包装情况等，确认无误方可取样。取样用容器应清洁、干燥，在使用或贮藏过程中能防止受潮和异物混入。取样时必须填写取样记录，内容应包括品名、规格、批号、数量、来源、编号、取样日期，必要的取样说明和取样人签名等。每件取样容器和被取样包装上都应贴有取样标志。

样品处理：一般样品不经制备，等量混合后直接用于检验。

样品保管：凡检验后的样品，必须按规定要求按批留样。留样应贴好标签，写清品名、批号、日期、留样人等，并根据药品性质特点，分别在不同贮存条件下保存。一般药品留样保存期限为“有效期”后一年。

2. 鉴别

根据药品质量标准中有关性状的规定，注意观察、记录供试品的外观、色、臭、味，并测定有关物理常数。这些观测结果不仅对药品具有鉴别意义，而且也反映药品的纯度，是检定药品质量的主要指标之一。依据药品的化学结构和理化性质进行某些化学反应，测定某些理化常数或光谱特征，来判断药物及其制剂的真伪。通常，某一项鉴别试验，如官能团反应、焰色反应，只能表示药物的某一特征，绝不能将其作为判断的唯一依据。因此，药物的鉴别不能只是单项试验就能完成，而是采用一组（二个或几个）试验项目全面评价一个药物，力求使结论正确无误。例如，《中国药典》在醋酸可的松鉴别项下规定了一个母核呈色反应，一个官能团反应以及一个紫外吸收光谱特征。

3. 检查

药物在不影响疗效及人体健康的原则下，可以允许生产过程和贮藏过程中引入的微量杂质的存在。通常按照药品质量标准规定的项目进行“限度检查”，以判断药物的纯度是否符合限量规定要求，所以也可称为纯度检查。如重金属检查、砷盐检查、干燥失重检查、炽灼残渣检查等均属限度检查。生物药物应保证符合无毒、无菌、无热原、无致敏源和降压物质等一般安全性要求。需要做的安全性检查有以下几种。异常毒性试验：反应的判断以试验动物是否死亡为终点。无菌检查：检查药品及敷料是否染有活菌，是《中国药典》中较重要的检查项目之一。热原检查：将一定剂量的供试品，静脉注入家兔体内（家兔法），以其体温升高的程度，判定该供试品中所含热原是否符合规定，是一种限度试验法。过敏试验：检查异源蛋白的试验。降压物质检查：《中国药典》采用猫血压法检查药物中所含的降压物质。

4. 含量测定

药物含量测定就是测定药物中主要有效成分的含量。药物通过鉴别、检查，认为合格后即可进行含量测定。含量测定一般采用化学分析方法或理化分析方法，通过测定可以确定药物的有效成分是否符合规定的含量标准。因为药品标准中收载的药物一般均规定有具体的含量要求；含量测定就是用来测定药物中主要有效成分的含量是否符合规定要求的一个重要环节。生物药物的含量表示方法为：用百分含量表示，适合于结构明确的小分子药物或经水解后变成小分子药物；用生物效价或酶活力单位来表示，适合于多肽、蛋白质和酶类药物。

概括起来，鉴别是用来判定药物的真伪，而检查和含量测定则可用来判定药物的优劣。所以，判断一个药物的质量是否符合要求，必须全面考虑鉴别、检查与含量测定三者的检验结果。除此之外，尚有药物的性状要求。性状在评价质量优劣方面同样具有重要意义。如醋酸可的松性状项下有晶型、臭味、溶解度、比旋度和吸收系数的规定。在一定程度上,药物的外观、色泽、气味、晶形、物理常数等性状能综合地反映药品的内在质量,应给予重视。

5. 检验报告的书写

检验原始记录应按规定要求认真及时地做好,原始记录必须用蓝黑墨水或碳素笔书写,做到记录原始真实、内容完整齐全、书写清晰整洁。在检验记录中,如发现记录有误,可用单线划去并保持原有的字迹可辨,不得擦抹涂改,并应在修改处签名或盖章。药品检验程序完毕后,还应写出检验报告,并根据检验结果做出明确的结论。检验报告书上按检验项目、标准规定、检验结果这样的要求一项一项地填写,最后有一个总的检验结论。通常会出现下列四种情况:全面检验后,各项指标均符合质量标准;全面检验后有个别项目不符合规定,但尚可供药用;全面检验后不符合药用;或虽未全面检验,但主要项目不符合规定,不可供药用。根据送检者要求,仅对个别项目做出检验是否合格的结论。例如葡萄糖原料药的检验,各项指标均符合药品质量标准时,检验报告给出相应项目合格的结论或具体测定数据:若葡萄糖原料药检验项目仅乙醇溶液的澄清度不符合规定,则认为可改作"口服葡萄糖"制剂类型用,但不得供制备注射剂用,因为注射剂对原料药的要求更高更全面。又如葡萄糖注射液经全面检验,其热原检查不符合《中国药典》(2020 年版)的规定,结论为不得供药用。药物分析工作者在完成药品检验工作,写出书面报告后,还应对不符合规定的药品提出处理意见,以便供有关部门参考,并尽快地使药品的质量符合要求。

三、生物药物分析与检验

(一)生物药物质量检定

生物药物的质量检定分为:理化检定、安全检定、效力检定。

1. 生物药物的理化检定

(1)物理性状检查　外观检查:制品外观异常往往会涉及制品的安全和效力,因此必须认真进行检查。真空度及溶解时间检查:真空封口的冻干制品通常可用高频火花真空测定器检查其真空程度,凡有真空度者瓶内应出现蓝紫色辉光。取一定量冻干制品,按规程要求,加适量溶剂,检查溶解时间,其完全溶解应在规定时限内。

(2)蛋白质含量测定　常用的测定蛋白质含量的方法有:半微量凯氏定氮法、酚试剂法、紫外吸收法。

(3)防腐剂含量测定　适量的苯酚、甲醛、氯仿、汞制剂等可作为防腐剂或灭活剂。

(4)纯度检查　要求检查精制后生物制品的纯度是否达到规程要求。通常采用电泳和层析法。

(5)其他测定项目　水分含量测定:费歇尔(Fischer)水分测定法快速、简便、准确,被列为常规测定法。冻干制品中残余水分的含量高低,可直接影响制品的质量和稳定性。一些活菌苗和活疫苗含残余水分过高,易造成活菌苗、活疫苗的死亡而失效。含水分过低,使菌体脱水,也可造成活菌苗、活疫苗死亡。氢氧化铝与磷酸铝含量测定:氢氧化铝作为吸附剂,可提高制品的免疫原性。制品的铝含量用配位滴定法测定。磷含量测定:流脑多糖菌苗需要测定磷含量,以控制其有效成分的含量,常用的测定方法为钼蓝法。

2. 生物药物的安全检定

(1)一般安全性检查　安全试验;无菌试验;热原试验。致热物质主要是指细菌性热原,即革兰阴性细菌内毒素,其本质为脂多糖。目前采用家兔试验法作为检查热原的基准方法。

(2)杀菌、灭活和脱毒情况的检查　灭活疫苗、类毒素等制品,常用甲醛或苯酚作为杀菌剂或灭活剂。活毒检查:主要是检查灭活疫苗解毒是否完善。解毒试验:主要用于检查类毒素等需要脱毒的制品,要用敏感动物进行检查。残余毒力试验:用于活疫苗的检查。生产这类制品的菌毒种本身是活的减毒株,允许有一定的轻微残余毒力存在。

(3)外源性污染检查　野毒(毒株具有非常高的传染性)检查、支原体检查、乙肝表面抗原和丙肝抗体的检查、残余细胞 DNA 检查。

(4)过敏性物质检查　过敏性试验:一般采用豚鼠做试验。先用待检品给动物致敏,再以同样待检品由静脉或心脏攻击。如有过敏原存在,动物立即出现过敏症状。牛血清含量测定:主要用于检查组织培养疫苗,因为牛血清是一种异种蛋白。

3. 生物药物的效力检定

生物制品是具有生物活性的制剂,它的效力一般采用生物学方法测定。

(1)动物保护力试验或称免疫力试验　将疫苗或类毒素免疫动物后,再用同种的活菌、活病毒或毒素攻击,从而判定制品的保护水平。

(2)活疫苗的效力测定　活菌数测定:活菌苗多以制品中的抗原菌的存活数表示其效力。活病毒滴度测定:活疫苗多以病毒滴度表示其效力,常用组织培养法或鸡胚感染法测定。

(3)抗毒素和类毒素的单位测定　抗毒素单位(U)测定:目前国际上都采用国际单位(U)数值表示抗毒素的效价。絮状单位(Lf)测定:能和一个单位抗毒素首先发生絮状沉淀反应的类毒素(或毒素)量称为一个絮状单位(Lf),常用絮状单位数表示类毒素或毒素效价。

(4)血清学试验　如凝集反应、沉淀反应、中和反应和补体结合反应,以上四种类型反应即经典血清学反应。用血清学试验可检查抗体或抗原的效价。抗体形成水平，也是反映制品质量的一个重要方面。

（二）生物药物分析与检验常用的方法

1. 酶法

（1）酶活力测定法　生物药物分析常采用酶活力测定法。酶活力也称酶活性，是指酶催化一定化学反应的能力。酶活力的大小可以用在一定条件下，它所催化的某一化学反应的转化速率来表示，即酶催化的转化速率越快，酶的活力就越高；反之，速率越慢，酶的活力就越低。所以，测定酶的活力就是测定酶促转化速率。酶转化速率可以用单位时间内单位体积中底物的减少量或产物的增加量来表示。酶活力的测定既可以通过定量测定酶反应的产物或底物数量随反应时间的变化，也可以通过定量测定酶反应底物中某一性质的变化，如黏度变化来测定。通常是在酶的最适 pH 和离子强度以及指定的温度下测定酶活力。在最适条件下，1min 转化 1μmol 底物所需的酶量为一个酶活力单位（U）。比活力为每毫克酶蛋白所具有的酶活力，单位是 U/mg，比活力越高则酶越纯。一般采用测定酶促反应初速率的方法来测定活力，因为此时干扰因素较少，速度保持恒定。反应速率的单位是浓度/单位时间，可用底物减少或产物增加的量来表示。因为产物浓度从无到有，变化较大，而底物往往过量，其变化不易测准，所以多用产物来测定。

（2）酶分析法　是一种生物药物分析方法。酶是一种专一性强、催化效率高的生物催化剂。利用酶的这些特点来进行分析的酶法分析，与其他分析方法相比有许多独特的优点。酶分析法在生物药物分析中的应用主要有两个方面：第一，以酶为分析对象，根据需要对生物药物生产过程中所使用的酶和生物药物样品中所含的酶进行酶的含量或酶活力的测定，称为酶分析法；第二，利用酶的特点，以酶作为分析工具或分析试剂，用于测定生物药物样品中用一般化学方法难以检测的物质，如底物、辅酶、抑制剂和激动剂（活化剂）或辅助因子含量的方法称为酶法分析。

利用酶的特异性，不需要分离就能辨别试样中的被测组分，从而对被测物质进行定性和定量分析。所以，酶法分析常用于复杂组分中结构和物理化学性质比较相近的同类物质的分离鉴定和分析，而且样品一般不需要进行很复杂的预处理。酶法分析具有特异性强、干扰少、操作简便，样品和试剂用量少，测定快速精确、灵敏度高等特点。通过了解酶对底物的特异性，可以预料可能发生的干扰反应并设法纠正。在以酶作为分析试剂测定非酶物质时，也可用偶联反应；而且偶联反应的特异性，可以增加反应全过程的特异性。此外，由于酶反应一般在温和的条件下进行，不须使用强酸、强碱，酶分析法还是一种无污染或污染很少的分析方法。很多需要使用气相色谱仪、高压液相色谱仪等贵重的大型精密分析仪器才能完成分析检验工作，应用酶法分析方法即可简便快速地进行。酶法分析目前主要广泛应用于医药、临床、食品和生化分析检测中，如尿素、各种糖类、氨基酸类、有机酸类、维生素类、毒素等物质的定性和定量分析中。

2. 电泳法

电泳法是指带电荷的供试品（蛋白质、核苷酸等）在惰性支持介质（如纸、醋酸纤维素、琼脂糖凝胶、聚丙烯酰胺凝胶等）中，在电场的作用下，向其对应的电极方向按各自的速度进行泳动，使组分分离成狭窄的区带，用适宜的检测方法记录其电泳区带图谱或计算其含量（%）的方法。在生物制药领域，该技术多用于分离，纯化、鉴定蛋白质、核酸等大分子物质。

分子在正常情况下一般不带电，即所带正负电荷量相等，故不显示带电性，但是在一定的物理作用或化学反应条件下，某些物质分子会成为带电的离子（或粒子）。不同的物质，由于其带电性质、颗粒形状和大小不同，因而在一定的电场中它们的移动方向和移动速度也不同，因此可使它们分离。

（1）电泳的分类　按是否具有介质分为：自由界面电泳、区带电泳。

按其介质的物理性状不同可分为：①滤纸及其他纤维电泳：如玻璃纤维膜、乙酸纤维膜、聚氨纤维薄膜。②凝胶电泳：如琼脂、聚丙烯酰胺凝胶、淀粉凝胶电泳。③粉末电泳：如纤维素粉、淀粉、玻璃粉电泳。④线丝电泳：如尼龙丝、人造丝电泳。

（2）影响电泳迁移率的因素　①外界因素：电场强度、溶液的 pH、溶液的离子强度、电渗现象。

②内在因素：质点所带净电荷的量、质点的大小和形状。

（3）电泳法在生物药物分析中的应用

①纸电泳法：纸电泳的设备简单，应用广泛，是最早使用的一种电泳技术。最初用于蛋白质的分离，后来也用于氨基酸、核苷酸一些低分子质量物质的分离，其优点在于采用滤纸与色素结合的直接电泳图，或剪下滤纸的任何部分来抽提其中的物质。在早期的生物化学研究中，曾发挥重要作用。由于纸电泳时间长，分辨率较差，近年来逐渐为其他快速、简便、分辨率高的电泳技术所代替。

②醋酸纤维素薄膜电泳法：醋酸纤维素薄膜电泳是与纸电泳法在同一时期发展起来的，因其操作简单、快速、廉价，所以现在多用其来代替纸电泳法，已经广泛用于血清蛋白、血红蛋白、球蛋白、脂蛋白、糖蛋白、甲胎蛋白、类固醇激素及同工酶等的分离分析中，尽管它的分辨力比聚丙烯酰胺凝胶电泳低，但它具有简单、快速、灵敏度高、应用面广等优点。

③琼脂糖凝胶电泳法：琼脂糖凝胶电泳是用琼脂或琼脂糖作为支持介质的一种电泳方法。对于分子质量较大的样品，如大分子核酸、病毒等，一般可采用孔径较大的琼脂糖凝胶进行电泳分离。其分析原理与其他支持物电泳最主要区别是琼脂、糖凝胶电泳兼有“分子筛”和“电泳”的双重作用，可被应用于螺旋藻多糖的鉴别，乳酸脱氢酶同工酶的测定，及血红蛋白的检测等项目。

④聚丙烯酰胺凝胶电泳法及 SDS-聚丙烯酰胺凝胶电泳法：聚丙烯酰胺凝胶电泳法是 20 世纪 60 年代发展起来的一种电泳技术，主要用于分离蛋白质和寡核苷酸。聚丙烯酰胺凝胶为网状结构，具有分子筛效应，它有两种形式：非变性聚丙烯

酰胺凝胶电泳及SDS-聚丙烯酰胺凝胶(SDS-PAGE)。非变性聚丙烯酰胺凝胶在电泳的过程中,蛋白质能够保持完整状态,并依据蛋白质的分子质量大小、蛋白质的形状及其所附带的电荷量而逐渐呈梯度分开。而SDS-PAGE仅根据蛋白质亚基分子质量的不同就可以分开蛋白质,该方法应用广泛,可进行与胰岛素及中性胰岛素注射液有关的蛋白质检查,血浆脂蛋白含量的测定,及胸腺肽的相对分子质量的测定等。

⑤高效毛细管电泳法:高效毛细管电泳(high performance capillary electrophoresis,HPCE),是一类以毛细管为分离通道、以高压直流电场为驱动力的新型液相分离技术,其最大的优点之一是应用范围广,可以分离多种化合物。目前,HPCE分析技术被药物分析工作者在药品检验领域中迅速推广应用。

电泳技术的发展越来越快,电泳技术的研究和应用,也给药物分析领域和药品检验工作带来了生机与活力。尤其是高效毛细管电泳法,在国际上,毛细管电泳技术与其他技术(如高效液相色谱法,质谱法等)的联合应用成为关注的重点,也是今后研究和发展的方向,其有望成为常用的有效的生物药物分离、分析检测的手段之一。

3. 理化法

(1)滴定分析法　又叫容量分析法,是生物药物分析检验中化学分析法的一种。将已知准确浓度的标准溶液,滴加到被测溶液中(或者将被测溶液滴加到标准溶液中),直到所加的标准溶液与被测物质按化学计量关系定量反应为止,然后测量标准溶液消耗的体积,根据标准溶液的浓度和所消耗的体积,算出待测物质的含量。这种定量分析的方法称为滴定分析法,它是一种简便、快速和应用广泛的定量分析方法,在常量分析中有较高的准确度。

标准溶液:准确滴加到被测溶液中的标准溶液,在滴定分析中,称为滴定液,其中的物质称为滴定剂。

基准物质:能直接配成标准溶液或标定溶液浓度的物质。基准物质须具备的条件:①组成恒定:实际组成与化学式符合。②纯度高:一般纯度应在99.5%以上。③性质稳定:保存或称量过程中不分解、不吸湿、不风化、不易被氧化等。④具有较大的摩尔质量:称取量大,称量误差小。⑤使用条件下易溶于水(或稀酸、稀碱)。

滴定:滴定分析时将标准溶液通过滴定管逐滴加到锥形瓶中进行测定,这一过程称为滴定。滴定分析,以及滴定分析法即因此而得名。

化学计量点:当滴加滴定剂的量与被测物质的量之间正好符合化学反应式所表示的化学计量关系时,即滴定反应达到化学计量点,以下简称等当点。

指示剂:指示化学计量点到达而能改变颜色的一种辅助试剂。

滴定终点:在等当点时,没有任何外部特征,而必须借助于指示剂变色来确定停止滴定的点。即把这个指示剂变色点称为滴定终点,以下简称终点。

滴定误差:滴定终点与等当点往往不一致,由此产生的误差,称为滴定误差。

根据标准溶液和待测组分间的反应类型的不同,分为以下四类。

①酸碱滴定法:以质子传递反应为基础的一种滴定分析方法,例如氢氧化钠测定醋酸。

②配位滴定法:以配位反应为基础的一种滴定分析方法,例如 EDTA 测定水的硬度。

③氧化还原滴定法:以氧化还原反应为基础的一种滴定分析方法,如高锰酸钾测定铁含量。

④沉淀滴定法:以沉淀反应为基础的一种滴定分析方法,例如食盐中氯元素的测定。

(2)比色分析法　比色分析法是利用被测溶液本身的颜色,或加入试剂后呈现的颜色,用眼睛(或目测比色计)观察、比较溶液颜色深度,或用光电比色计进行测量以确定溶液中被测物质浓度的方法。比色法包括目视比色法和光电比色法。

光是一种电磁波,自然光是由不同波长(400~700nm)的电磁波按一定比例组成的混合光,通过棱镜可分解成红、橙、黄、绿、蓝、靛、紫各种颜色相连续的可见光谱。如把两种光以适当比例混合而产生白光感觉时,则这两种光的颜色互为补色。当白光通过溶液时,如果溶液对各种波长的光都不吸收,溶液就没有颜色。如果溶液吸收了其中一部分波长的光,则溶液就呈现透过溶液后剩余部分光的颜色。

朗伯-比尔定律是光吸收的基本定律,是描述物质对某一波长光吸收的强弱与吸光物质的浓度及其液层厚度间的关系。适用于所有的电磁辐射和所有的吸光物质,包括气体、固体、液体、分子、原子和离子。朗伯-比尔定律是吸光光度法、比色分析法和光电比色法的定量基础。光被吸收的量正比于光程中产生光吸收的分子数目。

朗伯-比尔定律数学表达式如下所示。

$$A = \lg(1/T) = Kbc$$

式中　A——吸光度

T——透射比(透光度),是出射光强度(I)比入射光强度(I_0)

K——摩尔吸光系数,它与吸收物质的性质及入射光的波长 λ 有关

c——吸光物质的浓度,单位为 mol/L

b——吸收层厚度,单位为 cm

(3)紫外-可见分光光度法　紫外-可见分光光度法是在 190~800nm 波长测定物质的吸光度,用于生物药物鉴别、杂质检查和定量测定的方法。当光穿过被测物质溶液时,物质对光的吸收程度随光的波长不同而变化。因此,通过测定物质在不同波长处的吸光度,并绘制其吸光度与波长的关系图即得被测物质的吸收光谱。从吸收光谱中,可以确定最大吸收波长 λ_{max} 和最小吸收波长 λ_{min}。物质的吸收光谱具有与其结构相关的特征性。因此,可以通过特定波长范围内样品的光谱与对照光谱或对照品光谱的比较,或通过确定最大吸收波长,或通过测量两个特定波长

处的吸收比值而鉴别物质。用于定量时,在最大吸收波长处测量一定浓度样品溶液的吸光度,并与一定浓度的对照溶液的吸光度进行比较或采用吸收系数法可算出样品溶液的浓度。

(4)高效液相色谱法　高效液相色谱法(HPLC 法)是色谱法的一个重要分支,此法以液体为流动相,采用高压输液系统,将具有不同极性的单一溶剂或不同比例的混合溶剂、缓冲液等流动相泵入装有固定相的色谱柱,在柱内各成分被分离后,进入检测器进行检测,从而实现对试样的分析。

高效液相色谱法有“四高一广”的特点,如下所示。

①高压:流动相为液体,流经色谱柱时,受到的阻力较大,为了能迅速通过色谱柱,必须对载液加高压。

②高速:分析速度快、载液流速快,较经典的液体色谱法速度快得多,通常分析一个样品在 15~30min,有些样品甚至在 5min 内即可完成,一般小于 1h。

③高效:分离效能高。可选择固定相和流动相以达到最佳分离效果,比工业精馏塔和气相色谱的分离效能高出许多倍。

④高灵敏度:紫外检测器可达 0.01ng,进样量在微升数量级。

⑤应用范围广:70%以上的有机化合物可用高效液相色谱分析,特别是高沸点、大分子、强极性、热稳定性差的化合物的分离分析,显示出优势。

同时,HPLC 三种柱子可反复使用,用一根柱子可分离不同化合物,并且样品用量少、容易回收,样品经过色谱柱后不被破坏,可以收集单一组分或做制备使用。

4. 生物检定法

生物检定法是利用生物药物对生物体(整体动物、离体组织、微生物等)的作用以测定其效价或生物活性的一种方法,其以药物的药理作用为基础,统计学为工具,选用特定的实验设计,在一定的条件下比较供试品和相当的标准品所产生的特定反应,通过等反应剂量间比例的计算,从而测得供试品中活性成分的效价。

生物检定法包括整体和离体测定:整体测定直接反应生物药品对生物的作用,但费实验动物,供试品用量多,耗时长,精密度和灵敏度较差。离体测定个体差异小,实验时间较短,精密度和灵敏度较高,能在一定程度上保留药理作用特性,尤其适用于微量激素的测定,缺点是不一定能反映供试品在整体中的作用。

生物检定法的应用范围有:生物药物的效价测定、检验方法的核对、体内微量生理活性物质的测定、中药质量的控制、某些有害杂质的限度检查等领域。

(1)胰岛素生物检定法　本法系比较胰岛素标准品与供试品引起小鼠血糖下降的作用,以测定供试品的效价。

标准品溶液的制备:精密称取胰岛素标准品适量,按标示效价,加入每 100mL 中含有苯酚 0.2g 并用盐酸调节 pH 为 2.5 的 9g/L 氯化钠溶液,使溶解成每 1mL 中含 20 单位胰岛素的溶液,4~8℃贮存,以不超过 5d 为宜。

标准品稀释液的制备:试验当日,精密量取标准品溶液适量,按高低剂量组

(dS2、dS1)加9g/L氯化钠溶液(pH2.5)制成两种浓度的稀释液,高低剂量的比值不得大于1∶0.5。高浓度稀释液一般可制成每1mL中含0.06~0.12单位,调节剂量使低剂量能引起血糖明显下降,高剂量不致引起血糖过度降低,高低剂量间引起的血糖下降有明显差别。

供试品溶液与稀释液的制备:按供试品的标示量或估计效价,照标准品溶液与其稀释液的制备法制成高、低两种浓度的稀释液,其比值应与标准品相等,供试品与标准品高低剂量所致的反应平均值应相近。

测定法:取健康合格、同一来源、同一性别、出生日期相近的成年小鼠,体重相差不得超过3g,按体重随机等分成4组,每组不少于10只,逐只编号,各组小鼠分别自皮下注入一种浓度的标准品或供试品稀释液,每鼠0.2~0.3mL,但各鼠的注射体积(mL)应相等。注射后40min,按给药顺序分别自眼静脉丛采血,用适宜的方法,如葡萄糖氧化酶-过氧化酶法测定血糖值。第一次给药后间隔至少3h,按双交叉设计,对每组的各鼠进行第二次给药,并测定给药后40min的血糖值。照生物检定统计法[《中国药典》(2020版)通则1431]中量反应平行线测定双交叉设计法计算效价及实验误差。

本法的可信限率不得大于25%。

(2)肝素生物检定法　本法系比较肝素标准品与供试品延长新鲜兔血或兔、猪血浆凝结时间的作用,以测定供试品的效价。

标准品溶液的制备:精密称取肝素标准品适量,按标示效价加灭菌注射用水溶解使成每1mL中含100单位的溶液,分装于适宜的容器内,4~8℃贮存,经验证保持活性符合要求的条件下,可在3个月内使用。

标准品稀释液的制备:试验当日,精密量取标准品溶液,按高、中、低剂量组(dS3、dS2、dS1)用氯化钠注射液配制成3种浓度的稀释液,相邻两浓度的比值(r)应相等;调节剂量使低剂量组各管的平均凝结时间较不加肝素对照管明显延长,一般以大于1.5倍空白血浆的凝结时间为宜。高剂量组各管的平均凝结时间,用兔全血法者,以不超过60min为宜,其稀释液一般可制成每1mL中含肝素2~5个单位,r为1∶0.7左右;用血浆复钙法者,以不超过30min为宜,其稀释液一般可制成每1mL中含肝素0.5~1.5个单位,r为1∶0.85左右;用活化部分凝血活酶时间测定法(APTT法)者,一般以不超过90s为宜,其稀释液浓度一般可制成每1mL含肝素0.4~1.7个单位,r为1∶0.85左右,可根据实验情况调整。

供试品溶液与稀释液的制备:按供试品的标示量或估计效价,照标准品溶液与稀释液的制备法制成高、中、低(dT3、dT2、dT1)3种浓度的稀释液。相邻两浓度之比值(r)应与标准品相等,供试品与标准品各剂量组的凝结时间应相近。

血浆的制备:迅速收集兔或猪血置预先放有109mmol/L柠檬酸钠溶液的容器中,柠檬酸钠溶液与血液体积之比为1∶9,边收集边轻轻振摇,混匀,室温下1500×g离心不少于15min(g为重力常数)。立即吸出血浆,并分成若干份分装于适宜容器内,低温冻结贮存。临用时置(37±0.5)℃水浴中融化,用两层纱布或快速滤纸过滤,使用过程中在4~8℃放置。血浆复钙法可使用兔或猪血浆;APTT法使用兔血浆。

测定方法:

①兔全血法:取管径均匀(0.8cm×3.8cm或1.0cm×7.5cm)、清洁干燥的小试管若干支,每管加入一种浓度的标准品或供试品稀释液0.1mL,每种浓度不得少于3管,各浓度的试管支数相等。取刚抽出的兔血适量,分别注入小试管内,每管0.9mL,立即混匀,避免产生气泡,并开始计算时间。将小试管置(37±0.5)℃恒温水浴中,从动物采血时起至小试管放入恒温水浴的时间不得超过3min,注意观察并记录各管的凝结时间。本法的可信限率不得大于10%。

②血浆复钙法:取上述规格的小试管若干支,分别加入一定量血浆,置(37±0.5)℃恒温水浴中5~10min后,依次每管加入一种浓度的标准品或供试品稀释液及10g/L氯化钙溶液,每种浓度不得少于3管,各浓度的试管支数相等,血浆、肝素稀释液和氯化钙溶液的加入量分别为0.5mL、0.4mL和0.1mL,或0.8mL、0.1mL和0.1mL,加入10g/L氯化钙溶液后,立即混匀,避免产生气泡,并开始计算时间,注意观察并记录各管凝结时间。本法的可信限率不得大于5%。

③APTT法:取血液凝固分析仪样品杯若干,每管依次加入血浆50μL、一种浓度的标准品或供试品稀释液50μL、APTT试剂50μL,混匀,应避免产生气泡。(37±0.5)℃预温180s后,每管再加入$CaCl_2$试剂50μL,然后立即用血液凝固分析仪测定凝结时间,即活化部分凝血活酶时间(APTT)。标准品或供试品稀释液每个浓度的测定次数不得少于3次,各浓度的测定次数应相同。测定时,血浆、标准品或供试品稀释液、APTT试剂、$CaCl_2$试剂的加入比例和预温时间可根据仪器或试剂的说明书适当调整。测定顺序以保证标准品和供试品测定的平行性为原则,应尽量保证相同浓度的标准品和供试品稀释液的测定时间接近。将上述方法测得的凝结时间换算成对数,照生物检定统计法[《中国药典》(2020版)通则1431]中的量反应平行线测定法计算效价及实验误差。本法的可信限率不得大于10%。

(3)抗生素的微生物检定法　本法系在适宜条件下,根据量反应平行线原理设计,通过检测抗生素对微生物的抑制作用,计算抗生素活性(效价)的方法。抗生素微生物检定包括两种方法,即管碟法和浊度法。测定结果经计算所得的效价,如低于估计效价的90%或高于估计效价的110%时,应调整其估计效价,重新试验。除另有规定外,本法的可信限率不得大于5%。

《中国药典》附录收载的"抗生素微生物检定法"属生物学方法。生物学方法是根据抗生素对细菌作用的强度来测定其效价,《中国药典》的"抗生素微生物检定法"有以下两种方法。

①管碟法:管碟法是利用抗生素在琼脂培养基内的扩散作用,通过比较标准品和供试品两者对接种的试验菌产生的抑菌圈的大小,来测定供试品效价的方法。

②浊度法:浊度法是利用抗生素在液体培养基内对试验菌生长的抑制作用,通过测定培养后细菌浊度的大小,比较标准品和供试品对试验菌生长的抑制程度,来测定供试品效价的方法。

(4)生物制品的效力检定　生物制品的效力测定是专门针对生物药品的检验检测方法,检查生物制品实际效能的试验,是国家规定的成品检验项目之一。生物制品的效能指的是实际使用价值,如疫苗、类毒素的免疫力;抗病血清的特异性抗体效价及其抗病能力;诊断抗原和诊断血清的特异性、灵敏性及阳性检出率等。效力检验包括免疫力试验(定量免疫定量攻击法、变量免疫定量攻击法、定量免疫变量攻击法、被动保护力测定)、活菌数和活病毒滴度测定、血清学试验和其他有关效力的检定和评价等内容。

《中国药典》(2020版)三部"生物制品生物活性/效价测定方法验证指导原则"(通则9401)是国内首个适用于生物制品生物活性/效价测定方法验证的指导原则,弥补了国内缺少针对生物活性方法验证指导原则的空白。生物活性/效价是药品产生特定生物学效应的能力,是评价药品有效性最关键的质量指标。根据分析方法手段的不同,生物活性/效价测定方法包括基于整体动物、离体组织、细胞和微生物等生物体的体内外生物活性测定法、免疫化学方法、酶反应试验、结合试验等。生物活性/效价测定主要可用于原液及成品的批放行、稳定性评价、标准品及其他关键试剂质量的确认、工艺中间体及处方制剂的表征、污染物及降解产物等杂质的表征,以及为产品生产工艺变更提供依据。对生物活性或效价测定法进行充分验证是保障其适用性的重要前提。

生物技术药物的快速发展使各种新的生物活性测定方法层出不穷,建立与之配套的分析方法验证指导原则以保障测定方法适用于检测目的,从而科学、准确地评价或控制产品的有效性成为迫切需要的要务。

四、生物药物质量监控及科学管理

(一)生物药物质量管理体系

生物药物质量管理是一个复杂的体系,是一个大的系统工程,至少包括五个子系统,从生物药物的研究(GLP/GCP)开始,经过生产(GMP/GAP)、经营(GSP)、使用(GUP),最后是生物药物上市后的再评价(ADR)。只有这五个阶段的质量都得到可靠的保证,整个生物药物的质量才可万无一失,它们构成了质量管理的完整链环。

(二)制订生物药物质量标准应遵循的原则

生物药物的质量标准必须能够有效地控制生物药物的质量,确保用药的安全和有效。制订质量标准要有针对性,要根据药品在生产、流通、使用等各个环节影响质量的因素,有针对性地规定检测的项目,加强对生物药物内在质量的控制。检验方法的选择,应根据“准确、灵敏、简便、快速”的原则,既要注意方法适用性,又要注意采用先进的分析测试技术,不断提高检测的水平。质量标准中限度的规定,要在保证生物药物质量的前提下,根据生产所能达到的实际水平来制订。

(1)从人民健康需要出发,坚持质量第一的观点。

(2)同一品种新药原则上只能制订一个部级标准,并有两年试行期,期满后修订转为正式标准。

(3)后申报的标准必须达到已申报的标准水平;若比已申报的标准先进,则按先进的标准修订。

(4)同时申报新药的,要统一标准,按其中高的标准制订,若因生产水平及工艺条件不同造成杂质项目检查有不同者,可将杂质检查项目共存。

(5)从生物药物的生理效用和临床应用的方法合理性来制订。

总之要体现“安全有效,技术先进,经济合理”的方针。

国家为了确保药品质量,制订出每种药品的管理依据,即生物药物质量标准。一个有科学依据、切合实际的生物药物质量标准应该是从药物的研究试制开始,直至临床使用整个过程中研究工作的成果。但是要确保生物药物的质量能符合生物药物质量标准的要求,在药物存在的各个环节加强管理是必不可少的,许多国家都根据本国的实际情况制订了一些科学管理规范和条例。我国对生物药物质量控制全过程起指导作用的法令性文件如下所示。

《药品非临床研究质量管理规定》(GLP):任何科研单位或部门为了研制安全、有效的药物,必须按照 GLP 的规定开展工作,从各个方面明确规定如何严格控制药物研制的质量,以确保实验研究的质量与实验数据的准确可靠性。

《药品生产质量管理规定》(GMP):生产企业为了生产全面符合药品质量标准的药品,必须按照 GMP 的规定组织生产和加强管理。与此同时,国家药品监督管理局还对化学医药工业产品施行发放“生产许可证”制度,以加强对化学药品的质量管理。

《药品经营质量管理规范》(GSP):药品供应部门为了药品在运输、贮存和销售过程中的质量和效力,必须按照 GSP 的规定进行工作。

《药品临床试验管理规范》(GCP):为了保证药品临床试验资料的科学性、可靠性和重现性,涉及新药临床研究的所有人员都明确了责任,必须执行 GCP 的规定。本规范主要起两个作用:一是为了在新药研究中保护志愿受试者和患者的安全和权利;二是有助于生产厂家申请临床试验和销售许可时,能够提供有价值的临床资料。

除了研究、生产、供应和临床各环节的科学管理外,有关生物药物检验工作本身的质量管理更应重视,分析质量管理(AQC)即用于检验分析结果的质量。

(三)制订生物药物质量标准的基础

1. 查阅文献和新药命名

首先要查阅大量的文献,查阅其化学名、俗称、英文名及中文名;其次要介绍生物药物的研制过程,简略说明实验室研究与临床试验的时间、机构和试验结论。国外已生产的,要介绍最早上市的国家(或厂家)和时间。生物药物的名称是生物药物标准化、规范化的主要内容之一,也是质量标准的重要组成部分。生物药物名称的不规范造成药物存在同物异名、异物同名或者一药多名,易导致不合理用药,最终影响人体用药安全有效。目前我国药品名称的种类有三种:国际非专利名、通用名、商品名,它们分别具有不同的性质。

2. 新药化学结构或处方的确定

通过各种方法(试验数据、图谱、图谱的解析、有关文献资料)确证化学结构或组分,并注意可能存在的各种异构体。在有些情况下要规定无效异构体的限度。处方药效果更优,不良反应更小。

3. 生产工艺和晶型

不同生产工艺会有不同的异构体,还会产生不同的晶型。

4. 晶型的性质与药效

晶型不同其生物利用度往往不同,可能会影响疗效、剂量、熔点和红外图谱等。

5. 生产或贮存过程中带来的杂质或降解产物

不同生产路线会带来不同的杂质,在贮存过程中要考虑到生物药物的分解。

6. 含量测定方法的制订

一种生物药物的含量可用多种方法进行测定,但在制订质量标准时往往只选其中一种。对选取这种方法的理由应加以解释,必要时需附不同方法的测定结果进行比较。同时还要说明测定的原理、方法的精度与准确度,还要讨论影响测定结果的因素等。

7. 药理及毒理作用的研究

有的药物随着临床药理研究的深入,会发现还有其他方面的药理作用。新药研制时还要做毒理试验、"三致"(致癌、致畸、致突变)试验。

8. 药物动力学研究

药物动力学研究主要是研究药物的吸收速率、吸收程度、在体内重要器官的分布和维持情况,以及排泄的速率和程度,作为描述到达靶器官的药物浓度与药理、毒理作用的强度和持续时间的关系等的研究。药物动力学与给药剂量的研究相比更为重要和更具实际意义。

9. 适当剂型的研究

剂型不同,药物的疗效也会不同,在确定质量标准前,要分析用药剂量、给药方法、疗程和用药时间的各种效应(疗效、不良反应)等,找出最佳的剂型用于患者。

10. 新药的适应证、用法和用量

创新药物在研究初期不可能也没有必要进行全面深入的质量研究,但随着新药研究的逐步成熟，被研究物质逐步形成新药时，则应有足够的资料和数据来说明这一药物的质量情况。对非首创新药的资料可从文献报道或剖析实物中获得，但生物药物的质量不仅取决于原料、生产工艺、辅料的种类等，更取决于不同药厂的生产诀窍。为此要对试制品进行实际的研究考察，才可为制订质量标准提供可靠的依据。质量研究内容相当丰富，但只选必要项目列入标准中。一般情况下应选用简单易行又能反映质量面貌的方法。先进的检测手段可解决许多问题，有助于更好地控制质量，但也要因地制宜，符合国情，并不断努力创造条件。

（四）药品质量标准的主要内容及要点

1. 名称

（1）我国药品曾用过的十大命名法

①以公认的学名或来源命名，如葡萄糖、山梨醇。

②以化学名或简化的化学名称命名，如异烟肼、呋喃西林、磺胺甲基异噁唑。

③以药物效用结合化学名称命名，如抗瘤氨酸、利尿酸、扑痫酮。

④以单纯疗效命名，如咳必清、利眠宁、安侬痛。

⑤以公认的外文名称音译，或音译与化学结构相结合，或音译与药效相结合。如硫酸可待因、盐酸可卡因、磺胺嘧啶。

⑥由国外商品名称音译而来，如潘生丁、安妥明。

⑦采用代号或部分代号，如 681、抗疟 2 号。

⑧以政治术语命名，如争光霉素、抗敌霉素。

⑨以某种大类药物的总名称来命名，如长效磺胺、周效磺胺、抗癌片。

⑩以赞美性词汇来命名，如抗炎灵、优降宁、心得舒、胃安。

（2）国际上药品命名情况　由于美国采用名称（United States adopted name, USAN）、英国认可名称（British approved name, BAN）和日本采用名称（Japanese accepted name, JAN）等之间所用名称仍未完全统一，WHO 从 1953 年起制订公布了国际非专有药品名（international nonproprietary name for pharmaceutical substances, INN），以拉丁语、英语、俄语、法语、西班牙语 5 种文字发布，供国际间使用。对新的 INN 名称在 WHO 的刊物上公布征询意见后确定。药理作用相同的属于同一类的物质，采用统一的词干。

（3）我国对新药命名的若干规定

①按照 INN 命名原则确定英文名或拉丁文名，再译成中文正式品名。药名应明确、简短、发音清晰，全名最好不超过四个音节或四个字母。

②对属于某一相同药效的药物命名，应采用该类药物的词干，如组织胺类药物的词干为"-astine"译为"-斯丁"。所以在制订某类新药的第一个药名时，应考虑该药物名称的系列化而制订一个新的词干。

③仿制药物的中文名称，可根据药物的具体情况采用音译、意译或音意合译，但对商品名和专利名不能译。

④对化学结构不清楚或天然来源的药品,可用该药来源或化学分类来考虑,如大黄素、黄芩苷等。

⑤复方制剂的命名,由于含两种以上药物,可采用简缩的方法或按处方中的主药来命名。

⑥避免采用有关解剖学、生理学、病理学、药理作用或治疗学给患者以暗示的药名,如风湿灵、抗癌灵等。

⑦制剂名称的命名,应与原料名称一致,如消炎痛应改为吲哚美辛。

⑧药物在使用上有不同要求时,名称也应做不同的规定,如乙醚和麻醉乙醚、蒸馏水和注射用水。有的药品化学成分相同,但性状不同,名称也应不同,如黄氧化汞和红氧化汞、氧化镁和轻质氧化镁等。

2. 性状

(1)聚集状态　一般以白色或类白色结晶或结晶性粉末居多,但也有例外。

(2)晶型　晶型不同,生物利用度有很大差异。药物晶型研究不清,盲目生产,往往会出现意想不到的质量问题。如以前我国曾生产的无味氯霉素原料均为无效晶型 A。

(3)色泽　化学结构与色泽有非常密切的关系。

(4)臭味　液态或低熔点的药物,常具有特殊的臭感,一般与下列因素有关:①特定的化学基团如烯醇基、醚、醛、酮、巯基等引入后,就具有显著臭味。②特定的环基如吡啶环的引入,就具有较重之臭。③苯环上的取代基不同,臭感也各异。

(5)溶解行为　药物的化学结构与溶剂的结构特性对溶解度具有很重要的关系。药物分子间凝聚力高于药物与水的缔合力,则药物在水中的溶解度较小;反之,则水溶性增加。对含水的药物晶体,含水量越大,溶解度越大。

(6)稳定性　无论是原料药还是制剂,稳定性十分重要,所以要采取适当的控制条件,保证药品的质量。

3. 物理常数

(1)熔点和熔距　纯的结晶性药物熔点十分敏锐,熔距一般不超过 0.5℃,若受杂质影响,则熔点下降,熔距增大。构型不同,熔点也不同。各国药典中的熔点涵义是不同的,《中国药典》规定:“熔点系指一种物质由固体熔化成液体的温度,熔融同时分解的温度,或在熔化时自初熔至全熔的一段温度。”

(2)沸点和沸程　与结构有密切的关系,范德瓦耳斯力与氢键的存在使液态有机分子相互作用,促使分子间迅速运动而又不至于变成气体分子,只有外界供给的能量足以克服这些引力时,才能形成气体分子,当蒸气压不断增大,达到与外界压力相等时,液体开始沸腾,这就是沸点。《中国药典》规定:“在标准压力(101.3kPa,760mmHg)下,按药典装置,自开始馏出第五滴算起,至供试品仅剩34mL,或一定比例的容积馏出时的温度范围称为沸程。”药物越纯,沸程越短。

(3)比旋度　具有光学异构体分子的药物,有相同的物理性质和化学性质,但旋光性不同时,有的药理作用相同,有的则相差较大。

(4)折射率　光线自一种透明介质进入另一密度不同的透明介质时,光的进行速度发生变化,即发生折射现象,且遵从折射定律。用折射仪来检查某些液体药剂,可知其纯杂程度。但在制订标准时,应注意:①折射率因温度与光线波长的不同而改变,透光物质的温度升高,折射率变小;光线波长越短,折射率越大。折射率以 $n_D T$ 表示,D 为钠光谱的 D 线,T 为测定时的温度。②《中国药典》系用钠光谱的 D 线(589.3nm)测定供试品相对于空气的折射率(如用阿贝折射仪,可用白光光源),除另有规定外,供试品温度为 20℃。③折射仪需能读数至 0.0001,测量范围 1.3~1.7,如用阿贝折射仪或其相当的仪器,应调温至(20±0.5)℃。④测定前应用校正用棱镜或水进行校正,20℃时水的折射率为 1.3330,25℃时为 1.3325,40℃时为 1.3305。

(5)黏度　指流体对流动的阻抗能力,《中国药典》(2020 版)中采用动力黏度、运动黏度或特性黏度表示。流体分牛顿流体和非牛顿流体两类。前者所需切应力不随流速改变而改变,如纯液体或低分子质量物质的溶液;后者所需切应力随流速改变而改变,如高聚物的溶液、混悬液、乳剂分散体和表面活性剂的溶液。黏度计有毛细管式和旋转式两类。前者不能调节线速度而不方便测定非牛顿流体,但对高聚物的稀薄溶液或低黏度液体则影响不大,旋转式适用于非牛顿流体。液体以 1cm/s 的速度流动时,在每 $1cm^2$ 平面上所需切应力的大小,称为动力黏度,以 Pa·s 为单位。

4. 鉴别

利用药物分子结构表现出来的特殊化学行为或光谱特征,是鉴别药物真伪的重要依据,但还必须结合其他项目的检查结果来进行全面的考察,才能得到正确的结论。

(1)《中国药典》常用的鉴别方法

①气体法:利用分子结构中的特殊原子,在酸性或碱性条件下加热,能产生特殊的气体,以一定的试纸试之,可产生变化者即是。

②色泽:由于同类药物往往在不同位置上有不同取代基,遇到相同试剂,可产生不同色泽。

③沉淀反应:利用药物分子结构中的某一基团与反应试剂发生特殊的沉淀来鉴别药物。

④制成衍生物。

⑤色谱鉴识:用得最多的是薄层色谱法。

⑥光谱鉴定:有的药物在红外光谱中特征吸收很强,可用红外光谱法鉴定,但灵敏度和精密度较低。有的在某一紫外波长处有最大吸收,可用紫外光谱法鉴定,也可规定药物在一定浓度下的光吸收度值或两个波长处的光吸收度比值作为鉴别依据。

(2)鉴别方法优劣的评价　可为5个等级,1级系指鉴别某一药品时所得结果是唯一可靠的。2级则可能有1~2个因素的干扰,依次类推。

5. 杂质检查

制订杂质检查项目,要有针对性地检查某些特殊杂质,要检查危害健康的杂质,要检查影响药品质量的杂质。

6. 含量测定

含量测定必须在鉴别无误、杂质检查合格的基础上进行。

(1)制订含量测定方法的原理依据

①通过称取有效成分或其衍生物的重量来计算药品中有效成分的含量(重量法)。

②测定有效成分中的离子(络合滴定法等)。

③测定有效成分中的元素。

④测定有效成分中的官能团。

⑤测定有效成分中的某些物理常数。

⑥对化学结构尚未清楚,或无适当理化方法加以测定的,可用动物试验直接测定其物理活性。

(2)含量限度的制订　同种药物不同剂型、不同药物同种剂型,其含量限度也是不同的;要根据生产的实际水平、主药含量的多少来决定其限度。一般生产工艺成熟的或主药含量高的,其含量限度要求也高。

(3)方法选择

①要根据药物的化学结构、剂量大小、剂型特点和理化性质综合考虑。

②所选用的分析方法应该是测定药物中对生理作用有效的部分。

③所采用的方法应该可靠而具有分辨力,即要求方法专属、灵敏、准确、精密和稳定。

知识拓展

药品GMP

一、药品GMP概况

药品生产质量管理规范(GMP),是世界各国普遍采用的对药品生产全过程进行质量监督管理的法定技术规范,是保证药品质量和用药安全有效的可靠措施,是当今国际社会通行的药品生产和质量管理必须遵循的基本准则。

二、药品GMP的产生

20世纪50年代,联邦德国格仑蓝苏药厂生产的用于妊娠反应的药物“反应停”,未经严格的临床试验即上市,并在市场上流通 6 年之久,最终致使这场药物灾难殃及 28 个国家,导致 12000 多个致畸胎病例。当时美国 FDA 在审查此药时,发现该药物缺乏足够的临床试验资料,故拒绝进口。虽然美国得以幸免,但是这场灾难的严重后果引起了美国公众对药品监督和药品法规的普遍重视,促使美国国会于 1962 年对《食品、药品和化妆品法》(1906 年)进行了一次重大修改。1962 年颁布的《食品、药品和化妆品法》修正案,对制药企业有如下三方面的要求:第一,要求企业不仅要证明药品是有效的,还要证明药品是安全的。第二,要求制药企业要向 FDA 报告药品的不良反应。第三,要求制药企业实施药品生产质量管理规范(药品 GMP)。按照 1962 年美国《食品、药品和化妆品法》的要求,FDA 于 1963 年颁布了世界上第一部药品 GMP,要求对药品生产的全过程进行规范化管理,否则产品不得出厂销售。

三、药品 GMP 的发展

药品 GMP 在实践中得到考验并不断发展。WHO 在《国际药典》(1967 版)附录中收载了美国的 cGMP。1969 年 WHO 在第 22 届世界卫生大会上建议成员国实施药品 GMP 制度。1975 年 11 月 WHO 正式颁布药品 GMP。1977 年 WHO 再次向成员国推荐药品 GMP,并确定为 WHO 的法规,这是第一部国际性的药品 GMP。20 世纪 70 年代,60 多个国家制订并推行了适合本国实际的药品 GMP。亚洲第一部药品 GMP 出现在日本,1974 年,日本制订药品 GMP,1976 年正式实施。目前全世界已有一百多个国家和地区推行实施药品 GMP 管理制度,在药品生产企业推行药品 GMP 管理已经是国际惯例。

技能拓展十三

近红外光谱分析技术

近红外光波长为 700~2500nm,如图 8-1 所示,近红外光谱紧靠红色可见光,穿透能力比波长中较长的中、远红外光要强,因此对固体样品的检测要好,近红外分析用于主要成分分析。近红外光的能量范围大于使分子达到其最低激发振动态(通过基本振动跃迁)所需的能量范围,小于分子中电子激发跃迁所需的能量,电子激发跃迁需要吸收 200~700nm 波长的光,即紫外和可见光。对于有机化合物分子的官能团如—CH、—NH、—SH、—OH 振动吸收红外光谱后,形成倍频(一倍频到多倍频)及组合频谱带。近红外光谱(NIR)的吸收带包含了样品所有成分的化学和物理信息,包括样品的定性和定量信息。使用 NIR 光谱的分析方法具有以下显著的特征:快速(每个样品一分钟或更短)、无损、无创、探测射线束穿透力强,适用于在线使用,并且样品制备需求最少。

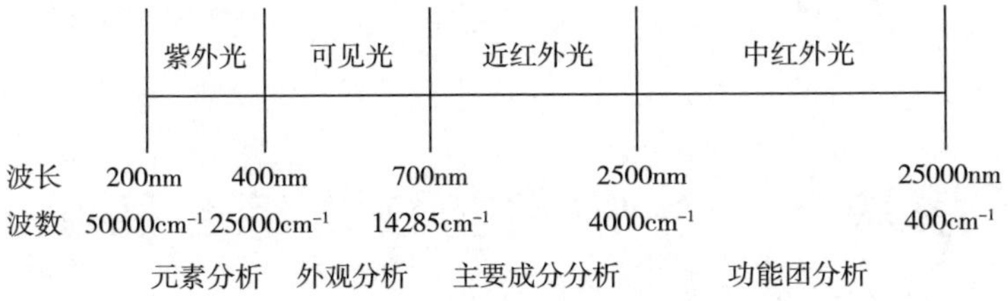

图 8-1　近红外光谱波长范围及其特点

光谱技术的普及和推广有利于药物制剂的识别以及药物制剂的分类，更准确地确定药物制剂活性成分的含量和水分含量，从而准确把握原始粉末制剂中各种物质的均衡度。近年来近红外光谱技术在我国得到了迅速发展，在制药分析过程中得到广泛的应用，包括药物原料药、中间体和成品的鉴定，测定药品的理化性质，同时为药品生产提供实时在线的质量控制分析，最大限度地提高产品的合格率，提高品控，有效提高生产效率，同时在鉴别中药材的产地、质量等级等方面也发挥了重要作用。

项目检测

一、名词解释

1. 药品质量标准　2. 滴定分析法　3. 紫外-可见分光光度法

二、填空题

1. 电泳分析的方法有(　　)(　　)(　　)(　　)。

2. 写出药品质量控制全过程中起指导作用的法令性文件的缩写：药品非临床研究质量管理规定(　　)；药品生产质量管理规定(　　)；药品经营质量管理规范(　　)；药品临床试验管理规范(　　)。

3.《中华人民共和国药典》基本结构和主要内容：由(　　)(　　)(　　)(　　)四部分组成。

三、简答题

1. 制订药品质量标准的目的和意义是什么？
2. 制订药品质量标准的原则是什么？
3. 生物药物检验的特点是什么？
4. 生物药物检验程序是什么？
5. 近红外光谱技术在药物分析检测应用上的先进性体现在哪里？

模块二　生物制药技术综合实训

实训一　实验室管理基本知识

一、实验室规则

(1)自觉遵守课堂纪律,维护课堂秩序,保持室内安静。必须穿实验服,不能穿背心、拖鞋进入实验室,更不能带饮水和食物进入实验室。

实训一　实验室管理基本知识

(2)认真、严肃、积极、主动地做实验,要听从教师的指导。实验过程中要认真做好观察、记录。完成实验后经教师检查同意,方可离开。实验完成后要及时按要求完成实验报告。

(3)注意保持实验室的整洁。实验完毕,须将药品试剂排列整齐,仪器要放好,将实验台面抹拭干净。使用后的玻璃仪器要清洗干净放好。

(4)爱护实验仪器,节约使用各种试剂、物品。使用仪器时,应小心仔细,防止损坏仪器。使用贵重精密仪器时,应严格遵守操作规程,发现故障立即报告教师,不要自己动手检修。仪器损坏时,应如实向教师报告。

(5)废弃液体(强酸、强碱溶液必须先用水稀释)可倒入水槽内,同时放水冲走。废纸及其他固体废物和带有渣滓沉淀的废液都应倒入指定的垃圾筐内,不得倒入水槽或到处乱扔。

(6)对实验的内容和安排不合理的地方可提出改进意见。对实验中出现的一切反常现象应进行讨论,并大胆提出自己的看法,做到生动、活泼、主动学习。

(7)使用电器设备(如恒温水浴、离心机、电炉等)时,严防触电;绝不可用湿手碰触电闸和电器开关。检查电器设备是否漏电应用试电笔触及仪器表面。凡是漏电的仪器一律不能使用。

(8)使用可燃物,特别是易燃物(如乙醚、丙酮、乙醇、苯等)时,应特别小心。不要大量放在桌上,更不应放在近火焰处。低沸点的有机溶剂不准在火焰上直接加热,只能在水浴上利用回流冷凝管加热或蒸馏。

(9)使用浓酸、浓碱,必须极为小心操作,防止溅失。用吸量管取这些试剂时,必须使用吸耳球,绝对不能用口吸。若不慎溅在实验台面或地面,必须及时用湿抹布擦洗干净。如果触及皮肤,应立即治疗。

(10)如果不慎倾出了相当量的易燃液体,则应按下法处理:①立即关闭室内所有的火源和电加热器。②关门,开启小窗及窗户。③用毛巾或抹布擦拭洒出的液体,并将液体拧到大的容器中,然后再倒入带塞的玻璃瓶。

(11)实验中一旦发生火灾切不可惊慌失措,应保持镇静。首先立即切断室内一切火源和电源,然后根据具体情况积极正确地进行抢救和灭火。

二、实验室安全及防护知识

(一)化学药品的正确使用和安全防护

1. 防毒

大多数化学药品都有不同程度的毒性。有毒化学药品可通过呼吸道、消化道和皮肤进入人体而发生中毒现象,下面分别介绍几种常见的有毒有害药品的防护知识,如下所示。

(1)氰化物和氢氰酸　如氰化钾、氰化钠、丙烯腈等均是剧毒物品,进入人体50mg即可致死,甚至与皮肤接触经伤口进入人体,即可引起严重中毒。这些氰化物遇酸生成氢氰酸气体,易被吸入人体而中毒。在使用氰化物时严禁用手直接接触,大量使用这类药品时,应戴上口罩和橡皮手套。

(2)汞和汞的化合物　汞是易挥发的物质,在人体内会积累起来容易引起慢性中毒。高价汞盐(如 $HgCl_2$)0.1~0.3g 可致人死命;在室温下,汞的蒸气压为0.0012mmHg 柱,比安全浓度标准大 100 倍。使用汞时,不能直接暴露于空气中,其上应加水或其他液体覆盖;任何剩余量的汞均不能倒入下水槽中;储存汞的器皿必须是结实厚壁容器,且器皿应放在瓷盘上;盛装汞的器皿应远离热源;如果汞掉在地上、台面或水槽中,应尽量用吸管把汞珠收集起来,再用能与汞形成汞齐(汞的合金)的金属片(Zn,Cu,Sn 等)在汞落处多次扫过,最后用硫黄粉覆盖;实验室应通风良好;手上有伤口,切勿触摸汞的可溶性化合物如氯化汞、硝酸汞等剧毒物品,实验中应避免碰到损坏的金属汞的仪器(如使用温度计,压力计,汞电极等)。

(3)砷的化合物　单质砷和砷的化合物都有剧毒,常用的是三氧化二砷(砒霜)和亚砷酸钠,这类物质的中毒一般因口服引起。当用盐酸和粗锌粒制备氢气时,也会产生少量的砷化氢剧毒气体,应加以注意。一般将产生的氢气通过高锰酸钾溶液洗涤后再使用,砷的解毒剂是二巯丙醇,通过肌肉注射即可解毒。

(4)硫化氢　是毒性极强的气体,有恶臭鸡蛋味,它能麻痹人的嗅觉,以致逐渐不闻,因此特别危险。使用硫化氢和用酸分解硫化物时,应在通风橱中进行。

(5)一氧化碳　煤气中含有一氧化碳,使用煤炉和煤气时应提高警惕,防止中毒。煤气中毒,轻者会头痛、眼花、恶心,重者会昏迷。对中毒的人应立即打开房间窗户,移出中毒房间,呼吸新鲜空气,进行人工呼吸,注意保暖,及时送医院救治。

(6)有机化合物　很多有机化合物的毒性很强,它们作为溶剂,用量大,而且多数沸点很低,蒸气浓,能透过皮肤进入人体,容易引起中毒,特别是慢性中毒,应避免直接与皮肤接触,使用时应特别注意和加强防护。常用的有毒有机化合物如苯、二硫化碳、硝基苯、苯胺、甲醇等,其中苯、四氯化碳、乙醚、硝基苯等蒸气经常吸入会使人嗅觉减弱,必须高度警惕。

(7)溴　为棕红色液体,易蒸发成红色蒸气,对眼睛有强烈的刺激催泪作用,会损伤眼睛、气管、肺部;触及皮肤,轻者剧烈灼痛,重者溃烂,长久不愈,因此使用时应戴橡皮手套。

(8)氢氟酸　氢氟酸和氟化氢都有剧毒、强腐蚀性,易灼伤机体,轻者剧痛难忍,重者使肌肉腐烂,渗入组织,如不及时抢救,就会造成死亡,因此在使用氢氟酸时应特别注意,操作必须在通风橱中进行,并戴橡皮手套。

(9)防灼伤　除了高温,液氮、强酸、强碱、强氧化剂、溴、磷、钠、钾、苯酚、醋酸等物质都会灼伤皮肤;应注意不要让皮肤与之接触,尤其防止溅入眼中。

(10)其他　有毒的、腐蚀性的无机物如磷、铍的化合物,铅盐,浓硝酸、碘蒸气等,使用时都应加以注意。离开实验室要洗手。

2. 防火

乙醚、酒精、丙酮、二硫化碳、苯等有机溶剂易燃,实验室不得存放过多,切不可倒入下水道,以免集聚引起火灾;金属钠、钾、铝粉、电石、黄磷以及金属氢化物要注意使用和存放,尤其不宜与水直接接触;万一着火,应冷静判断情况,采取适当措施灭火;可根据不同情况,选用水、沙、泡沫、CO_2 或 CCl_4 灭火器灭火。

3. 防爆

化学药品的爆炸分为支链爆炸和热爆炸。氢、乙烯、乙炔、苯、乙醇、乙醚、丙酮、乙酸乙酯、一氧化碳、水煤气和氨气等可燃性气体与空气混合至爆炸极限,一旦有热源诱发,极易发生支链爆炸;过氧化物、高氯酸盐、叠氮铅、乙炔铜、三硝基甲苯等易爆物质,受震或受热可能发生热爆炸。防爆措施:防止支链爆炸,主要是防止可燃性气体或蒸气散失在室内空气中,保持室内通风良好。当大量使用可燃性气体时,应严禁使用明火和可能产生电火花的电器;对于预防热爆炸,强氧化剂和强还原剂必须分开存放,使用时轻拿轻放,远离热源。

(二)仪器设备使用安全和用电安全

1. 人身安全防护,安全用电

实验室常用电为频率 50Hz,220V 的交流电。人体通过 1mA 的电流,便有发麻或针刺的感觉,10mA 以上人体肌肉会强烈收缩,25mA 以上则呼吸困难,有生命危险;直流电对人体也有类似的危险。为防止触电,应做到:修理或安装电器时,应先切断电源;使用电器时,手要干燥;电源裸露部分应有绝缘装置,电器外壳应接地线;不能用试电笔去试高压电;不能用双手同时触及电器,防止触电时电流通过心脏；一旦有人触电，应首先切断电源，然后抢救。

2. 仪器设备的安全用电

一切仪器应按说明书装接适当的电源，需要接地的一定要接地；若是直流电器设备，应注意电源的正负极，不要接错；若电源为三相，则三相电源的中性点要接地，这样万一触电时可降低接触电压；接三相电动机时要注意与正转方向是否符合，否则，要切断电源，对调相线；接线时应注意接头要牢，并根据电器的额定电流选用适当的连接导线；接好电路后应仔细检查无误后，方可通电使用；仪器发生故障时应及时切断电源。

3. 高压气瓶的安全使用

高压气瓶必须专瓶专用，不得随意改装；高压气瓶应放置在阴凉、干燥、远离热源的地方，易燃气体的气瓶应与明火距离大于5m；氢气瓶应与明火隔离；高压气瓶的搬运要轻、要稳，放置要牢靠；各种气压表一般不得混用；氧气瓶严禁油污，注意手、扳手或衣服上的油污；气瓶内气体不可用尽，以防倒灌；开启气门时应站在气压表的一侧，实验者决不准将头或身体对准高压气瓶的总阀，以防万一阀门或气压表冲出伤人。

4. 使用辐射源仪器的安全防护

化学实验室的辐射，主要是指 X 线，长期反复接受 X 线照射，会导致疲倦、记忆力减退、头痛、白细胞降低等。防护的方法就是避免身体各部位（尤其是头部）直接受到 X 线照射，操作时需要屏蔽和缩短时间，屏蔽物常用铅、铅玻璃等。

三、实验室“三废”处理

实验中不可避免会产生某些有毒气体、液体和固体，都需要及时排弃，特别是某些剧毒物质，如果直接排出就可能污染周围空气和水源，使环境污染，损害人体健康。因此，对废液和废气、废渣必须经过一定的处理，才能排弃。对于产生少量有毒气体的实验，可在通风橱内进行，通过排风设备将少量有毒气体排到室外，以免污染室内空气。对于产生毒气量较大的实验，必须备有吸收或处理装置。如二氧化氮、二氧化硫、氯气、硫化氢、氟化氢等可用碱溶液吸收，一氧化碳可直接点燃使其转为二氧化碳。少量有毒的废渣可埋于地下（应有固定地点），下面主要介绍常见废液处理的一些方法。

（1）实验产生的废液中量较大的是废酸液，可先用耐酸塑料网纱或玻璃纤维过滤，滤液用石灰或碱中和，调 pH 至 6~8 后就可排出，少量的滤渣可埋于地下。

（2）实验中含铬量较大的是废弃的铬酸洗液，可用高锰酸钾氧化法使其再生，继续使用。方法是：先在 110~130℃ 下不断搅拌加热浓缩，除去部分水分后，冷却至室温，缓缓加入高锰酸钾粉末，每 1000mL 中加入 10g 左右，直至溶液呈深褐色或微紫色（注意不要加过量），再边加高锰酸钾粉末边搅拌，然后直接加热至有三氧化铬出现,停止加热。稍冷,通过玻璃砂芯漏斗过滤,除去沉淀,冷却后析出红色三氧化铬沉淀,再加适量硫酸使其溶解即可使用。少量的洗液可加入废碱液或石灰使其生成氢氧化铬沉淀,将废渣埋于地下。

(3)氰化物是剧毒物质,含氰废液必须认真处理。少量的含氰废液可先加氢氧化钠调至 pH 大于 10,再加入少量高锰酸钾使 CN 基氧化分解。量大的含氰废液可用碱性氯化法处理,方法是:先用碱调至 pH 大于 10,再加入漂白粉,使 CN 基氧化成氰酸盐,并进一步分解为二氧化碳和氮气。

(4)含汞盐废液应先调 pH 至 8~10 后,加适当过量的硫化钠,生成硫化汞沉淀,同时加入硫酸亚铁生成硫化亚铁沉淀,从而吸附硫化汞沉淀下来。静置后分离,再离心过滤,清液中的含汞量降到 0.02mg/L 以下,可直接排放。少量残渣可埋于地下,大量残渣需要用焙烧法回收汞,但要注意,一定要在通风橱内进行。

(5)含重金属离子的废液,最有效和最经济的处理方法是,加碱或加硫化钠把重金属离子变成难溶性的氢氧化物或硫化物而沉积下来,从而过滤分离,少量残渣可埋于地下。

四、实验记录及实验报告

(一)实验记录

实验中观察到的现象、结果和数据,应及时地直接记在记录本上。原始记录必须准确、简练、详尽、清楚。记录时,应做到如实正确记录实验结果,不可夹杂主观因素。在定量实验中观测的数据,如称量物的质量、滴定管的读数、光度计的读数等,都应设计表格准确记下读数,并根据仪器的精确度准确记录有效数字。

实验中使用仪器的类型、编号及试剂的规格、化学式、相对分子质量、准确的浓度等,也应如实记录,以便在总结实验时进行核对和作为查找成败原因的参考依据。

如果发现记录的结果有可疑、遗漏、丢失等,都必须重做实验。因为,将不可靠的结果当做正确的记录,在实际工作中可能造成难以估计的损失。所以,在学习期间就应一丝不苟,努力培养严谨的科学作风。

(二)实验报告

实验结束后,应及时整理和总结实验结果,写出实验报告。

实验报告书写内容包括:实验名称、实验日期、目的和要求、原理、实验测定的数据、图表及结果、结果分析和讨论。

原理:实验原理简要归纳,一些可用化学反应式表示。

数据、图表及结果:将一定实验条件下获得的实验结果和数据进行整理、归纳、分析和对比,并尽量总结成各种图表,如原始数据及其处理的表格、标准曲线图以及实验组与对照组实验结果的比较图表等。

结果分析和讨论:讨论部分不是对实验结果的重述,而是关于实验方法(或操作技术)和有关实验的一些问题,如对实验的正常结果和异常现象以及思考题进行探讨;对于实验设计的认识、体会和建议;对实验课的改进意见等。

总之,实验室所有人员都必须坚持安全第一、预防为主的原则,熟悉实验室安全制度和其他有关安全的规章制度,掌握消防安全知识、化学危险品安全知识和化学实验的安全操作规程。

实训二　显微观察技术

一、实训目的

1. 掌握光学显微镜的使用方法。
2. 掌握显微镜油镜的使用方法。
3. 熟悉光学显微镜的工作原理。
4. 熟悉光学显微镜的构造。

实训二　显微观察技术

二、实训原理

（一）显微镜的成像原理

显微镜是由两组凸透镜组成的光学折射成像系统。把焦距较显微镜短、靠近观察物、成实像的透镜组称为物镜，而焦距较长、靠近眼睛、成虚像的透镜组称为目镜。被观察物体位于物镜的前方，被物镜进行第一级放大后成一倒立的实像，然后此实像再被目镜进行第二级放大，得到最大放大效果的倒立的虚像，位于人眼的明视距离处，见图1。

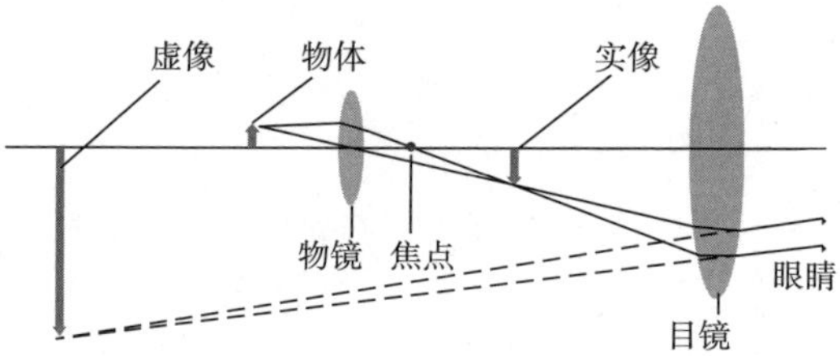

图1　显微镜成像原理示意图

（二）油镜的工作原理

使用油镜时需在载玻片上滴加香柏油，其原因是：油镜的透镜很小，自标本片透过的光线，因载玻片和空气介质的密度不同而使部分光线经过载玻片和空气折射后不能进入接物镜，致使射入的光线较少，物像不清晰。在油镜与载玻片之间滴加与玻璃折射率相近的香柏油，光线通过载玻片后，可直接通过香柏油进入物镜而较少发生折射，视野的光亮度增强，物像清晰，见图2。

（三）显微镜的构造

显微镜的基本结构分为光学系统和机械系统两部分，见图3。

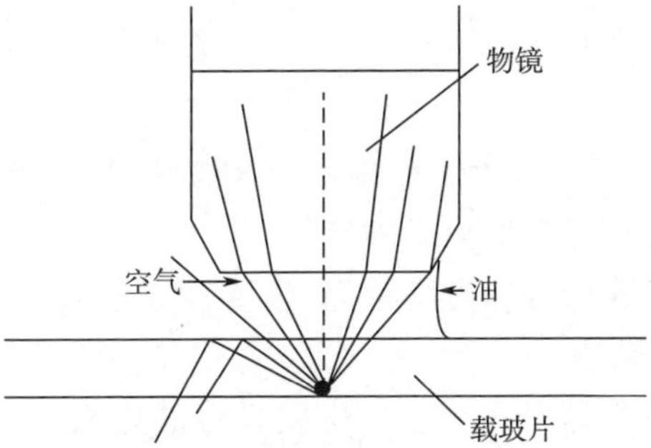

图 2　油镜工作原理示意图

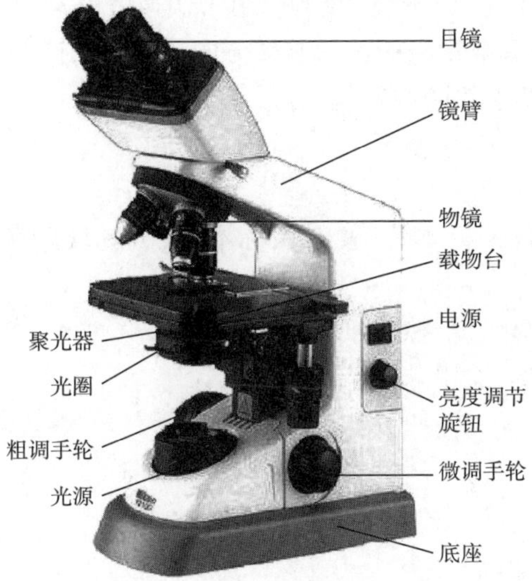

图 3　显微镜构造图

1. 光学系统

光学系统主要包括物镜、目镜、聚光器和光源等。

(1)显微镜有两种放大镜头,一种是目镜,一种是物镜,每一部分都对载物台上的标本起放大作用,显微镜的放大倍数由物镜和目镜的放大倍数乘积决定。用转换器可以将物镜进行转换,因而也就改变了显微镜的放大倍数,转换器上共有四个物镜,分别是 4 倍的扫描物镜(红色)、10 倍的低倍镜(黄色)、40 倍的高倍镜(蓝色)和 100 倍的油镜(白色),需要注意的是这些物镜之所以用颜色进行标记是为了更容易进行辨认,镜头只能用擦镜纸进行清洁。

(2)光圈和聚光器位于载物台下方,聚光器将穿过标本的光线进行汇聚,而光圈则用于调节穿过标本的光线强弱。

(3)光源位于显微镜的基座上,由开关控制并对其亮度进行调节,显微镜不使用的情况下应将光源关掉。

2. 机械系统

机械系统主要包括底座、镜臂、载物台、物镜转换器和调节手轮等。

(1)底座是支撑显微镜全部重量的部件。

(2)镜臂用以支撑载物台和光学镜筒,需要注意的是在搬运显微镜时,需要一手握住镜臂,一手支撑底座。

(3)载物台用以放置被检验标本,在载物台的中央有一小孔,可以使光线穿过,载物台上装有一对玻璃片夹,镜检时用来固定标本。

(4)物镜转换器位于光学镜头的下半部,是一个带有物镜的可旋转圆盘。

(5)较大的粗调手轮,位于镜臂两侧,用于快速升降载物台,进行粗略调焦,使用时应记住升高或降低载物台的旋钮旋转方向。较小的微调手轮用于载物台高度的细微调节,位于粗调手轮的中间。

三、实训材料

(1)标本片　酵母菌标本片、青霉菌标本片、大肠埃希菌标本片、金黄色葡萄球菌标本片。

(2)器材　光学显微镜、擦镜纸、吸水纸。

(3)试剂　香柏油、二甲苯。

四、实训方法

(一)低倍镜观察

1. 显微镜的安置

右手握镜臂,左手托底座,保持镜身直立,使底座距实验台边沿为3~4cm。镜检者姿势要端正,使用显微镜时应双眼同时睁开观察,既可减少眼睛疲劳,也便于边观察边绘图记录。

2. 打开光源

打开显微镜电源,转动物镜转换器,将低倍物镜旋转到工作位置,通过调节调光手轮调节光亮度。上升聚光器,将可变光阑完全打开。

3. 调节聚光器和物镜数值孔径相一致

双眼对着目镜根据瞳距调节双筒显微镜的目镜间距。根据视野的亮度和标本的明暗对比度来调节光圈大小,达到较好的效果。

4. 放置标本

下降镜台或上升镜筒,将标本片置于载物台上,用玻璃片夹固定,移动纵向调节手轮和横向调节手轮,将要观察的部分对准通光孔。

5. 调焦

用目镜观察，旋转粗调手轮，缓慢下降载物台或升起镜筒到看见模糊物像时，再转动微调手轮，调节到物像清晰为止。

6. 观察

用纵向调节手轮和横向调节手轮移动标本片，观察标本的各部位，找到适合的目的物像，仔细观察并记录观察结果。

(二) 高倍镜观察

1. 寻找视野

将在低倍物镜下找到的合适的观察目标移到视野中心。

2. 转换高倍镜

侧面注视，轻轻转动物镜转换器将高倍镜移至正下方。根据视野的亮度和标本的明暗对比度，通过调节亮度调节旋钮调节光亮度，调节光阑调节手柄来调节光圈大小，达到较好的效果。

3. 调焦

使用齐焦物镜时，只要从低倍转到高倍再稍调一下微调手轮就可看清物像。若用不齐焦的物镜时，每转换一次物镜都要进行调焦，调焦时要从侧面观察，避免镜头与玻璃片相撞。然后从目镜观察，缓慢调节粗调手轮，使载物台上升（或镜筒下降），直至物像出现，再用微调手轮调至物像清晰为止。

4. 观察

找到需观察的部位，移至视野中央进行观察并记录结果。

(三) 油镜观察

1. 找合适的视野

先用低倍镜寻找合适的视野，并将欲观察的部位移到视野中央。

2. 转换油镜

将油镜转到工作位置。

3. 调节聚光器与油镜数值孔径一致

将聚光器上升到最高位置，可变光阑开到最大。

4. 加香柏油

先用粗调手轮将载物台下降（或镜筒提升）约 2cm，并将油镜转出。在标本片的镜检部位滴上一滴香柏油，然后将油镜转到工作位置。从侧面注视，用粗调手轮将载物台缓缓上升（或镜筒下降），使油浸物镜浸入香柏油中，使镜头几乎与标本片接触。

5. 调焦

双眼从目镜观察,同时缓慢转动粗调手轮使载物台缓缓下降(或镜筒上升),至出现模糊的物像时再用微调手轮调节,至物像最清晰为止。如油镜已离开油面而仍未见到物像,必须再从侧面观察,重复上述操作。

6. 观察

观察并记录结果。

(四)光学显微镜使用后的处理

1. 关闭显微镜

关闭显微镜电源开关,下降载物台或上升镜筒,取下标本片。

2. 清洁显微镜

清洁油镜,先用擦镜纸擦去镜头上的香柏油,再用蘸少许二甲苯的擦镜纸擦掉残留的香柏油,最后再用干净的擦镜纸抹去残留的二甲苯。清洁目镜和其他物镜,用干净的擦镜纸擦净。用软的绸布擦净机械部分的灰尘。

3. 还原

将物镜转至“八”字式,下降载物台,使载物台下降至最低位置,或缓慢下降镜筒,使物镜靠置在镜台上,将聚光器降至最低位置。

4. 除去涂片上的香柏油

用蘸少许二甲苯的擦镜纸擦去香柏油,再用干净的擦镜纸在涂片上擦拭干净。

五、注意事项

(1)显微镜是精密仪器,操作时要小心,尽可能避免物理振动。

(2)避免将显微镜放置在有阳光直射、高温或高湿、多尘以及容易受到强烈振动的地方,确保工作表面平坦并水平。

(3)当移动显微镜时,双手始终要抓住显微镜后盖扣手处和镜体前端,小心轻放。

(4)工作时,光源周围会变得非常热,应确保光源周围有足够的散热空间。

六、光学显微镜的维护和保养

(1)防尘　光学元件表面落入灰尘,不仅影响光线通过,而且经光学系统放大后,会生成大的污斑,影响观察;灰尘、砂粒落入机械部分,还会增加磨损,引起运动受阻,危害同样大。应注意保持显微镜的清洁。

(2)防潮光学镜片容易生霉、生雾,机械零件受潮后,容易生锈。显微镜箱内应放置1~2袋硅胶作为干燥剂。

(3)防热　避免热胀冷缩引起镜片的开胶与脱落。因此,生物显微镜要放置在干燥、阴凉、无尘、无腐蚀的地方，使用后，要立即擦拭干净，用防尘透气罩罩好或放在箱子内。当显微镜闲置时，用塑料罩盖好，并储放在干燥的地方防尘、防霉，将物镜和目镜保存在干燥器之类的容器中，并放些干燥剂。

(4)防腐蚀　显微镜不能和具有腐蚀性的化学试剂放在一起，如硫酸、盐酸、强碱等。

(5)使用纱布轻轻擦拭清洁透镜　如果要除去指纹和油渍，用极少量的乙醚(70%，体积分数，余同)和酒精(30%)的混合液或二甲苯沾湿纱布轻轻拭去。

(6)不要使用有机溶剂擦拭显微镜的非光学件，如要清洁，请使用中性去污剂。

(7)使用时，如果显微镜被黏液沾湿，应立即切断电源，并擦干。

(8)不要随便拆开显微镜的部件，这样会影响显微镜的功能，甚至损坏显微镜。

七、思考与讨论

(1)使用油镜时应注意哪些问题？

(2)显微镜使用后应如何处理？

实训三　培养基配制技术

培养基是供微生物、植物和动物组织生长和维持用的人工配制的养料，一般都含有碳水化合物、含氮物质、无机盐（包括微量元素）以及生长素和水等。有的培养基还含有抗生素、色素、激素和血清。此外，培养基还应具有适宜的酸碱度、一定的缓冲能力、一定的氧化还原电位和合适的渗透压。

实训三　培养基配制技术

一、实训目的

1. 掌握培养基的配制方法。
2. 熟悉高压蒸汽灭菌的原理。
3. 掌握高压蒸汽灭菌的操作方法。
4. 培养良好的安全意识及责任意识。

二、实训原理

培养基的物理状态有3种：液体、半固体和固体，这些培养基的主要区别是在固体和半固体培养基中加有固化剂——琼脂。琼脂是从某种海藻中得到的结构复杂的长链多糖，具有很多优良性质。当加入溶液中时，琼脂要在98℃才能熔化形成有一定黏性的液体，并在42℃凝固。凝固之后要重新加热至98℃才能再次熔化。琼脂具有的其他特性包括：不易被微生物降解；接近无色，因此易于观察菌落等。对于固体培养基需要加入琼脂的量为1.5%~3%（体积分数，余同），半固体培养基需加0.2%~0.8%。

培养基在配制过程中会由于接触到容器、药品、称量纸或其他表面而被污染，因此必须进行灭菌，同时不能将培养基中的营养物质破坏，这就需要高压蒸汽灭菌锅在121℃（即1.05kg/cm^2或103.46kPa）条件下灭菌15~30min。在此条件下，所有微生物，包括芽孢在内，都会被杀死。当培养基中含有糖分的时候，灭菌温度也可降至113℃。

灭菌验证：培养基配制完成后，必须对灭菌效果进行验证，这将直接关系到结果正确与否。

三、实训材料

1. 设备

高压蒸汽灭菌锅。

2. 材料

试管、锥形瓶、漏斗、量筒、吸管、烧杯、纱布、棉花、玻璃棒、pH 试纸、铁架台、漏斗架、电炉、天平、药匙、牛皮纸、线绳、标签纸。

3. 试剂

牛肉膏、蛋白胨、NaCl、琼脂、NaOH 溶液(1mol/L)、HCl 溶液(1mol/L)。

四、实训前准备

(1)岗位操作人员依据生产指令和消耗定额填写物料出库单,并签字。

(2)领取设备的备品、备件,并需要生产部设备管理员复核、签字。

(3)岗位操作人员到仓库领料,与仓库保管员一起依据生产指令和消耗定额对所领取的物料的品名、规格、批号、数量、单位、检验报告单及其编号认真复核。

(4)仓库保管员核对无误,在出库单上签字,岗位操作工将物料领出。

(5)物料出库单应一式四份,分别由仓库保管员、财务管理部、原液车间统计核算员与原液车间主任保存,并记物料领取台账。

(6)所领物料需由货物通道(货梯)运至生产区。

五、粉碎岗位操作

本实训项目体现《粉碎岗位操作规程》。

(1)认真检查操作间及设备各部位的清洁状况,检查清场合格证,核对其有效期,取下标识牌,按生产部标识管理规程定制管理。

(2)挂生产品种批次牌于指定位置,按生产指令填写工作状态。

(3)根据生产指令,接收待粉碎物料,由班长与外辅岗位操作人员核对如下内容。

①核对物料的品名、批号、外包装的完整情况。

②核对数量,按称量器具使用标准操作规程进行称量;核对无误后,称皮、减重,计算净重,并予以登记。

(4)根据生产指令按粉碎机使用标准操作规程进行粉碎操作。

(5)将粉碎后的药粉称重,填写状态标识,袋口扎绳上粘贴一张标识牌,并扎紧袋口,移至暂存间。

(6)生产完毕,填写批生产记录。

(7)操作完毕后,取下生产品种批次标识牌,放入批生产记录,按清场管理规程、洁净区生产操作间清洁标准操作规程、称量器具清洁标准操作规程、万能粉碎机清洁标准操作规程进行清洁、清场。

(8)清场后,填写清场记录,上报质检员,检查合格后,挂清场合格证。

六、实训方法

1. 液体培养基基本配方

牛肉膏 0.3g；蛋白胨 1.0g；蒸馏水 100mL；NaCl 0.5g；pH 7.2~7.4。

2. 液体培养基配制方法

(1)称量　按照培养基的配方，准确称取各成分。取少于总量的水于烧杯中，将各培养基成分逐一加入水中待溶。

(2)加热溶解　将玻璃烧杯放在石棉网上，用小火加热，并不断用玻璃棒搅拌使其溶解，然后补足水分至所需配制培养基的量。

(3)调节 pH　初配好的培养基 pH 往往不符合要求，需要用酸或碱来进行调节。调节 pH 常用 1mol/L NaOH 溶液或 1mol/L HCl 溶液，先用精密 pH 试纸测其酸碱度，根据测定结果再确定加酸液或碱液。注意：为防止调节过度，应逐滴加入，一边滴加一边搅拌，并随时用 pH 试纸测其 pH，直至 pH 为 7.4~7.6(湿热灭菌后 pH 通常略有下降)。对于某些要求 pH 较精确的微生物，可用酸度计进行 pH 调节。

(4)过滤　若需配制出清澈透明的液体培养基，可用滤纸或 4 层纱布趁热过滤，但供一般实验、生产使用的普通培养基可省略此步骤。

(5)分装　将配制好的培养基分装入试管或者锥形瓶中(分装高度以试管高度的 1/4 左右为宜；锥形瓶的量不宜超过其容积的一半)，管口塞上棉塞，用牛皮纸包扎好管口并标明培养基名称、制备组别和姓名、日期等。

(6)灭菌　采用高压蒸汽灭菌，于 121℃ 灭菌 20min(或 115℃ 灭菌 30min)。

(7)无菌检查　将灭菌后的培养基抽样置 37℃ 恒温箱内，培养 24~48h，证实无菌生长，方可使用。

(8)搁置斜面　将已灭菌的试管培养基冷却至 50~60℃(以防斜面上冷凝水太多)，将试管口端固定在合适高度的器具上，调整好搁置斜面的倾斜度，以斜面长度不超过试管总长的一半为宜，待培养基冷却凝固后即成斜面(凝固前不要移动试管)，见图 1。

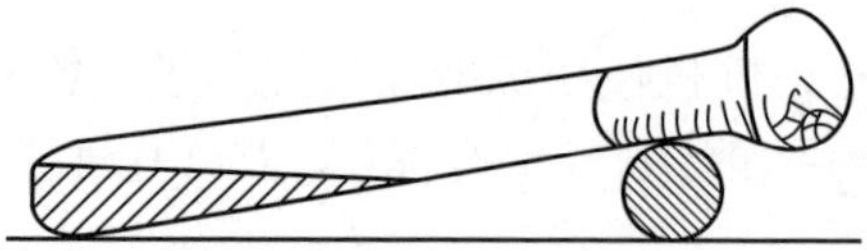

图 1　搁置斜面示意图

(9)倒平板　将灭菌后的培养基，冷却到 45~50℃ 立即倒入平皿中，培养基倒入量以均匀盖满平皿底部为宜，不超过 1/2(10~20mL)，操作过程为无菌操作。

①持皿法：将若干无菌培养皿叠放在左侧，便于拿取。点燃酒精灯，将火焰调

到适中(空气不要太大,以免气流过急)。倒平板时,先用左手握住锥形瓶的底部,倾斜锥形瓶,用右手旋松棉塞,然后用右手的小指和手掌边缘夹住棉塞并将它拔出(切勿将棉塞放在桌面上),随之将瓶口周缘在火焰上过一下(不可灼烧,以防爆裂),以杀死沾在瓶口外的杂菌,然后将锥形瓶从左手传至右手中(用右手的拇指、食指和中指拿住锥形瓶的底部)。在操作过程中瓶口应保持在离火焰 2~3cm 处,瓶口始终向着火焰,左手拿起一套培养皿,用中指、无名指和小指托住培养皿底部,用食指和大拇指夹住皿盖并开启一道缝,恰好能让锥形瓶伸入,随后倒出培养基,一般倒入约 12mL 的培养基即可铺满整个皿底。盖上皿盖,置水平位置等凝固,然后再将锥形瓶移至左手,瓶口再次过火并塞紧棉塞,见图 2。

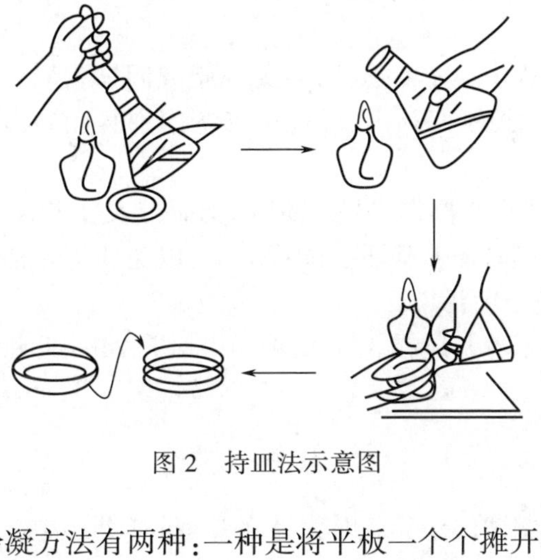

图 2　持皿法示意图

平板培养基的冷凝方法有两种:一种是将平板一个个摊开在桌面上冷凝,另一种方法是将几个平板叠放在一起冷凝。前者冷凝速度较快,在室温较高时采用;而后者冷凝速度较慢,可在室温较低时采用,其优点是形成冷凝水少,尤其适用于平板划线等的需要。

②叠皿法:此法步骤与持皿法基本相同。不同点是左手不必持培养皿,而是将培养皿叠放在酒精灯的左侧并靠近火焰,用右手拿住锥形瓶的底部,左手的掌背对着瓶口,用小指与无名指夹住瓶塞,将其拔出,随即使瓶口过火,同时用左手开启最上面的皿盖,倒入培养基,盖上皿盖即移至水平位置待凝固,再依次倒下面的平板。

在操作过程中,瓶口应向着火焰保持倾斜,以防空气微生物的污染,见图 3。

在制药企业中可采用半自动分装系统和全自动分装系统分装培养基。培养基自动分装系统通过转轮设计,自动灌装及堆叠。分装系统由平皿架及平皿转盘组成,分装过程由平皿架上的平皿下降至转盘上,转盘旋转将空皿转至培养基分装口,灌装培养基至空皿后,转盘继续旋转,从而达到全自动平皿分装的目的。

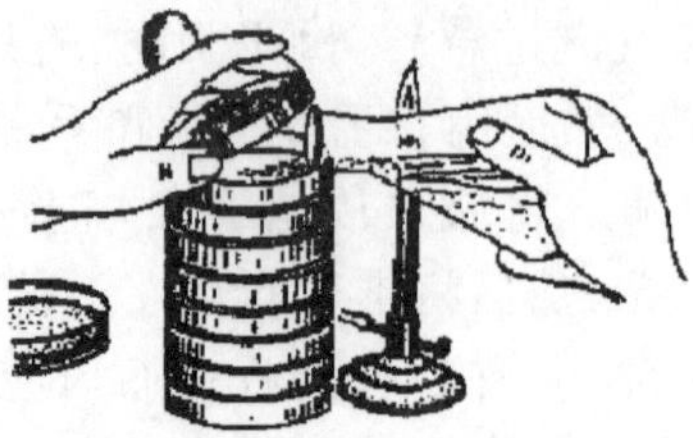

图3　叠皿法示意图

七、注意事项

(1)称完药品后及时盖紧瓶盖,尤其是易吸潮的蛋白胨等更应注意及时盖紧瓶塞并旋紧瓶盖。

(2)加热溶解过程中应不断搅拌,以免琼脂或固体物质黏在烧杯底部被烧焦,在琼脂熔化过程中,应控制好火力,以免培养基因沸腾而溢出,加热过程中蒸发的水分应该补足。

(3)调节 pH 时要小心操作,尽量避免回调而带入过多的无机离子。

(4)分装过程中谨防培养基沾在试管口上,以免使棉塞沾上培养基,造成灭菌后的培养基储存易被杂菌污染。

(5)经灭菌后的培养基应在 37℃ 培养箱中培养 24h,证明无菌生长后方可使用或储存。

八、思考与讨论

(1)在配制培养细菌的培养基时为什么要将 pH 调至中性?

(2)灭菌结束后,为什么要等到灭菌锅内压力降为常压时才能打开灭菌锅盖?

(3)配制牛肉膏蛋白胨斜面培养基的操作步骤有哪些?应注意哪几个环节?

实训四 消毒灭菌技术

微生物只有在适合的条件下才能正常生长繁殖,若条件超过一定的限度,微生物的生命活动就会受到影响,如发生变异、生长抑制,甚至死亡。影响微生物生长繁殖的因素大致分为物理、化学和生物三个方面。

实训四 消毒灭菌技术

实验中实用的物理灭菌方法包括热消毒灭菌法、辐射消毒法、电离辐射消毒法、微波消毒法、机械灭菌法等。本实训重点介绍热消毒灭菌法中的干热灭菌法、高压蒸汽灭菌法、巴氏灭菌法;辐射消毒法中的紫外线灭菌法;机械灭菌法中的过滤除菌法。

一、实训目的

1. 熟悉微生物消毒灭菌的工作原理。
2. 掌握微生物消毒灭菌的操作方法。
3. 能够正确使用与维护高压蒸汽灭菌器。
4. 能够正确操作灼烧灭菌法进行灭菌。

二、实训原理

1. 巴氏消毒

巴氏消毒其实就是利用病原体不是很耐热的特点,用适当的温度和保温时间处理,经巴氏消毒后,仍保存小部分无害或有益、较耐热的细菌或芽孢,因此巴氏消毒只能杀死营养细胞,对芽孢无效。

2. 紫外杀菌

紫外线波长在240~280nm最具破坏细菌病毒中的DNA或RNA分子结构的能力,造成生长性细胞死亡和(或)再生性细胞死亡,达到杀菌消毒的效果,尤其在波长为253.7nm时紫外线的杀菌作用最强。

3. 干热灭菌

干热灭菌法是指在干燥环境中(如火焰或干热空气)进行灭菌的技术。一般有火焰灭菌法和干热空气灭菌法,适用于干燥粉末、凡士林、油脂等。

4. 高压蒸汽灭菌

高压蒸汽灭菌,用高温加高压灭菌,不仅可杀死一般的细菌、真菌等微生物,对芽孢、孢子也有杀灭效果,是最可靠、应用最普遍的物理灭菌法。主要用于能耐高温的物品，如培养基、金属器械、玻璃、搪瓷、敷料、橡胶及一些药物的灭菌。

5. 过滤除菌

过滤除菌法是用物理阻留的方法将液体或空气中的细菌除去，以达到无菌目的，所用的器具是含微小孔径的滤菌器，主要用于血清、毒素、抗生素等不耐热的生物制品及空气的除菌。

三、实训材料

1. 菌种

24h 枯草芽孢杆菌斜面和液体培养物、20h 大肠埃希菌斜面和液体培养物。

2. 仪器

温控水浴锅、电热恒温干燥箱、紫外光灯、恒温培养箱、过滤器、蠕动泵、高压蒸汽灭菌器。

3. 器具

接种环、琼脂平板、营养肉汤培养基试管、无菌滴管、无菌涂布棒、镊子、星形牛皮纸、待测药液、微孔滤膜、灭菌收集瓶、硅胶管、酒精灯、载玻片、试管、滴管、培养基、烧杯、培养皿、吸管。

四、实训前准备

1. 检查生产场地、设备、容器是否清洁。
2. 检查电源与设备是否正常。

五、实训方法

1. 巴氏消毒

(1)分别接种枯草芽孢杆菌和大肠埃希菌到试管内的营养肉汤培养基中，再用另一管未接种的培养基作为空白对照。

(2)将 3 个试管共同置于 63℃恒温水浴 30min 进行消毒。

(3)将试管置于 37℃恒温培养 24h，观察细菌在消毒后的生长状况。

2. 紫外杀菌

(1)打开紫外灯预热 10min。

(2)用无菌滴管分别滴加 3 滴两种液体培养物至两个琼脂平板表面，并涂布均匀。

(3)用灭菌后的镊子取一张无菌的星形牛皮纸。

(4)将牛皮纸放至平板中央并将边缘按压。

(2)~(4)步都须无菌操作。

（5）移去平板盖，在距紫外灯20cm左右距离照射30min。注意不要将皮肤或眼睛直接暴露在紫外灯下，以免受伤。

（6）照射后，用镊子通过无菌操作将牛皮纸取下，重新盖好，在37℃培养24h。

（7）培养后，观察微生物的生长情况。

3. 干热灭菌

（1）灼烧灭菌

①灼烧时要用酒精灯外焰加热。

②灼烧接种环时，将接种环垂直放在火焰上灼烧或斜方向在火焰上缓慢地来回至少3次，镍铬丝部分（环或丝）必须烧红，沿环向上，将深入试管的金属柄部分来回通过火焰数次。

③灼烧试管、锥形瓶、小烧杯等玻璃器皿时，要用灼烧过的镊子夹住仪器口壁，然后使器皿口朝上倾斜45°，用酒精灯外焰从底部依次向上均匀加热（注意仪器内不能有水存留），最后灼烧管口、瓶口。

（2）干热灭菌

①清洗、包扎：对玻璃器皿、瓷器、金属等耐热物品灭菌时，首先要清洗干净，沥干水，包扎好。

②放置：将包扎好的物品放入干燥箱的隔板上，物品放置切忌贴靠箱壁，干燥箱内物品不能堆放太满、太紧，以免热气流循环不畅影响温度均匀上升。

③风门调节：根据干燥物品的潮湿情况，把风门调节旋钮旋到合适位置。

④开机：打开电源及风机开关。此时电源指示灯亮，电机运转，控温仪显示经过"自检"过程后，显示屏应显示工作室内测量温度。设定需干燥的温度及时间，此时干燥箱即进入工作状态。

⑤关机：干燥结束后，如需更换干燥物品，则在开箱门更换前先将风机开关关掉，以防干燥物被吹掉；更换完干燥物品后（注意：取出干燥物时，千万小心烫伤），关好箱门，再打开风机开关，使干燥箱再次进入干燥过程。

4. 高压蒸汽灭菌

（1）加水　检查灭菌器内的水位，加适量的水。

（2）加入待灭菌物　将要灭菌的物品包扎好后均匀地摆放在灭菌器内，盖好灭菌器的盖子，注意不要装得太挤，也不要紧贴器壁。

（3）盖好锅盖　将盖上的排气软管插入内层锅的排气槽内，再以两两对称的方式同时旋紧相对的两个螺栓，使螺栓松紧一致，勿漏气。

（4）检查放气阀和安全阀，设置好压力、温度和时间（121℃，15～30min或116℃，40min）。

（5）排放锅内冷气　打开排气阀，接通电源加热，使水沸腾以排出锅内的冷空气。待冷空气完全排尽后，关上排气阀，使压力表读数逐渐上升，达到所需温度和压力。

(6)升温灭菌　待压力逐渐上升至所需温度时,控制热源,维持所需温度和压力达所需条件(121℃ 15~30min 或 116℃ 40min)后,关闭热源,停止加热。

(7)取出灭菌物品　待压力表读数降至“0”时可打开排气阀使余气排出,同时打开下部疏水阀,排出锅内冷凝水。旋松螺栓,打开盖子,稍稍放置一会儿,让锅内的余热将灭菌物品表面的水汽蒸发后,取出灭菌物品。若要制备斜面培养基,要趁热摆成斜面;若要制备平板,也要趁热倒制。灭菌后的空培养皿、试管、移液管等需烘干或晾干。

(8)灭菌器清理　灭菌完毕,去除锅内剩余水分,保持灭菌器内干燥。如果连续使用灭菌器,每次需补充水分。

(9)灭菌效果检查　灭菌后的培养基放在37℃培养箱内培养24h,观察有无微生物生长,是否达到无菌状态。

5. 过滤除菌

(1)操作前准备

①检查硅胶软管的完整性,并用纯化水反复冲洗去掉残留物,然后在3%(体积分数)H_2O_2 或 10g/L NaOH 溶液内浸泡8h以上,用纯化水反复冲洗,放入高压蒸汽灭菌器内132℃湿热灭菌5min。

②按需准备规定直径、孔径的微孔滤膜,并按微孔滤膜使用规程进行清洁。

③检查平板过滤装置,蠕动泵是否完好。

④检查所需用容器、工具的清洁消毒情况。

(2)平板过滤器的安装

①检查过滤密封胶圈的完整性,并将密封胶圈平整地压按于密封槽内。

②在三脚支架上固定好平板过滤器的底座,并沿密封胶圈的边缘线将滤芯板安放在平板过滤器底座上,注意滤芯板正面朝上。

③将用注射用水淋洗后的微孔滤膜平铺于平板过滤器的滤芯网板上。

④盖好平板过滤器的顶盖,并使底座与顶盖的螺栓孔相互对应。

⑤安装锁紧螺栓,用扳手锁紧,并依次检查锁紧情况。

⑥装有微孔滤膜的平板过滤器放入高压蒸汽灭菌器内132℃湿热灭菌5min。

(3)平板过滤系统的安装

①将硅胶软管从泵头进口处穿入,安装在滚柱与泵头固定座间的缝隙内,并从泵头固定座的出口穿出。

②安装泵头固定壳盖,用紧定螺杆锁紧,并复核锁紧情况。

③打开蠕动泵的电源开关,空转运行1min,关闭开关,检查蠕动泵运转时有无异常声响,确认安装准确性、各部件工作可靠性。

④将泵头出口端的硅胶软管与平板过滤装置进口连接,并锁紧连接钢卡螺钉。

(4)除菌过滤过程

①除菌过滤前应用注射用水冲洗管路。

②将泵头进口端的硅胶软管,即进药管口放入待过滤液内。

③将平板过滤器的出药口用干热灭菌后的收集瓶盛接。

④打开蠕动泵电源开关,在转速范围内,调节转速调节手轮,逆时针旋转,蠕动泵转速上升,供液量增大;顺时针旋转转速调节手轮,蠕动泵转速下降,供液量降低,并使压力不超过规定值,注意压力表突然增高或降低,以判断滤膜阻塞或破损。

⑤除菌过滤后,关闭蠕动泵电源开关,对微孔滤膜的平板过滤器重新做完整性试验,确认过滤的可靠性。

(5)停机拆卸

①按平板过滤系统的安装程序的逆顺序将平板过滤器、硅胶软管、蠕动泵拆卸分开。

②蠕动泵按相应级别的《洁净区设备清洁消毒规程》进行清洁、消毒。

③硅胶软管先用注射用水或纯化水冲去残留药液后,再用注射用水冲洗一遍后,放入3% H_2O_2 或10g/L NaOH溶液内浸泡,平板过滤器按《平板过滤器清洁消毒规程》进行清洁灭菌。

六、注意事项

1. 使用高压蒸汽灭菌器前应检查内部及盖子上的部件是否完好,并严格按照操作程序进行,避免发生意外。

2. 灭菌时,操作者切勿擅自离开岗位,尤其是升压和保压期间更要注意压力表指针的动态,避免压力过高或安全阀失灵等诱发危险事故。同时应按照培养基中营养成分的耐热程度来设定合理的灭菌温度与时间,以防营养成分过多被破坏。

3. 务必待锅内压力降低至"0"后再打开排气阀和盖子,否则因锅内压力突然下降,使瓶装培养基或其他液体因压力瞬时下降发生沸腾,从而造成瓶内液体溢出。

4. 在放入灭菌物料前,一定要向锅体内加入适量的水,若锅体内无水或水量不足等均会在灭菌时引发重大事故。

5. 高压灭菌器保养和维修

(1)灭菌器的外表及灭菌室内要保持清洁干燥。

(2)探头、水位计要定期清洗。

(3)门框、胶圈无损坏,进气口不可堵塞,最好每天使用完后在胶条上涂滑石粉,以延长胶条寿命。

(4)疏水阀每月清洗一次,以利于排冷气,保持温度。

(5)每周在夹层有压力时拉动安全阀手柄数次,以确保安全阀工作正常。

(6)使用一年之后,每年要请有资质的检测部门做一次全面系统的检查,包括筒体、门、管路系统、电器系统等。安全阀、温度表、压力表要定期校验,以确保设备的安全和正常使用。

七、清场

1. 将本次操作带入的器具及操作废弃物移出无菌环境。

2. 依次用注射用水、消毒液擦拭操作台面、设备表面及传递窗、墙面、地面。

3. 将无菌环境内的固定设备、设施摆放整齐。

4. 在器具清洗室内拆下过滤器进、出口连接软管，松开固定螺栓，取出滤膜弃之，依次用纯化水、注射用水对滤器各部件彻底清洗后，浸泡于 4g/L NaOH 溶液中，备用。

八、消毒灭菌柜的清洁（体现消毒灭菌柜的清洁操作规范）

1. 将柜门打开，拉出灭菌运输车。

2. 用清洁工具清理柜体胆底部散落的药粉渣，注意勿将底部排空管出口堵死。

3. 用饮用水将内胆冲洗干净，再用清洁的擦布将内壁擦干。

4. 灭菌运输车及物料盘用饮用水刷洗干净，晾干或擦干。

5. 清洗频次：同品种 3 批 1 次，更换品种应彻底清洁。

6. 清洁完毕报质检员，合格后挂“已清洁”牌。

九、思考与讨论

1. 分别记录并比较 63℃水浴和紫外照射对两种培养物的消毒灭菌效果。

2. 干热灭菌的注意事项有哪些？

3. 怎样才能获得枯草芽孢杆菌的芽孢悬液？

实训五　接种技术

微生物的接种技术是微生物学实验及研究的一项最基本的操作技术。通常情况下,微生物以杂居状态生长,因此要对某一微生物进行研究,必须先将其与其他微生物进行分离。纯培养物(即由单一微生物生长得到)是进行微生物实验操作的重要材料。微生物最容易的分离方法就是划线分离。

实训五　接种技术

一、实训目的

1. 了解纯培养物制备的原理。
2. 掌握使用无菌操作进行接种的方法。
3. 熟悉判断细菌在不同培养基上的生长状态的方法。
4. 能够根据生产实际需要正确使用接种工具进行斜面接种。

二、实训原理

1. 斜面接种

斜面接种法主要用于接种纯菌,使其增殖后用以鉴定或保存菌种,可以挑取平板培养基上的纯培养物,或挑取斜面、肉汤中的纯培养物按无菌操作的要求接种到斜面培养基上,是进行菌种扩大培养、菌种保藏等任务最常用的方法,也称为"转管"。

2. 穿刺接种

穿刺接种是一种用接种针从菌种斜面上挑取少量菌体并把其穿刺接种到固体或半固体的深层培养基中的接种方法。经它穿刺接种后的菌种常作为保藏菌种的一种形式,同时也是检查细菌运动能力的一种方法,它只适合细菌和酵母菌的接种培养。

穿刺接种法主要用于半固体培养基、明胶及双糖管的接种。用接种针取细菌少许,从半固体培养基中央平行于管壁垂直刺入,接近管底但不可接触管底,然后接种针沿原路退出,使穿刺线整齐,便于观察细菌生长结果。

3. 琼脂平板划线分离

琼脂平板划线分离是指把混杂在一起的微生物或同一微生物群体中的不同细胞用接种环在平板培养基表面,通过分区划线稀释而得到较多独立分布的单个细胞,经培养后生长繁殖成单菌落,通常把这种单菌落当作待分离微生物的纯种。有时这种单菌落并非都是由单个细胞繁殖而来,故必须反复分离多次才可得到纯种,其原理是将微生物样品在固体培养基表面多次做“由点到线”稀释而达到分离的目的。

4. 涂布分离

涂布分离是指取少许梯度稀释菌悬液，置于已凝固的无菌平板培养基表面，然后用无菌的涂布棒把菌液均匀地涂布在整个平板表面，经培养后，在平板培养基表面会形成多个独立分布的单菌落，然后挑取典型的代表移至斜面，经培养后保存。涂布分离更适合于好氧菌或有气生菌丝的放线菌的分离和计数，浇注平板法则适合兼性厌氧的细菌和酵母菌的分离。

三、实训材料

1. 菌种

金黄色葡萄球菌、大肠埃希菌、枯草芽孢杆菌、混合的细菌液体（金黄色葡萄球菌与大肠埃希菌）。

2. 设备

无菌室、超净工作台。

3. 器具

接种环、酒精灯、含75%酒精的脱脂棉球、试管架、空白标签纸、火柴、灭菌试管、恒温干燥箱、灭菌培养皿、水浴锅、涂布棒、无菌移液管、8支装9mL无菌水的试管、两个装90mL无菌水的锥形瓶、记号笔。

4. 培养基

营养琼脂斜面培养基、蛋白胨牛肉膏斜面培养基。

四、手部清洁消毒程序

本实训项目体现《手部清洁消毒操作程序》。

1. 在水池用洗手液洗涤双手至腕部以上，袖口以下，搓揉20s，彻底清洁手指之间及指甲四周的部分。

2. 用流动的温水将手冲洗干净。

3. 将双手完全浸入250mg/L的消毒水中，浸泡30s。

4. 烘干或用消毒毛巾擦干，如用毛巾擦手时一定要确保毛巾是经过消毒并没有被污染的，建议放进消毒水中。

五、实训方法

1. 枯草芽孢杆菌斜面接种

（1）物品清点与摆放　要充分做好接种前的用品准备工作，根据要求进行物品清点，并移入无菌室、超净工作台或接种箱内。试管应是洗涤干燥后用牛皮纸包好置高压蒸汽灭菌锅中消毒的(121℃,20min)。营养琼脂斜面培养基、蛋白胨牛肉膏斜面培养基也是经过高压蒸汽灭菌的。

将所用物品合理摆放于超净工作台上或无菌室的工作台上,原则上是右手使用的物品放在右侧,左手使用的物品放在左侧,酒精灯放在中央,一方面是操作方便,另一方面是减少染菌。

(2)超净工作台消毒　用75%酒精擦拭台面后,打开紫外线灯20~30min,然后关闭紫外线灯,打开风机。注意菌种不能放在紫外线灯下照射,应在操作时随时携入。

(3)手消毒　点燃酒精灯,再用75%酒精棉球擦拭双手消毒。

(4)接种　接种前用记号笔在试管上标记,在距离试管口2~3cm的位置,注明菌名、接种日期、接种人姓名等(若不用记号笔标记也可贴标签)。

用接种环将少数菌种移接到贴好标签的试管斜面培养基上,必须按无菌操作法进行,操作如图1所示。

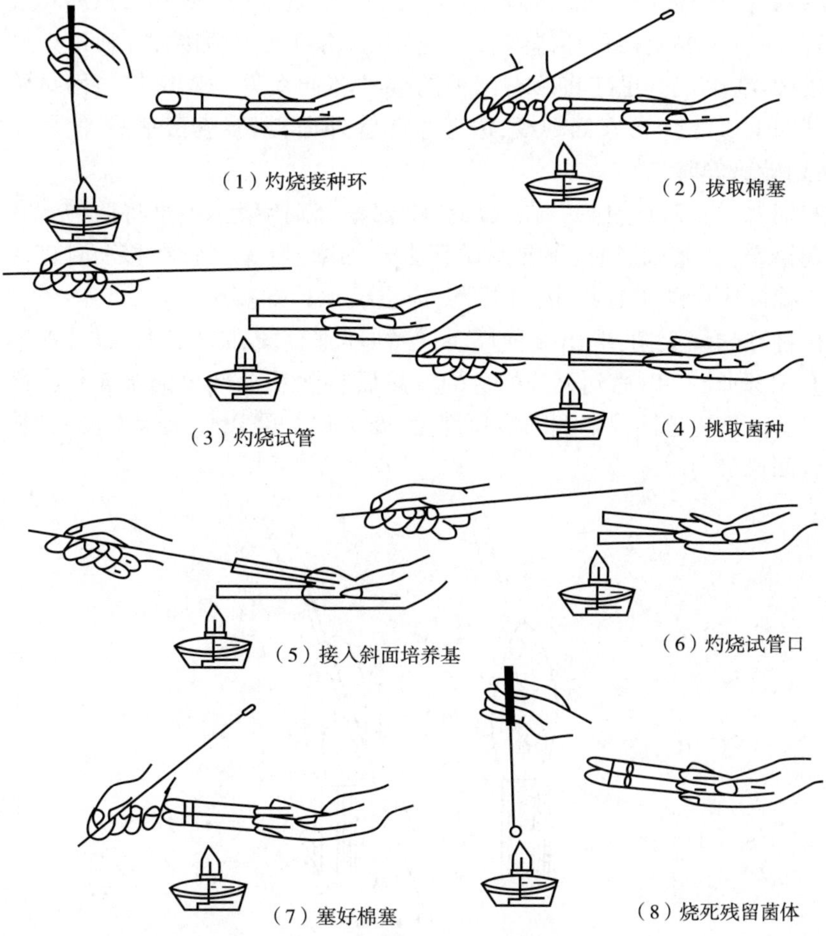

图1　斜面接种操作示意图

①手持试管:将菌种斜面(以下简称菌种管)与待接种的新鲜牛肉膏蛋白胨斜面培养基(以下简称待接种管)放于左手掌中,用左手拇指、食指、中指及无名指夹住,菌种管在前,接种管在后,斜面向上,管口对齐,使两支试管略呈V字形,斜面面向操作者,应斜持试管成一定角度,注意不要持成水平,以免管底凝集水浸湿培养基表面。

②旋松管塞:以右手在火焰旁转动两管棉塞,使其松动,以便接种时易于取出。

③灼烧接种环:右手拿接种环(如同握笔一样),在火焰上将环端烧红灭菌,然后将有可能深入试管的其余部分均匀灼烧灭菌,将接种环来回通过火焰数次。

④拔棉塞:用右手的小指、无名指和手掌拔下枯草芽孢杆菌菌种管和待接种管的培养基部分,使其冷却。

⑤接种环冷却:将灼烧过的接种环伸入菌种管,先使环端接触没有长菌的培养基部分,使其冷却。

⑥取菌:待接种环冷却后,轻轻刮取(蘸取)少量菌苔(菌液),然后将接种环移出菌种管,注意不要使接种环碰到管壁,取出后不可使带菌接种环通过火焰。

⑦接种:在火焰旁迅速将蘸有菌种的接种环伸入另一支待接斜面试管。从斜面的底部向上做"之"形来回划线,边划边向管外退,划线应密集些,使用手腕的力度,切勿划破培养基。

⑧塞棉塞:灼烧试管口,并在火焰旁将棉塞分别旋上(不可将菌种管和待接种管的棉塞错塞)。塞棉塞时,不要用试管去迎棉塞,以免试管在移动时进入不清洁的空气。棉塞应始终夹在手中,如掉落,应更换无菌棉塞。

⑨接种环灼烧灭菌:取出接种环,将接种环垂直放在火焰上灼烧,镍镉丝部分(环和丝)必须烧红,以达到灭菌的目的。然后将除手柄部分的金属杆全部用火焰灼烧2~3遍,尤其是接镍镉丝的螺口部分,要彻底灼烧以免灭菌不彻底,然后将接种环插放回原处,见图2。

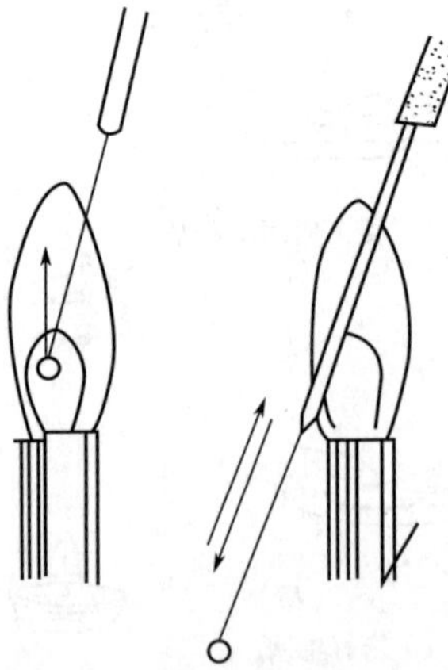

图2 接种操作示意图

⑩恒温培养：将接种完的斜面试管放入 37℃恒温培养箱内，培养 24～48h 后观察效果。

细菌在固体培养基表面有菌落和菌苔两种生长现象，单个细菌在固体培养基上繁殖成一个肉眼可见的细菌团称为菌落，菌落融合成片称为菌苔，见图 3。

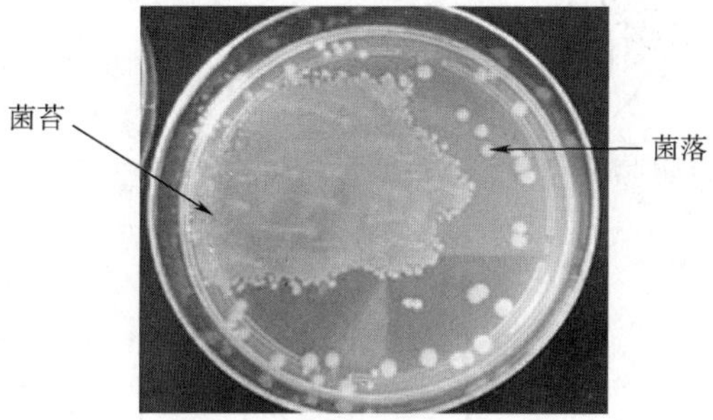

图 3　菌落和菌苔示意图

2. 大肠埃希菌穿刺接种

(1)操作应在无菌室、超净工作台或接种箱内进行，清点物品并合理摆放。

(2)接种前用记号笔在试管上标记，在距离试管口 2～3cm 的位置，注明菌名、接种日期、接种人姓名等(若不用记号笔标记也可贴标签)。

(3)点燃酒精灯，再用 75%酒精棉球擦拭双手消毒。

(4)穿刺接种，方法如下所示。

①将菌种管和待接种的半固体培养基两支试管放于左手掌中，并将两支试管用大拇指和其他四指夹住，使两支试管呈 V 字形，菌种管的斜面面向操作者，并使它们处于水平位置。

②右手在酒精灯旁旋松棉塞，以便接种时易于取出。

③右手以持笔方法握持接种针并灼烧接种针，充分灭菌。

④用右手的小指、无名指和手掌边拔出棉塞，接种针先在培养基部分冷却，再用接种针的针尖蘸取少量菌种。

⑤接种有两种手持操作法：一种是水平法，类似于斜面接种法；另一种为垂直法。尽管穿刺手法不同，但穿刺时接种针都必须垂直于培养基表面，自培养基中心垂直刺入，并要将接种针穿刺到接近试管的底部，然后沿着接种线原路退出，灼烧管口后塞上棉塞，此时要做到手稳、动作轻巧。将接种针在火焰上灼烧灭菌后放回试管架上，见图 4。

(5)将接种过的试管直立于试管架上，放在培养箱内 30℃恒温培养，24h 后观察结果(若有运动能力的细菌，它能沿接种线向外运动而弥散，故形成的穿刺线较粗而散；若没有运动能力，则形成的穿刺线细而密)，见图 5。

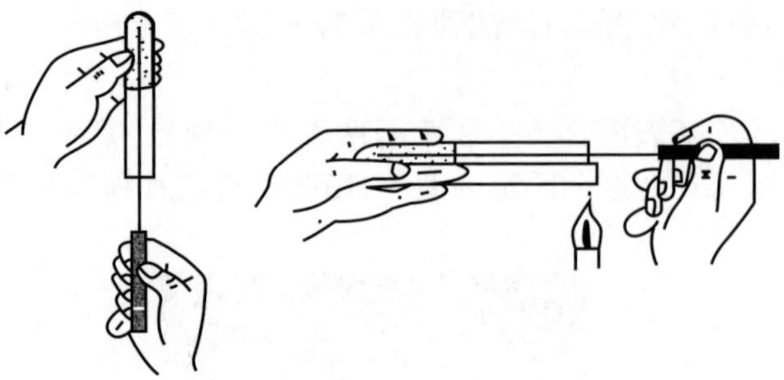

(1) 垂直法　　(2) 水平法

图 4　接种手法

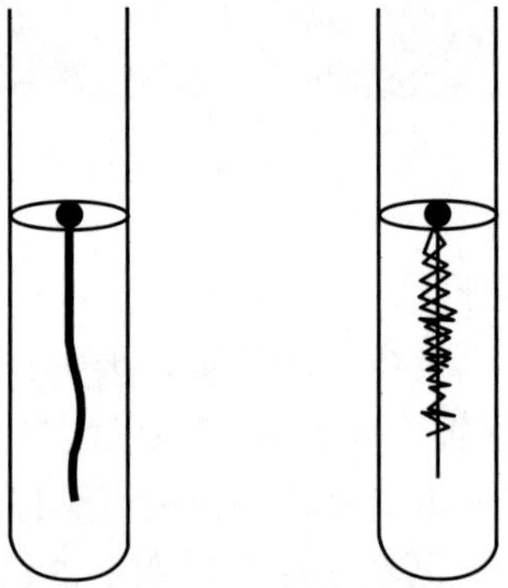

(1) 细菌无运动能力　　(2) 细菌有运动能力

图 5　接种细菌运动能力示意图

3. 混合细菌液琼脂平板划线分离

(1)操作前准备

①培养皿包好,干燥箱内 170℃灭菌 2h 后,放入超净工作台。接种前用记号笔在培养皿底部标记,注明菌名、接种日期、接种人姓名等(若不用记号笔标记也可贴标签)。

②超净工作台开紫外线灯照射 30min 灭菌,开无菌风待用。

③熔化培养基或配制培养基,装入 500mL 锥形瓶内,灭菌备用。

④用酒精擦拭双手灭菌,合理摆放物品。

(2)操作步骤

①熔化培养基:打开包裹培养皿的报纸,点燃酒精灯,用 75%(体积分数)酒精擦拭双手消毒。将装有营养琼脂培养基的锥形瓶放入水浴锅中加热至沸,充分熔化。

②倒平板:培养基冷却至 50℃左右后,按无菌操作法倒 4 只平板,右手拿起装有熔化的灭菌培养基的锥形瓶,左手拔下棉塞,再拿起一个灭菌平皿,在酒精灯附

近无菌操作倾倒平板培养基，平置待凝。制作好的平板培养基放置 24h，将有污染的平板去除。

③做分区标记：在皿底用记号笔划分成 4 个不同面积的区域，使 A<B<C<D，且各区的夹角应为 120°左右，以便使 D 与 A 区划出的线条平行、美观。

④分区划线操作

a. 挑取菌样：选择平整、光滑的接种环，灼烧灭菌，按无菌操作法挑取菌样。

b. A 区划线：将平板倒置于酒精灯火焰旁，左手将平板培养基拿起，打开皿盖约 45°并让平板面向火焰。右手持接种环，先在 A 区轻划 3~4 条连续的平行线当做初步稀释的菌源，烧去接种环上的残余菌样。

c. 其余区划线：把平皿逆时针转 90°，将烧去残菌后的接种环在平板培养基边缘冷却一下，接种环通过 A 区（菌源区）而移至 B 区，随即在 B 区轻巧地划上 6~7 条致密的平行线，接着再以同样的操作在 C 区和 D 区划上更多的平行线，并使 D 区的线与 A 区的线平行（但不能与 A 区、B 区的线条接触），将左手所持皿底放回皿盖中。烧去接种环上的残菌，见图 6。

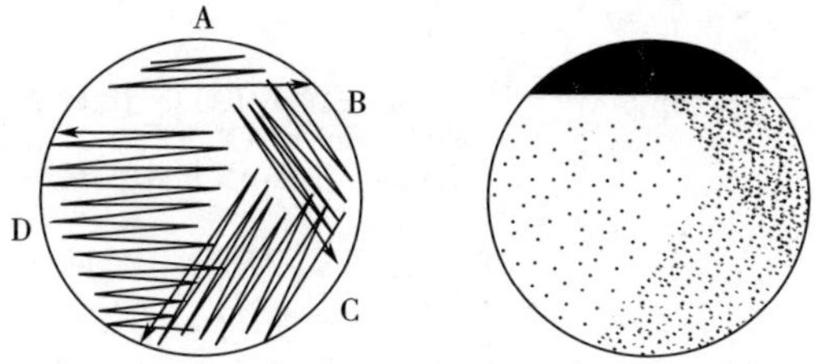

图 6　分区划线示意图

⑤恒温培养：将划线后的平板倒置于 30℃恒温箱中 2h。

⑥挑取菌落：良好的结果应在 C 区出现部分单菌体，而在 D 区出现较多独立分布的单菌落，镜检，从典型的菌落中挑取少量菌体至试管斜面，经培养后可成为初步分离的纯种。

⑦清理：将废弃的带菌平板做煮沸杀菌后进行清洗，清理台面，洗净双手。

划线分离流程见图 7。

4. 混合菌液的涂布分离

（1）操作前准备

①培养皿（10 套）包好，干燥箱内 170℃灭菌 2h 后，放入超净工作台，接种前用记号笔编号培养皿及试管。

②配制的蛋白胨牛肉膏琼脂培养基，装入 500mL 锥形瓶内，灭菌，使用前需熔化。

③超净工作台开紫外灯照射 30min 灭菌，开无菌风待用。

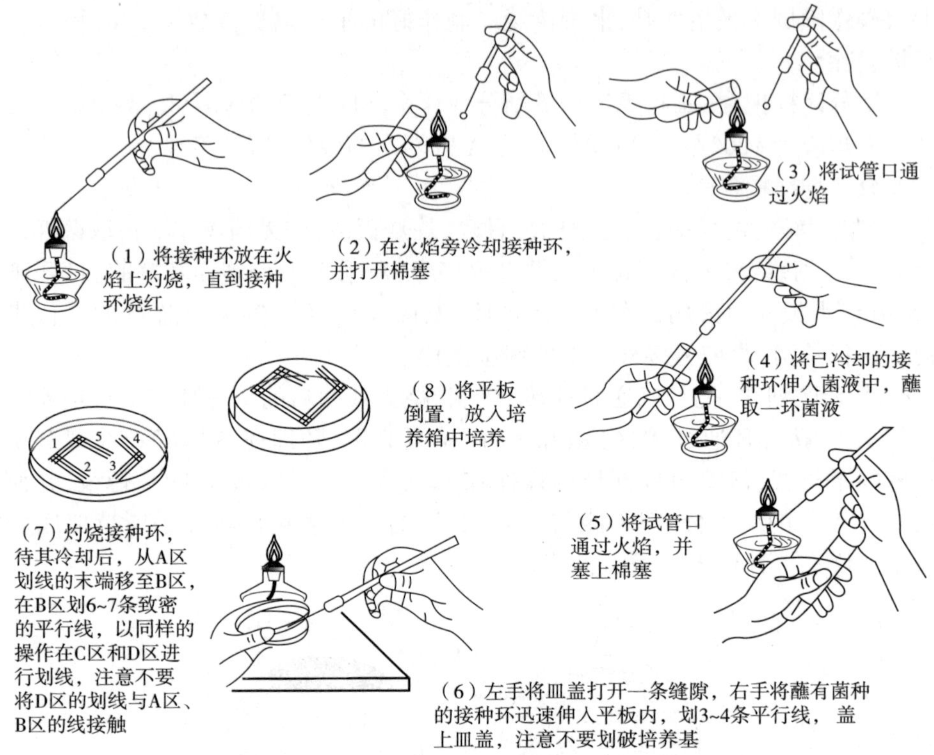

图 7　划线分离示意图

④75%酒精擦拭双手，合理摆放物品。

（2）操作步骤

①倒平板：将熔化并冷却至 50℃左右的蛋白胨牛肉膏琼脂培养基按无菌操作法倒入培养皿中，右手拿起装有熔化的灭菌培养基的锥形瓶，左手拔下棉塞，再拿起一个灭菌平皿，在酒精灯附近无菌操作倾倒平板培养基。每皿约 15mL，共 6 皿，平放待凝。制作好的平板培养基放置 24h，将有污染的平板去除，分别编号 10^{-4}、10^{-5}、10^{-6}，各 2 皿。

②菌样稀释：取 6 支无菌试管，依次编号为 10^{-6}、10^{-5}、10^{-4}、10^{-3}、10^{-2}、10^{-1}，在各试管中分别加入生理盐水 4.5mL，然后用 1mL 无菌移液管在待稀释的原始样品中来回吹吸数次（注意：吹出菌液时移液管尖端必须离开菌液的液面），再精确移取 0.5mL 菌液至 10^{-1} 试管中（注意：已接触过原始菌液样品的移液管的尖端不能再接触 10^{-1} 试管的菌液液面），然后另取 1mL 无菌移液管，以同样的方式，先在 10^{-1} 试管中来回吸取样品数次，并精确移取 0.5mL 菌液至 10^{-2} 试管中，如此稀释至 10^{-6} 为止。

③滴加菌液：分别取 1mL 无菌移液管，从 10^{-4}、10^{-5}、10^{-6} 各管中分别吸出 0.2mL 菌液到相应编号的平板表面上。

④平板涂布：左手执培养皿，并将皿盖开启一缝，右手拿涂布棒把平板上的一滴菌液轻轻涂开，均匀铺满整个平板，并防止平板培养基破损。

三步操作见图8。

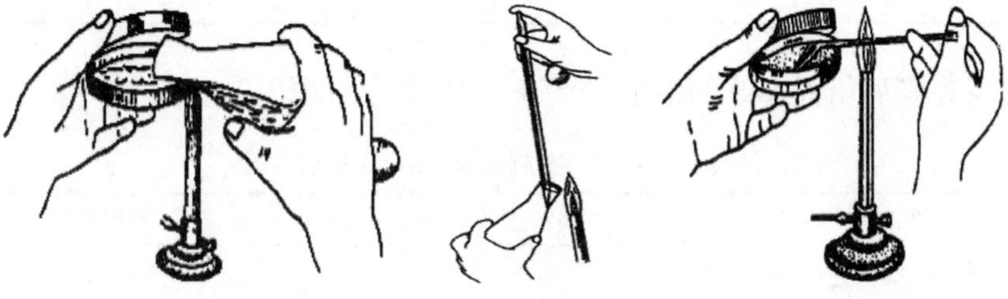

（1）倒平板　（2）吸管取菌液　（3）平板涂布

图8　三步操作

⑤平板培养：将各组的培养皿倒置放于37℃恒温培养箱中培养24～48h，观察平皿上的菌落形态，镜检（计数），进行下一步操作。

⑥挑单菌落：用灭菌接种环分别挑取大肠埃希菌和金黄色葡萄球菌的单菌落，分别接种至试管斜面，经37℃恒温培养24～48h，低温保存。

整体操作流程见图9。

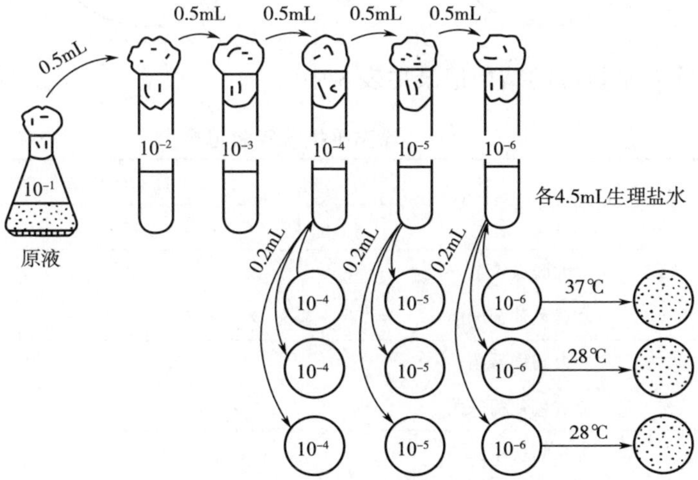

图9　整体操作流程

六、结果与讨论

1. 将斜面接种后的细菌培养24～48h，结果记录于表1中，并分析原因。

表 1　培养结果

菌名	斜面接种后培养结果	原因分析
大肠埃希菌		
金黄色葡萄球菌		

2. 将穿刺后培养 24h 的结果绘于表 2 中，并分析原因。

表 2　穿刺接种结果及分析

菌名	穿刺后培养结果	原因分析
枯草芽孢杆菌		
金黄色葡萄球菌		

3. 将划线分离效果最好和最差的两个培养皿上的菌落分布绘在以下两个圆圈中，并分析原因。

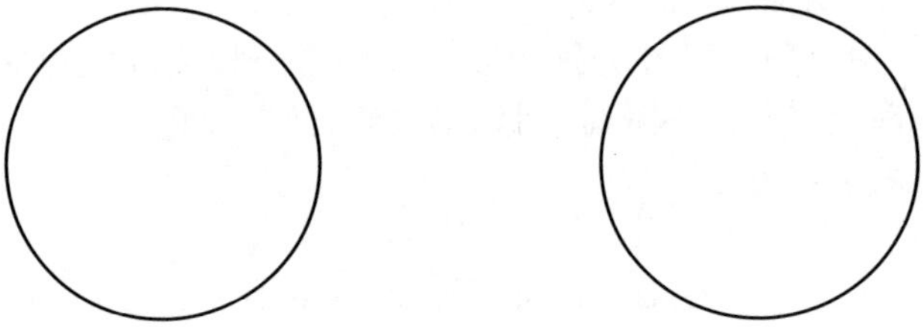

4. 请将涂布平板法的结果记录在表 3 中。

表 3　涂布平板法实验记录

菌落结果描述		涂布平板法		
		10^{-4}	10^{-5}	10^{-6}
数/皿	大肠埃希菌			
	金黄色葡萄球菌			
分布情况	大肠埃希菌			
	金黄色葡萄球菌			
形态特征	大肠埃希菌			
	金黄色葡萄球菌			

七、注意事项

1. 斜面培养基接种的注意事项

(1) 接种前要用 75% 酒精清洁台面，有条件的最好在无菌室或超净工作台内进行,应严格按无菌操作要求进行。

(2)接种前要用75%酒精擦拭双手消毒,操作不应有大幅度或快速动作,以免搅动空气,操作过程中不应交谈或咳嗽。

(3)接种时拔下棉塞后应一直用手指夹住,不要将其放在桌子或台子上,以免污染菌种。

(4)接种前后灼烧接种环要彻底,将接种丝烧红,柄端较粗部分应反复灼烧。

(5)接种时试管口要一直保持在火焰2~3cm处,接种前后试管口均应通过火焰燃烧灭菌。

(6)用接种环刮取菌苔时动作要轻,不应刮破培养基,从斜面底部向上划线接种时也不能划破培养基。

2. 穿刺接种的注意事项

接种针要垂直半固体培养基表面中心部位向下穿刺,但不能触及管底,然后接种针按原路抽出,不得在培养基内左右移动。

3. 琼脂平板划线分离的注意事项

(1)倾倒平板应严格遵守无菌操作,尽量减少污染。

(2)每次做"Z"字形划线后,必须严格灼烧接种环灭菌,否则菌量太大,不能形成单菌落。

(3)用于平板划线的培养基,琼脂含量宜高些(2%左右),否则会因平板太软而被划破。

(4)用于划线的接种环,环柄宜长些(约10cm),环口应十分光滑,划线时环口与平板间的夹角宜小些,动作要轻巧,以免划破培养基。

4. 涂布分离的注意事项

(1)倾倒平板应严格遵守无菌操作,尽量减少污染。

(2)每个稀释度应做3~5个重复,平均计数。

(3)做涂布平板时琼脂含量可高些,倒平板时培养基不宜太烫,否则易在平板表面形成冷凝水,导致菌落扩散或蔓延。

实训六　革兰染色技术

微生物染色的基本原理是借助物理因素和化学因素的作用而进行的。物理因素如细胞及细胞物质对染料的毛细现象、渗透、吸附作用等。化学因素则是根据细胞物质和染料的不同性质而发生的各种化学反应。酸性物质对于碱性染料较易吸附,且吸附作用稳固;同样,碱性物质对酸性染料较易于吸附。如细胞核中的酸性物质对于碱性染料就有化学亲和力,易于吸附。但是,要使酸性物质染上酸性材料,必须把它们的物理形式加以改变(如改变 pH),才利于吸附作用的发生。相反,碱性物质(如细胞质)通常仅能染上酸性染料,若把它们变为适宜的物理形式,也同样能与碱性染料发生吸附作用。

实训六　革兰染色技术

一、实训目的

1. 熟悉细菌的革兰染色法的工作原理。
2. 熟悉细菌的革兰染色法的操作方法。
3. 掌握油镜观察革兰阳性细菌和革兰阴性细菌的形态结构。

二、实训原理

微生物染色方法一般分为单染色法和复染色法两种。前者用一种染料使微生物染色,但不能鉴别微生物。复染色法是用两种或两种以上染料,有协助鉴别微生物的作用,故也称鉴别染色法。常用的复染色法有革兰染色法和抗酸性染色法,此外还有鉴别细胞各部分结构(如芽孢、鞭毛、细胞核等)的特殊染色法。微生物检验中常用的是单染色法和革兰染色法。

三、染色基本程序

微生物的染色方法很多,各种方法应用的染料也不尽相同,但是一般染色都要有制片及一套染色操作程序。

1. 制片

在干净的载玻片上滴上一滴蒸馏水,用接种环进行无菌操作,挑取培养物少许,置载玻片的水滴中,与水混合做成悬液并涂成直径约 1cm 的薄层,为避免因菌数过多聚成基团,不利于观察个体形态,可在载玻片一侧再加一滴水,从已涂布的菌液中再取一环于此水滴中进行稀释,涂布成薄层,若材料为液体培养物或固体培养物制备的菌液,则直接涂布于载玻片上即可。

2. 干燥

涂片最好在室温下使其自然干燥,有时为了使之干得更快些,可将标本面向上,手持载玻片一端的两侧,小心地在酒精灯上高处微微加热,使水分蒸发,但切勿紧靠火焰或加热时间过长,以防标本烤枯而变形。

3. 固定

标本干燥后即进行固定,固定的目的如下所示。

(1)杀死微生物,固定细胞结构。

(2)保证菌体能更牢地黏附在载玻片上,防止标本被水冲洗掉。

(3)改变染料对细胞的通透性,因为死的原生质比活的原生质易于染色。

固定常常利用高温,手执载玻片的一端(涂有标本的远端),标本向上,在酒精灯火焰外层尽快来回通过3~4次,共2~3s,并不时以载玻片加热背面触及皮肤,不觉过烫为宜(不超过60℃),放置待冷后,进行染色。

以上这种固定法在微生物实验室中虽然应用较为普遍,但是应当指出,在研究微生物细胞结构时不适用,应采用化学固定法。化学固定法最常用的固定剂有:酒精(95%),酒精和醚(1∶1,体积比)的混合物,丙酮,10~20g/L的锇酸等。锇酸能很快固定细胞但不改变其结构,故较常用。应用锇酸固定细胞的技术如下:在培养皿中放一玻璃,在玻璃上放置玻璃毛细管,在毛细管中注入少量的10~20g/L锇酸溶液,同时在玻璃上再放置湿标本涂片的载玻片,然后把培养皿盖上,经过1~2min后把标本从培养皿中取出,并使之干燥。

4. 染色

标本固定后,滴加染色液。染色的时间各不相同,视标本与染料的性质而定,有时染色时还要加热。染料作用标本的时间平均1~3min,而所有的染色时间内,整个涂片(或有标本的部分)应该浸在染料之中。

若进行复合染色,在媒染处理时,媒染剂与染料形成不溶性化合物,可增加染料和细菌的亲和力。一般固定后媒染,但也可以结合固定或染色同时进行。

5. 脱色

用醇类或酸类处理染色的细胞,使之脱色。可检查染料与细胞结合的稳定程度,鉴别不同种类的细菌。常用的脱色剂是95%酒精和3%(体积分数,余同)盐酸溶液。

6. 复染

脱色后再用一种染色剂进行染色,与不被脱色部位形成鲜明的对照,便于观察。革兰染色在酒精脱色后用番红、石炭酸复红最后进行染色,就是复染。

7. 水洗

染色到一定的时候,用细小的水流从标本的背面把多余的染料冲洗掉,被菌体吸附的染料则保留。

8. 干燥

着色标本洗净后，将标本晾干，或用吸水纸把多余的水吸去，然后晾干或微热烘干，用吸水纸时，切勿使载玻片翻转，以免将菌体擦掉。

9. 镜检

干燥后的标本可用显微镜观察。

10. 染色的基本程序如下所示

制片→干燥→固定→媒染→染色→脱色→复染→水洗→干燥→镜检。

四、实训材料

1. 细菌

金黄色葡萄球菌斜面培养物 1 支，大肠埃希菌斜面培养物 1 支。

2. 试剂

结晶紫、95%乙醇溶液、卢戈碘液、稀释番红各 1 瓶，香柏油、二甲苯、生理盐水。

3. 其他

载玻片、吸水纸、接种环、酒精灯、擦镜纸、显微镜。

五、实训方法

1. 细菌涂片的制作

(1)取载玻片 1 张，拭净。

(2)接种环火焰灭菌，取生理盐水 1 滴，放在载玻片中央(如被检材料是液体，可不加生理盐水)。

(3)左手斜持菌种管，右手持接种环，经火焰灭菌后，用右手小指拔开菌种管棉塞，管口通过火焰，将接种环插入管中取菌少许(切不可多，更不可将培养基刮下)。

(4)管口再通过火焰，塞好棉塞。

(5)将接种环上的细菌加入载玻片上的水滴内，磨匀，涂成直径约 1cm 大小的薄菌膜。

(6)接种环经火焰灭菌。

2. 干燥

涂片置于空气中，使其自然干燥。

3. 固定

干燥后将涂片在火焰上缓缓通过3次，此为"固定"。目的是使细菌黏于载玻片上，染色和水冲时不易脱落，且细菌为蛋白质，被热凝固可保持完整形态。

4. 初染

将制备好的涂片放在玻璃片架上，滴加结晶紫染色液，使其布满菌膜，染色1min，倾去染色液，用细水流徐徐冲洗至洗出液为无色，将载玻片的水甩净。

5. 媒染

放在涂片架上，滴加卢戈碘液，使碘液覆盖菌膜约1min，水洗。

6. 脱色

用吸水纸吸去载玻片上的残水，在白色衬景下，将载玻片倾斜并摇动，用滴管流加95%的乙醇脱色，摇动载玻片可以让乙醇来回流动使其脱色均匀，倾去紫色酒精液，直至流出的乙醇无紫色时，立即水洗，终止脱色，将载玻片上的水甩净。根据涂膜的厚薄掌握好脱色时间，一般为0. 5min。

7. 复染

滴加番红染色液于菌膜上，覆盖住菌膜，复染1min，水洗。

8. 干燥

甩去载玻片上的水珠，自然干燥或电吹风吹干或用吸水纸吸干，均可以。

9. 镜检

先用低倍镜找到染色图像，再换高倍镜选择观察对象，在已染色的标本上滴加香柏油1滴，在油镜下观察染色结果，并将绘图记录。

10. 清理

实验完毕后，对所使用的显微镜进行整理，及时用二甲苯擦拭油镜头，再用擦镜纸抹去残留的二甲苯；有菌的涂片放入消毒液中浸泡，然后用洗衣粉水煮沸，用自来水冲洗并沥干，实验台面清理干净，用消毒液洗手。

细菌革兰染色法的操作步骤如图1所示。

六、注意事项

1. 待检菌菌龄应为18~24h

一般情况下，革兰阴性菌的染色反应较为稳定，不易受菌龄的长短影响；而革兰阳性菌，有的在幼龄时呈阳性，超过24h可变为阴性。故培养物陈旧，菌细胞易衰老、死亡，则染色常为阴性，造成错判。

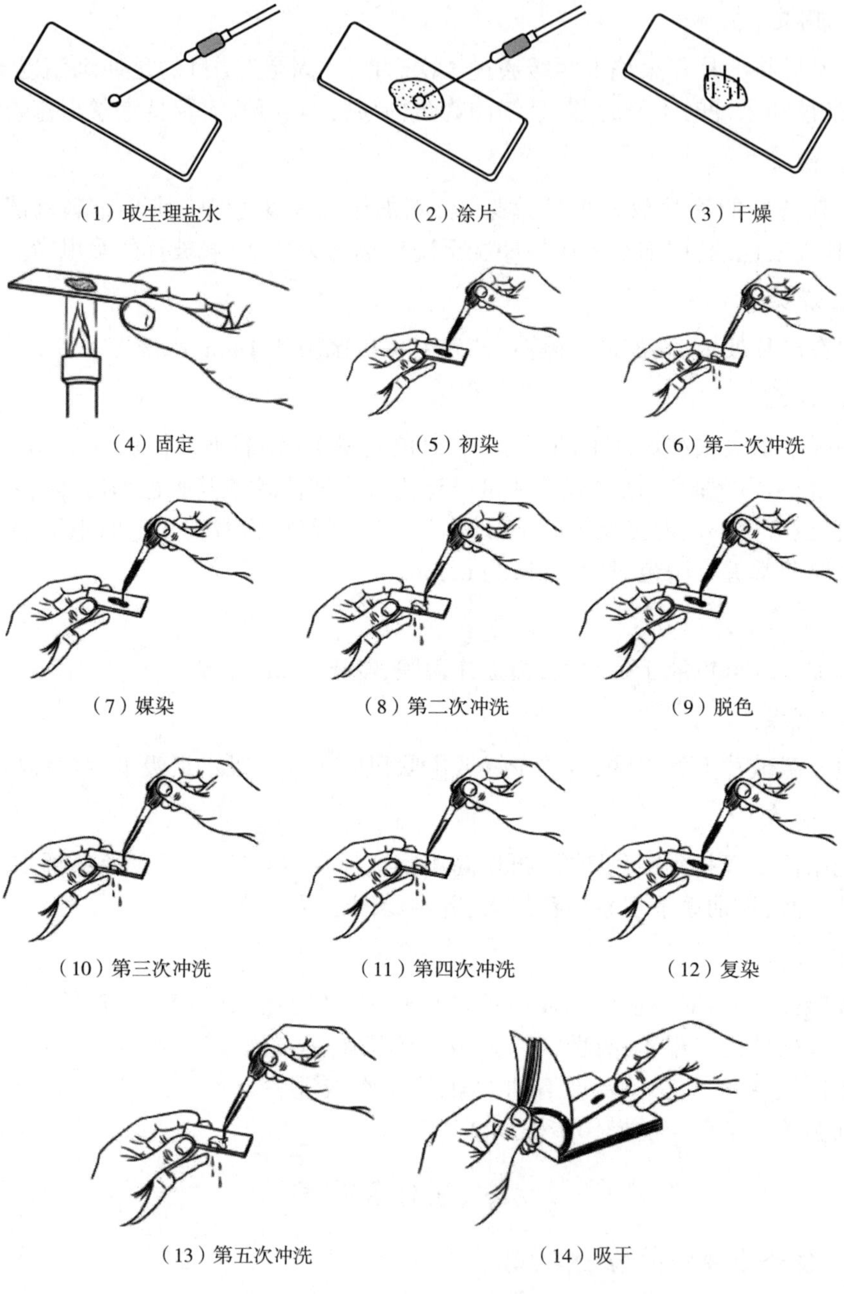

（1）取生理盐水　（2）涂片　（3）干燥

（4）固定　（5）初染　（6）第一次冲洗

（7）媒染　（8）第二次冲洗　（9）脱色

（10）第三次冲洗　（11）第四次冲洗　（12）复染

（13）第五次冲洗　（14）吸干

图 1　染色法操作步骤图

2. 涂片以匀薄为佳，切不可浓厚

过于密集的菌体，因洗脱不匀常呈假阳性。镜检革兰染色反应时，要以分散开的细菌着色为准。涂片后不宜用火焰烤干，宜自然干燥；若经火焰固定时，应以不烫手为度，以免菌体受损，致使染色反应不准。

3. 革兰染色操作的关键步骤是对脱色的掌握，脱色时间不足，革兰阴性菌可染成阳性菌；脱色过度，革兰阳性菌会染成阴性菌。故应注意掌握，无紫色脱出时立即水洗。脱色时间按涂抹厚薄、涂片含水量多少适当掌握，涂抹厚、涂片含水少（水洗后沥干水分）时，脱色时间稍长；涂抹薄、涂片含水量多（未沥干）时，脱色时间稍短，在 20~30s 调整。

4. 碘液配制后，应装在密闭的暗色瓶内储存。如因储存不当，部分碘将被挥发或被还原，试液由原来的红棕色变为淡黄色，影响固定甲紫的作用，故不宜再用。

5. 革兰染色能否获得满意的结果，与操作者的经验有很大关系。操作没有把握或对染液有怀疑时，应用对照菌同时染色。

七、清洁工具的清洁操作

1. 将使用完毕的清洁工具移至洁具清洗间。

2. 清洁方法

（1）先用自来水冲洗干净。

（2）若有污迹，用清洁剂清除或洗涤。

（3）再用自来水冲洗干净。

（4）最后用消毒液浸泡 3min，取出沥干，挂洁具架上晾干。

八、思考与讨论

1. 说明细菌革兰染色的原理。

2. 分别绘出革兰阳性菌和革兰阴性菌的形态。

3. 制备细菌涂片时为什么一定要无菌操作？

4. 涂片时为什么要固定？固定时要注意什么？

5. 革兰染色的结果是什么？有什么意义？

实训七　细菌菌落总数的测定

一、实训目的

实训七　细菌菌落
总数的测定

1. 熟悉对单细胞微生物进行计数的常用方法及其原理。

2. 了解血球计数法的构造、原理，并掌握利用血球计数板测定微生物浓度的方法。

3. 了解平板活菌计数法的基本原理和操作步骤。

二、实训原理

微生物的生长通常用群体生长量来描述而非用单个细胞的生长作为指标。群体生长情况可以通过测定单位时间里微生物细胞数目的增加或细胞物质的增加来评价。常见的测定方法有：①显微镜直接计数法。②间接计数法——平板活菌计数法。③测量细胞生物量(如干重或湿重)。④细胞中某种成分如蛋白质、核酸等的含量测定法。⑤光电比浊法等。每种方法都有一定的适用范围，因此工作中应根据具体情况加以选择，以下以①②为例介绍。

1. 显微镜直接计数法

显微镜直接计数法即利用血球计数板在显微镜下直接计数，是一种常用的微生物计数方法，各种单细胞菌体的纯培养悬液、单孢子悬液以及各种微生物细胞的原生质体等均可采用血球计数板计数。将适宜浓度的孢子悬液(或菌悬液)放在血球计数板载玻片与盖玻片之间的计数室内，由于计数板上的计数室盖上盖玻片后的容积($0.1mm^3$)是一定的，所以可以根据在显微镜下观察到的细胞数目换算为单位体积内的细胞数目。

血球计数板是一块特制的厚载玻片，载玻片上有由四条槽构成的 3 个平台。中间的平台较宽，其中间又被一短横槽分隔成上下两部分，每个半边平台上面各有一个计数室。计数室的刻度有两种：一种是计数室分为 16 个中方格，每个中方格又分成 25 个小方格；另一种是计数室分成 25 个中方格，每个中方格又分成 16 个小方格。不管是哪一种刻度，计数室都由 400 个小方格组成，见图 1。

图 1 中央为计数室，计数室的面积为 $1mm^2$，盖上盖玻片后，载玻片与盖玻片之间的距离为 0.1mm，所以每个计数室的体积为 $0.1mm^3$。计数过程中，若计数室由 16 个中方格组成，一般计数左上、左下、右上、右下的 4 个中方格(共计 100 个小格)的细胞数或孢子数；如果计数室由 25 个中方格组成，除计数上

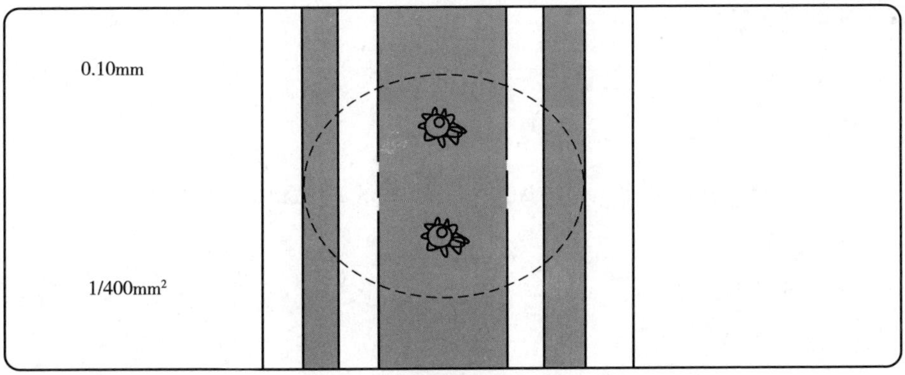

（1）正面图

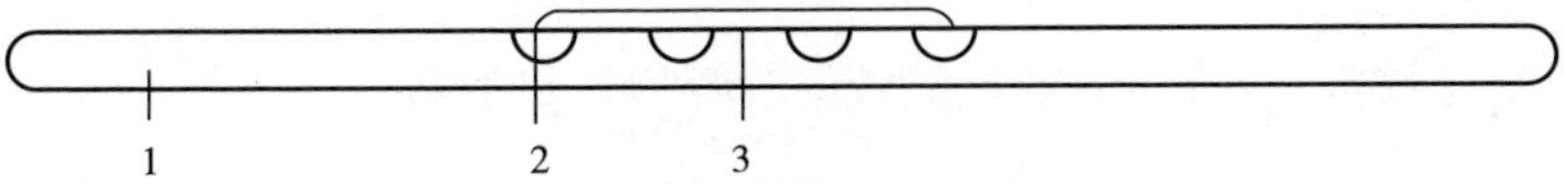

（2）侧面图

1—血球计数板　2—盖玻片　3—计数室

图 1　血球计数板的构造

述 4 个中方格外，还需计数在最中央的中方格的菌数或孢子数（共计 80 个小格）。在计数的过程中要不断地调节细调节手轮，以便能看到计数室内不同深度的细胞或孢子。凡是落在中格左方和上方双线上的孢子或细胞都计算在内，而落在下方或右方双线上的孢子或细胞均不计算在内。最后可求出每小格的平均细胞数或孢子数，按照下列公式算出原细胞（孢子）悬液的细胞（孢子）浓度，如下所示。

样品中细胞数/（个/mL）= 每小格的平均数×400×稀释倍数×10000

式中　10000——1mL 的容积（即 $1000mm^3$），是一个计数室容积（$0.1mm^3$）的 10000 倍

400——所有小格数（25×16＝400）

2. 平板活菌计数法

平板活菌计数法是最常用的活菌计数方法，其依据是：微生物在高度稀释条件下，在固体培养基上形成的一个菌落是由一个单细胞繁殖形成的，因此一个菌落形成单位（CFU）即代表一个细胞。在计数的时候，首先将待测样品做系统稀释，使待测样品中的微生物细胞成单个细胞状态存在，再取一定量的稀释菌液接种到固体培养基平板中（平板接种培养有涂布平板法和混合平板法两种），使其均匀地分布于培养基表面或内部，经适宜条件培养后，单个细胞生长繁殖形成菌落，计数菌落数目，即可换算出样品中的菌浓度。

平板活菌计数法常用于生物制品的检验，土壤含菌量的测定以及食品、水源的

污染程度的检验等。

三、实训材料

1. 菌种

酵母菌 48h 液体培养物，大肠埃希菌 18~20h 液体培养物。

2. 培养基

营养肉汤琼脂培养基。

3. 仪器

显微镜、恒温培养箱。

4. 其他

血细胞计数板、滴管、擦镜纸、移液管、接种环、试管等。

四、实训前准备

1. 培养基

将培养基粉末，按标签要求溶解，放在恒温烘箱中，80℃溶解 30min，然后将溶解充分的培养基溶液分别倒入器皿中，固体培养基每皿中的培养基总量应能覆盖培养基底部，液体培养基每试管的分装量在 5mL 左右。按说明要求的压力、温度下进行灭菌后置于冰箱内 4℃下冷藏备用。

2. 器皿清洗与灭菌

所有实验过程使用的培养皿、烧瓶、吸管、镊子等在使用前用蒸馏水清洗，然后烘干，用牛皮纸包好，置于高压灭菌锅中 121℃灭菌 30min 后备用。

3. 实验室准备

在准备进行实验前，相关实验用具应通过传递窗放入实验室内，打开实验室紫外灯 1h，然后洗手、换衣、手消毒、进入无菌室，打开无菌工作台，将实验所需的工具器皿放在净化工作台上，打开工作台紫外灯 10min。

五、实训方法

1. 用血细胞计数板对酵母菌悬液进行计数

（1）稀释　定量取出酵母菌液体培养物，加到无菌干燥的试管中，按照一定倍数将其稀释，稀释的程度以血细胞计数板每小格内含有 5~10 个细胞最为合适。

（2）镜检计数室　对计数室进行镜检，若有污物，则需清洗后才能进行计数，见图 2。

（3）加样　将血细胞计数板盖上盖玻片，用无菌滴管从盖玻片的边缘滴 1 滴酵母菌液，则菌液会在虹吸作用下自行渗入，注意不要产生气泡。

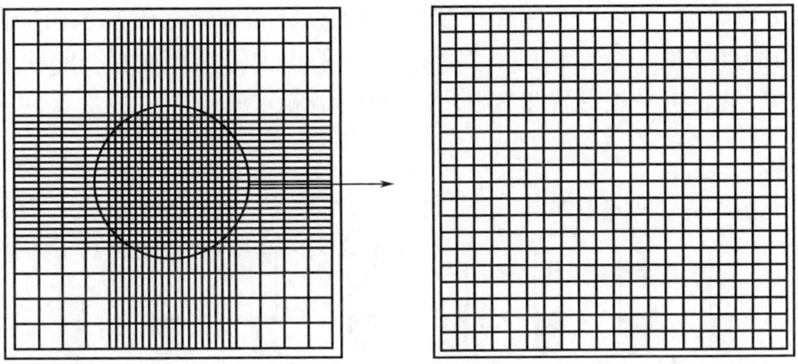

图 2　计数室放大图

(4)计数　静置 5min,使细胞沉降不再流动,然后即可在显微镜下观察计数。先在低倍镜下找到计数室的位置,然后换成高倍镜计数。如发现菌液太浓,应重新稀释并计数。每一个样品的计数都要对两个计数室中的计算结果取平均值,以减少实验误差。

(5)清洗　计数完毕,将血细胞计数板取下,盖玻片放入指定器皿中(不回收),血细胞计数板先以 75%乙醇清洗,再以蒸馏水淋洗,切忌硬物接触,然后自然风干,镜检观察是否有细胞或其他沉淀物,确认清洗干净。

2. 平板活菌计数

(1)编号　分别取 9 支盛有 4. 5mL 无菌水的试管,依次标记 10^{-1}、10^{-2}、10^{-3}、10^{-4}、10^{-5}、10^{-6}、10^{-7}、10^{-8}、10^{-9},另取无菌平皿 9 套,分别编号 10^{-7}、10^{-8}、10^{-9} 各三皿。

(2)稀释液的制备　用一支 1mL 无菌移液管精确吸取 0. 5mL 大肠埃希菌悬液加到 10^{-1} 试管中,并用此移液管将管内悬液反复吸放三次,使菌悬液混合均匀。另取一支 1mL 无菌移液管从 10^{-1} 试管中精确吸取 0. 5mL 加到 10^{-2} 试管中,反复吸放三次,其余各管依此类推。整个稀释过程见图 3。若待检测样品为固体时,一般准确称取待测样品 10g,放入装有 90mL 无菌水的 250mL 三角瓶中,充分振荡 20min,使微生物细胞分散,静置 30s,即是 10^{-1} 稀释液,其余稀释操作法与上述相同。

(3)制备混菌平板　用 1mL 无菌移液管精确吸取 10^{-7} 的稀释液 0. 5mL,对应加入已编号 10^{-7} 的无菌培养皿中(共三皿)。在每皿中倒入熔化并冷却至 45~50℃的牛肉膏蛋白胨培养基 15~20mL,迅速轻轻晃动以混匀平板,静置,待培养基凝固后倒置,于 37℃恒温培养箱中培养 48h 后计数。10^{-8}、10^{-9} 稀释度的菌液同法操作。

此步骤也可用平板涂布法:先将培养基熔化后倒入已编号的 9 套无菌平皿中,待凝固后,用无菌移液管分别吸取 0. 5mL 相应稀释度的菌液对应加到上述已制备好的无菌平皿表面,然后以无菌操作技术,用无菌涂布棒将培养基表面的菌液涂均匀(每个稀释度更换一个涂布棒);将涂布过的平板置于桌面放置 20min,使菌液渗入培养基中,最后将平板倒置于 37℃ 培养箱中培养 48h。

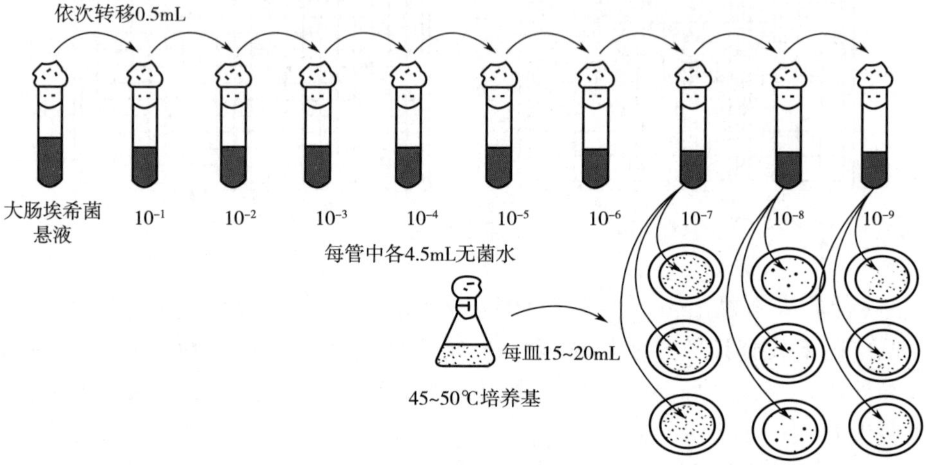

图 3　混合平板活菌计数法示意图

(4)计数　待培养菌落长出后取出平板,计数同一稀释度的三个平板的菌落数,并计算其平均值,按下面公式换算每毫升样品的总活菌数。

总活菌数/(个/mL)= 同一稀释度的三个平皿的菌落数的平均值×稀释倍数×2

六、注意事项

1. 根据对样品污染情况的估计,选择 2~3 个稀释度,加入样品时要注意外来的污染。

2. 培养基倾注的温度与厚度是实验正确与否的关键

(1)倾注的温度　一般水浴和倾注温度在(46±1)℃,温度过高会造成已受损伤的菌细胞死亡,过低会导致琼脂发生轻微凝固。

(2)厚度　直径 9cm 的平皿一般要求 15~20mL 培养基,若培养基太薄,在培养过程中可能因水分蒸发而影响细菌的生长。培养基凝固后,应尽快将平皿翻转培养,保持琼脂表面干燥,尽量避免菌落蔓延生长,影响计数。

3. 检验过程中还应该用稀释液做空白对照,用以判定稀释液、培养基、平皿或吸管可能存在的污染。

4. 菌落计数注意事项:如果高稀释度平板上的菌落数比低稀释度平板上的菌落数高,则说明检验过程中可能出现差错或样品中含抑菌物质,这样的结果不可用于结果报告。

5. 菌落总数的报告:若所有平板上为蔓延菌落而无法计数,则报告菌落蔓延;

若空白对照上有菌落生长，则此次检测结果无效。

七、思考与讨论

1. 显微镜直接计数法

将实验结果填入表1中，计算出每毫升酵母菌液中含有的总细胞数。

表1　显微镜直接计数法实验结果

计数次数	每中格内菌数/个						每小格内菌数平均值	稀释倍数	样品/(个/mL)
	1	2	3	4	5	平均值			
第一次									
第二次									
平均值									

2. 平板活菌计数法

将实验结果填入表2中，计算每毫升待测样品中大肠埃希菌的活菌数。

表2　平板活菌计数法实验结果

稀释度	10^{-7}				10^{-8}				10^{-9}			
	1	2	3	平均	1	2	3	平均	1	2	3	平均
菌落数/个												
总活菌数/(个/mL)												

3. 在混合培养法中，为什么熔化后的培养基要冷却至45~50℃才能倒平板？

4. 试比较平板活菌计数法和显微镜直接计数法的优缺点并对这两种方法进行误差分析。

实训八　海带中甘露醇的提取

海带富含有丰富的甘露醇,而甘露醇具有利尿消肿的作用,可防治肾功能衰竭、老年性水肿、药物中毒等。甘露醇与碘、钾、烟酸等协同作用,对防治动脉硬化、高血压、慢性气管炎、慢性肝炎、贫血、水肿等疾病,都有较好的效果。甘露醇在医药上是良好的利尿剂,降低颅内压、眼内压及治疗肾病、脱水剂、食糖代用品,也用于药片的赋形剂及固体、液体的稀释剂。作为片剂用赋形剂,甘露醇无吸湿性,干燥快,化学稳定性好,而且具有爽口、造粒性好等特点。在食品方面,该品在糖及糖醇中的吸水性最小,并具有爽口的甜味,用于麦芽糖、口香糖、年糕等食品的防黏,以及用于一般糕点的防黏粉。在工业上,甘露醇可用于塑料行业,制松香酸酯及人造甘油树脂、炸药、雷管(硝化甘露醇)等。在化学分析中用于硼的测定,生物检验上用于细菌培养剂等。

实训八　海带中甘露醇的提取

目前,世界上工业生产甘露醇主要是以海带为原料,在生产海藻酸盐的同时,将提碘后的海带浸泡液,经多次浓缩、除杂、离子交换、蒸发浓缩、冷却结晶而得。

一、实训材料

1. 材料

海带。

2. 试剂

浓盐酸、95%乙醇、浓硫酸、稀硫酸、氢氧化钠、氢氧化钙、D-甘露醇(0.2g)、高碘酸钠、碘化钾。

3. 仪器

精密 pH 试纸、电子天平、电冰箱、恒温水浴锅、离心机、烘箱等。

二、甘露醇性质

甘露醇为无色至白色针状或斜方柱状晶体或结晶性粉末,含少量山梨糖醇,相对密度 1.49。比旋光度$[\alpha]_D^{20}$为 0.40°(甘露醇 100g/L 水溶液)。甘露醇吸湿性极小,水溶液稳定,对稀酸、稀碱稳定,溶于水(56g/L,20℃)及甘油(55g/L),略溶于乙醇(12g/L),溶于热乙醇,微溶于低级醇和低级胺类,微溶于吡啶,几乎不溶于大多数其他常用有机溶剂,甘露醇 200g/L 水溶液的 pH 为 5.5~6.5。甘露醇在无菌溶液中较稳定,不易被空气所氧化,熔点 166℃。

三、实训前准备

本项目体现《称量配料岗位标准操作规程》。

1. 检查

(1)检查操作间,设备及房间的清洁和状态标识牌,检查上批次的清场合格证,并应在有效期内。

(2)检查计量器具有无《检定合格证》,并应在有效期内。

(3)检查设备有无“完好”标志和“已清洁”标志。

(4)检查称量容器、工具是否完好,容器是否有“已清洁”标志。

(5)检查环境(温度、湿度)是否符合要求,现场应无上批生产遗留物。

2. 接收指令

(1)接收“批生产指令”“称量配料岗位生产记录”(空白)等文件。

(2)仔细阅读“批生产指令”,明确产品名称、规格、原辅料品种、用量等指令。

(3)在“批生产指令”上签字及日期、时间。

四、实训方法

1. 浸泡提取

将海带洗干净,剪碎,称取50g左右剪碎后的海带,加入1000mL蒸馏水,室温下浸泡2~3h,取浸泡液用300g/L NaOH溶液调pH为11~12,静置30min~1h,凝聚沉淀多糖类黏性物质,过滤除去胶状物质,滤液用500g/L的硫酸中和至pH 6~7,进一步除去胶状物,得中性提取液。

2. 浓缩和沉淀

加热沸腾,浓缩中性提取液,除去胶状物,将清液浓缩至原体积的1/4后,冷却至60~70℃,趁热加入2倍体积量的95%乙醇,搅拌均匀,冷却至室温,离心收集灰白色松散沉淀物。

3. 精制

沉淀物悬浮液于8倍量(体积比,余同)的95%乙醇中,搅拌回流30min,出料,冷却过滤,离心得粗品甘露醇,纯度70%~80%,重复操作1次,经乙醇重结晶后,纯度大于90%,氯化物含量小于5g/kg。取此样品重溶于2倍量蒸馏水中,加入1/10~1/8(体积比)活性炭,80℃保温30min,过滤至滤液澄清,溶液冷却至室温,结晶、抽滤、洗涤即可得到精品甘露醇。

4. 干燥

将结晶甘露醇置于105~110℃烘箱内烘干,称重,计算收率,见下式。

$$\text{甘露醇收率}/\% = \frac{\text{甘露醇重量}}{\text{海带重量}} \times 100\%$$

5. 含量测定:高碘酸钠法测定甘露醇含量

测定方法:用电子天平准确称取提取的甘露醇样品 0.2g,置于 250mL 容量瓶中,加水使溶解并稀释至刻度,摇匀;用吸管吸取 10mL 溶液,置碘瓶中,准确加入高碘酸钠溶液 50mL,置水浴上加热 15min,放置冷却;加碘化钾试液 10mL,塞紧瓶塞,放置 5min,用硫代硫酸钠滴定液(0.05mol/L)滴定,至近终点时,加淀粉指示液 1mL,继续滴定至蓝色消失,记录所消耗的硫代硫酸钠试液的量。每 1mL 硫代硫酸钠滴定液(0.05mol/L)相当于 0.9109mg 的甘露醇。

$$P = T \times V / (1000 \times m) \times 100\%$$

式中 P——甘露醇的百分含量,%

T——滴定度,0.9109mg/mL

V——样品溶液消耗硫代硫酸钠滴定液(0.05mol/L)的体积,mL

m——称取甘露醇的质量,g

1000——将 m 的单位 g 换算成 mg 的换算系数

五、思考与讨论

提取温度和时间对甘露醇的提取有哪些影响?

六、清场

1. 清场房间和设备换上“待清洁”状态标识牌。

2. 按《称量配料岗位清场操作规程》清场,清洁捕尘系统和清理人员身上、手上及物料台、秤盘表面、地面、工作台上的粉尘,将已使用过的料铲放入指定的袋中保存。

3. 填写清场记录。

4. 电子天平按《电子天平清洁标准操作规程》清洁。

5. 清场完毕联系质量保证人员(QA)进行清场效果检测,如不合格应重新清场,直至检查合格,并及时填写清场记录。0A 检查合格后,在清场记录上签名并发放清场合格证。

6. 及时更换生产设备状态标示牌为“已清洁”。

7. 将 QA 发放的“清场合格证”正本粘贴在批生产记录上,副本挂在操作现场。

实训九　西洋参细胞培养法生产人参皂苷

实训九　西洋参细胞培养法生产人参皂苷

人参皂苷是一类固醇类化合物，又称三萜皂苷，主要存在于人参属药材中。人参皂苷被视为是人参中的活性成分，因而成为研究和生产的主要目标。

人参皂苷都具有相似的基本结构，都含有由30个碳原子排列成的四个环的甾烷类固醇核。人参主要的有效成分是人参皂苷，具有抗肿瘤、抗氧化、抗疲劳、提高机体免疫力、保护心脑血管等诸多功效。从人参根及其他部位已分离确定化学结构的人参皂苷有人参皂苷-Ro、-Ra1、-Ra2、-Rb1、-Rb2、-Rb3、-Rc、-Rd、-Re、-Rf、-Rg1、-Rg2、-Rg3、-Rh1、-Rh2及-Rh3等50余种人参皂苷，以下是各种人参皂苷主要成分及其功能。

Rh：具有抑制中枢神经和催眠作用，可镇痛、安神、解热、促进血清蛋白质合成。

Rh2：具有抑制癌细胞向其他器官转移，增强机体免疫力，快速恢复体质的作用。对癌细胞具有明显的抗转移作用，可配合手术服用，增强手术后伤口的愈合及体力的恢复。

Rg：具有兴奋中枢神经，抗疲劳，改善记忆与学习能力，促进DNA、RNA合成的作用。

Rc：是一种人参中的固醇类分子，具有抑制癌细胞的功能，可增加精子的活动力。

Ro：具有消炎、解毒、抗血栓作用，抑制血小板凝结以及抗肝炎作用，活化巨噬细胞作用。

一、实训材料

1. 材料

西洋参。

2. 仪器及试剂

次氯酸钠、95%乙醇、琼脂、蔗糖、寡糖素、无菌水、解剖刀、培养皿、培养箱、超净工作台、刻度吸管、离心管、培养瓶、烧杯、量筒、三角烧瓶。

3. 培养基

MS基本培养基成分见表1。

表 1　　用于愈伤组织诱导的基本培养基(MS)

培养基组成	成分	使用浓度/(mg/L)
MS 大量元素(母液Ⅰ)	硝酸钾	1900
	硝酸铵	1650
	磷酸二氢钾	170
	硫酸镁	370
	氯化钙	440
MS 微量元素(母液Ⅱ)	碘化钾	0.83
	硼酸	6.2
	硫酸锰	22.3
	硫酸锌	8.6
	钼酸钠	0.25
	硫酸铜	0.025
	氯化钴	0.025
MS 铁盐(母液Ⅲ)	乙二胺四乙酸二钠	37.3
	硫酸亚铁	27.8
MS 有机成分(母液Ⅳ)	肌醇	100
	甘氨酸	2
	盐酸硫胺素(VB_1)	0.1
	盐酸吡哆醇(VB_6)	0.5
	烟酸(VB_5 或 VPP)	0.5
	蔗糖	30g/L
	琼脂	7g/L

4. 准备工作

准备工作包括器皿的清洗、干燥与消毒,培养基与其他试剂的配制、分装及灭菌,无菌室或超净台的清洁与消毒,培养箱及其他仪器的检查与调试。

二、实训原理

细胞培养是指在体外模拟体内环境(无菌、适宜温度、酸碱度和一定的营养条件等),使之生存、生长、繁殖并维持主要结构和功能的一种方法。人参寡糖素是一种既能诱导皂苷生物合成,又能促进细胞生长的新型诱导因子,浓度为50mg/L寡糖素既能维持细胞较好生长又能提高皂苷产量,因而得到较高的皂苷产率。

三、实训方法

西洋参细胞培养法生产人参皂苷工艺流程，见图 1。

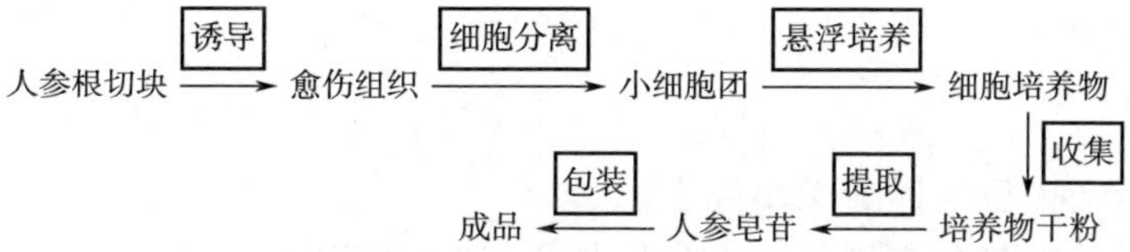

图 1　西洋参细胞培养法生产人参皂苷工艺流程

1. 西洋参愈伤组织的诱导

将西洋参根清洗干净后，在浓度为 200g/L 的次氯酸钠溶液中消毒 20min，无菌水清洗 5 遍，在浓度为 95%的乙醇中消毒 1min，无菌水清洗 5 遍。用消过毒的解剖刀削去西洋参根的外表皮，然后将西洋参根切成 3～5mm 的方块，在无菌环境下把从机体取出的某种组织细胞接种在愈伤组织诱导培养基中，密封进行暗培养，培养温度为 26℃，大约 3 周，可诱导出西洋参愈伤组织。

培养中的细胞每隔一定时间观察一次，观察的内容包括细胞是否生长良好，形态是否正常，有无污染，培养基的 pH 是否太酸或太碱（由酚红指示剂指示），此外对培养温度和 CO_2 浓度也要定时检查。

2. 细胞悬浮培养

植物细胞悬浮培养的研究是植物组织培养走向工业化生产的重要步骤。与植物愈伤组织的固体静置培养相比，植物细胞液体悬浮培养的优点主要是细胞增殖速度快，能提供大量均匀一致的培养物以及能进行大规模培养。

悬浮培养指的是一种在受到不断搅动或摇动的液体培养基里，培养单细胞及小细胞团的组织培养系统，是非贴壁依赖型细胞的一种培养方式，某些贴壁依赖型细胞经过适应和选择也可用此方法培养。增加悬浮培养规模相对比较简单，只要增加体积就可以了。深度超过 5mm，需要搅动培养基；超过 10cm，还需要深层通入 CO_2 和空气，以保证足够的气体交换。通过振荡或转动装置使细胞始终处于分散并悬浮于培养液内的培养方法。

人参愈伤组织每隔 3 周继代培养一次，3 代培养之后能够形成黄色半透明、质地松散均一的愈伤组织。

选择黄色半透明、质地松散均一的愈伤组织进行悬浮培养。

3. 收集与提取

人参皂苷元与多个分子糖结合成苷，具有较强的亲水性，易溶于水和醇类。

收集细胞培养物制得培养物干粉，通过微波提取法提取人参皂苷，原理是利用微波穿透人参细胞组织内部使之吸收能量，并转化为热能，短时间内，内部分子极化，迅速升温，达到提取效果。通过微波提取，用70%的乙醇提取2min，乙醇用量为药物粗粉量的10倍，提取次数为4次。

提取后回收乙醇，回收乙醇的水溶液应放冷后再进行过滤，避免高温易溶杂质带入萃取溶液中。

4. 包装

本项目体现《包装标准操作规程》。

(1)目的　明确包装岗位标准操作规程，避免产生人为误差。

(2)范围　生产部包装岗位。

(3)责任　生产部主管及包装岗位操作人员对此程序负责。

(4)内容

①检查操作间、用具、容器具及工作台面的清洁状况，检查清场合格证，核对有效期，取下标识牌，按生产部《标识管理规程》管理。

②挂生产品种批次牌于指定位置，按生产指令填写工作状态。

③根据生产指令，班长领取包装材料，并核对数量，检查包装材料质量，整齐码放在包装材料存放区。

④根据生产指令，喷码人员领取包装材料，并核对数量，按喷码机的使用SOP进行包材喷码操作，喷印完毕，将已喷码的包材于规定位置存放。

⑤班长根据生产指令发放包装材料，已喷码的包材由包装操作人员检查喷码质量，未喷码仍需盖印的包材由包装操作人员盖印相应内容。

⑥包装操作人员在包材上盖印个人工号，按生产部个人工号管理制度执行。

⑦包装操作人员根据生产指令，逐一核对标签与实物是否相符，核对待包装半成品的最小包装上的批号与包材是否相符，待包装半成品是否符合质量标准。按批号包装，不得混批。

⑧包装过程中发现药品、包装材料、喷码质量及待包装半成品质量不合格时，应随时挑出放于操作台下废品盒内，统一处理，并记录数量，填写在批生产记录内，按生产部的不合格品管理规程进行处理。

⑨根据不同产品要求，将药品依次装入小盒、中盒。

⑩根据不同产品要求，放置说明书，需贴封口签的将开口处封严。

⑪大包装按生产指令的数量装箱，每箱放合格证一张。

⑫大包装箱按生产指令盖印生产日期、产品批号、有效期等相应内容，进行二人核对，保证盖印正确、清晰、完整，位置适中。

⑬如需要拼箱时，按药品拼箱的SOP进行拼箱操作。

⑭将外箱按折叠线将底部折好，用泡花碱和胶纸封口，翻正后，放入箱垫，按包装规格将中盒放入集装箱内，装入装箱单与箱垫，按箱皮折叠，泡花碱和胶纸封口。

⑮包装过程中，依照生产部半成品自检管理规程、生产部喷码质量自查标准操

作规程、生产部包装质量自查标准操作规程进行包装质量的检查。

⑯包装完毕后的成品，码放整齐，整批结束后，随缴库单整批寄库，填写寄库记录。

⑰填写批生产记录。

⑱整批生产结束后，取下生产品种批次牌，放入批生产记录中，依据清场管理规程、生产用容器具清洁标准操作规程、洁净区生产操作间清洁标准操作规程进行清场、清洁。

⑲清场后，填写清场记录，上报质检员，检查合格后，发放清场合格证。

5. 外包装标准

(1)抽样方法　随机取样3件，复核数量，检查标签和封口质量。

(2)合格标准　标签位置端正一致，内容准确；装量误差符合要求，封口严密。

四、注意事项

1. 培养基母液最好在2～4℃冰箱中贮存，贮存时间不宜过长，无机盐母液最好在30d内用完，如发现有霉菌和沉淀产生，就不能再使用。

2. 制备母液和营养培养基时，所用蒸馏水或去离子水必须符合标准要求，化学药品必须是分析纯。

3. 称量药品采取高灵敏度天平，每种药品专用一药匙。

五、思考与讨论

影响细胞培养的因素有哪些？

实训十　植物中花青素的提取

花青素，又称花色素，是自然界一类广泛存在于植物中的水溶性天然色素，是花色苷水解而得的有颜色的苷元，水果、蔬菜、花卉中的主要呈色物质大部分与之有关。在植物细胞液泡不同的 pH 条件下，花青素使花瓣呈现五彩缤纷的颜色。已知花青素有 20 多种，食物中重要的有 6 种，即天竺葵色素、矢车菊色素、飞燕草色素、芍药色素、牵牛花色素和锦葵色素。自然状态的花青素都以糖苷形式存在，称为花色苷，很少有游离的花青素存在。

实训十　植物中花青素的提取

花青素主要用于食品着色方面，也可用于染料、医药、化妆品等方面。花青素的功效和作用主要有：①抗氧化作用：花青素可以清除自由基，具有抗氧化、抗衰老的功效。②抑制炎症：对于感染性疾病适当应用花青素，能够抑制炎症反应，促进恢复。③预防癌症：花青素可以通过抗突变来预防癌症。④预防慢性代谢性疾病：花青素能够升高血液中的高密度脂蛋白，降低低密度脂蛋白，尤其能够预防心脑血管疾病。⑤花青素能够改善视力，缓解视疲劳，提高视力水平。

一、实训材料

1. 材料与试剂

茶叶红紫色芽叶、硅胶 GF254 薄层色板、HPD-700 大孔树脂、氯化钠、碳酸钠、盐酸、甲醇、三氯甲烷、乙酸乙酯、无水乙醇、碘化钾、碘、香夹兰、花青素标准品、香草醛-盐酸溶液。

2. 设备与仪器

三角瓶、棕色试剂瓶、层析缸、容量瓶、分液漏斗、毛细点样管、紫外分析仪、电子天秤、色谱柱、超声仪、减压蒸馏装置、真空冷冻干燥机、旋转蒸发仪、恒温水浴锅、紫外-可见分光光度计、高效液相色谱仪。

二、实训原理

1. 提取方法

(1)有机溶剂萃取法　采用有机溶剂萃取时，多数选择甲醇、乙醇、丙酮等混合溶剂对材料进行溶解过滤，通过调节溶液酸碱度，萃取滤液中的花青素。对于提取溶剂，甲醇是最佳选择，因为甲醇提取效率比乙醇高 20%，比水高 73%。酸性溶剂在破坏植物细胞膜的同时溶解水溶性色素。最常用的提取溶剂是1%(体积分数)盐酸-甲醇溶液。考虑到甲醇的毒性,可选择是1%(体积分数)盐酸-乙醇溶液。用盐酸酸化可以保持较低pH,有利于花青素的提取,也能保持稳定状态。该方法原理简单,对设备要求较低,不足之处是大多数有机溶剂毒副作用大且产物提取率低。

(2)水溶液提取法　有机溶剂萃取的花青素多有毒性残留且生产过程中环境污染大,水溶液提取法因此应运而生。该方法一般将植物材料在常压或高压下用热水浸泡,然后用非极性大孔树脂吸附;或直接使用脱氧热水提取,再采用超滤或反渗透,浓缩得到粗提物。此方法设备简单,但产品纯度低。

(3)超临界流体萃取法　超临界流体萃取是利用压力和温度对超临界流体溶解能力的影响进行提取。这种方法产品提取率高,但设备成本过高,该工艺中CO_2和改性剂可循环使用,对环境无污染。

(4)微波提取法　微波提取是利用在微波场中,吸收微波能力的差异使得基体物质的某些区域或萃取体系中的某些组分被选择性加热,从而使得被萃取物质从基体或体系中分离,进入具有较小介电常数、微波吸收能力相对较差的萃取溶剂中。该技术选择性好、萃取率高、速度快、操作简单、废液排放量少。

(5)超声波提取法　超声波提取法应用前景好、操作简单、快速高效、生产过程清洁无公害。

(6)加压溶剂萃取法　加压溶剂萃取法是通过加压提高溶剂的沸点,进而使被提取物在溶剂中的溶解度增加,来获得较高的萃取效率。

2. 分离纯化方法的选择

目前,花青素的纯化多采用液相萃取法、固相萃取法、薄板层析法、柱层析法、酶法、离子交换法、大孔树脂吸附法、膜分离法和综合技术法等。其中大孔树脂吸附法是近年来花青素提纯最常用的方法之一,而新的纯化方法如高速逆流色谱法、电泳法还处于起步阶段,但其方法的创新性与优越性不容置疑。

三、工作前准备

本项目体现《提取岗位标准操作规程》《纯化岗位标准操作规程》。

1. 人员卫生管理

按《一般生产区人员卫生管理规程》和《手的清洁规程》严格操作后,穿戴好工作服、鞋、帽进入一般生产区。

2. 开工前的准备工作

(1)检查上班次的清场合格证,检查容器、设备、场地的卫生。

(2)检查设备上是否挂有“设备标识卡(已清洁)”。

(3)准备好本岗位生产所需的批生产记录、岗位记录及相关标识卡。

(4)检查冷却系统、蒸汽系统、电路系统和仪表是否正常。

(5)各种条件准备好后,工段长通知质检员,质检员检查合格后下发“生产许可证”。

(6)将设备标识卡(运行中)插入标识牌指定位置。

(7)生产操作前操作工将“清场合格证”“生产许可证”“清场工作记录”附于批生产记录背面,填写好记录。

四、实训方法

1. 花青素的提取

取茶叶红紫色芽叶样品 50g,置于 500mL 三角瓶中,加入 200mL 1%(体积分数)盐酸-甲醇溶液,超声提取 10min,4℃下冷浸 2h,过滤至 1000mL 棕色试剂瓶中;按上述方法重复处理 2 次,合并提取液。将提取液在 30℃(减压蒸馏)下进行真空旋转浓缩,至样品呈膏状,无甲醇残留为止。用少量蒸馏水将膏状样品溶解,样液依次用三氯甲烷、乙酸乙酯萃取 3 次后,收集萃取液,真空冷冻干燥。

注意:①低温(30℃)减压蒸馏下除去有机溶剂甲醇,保证花青素的结构和含量不变。②采用真空冷冻干燥法除去溶剂,既保证花青素的质量稳定,又可以有效除去杂质。

2. 花青素的分离纯化

(1)HPD-700 大孔树脂的处理　将大孔树脂用无水乙醇充分浸泡,将树脂微孔中的气泡赶出。然后用水冲洗取代乙醇,再用稀 NaCl 溶液和稀 Na_2CO_3 溶液冲洗,以除去防腐剂和残留的单体化合物,最后用蒸馏水冲洗干净,备用。

(2)吸附　准确称取已预处理的大孔树脂 2.0g,20℃下加入 pH 2.5~3.0 的 20mL 花青素初提液,吸附 12h。

(3)解吸附　准确称取已吸附完全的大孔树脂 2.0g,加入 20mL 70%乙醇解吸 30min,重复解吸 2 次。

(4)花青素精品制备　将洗脱液用旋转蒸发仪在 40℃浓缩,最后真空冷冻干燥成粉状物,此粉状物为花青素纯化提取物。

3. 花青素的检测

(1)颜色反应　花青素水溶液中分别加入浓盐酸、10g/L 香荚兰的盐酸溶液和 $KI-I_2$ 试剂,进行颜色反应。花青素在浓盐酸中显粉红色,10g/L 香荚兰的盐酸溶液中显红色,并在 $KI-I_2$ 试剂的作用下不产生棕色沉淀。

(2)薄层鉴别　点样于硅胶 GF254 薄板上,以三氯甲烷-乙酸乙酯(1∶40,体积比)为展开剂进行薄层层析。观察所得斑点在可见光和紫外光下的颜色,并分别用氨蒸气、碘蒸气熏蒸,以及 50%(体积分数,余同)硫酸喷雾,使斑点显色。斑点可见光下显蓝紫色,紫外光下显蓝色;氨蒸气熏蒸后,可见光下显蓝紫色,紫外光下显浅蓝色；碘蒸气熏蒸后，可见光下显粉红色。

（3）紫外-可见分光光度法　花青素溶液中加浓盐酸少许，在紫外-可见分光光度计中扫描鉴定，在270～280nm波长都有吸收峰，而在465～550nm波长有花青素特征吸收峰。

（4）高效液相色谱法　色谱仪：美国Waters510型高压液相色谱仪；Waters2487检测器，520nm波长检测；分析柱：BDS Hypersil C_{18}；流动相20%A相（乙腈），80%B相（2%甲醇-水溶液），等度洗脱；流速：0.8mL/min；进样量：10μL；柱温：28℃。

4. 花青素的含量测定

（1）标准曲线的制作　配制浓度为1.0mg/mL的花青素标准溶液，分别取0.5mL、1.0mL、1.5mL、2.0mL、2.5mL，然后用60%乙醇-水溶液定容至5.0mL；各取1.0mL（另取1.0mL 60%乙醇-水溶液作为空白液）分别加入6.0mL香草醛-盐酸溶液和3.0mL浓盐酸，摇匀，避光，在30℃恒温水浴中保持30min，取出后在500nm波长下测其吸光度值，绘制标准曲线，得回归方程。

（2）样品溶液比色　精密称取花青素样品，配成1.0mg/mL的花青素样品溶液，取1.0mL，然后用60%乙醇-水溶液定容至5.0mL，取1.0mL（另取1.0mL 60%乙醇-水溶液作为空白液），加入6.0mL香草醛-盐酸溶液和3.0mL浓盐酸，摇匀，避光，在30℃恒温水浴中保持30min，取出后在500nm波长下测其吸光度值，代入回归方程中计算定容后样品溶液中花青素的浓度。

（3）含量计算　将样品中花青素的浓度代入下列公式计算含量（质量分数）。

$$\text{花青素的含量}/\% = \frac{\text{样品定容体积}\times\text{定容后样品溶液中花青素的浓度}\times\text{稀释倍数}}{\text{样品质量}}\times 100\%$$

5. 清场

（1）批生产结束后，按照《清场管理规程》《提取罐清洁规程》《浓缩器清洁规程》进行清场和清洁，并挂上状态标识牌。

（2）将本岗位的废弃物整理好后按《废弃物处理管理规程》处理。

（3）清洁完毕后，将备卡（已清洁）插入设备标牌指定位置。

（4）按《清场管理规程》进行清洁后，清场清洁完毕后，填写好“清场记录”，经QA检查合格后，发放清场合格证，将生产记录、清场记录、清场合格证整理汇总交车间管理人员，关闭好水电开关、门窗。

五、思考与讨论

1. 利用紫外-可见分光光度法计算花青素的含量，并分析操作过程中，影响花青素产率的因素有哪些？

2. 查资料，了解花青素来源，确定其他可能的生产原料。

3. 大孔树脂吸附法的操作要点有哪些？

实训十一　大肠杆菌摇瓶种子的制备

种子扩大培养是发酵生产的第一道工序,该工序又称为种子制备工序。种子扩大培养是指将保存在沙土管、冷冻干燥管、斜面试管等处于休眠状态的生产菌种接入试管斜面活化后,再经过扁瓶或摇瓶及种子罐逐级扩大培养而获得一定数量和高质量的纯种的过程,这些纯种培养物称为种子。

实训十一　大肠杆菌摇瓶种子的制备

一、菌种、仪器及试剂

1. 菌种

大肠杆菌。

2. 培养基及试剂

(1)试剂　革兰染色液。

(2)培养基

①LB 琼脂培养基(100mL):蛋白胨 10g/L,酵母提取物 5g/L,氯化钠 10g/L,琼脂 20g/L,纯化水 100mL。

②一级种子培养基:蛋白胨 10g/L,酵母提取物 5g/L,氯化钠 10g/L,pH 6.8~7.2。

③二级种子培养基:蛋白胨 16g/L,酵母提取物 10g/L,氯化钠 5g/L,pH 6.8~7.2。

3. 仪器及用具

恒温培养箱、恒温振荡培养箱、烘箱、灭菌器、电子天平、酸度计、分光光度计、显微镜、滴管、烧杯、接种工具、三角瓶(250mL、1000mL)等。

二、实训原理

液体培养法生产效率高,适合机械化、自动化,是目前种子培养的主要方法,液体培养法有静置培养和通气培养两种类型。其中,静置培养适用于厌氧发酵,通气培养法适用于需氧发酵。静置培养法一般是在厌氧种子罐中进行,液体通气培养法一般是在摇瓶或种子罐中进行。

摇瓶培养是依靠摇瓶在摇床上摇动振荡,使培养基液面与上方的空气不断接触,供给微生物生长所需的溶解氧。其优点是通气量充足,溶氧好,菌体在振荡培养过程中,不断接触四周培养基而获得营养和溶解氧,其培养条件接近于种子罐。

作为培养种子用的种子罐,其内装有搅拌系统和空气分布器,空气从罐底通入,在搅拌器的作用下分散成微小气泡以促进氧的溶解,是目前使用最广泛的方法。

细菌种子制备过程:斜面培养→三角瓶(茄子瓶)培养→种子罐。每个培养阶段对培养基要求也有所不同:①斜面/平板所用培养基:要求有利于菌体生长,原料配比应比较精细。②一级种子培养基:要求有利于菌体生长,原料配比基本接近发酵培养基。③二级种子培养基:要求菌体大量生长,原料更接近发酵培养基。

三、实训方法

本项目体现《菌种岗位标准操作规程》。

1. 操作前准备

(1)根据生产指令开出领料单　领取时,核对物料名称、数量、批号、有效期等,然后将其送到传递窗。

(2)岗位生产操作人员按照《进入 C 级洁净区更衣标准操作规程》进入操作间。

(3)岗位生产操作人员检查设备、设施完好性,设备、容器、工具、管道、室内卫生是否有清洁合格证,清洁合格证是否在有效期内,如不合格按其清洁标准操作规程重新清洁。

(4)检查环境(温度、湿度)是否符合要求,现场无上批生产遗留物。

2. 种子液的制备

(1)配制 LB 琼脂培养基 100mL,并按《 ***** 型立式灭菌锅标准操作规程》灭菌,灭菌温度 120℃,灭菌时间 30min。

(2)菌种活化和质量控制及评价

①菌种活化:领取工作种子菌种管,室温熔化,用接种环在 LB 培养基平板上划线,按《生化培养箱标准操作规程》放置于 30℃恒温箱倒置培养过夜。

②质量控制及评价:培养结束后,按照以下项目内容进行质量检查,对照质量标准进行评判,只有符合质量标准的平板培养种子才能进行一级培养。

纯度检查方法:菌落形态观察配合镜检观察,见表 1。

表 1　纯度检查方法

质量控制项目	质量标准
纯度检查	菌落形态饱满一致,无异常菌落,镜检无异常形态菌体

(3)一级种子液培养基的配制和灭菌

①按比例配制一级种子液培养基。

②一级种子液培养基的灭菌:按《 ***** 型立式灭菌锅标准操作规程》灭菌,灭菌温度 120℃,灭菌时间 30min。

③一级种子液制备:将活化后的单个菌落用接种环从平板上刮取,接种在装有100mL一级种子培养基的三角瓶中,按《****型恒温振荡器标准操作规程》放置入30℃,150r/min恒温空气摇床中培养约12h,培养物取5mL转接到含300mL LB培养基的三角瓶中,共4瓶,30℃,150r/min培养约8h。

一级种子液质量控制及评价:培养结束后,按照以下项目内容进行质量检查,对照质量标准进行评判,只有符合质量标准的平板培养种子才能进行二级培养。

纯度检查方法:菌落形态观察配合镜检观察,见表2。

表2　质量检查

质量控制项目	质量标准
纯度检查	菌落形态饱满一致,无异常菌落,镜检无异常形态菌体
pH	pH下降
细胞浓度	OD值1.5左右

(4)二级种子液培养基的配制和灭菌

①配制二级种子液培养基。

②二级种子液培养基的灭菌:按《*****型立式灭菌锅标准操作规程》灭菌,灭菌温度120℃,灭菌时间30min。

(5)二级种子液的制备和质量控制及评价

①一级种子液制备:一级种子成熟后,取20mL一级种子液,接入装有200mL二级种子培养基的1000mL三角瓶中,按《****型恒温振荡器标准操作规程》放置入30℃,150r/min恒温空气摇床培养约6h。

②二级种子液质量控制及评价:二级种子培养结束后,按照以下项目内容进行质量检查,对照质量标准进行评判。

③纯度检查方法:菌落形态观察配合镜检观察,见表3。

表3　质量检查表

质量控制项目	质量标准
纯度检查	菌落形态饱满一致,无异常菌落,镜检无异常形态菌体
pH	pH下降
细胞浓度	OD值为2左右,大于一级种子

3. 物料平衡的计算

按《物料平衡管理规程》计算。

4. 清场

(1)每次操作完成后,按照《清场标准操作规程》和《菌种岗位清洁标准操作规程》进行清场、清洁。

(2)清场结束填写清场及设备清洁记录,并由 QA 检查员检查确认清场合格后,贴挂《清洁合格》标识。

四、注意事项

1. 种子液的接种及培养基转移的全部操作,应按无菌操作要求进行。

2. 岗位操作人员在生产操作过程中发现异常情况按《紧急情况处理管理制度》处理。

五、恒温摇床维护保养及注意事项

1. 仪器应放在坚硬牢固的平面上,并确保其水平状态。
2. 仪器离墙离物必须保持约 10cm 的距离。
3. 切勿把仪器放在炉子边上或阳光直射处。
4. 不要重力开启、闭合仪器箱门。
5. 开启仪器箱门前应确认托盘已处于静止状态。
6. 摇瓶放置应以摇床中心对称放置,勿随意放置。
7. 实验出现摇瓶破损时,及时进行清理,避免发酵液体腐蚀摇床。
8. 仪器连续制冷时须 10d 做一次加热驱潮处理。
9. 应经常检查烧瓶夹固定螺丝。
10. 仪器箱门不宜随意频繁打开。
11. 仪器表面不可与汽油、香蕉水等挥发性化学品接触。
12. 保持箱内外洁净,经常清理杂物、污迹。

六、思考与讨论

影响种子质量的因素有哪些?

实训十二 青霉素萃取及萃取率的计算

实训十二 青霉素萃取及萃取率的计算

青霉素是抗生素的一种，是指分子中含有青霉烷，能破坏细菌的细胞壁并在细菌细胞的繁殖期起杀菌作用的一类抗生素，是从青霉菌中提炼出的抗生素。青霉素属于β-内酰胺类抗生素，β-内酰胺类抗生素包括青霉素、头孢菌素、碳青霉烯类、单环类、头霉素类等。青霉素是很常用的抗菌药品，是一种高效、低毒、临床应用广泛的重要抗生素，它的研制成功大大增强了人类抵抗细菌性感染的能力，带动了抗生素家族的繁荣，它的出现开创了用抗生素治疗疾病的新纪元。通过数十年的完善，青霉素针剂和口服青霉素已能分别治疗肺炎、肺结核、脑膜炎、心内膜炎、白喉、炭疽等，但每次使用前必须做皮试，以防过敏。

青霉素盐如青霉素钾盐或钠盐为白色结晶性粉末，无臭或微有特异性臭，有引湿性。干燥品性质稳定，可在室温保存数年而不失效，且耐热，遇酸、碱、重金属离子及氧化剂等即迅速失效，极易溶于水，微溶于乙醇，不溶于脂肪油或液状石蜡。青霉素水溶液极不稳定，在室温中效价很快降低10%，水溶液pH为5.5~7.5。

一、实训目的

1. 掌握溶媒萃取法分离原理；青霉素碘量法含量测定的原理和方法。
2. 了解产黄青霉培养发酵生产青霉素的基本方法；溶媒萃取法纯化青霉素的操作方法。
3. 学习青霉素钾盐的制备方法。

二、实训原理

最早发现的产青霉素菌种是点青霉，生产能力很低，表面培养只有几个单位，远不能满足工业生产的需求。后发现适合于深层培养的产黄青霉菌，经一系列诱变、杂交、育种，目前工业上青霉素的发酵单位已超过每毫升6万单位。

青霉菌能利用的碳源有葡萄糖、蔗糖、淀粉、天然油脂等。乳糖能被产生菌缓慢利用而维持青霉素分泌的有利条件，故为最佳碳源，但价格高。目前生产上用的碳源多为工业用葡萄糖。在氮源上，玉米浆含多种氨基酸及β-苯乙胺等，后者为青霉素生物合成提供侧链的前体，因而是青霉素发酵中常用的一种氮源。

青霉素[本身是一种有机弱酸，酸解离常数(pK_a)=2.75]在pH 2左右呈游离酸状态，易溶于醇类、酮类、醚类和酯类，但在水中溶解度很小。另一方面，在pH 7

左右,青霉素能与碱金属或碱土金属及有机胺类结合成盐,其在有机溶剂和水中的溶解性跟青霉素游离酸有很大的不同;青霉素的金属盐十分易溶于水和甲醇,几乎不溶于乙醚、氯仿或醋酸戊酯。从滤液中提取青霉素就是利用青霉素以游离酸或成盐状态存在时,在水及溶媒中的溶解度不同这一性质,在一定温度下达到平衡时,青霉素在两相间浓度的关系服从分配定律,青霉素在酸性条件下以游离酸的状态转入溶媒相,在碱性条件下以盐的状态反萃取到水相,经过第二次转入溶媒相后,掺入醋酸钾,预期获得青霉素钾盐结晶。

不同 pH 下青霉素的状态见图 1。

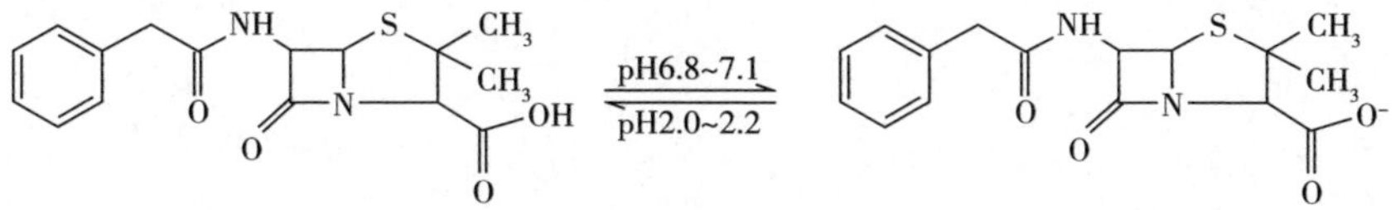

图 1　不同 pH 下青霉素的状态

青霉素在水溶液中,当 pH>7,β-内酰胺环水解而生成青霉噻唑酸。青霉噻唑酸能和 4 分子的碘起作用,而青霉素不吸收碘,碘量法测定青霉素含量就是根据这一原理。在 pH4. 5 时,青霉噻唑酸与碘进行定量反应,1 分子的青霉素要消耗 4 分子的碘,过量的碘用硫代硫酸钠标准溶液滴定,即可计算出青霉素的效价。测定样品的同时进行空白平行实验,以消除其他耗碘物质的影响。

三、实训材料

1. 器材

器材使用见表 1。

表 1　器材使用

器材名称	规格	用量/个
分液漏斗	60mL	1
筛板漏斗	—	1
烧杯	50mL	2
抽滤瓶	250mL	1
量杯	10mL	1
量杯	50mL	1
铁架台	—	1
铁圈	—	1
吸量管	1mL	4

续表

器材名称	规格	用量/个
吸量管	5mL	2
碘量瓶	250mL	1
碱式滴定管	—	1
试管	15mL	1
三角烧瓶	250mL	1
三角烧瓶	500mL	1
玻璃棒	—	1
滤纸	—	多张
恒温箱	—	1
恒温振荡培养箱	—	1
恒温水浴锅	—	1
真空泵	—	1

2. 试剂

(1)1mol/L H_2SO_4　取5.56mL硫酸缓慢加入80mL水中,边加边连续搅拌,用水定容至100mL。

(2)100g/L KI。

(3)5g/L淀粉指示剂　取可溶性淀粉0.5g,用适量蒸馏水搅匀,然后倒入煮沸的蒸馏水中,搅拌,煮沸2min,加入蒸馏水使总体积达100mL,冷却备用。

(4)0.01mol/L $Na_2S_2O_3$标准溶液　取24.8g $Na_2S_2O_3 \cdot 5H_2O$和0.2g Na_2CO_3溶于新沸过放冷的蒸馏水中,稀释1000mL,转入棕色瓶中,放置7~10d。使用前过滤,标定,用新沸过放冷的蒸馏水稀释10倍,即为0.01mol/L $Na_2S_2O_3$标准溶液。

标定:将基准KIO_3研细,在105℃干燥至恒重,称取约0.8g,精密称定,加水溶解,转移至1000mL容量瓶,定容至刻度。精密吸取10mL置250mL碘量瓶中,加100g/L KI 10mL,1mol/L $H_2SO_4$10mL和20mL水,密塞摇匀,于暗处放置3~10min(使反应进行完全),用$Na_2S_2O_3$溶液滴定至淡黄色,加淀粉指示剂1mL,继续滴定至蓝色消失,并将结果用空白实验校正。

(5)360g/L KI溶液。

(6)0.01mol/L碘液　取25.3g碘放入一盛有KI溶液(360g/L)100mL的研钵中研细后使完全溶解,然后转移到烧杯中,加3滴盐酸,加蒸馏水适量,使完全溶解,过滤,用蒸馏水稀释至1000mL,使用时稀释10倍,即为0.01mol/L碘液。碘液须盛于棕色玻璃瓶中密塞。

(7)pH4.5醋酸缓冲液　称取无水醋酸钠21.6g,加入醋酸19.6mL,稀释至 2000mL。

(8)1mol/L NaOH。

(9)1mol/L HCl。

(10)20g/L Na_2CO_3 溶液。

(11)100g/L 硫酸。

(12)500g/L 醋酸钾-乙醇溶液　称取 50g 醋酸钾，以乙醇溶解并定容到 100mL。

(13)pH 试纸　广泛试纸(pH 0.5~4、pH6~9)。

3. 培养基

(1)斜面培养基　取去皮土豆 20g，切成小块，加入 100mL 水煮沸 20min，4 层纱布过滤，滤液加入 2g 葡萄糖，2g 琼脂粉，补水到 100mL，加热使琼脂粉溶解，分装入 15mL 试管，加塞，于 121℃灭菌 20min，在琼脂凝固前取出斜躺冷却成斜面。

(2)种子培养基　取 1g 葡萄糖，3.8g 玉米浆，装入 250mL 三角烧瓶，加 50mL 水，搅拌溶解后调 pH 为 5.8，加入 0.25g 碳酸钙，用 8 层纱布塞口，于 121℃灭菌 20min。

(3)发酵培养基　取 13g 乳糖，4g 玉米浆，0.3g 磷酸二氢钾，0.4g 硫酸铵，0.15g 硫酸亚铁，装入 500mL 三角烧瓶中，加 100mL 水，搅拌溶解后调 pH 5.8，加入 1g 碳酸钙，用 8 层纱布塞口，于 121℃灭菌 20min。

四、B 级生产区进出操作规程

1. 更鞋

[进入更鞋室]→[脱去一般生产区工作服及生活用衣服，挂在挂钩上]→[坐在更鞋柜上]→[脱下一般生产区工作鞋]→[将鞋放入外侧各自的鞋柜内]→[转身]→[从更鞋柜内一侧的鞋柜内取出过渡拖鞋穿好]。

2. 推开更衣间的门，进入更衣间。

3. 洗手

(1)用纯化水冲洗双手掌到腕上 15cm 处，挤按洗手液，使洗手液流入另一手掌，然后双手相互摩擦，使手心、手背及手腕上 15cm 处的皮肤均匀充满泡沫，摩擦时间 20s。

(2)用纯化水冲洗双手，同时双手上下翻动相互摩擦，使水冲至所有带泡沫的皮肤上，直至双手掌摩擦不感到滑腻为止。

(3)翻动双手掌，用眼检查双手是否已清洁干净。再用纯化水将手冲洗两遍，伸手掌至烘手器下 8~10cm 处，将手烘干。再用 75%酒精溶液对手部全面消毒，然后将手挥干(戴有眼镜的人员应将眼镜脱下，用 75%酒精溶液消毒一遍，然后轻轻挥干后戴上)。

4. 进入洁净内衣间

（1）脱下过渡洁净拖鞋 → 跨步穿上洁净拖鞋 → 从衣架上取出相应编号的B级区无菌内衣,按照从上到下的穿衣原则穿衣 → 戴好帽 → 戴好口罩 → 穿好无菌内上衣 → 穿上无菌内裤 → 推开无菌外衣间的门进入穿无菌外衣间。

（2）对着镜子将头发完全包在帽内,不得外露 → 从衣架上取出相对应编号的洁净外衣 → 穿好连体洁净外衣 → 裤腰束在洁净工作外衣内 → 穿好脚套 → 将裤腿管封入脚套内 → 走下更衣台 → 戴上口罩 → 依次再戴上无菌的手套,注意口罩要罩住口、鼻;在头顶位置上结口罩带 → 再戴上防护眼镜 → 对着镜子检查帽子是否戴好,注意把头发全部塞入帽内;检查衣领是否扣好,帽和口罩是否已戴正。

5. 推开手消间的门进入手消间 → 走到自动手消毒器旁 → 将双手掌伸至消毒液出口处下8~10cm,消毒液将自动喷出,消毒时双手上下翻动,消毒液应喷洒到腕上15cm处,使手部全面消毒,然后将手挥干。

6. 用肘弯推开洁净室门,进入B级洁净区。

7. 退出B级洁净区

(1)从出口进入气闸,将使用过的防护眼镜取下挂在挂钩上,再退出缓冲间进入脱衣区(生产结束后,使用过的防护眼镜由B级区人员收回到不锈钢盒中,退到清洗间)。

(2)依据反向穿衣程序,依次脱下鞋套→脚鞋→口罩→外衣→口罩、帽子→内衣→放置贮存桶内→退出(每次使用过的洁净服由洗衣人员收回退到C级区清洗灭菌)。

(3)按进入程序相反,即可出来。

五、实训方法

1. 产黄青霉菌的培养发酵

将产黄青霉菌接种于斜面培养基,25℃培养7天。从培养好的斜面培养基表面挖取$2cm^3$琼脂块,接入50mL种子培养基中,25℃,220r/min条件下培养44h,然后取10mL接种于100mL发酵培养基中,25℃,220r/min条件下培养7~8d。

2. 溶媒萃取法纯化青霉素

发酵液过滤,取30mL滤液,用10% H_2SO_4调pH 2.0~2.2(此步骤应尽可能迅速),然后倒入分液漏斗中,加入1/2总体积量(15mL)的醋酸丁酯,振摇10min,静置10min,分出水相,再加入1/5总体积量(6mL)的醋酸丁酯于水相中,操作同前,弃去水相。合并两次丁酯相，并加入体积分别为10mL、5mL、2mL的20g/L $NaHCO_3$进行分批反萃取，每次振摇10min，静置10min，弃去丁酯层，合并三次水相，然后用10% H_2SO_4调水相pH 2.0~2.2，再分两次加入总体积量1/2、1/5的醋酸丁酯，振摇，静置分层后弃去水相，于酯相中加入少量无水硫酸钠，搅拌片刻，过滤。最后滤液中加入500g/L醋酸钾乙醇溶液1mL，30℃水浴搅拌10min，可析出青霉素钾盐，抽滤得湿晶体，自然风干后称重。

3. 样品制备

精密称取制备青霉素钾样品35mg，置50mL容量瓶中，用蒸馏水溶解，定容至50mL。

4. 样品滴定

准确吸取上述配好的样品5mL，放入250mL碘量瓶中，加入1mol/L NaOH 1mL，于室温放置20min，然后依次加入1mol/L HCl 1mL，pH 4.5醋酸缓冲液5mL，0.01mol/L碘标准溶液20mL，于暗处放置20min，加5g/L淀粉指示剂1mL，用0.01mol/L $Na_2S_2O_3$标准溶液滴定至蓝色消失，记录其毫升数$V_{样}$。

5. 空白滴定

取青霉素钾样品液5mL，放入250mL碘量瓶中，依次加入pH 4.5醋酸缓冲液5mL，0.01mol/L碘标准溶液20mL，于暗处放置20min，加5g/L淀粉指示剂1mL，用0.01mol/L $Na_2S_2O_3$标准溶液滴定至蓝色消失，记录其毫升数$V_{空}$。

6. 计算结果

$$\text{青霉素G钾盐效价}=(V_{空}-V_{样})\times M\times 372.5\times 1598/8\times 5$$

式中　$V_{空}$——空白消耗$Na_2S_2O_3$标准溶液的毫升数，mL

$V_{样}$——样品消耗$Na_2S_2O_3$标准溶液的毫升数，mL

M——$Na_2S_2O_3$标准溶液的摩尔浓度，mol/L

372.5——青霉素G钾盐的相对分子质量

1598——1毫升青霉素G钾盐的理论效价

8——1个青霉素分子消耗8个碘原子(4分子碘)

5——青霉素溶液取样量，mL

实验结果要求计算所得青霉素钾盐的效价及纯度，计算产量。

六、思考与讨论

1. 丁酯相中加入少量无水硫酸钠的目的是什么？

2. 青霉素G游离酸及青霉素G钾(钠)盐在水中及有机溶媒中的溶解特性如何？在本实验中是如何应用这些特性进行分离提取的？

3. 除碘量法外，青霉素的含量测定还可以用什么方法？比较各种方法的优缺点。

实训十三　固定化酶法生产5′-复合单核苷酸

固定化酶法以麦芽根为材料制取5′-磷酸二酯酶，并使其固定化后用于水解酵母RNA，以生产5′-复合单核苷酸注射液。5′-复合单核苷酸注射液可用于治疗白细胞下降、血小板减少及肝功能失调等疾病。

实训十三　固定化酶法生产5′-复合单核苷酸

一、实训材料

1. 原料

麦芽根。

2. 试剂

HCl、95%（体积分数，余同）冷工业乙醇、丙酮、乙醚、$(NH_4)_2SO_4$、ABXE-纤维素、Na_2CO_3、RNA、$ZnCl_2$、NaOH、氯型阴离子交换树脂柱、NaCl、药用活性炭等。

3. 仪器

精密pH试纸、电子天平、粉碎机、真空干燥器、离心机、抽滤器、磁力搅拌器、薄膜浓缩器等。

二、实训原理

RNA经5′-磷酸二酯酶作用可分解为腺苷、胞苷、尿苷及鸟苷的一磷酸化合物，即AMP、CMP、UMP及GMP。5′-磷酸二酯酶存在于橘青霉细胞、谷氨酸发酵菌细胞及麦芽根等生物材料中。

三、实训前准备

本项目体现《生产批号的盖印标准操作规程》。

1. 目的

明确生产批号盖印的标准操作规程。

2. 范围

生产批号的盖印。

3. 责任

生产部包装岗位操作人员。

4. 内容

(1)批号盖印的目的是标明产品的生产日期、产品批号及其有效期。

(2)批号盖印的依据是根据生产批次管理规程及生产指令执行。

(3)凡规定有效期的产品其有效期必须在各包装上有所表示,具体表现形式为从批号顺推效期年数的相应月份,为产品有效期。

例:010808批的有效期为三年时应为2004年08月。

(4)操作人员在进行生产日期、产品批号及其有效期的盖印时,必须与包装间产品批次牌上所示内容进行核对。

(5)盖印使用橡胶字(五号),蓝色印台。

(6)盖印位置应在各类包装材料的生产日期、产品批号及其有效期相应的标识处,形式为三排,三排平行,前端对齐。

例:生产日期:2001年05月07日(或2001.05.07)。

产品批号:010506。

有效期至2000年05月(或2000.05)。

(7)盖印时应平行于盒盖上边沿,且应在盒盖的正中,不得偏向一侧。

(8)盖印字迹应清晰、完整、端正、无重叠。

(9)包材批号盖印完毕,汇总登记各项的损坏数,记入生产记录内不得超过总数的0.5%。

(10)将损坏的原因及数量上报质量管理部质检员,在其监督下采取适当的方法销毁,并同指令一起放入批生产记录。

5. 培训

(1)培训对象　生产部部长、车间主任、包装岗位操作人员。

(2)培训时间　2h。

四、实训方法

1. 工艺流程

工艺流程见图1。

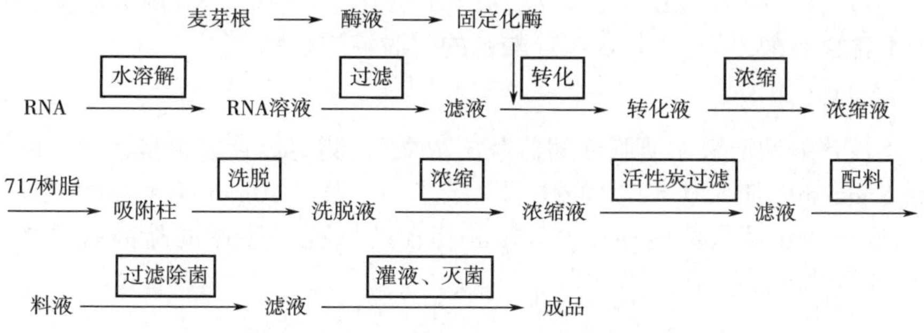

图1　固定化酶法生产5′-复合单核苷酸工艺流程图

2. 5′-磷酸二酯酶的制备

取干麦芽根,加9~10倍体积(质量体积比,余同)的水,用2mol/L HCl调pH至5.2,于30℃条件下浸泡15~20h,然后加压去渣,浸出液过滤,滤液冷却至5℃,加入2.5倍体积的5℃ 95%冷工业乙醇,5℃静置2~3h后,吸去上层清液,回收乙醇,下层离心收集沉淀,用少量丙酮及乙醚先后洗涤2~3次,真空干燥,粉碎得5′-磷酸二酯酶,备用。

3. 固定化5′-磷酸二酯酶的制备

取上述5′-磷酸二酯酶0.2kg(控制固定化后的固定化酶比活力在100IU/g蛋白质以上为宜),用15g/L $(NH_4)_2SO_4$ 溶液溶解,过滤得酶液。另取湿ABXE-纤维素40kg,加入0~5℃的蒸馏水至80L,搅拌下先后加入1mol/L HCl和50g/L $NaNO_2$ 溶液各10L,搅拌均匀,于0~5℃下反应150min后,抽滤,滤饼迅速用预冷的0.05mol/L HCl和蒸馏水各洗3次,抽干后将滤饼投入上述5′-磷酸二酯酶溶液中,搅拌均匀后用1mol/L Na_2CO_3 溶液调pH至8.0,搅拌反应30min,用冷水洗3~4次,抽干,得固定化5′-磷酸二酯酶,备用。

4. 转化反应

取2kgRNA,缓慢加入预热至60~70℃的360L 0.001mol/L(pH 5.0) $ZnCl_2$ 溶液中,用1mol/L NaOH溶液调至pH 5.0~5.5,滤除沉淀,将清液升温至70℃,加入上述湿的固定化5′-磷酸二酯酶40kg(要求酶的比活在100U/g以上),于67℃维持pH5.0~5.5,搅拌反应1~2h。根据增色效应,用紫外吸收法判断转化平衡点,转化完成后,滤出转化液,用于分离5′-单核苷酸。固定化酶再继续用于下一批转化反应。

5. 5′-复合单核苷酸的分离纯化

将上述转化液用6mol/L HCl溶液调pH至3.0,滤除沉淀,滤液用6mol/L NaOH溶液调pH至7.0,上样已处理好的氯型阴离子交换树脂柱($\Phi 30\times100$)cm,流速为2~2.5L/min,吸附后,用250~300L去离子水洗涤柱床,然后用30g/L NaCl溶液以1~1.2L/min流速洗脱,当流出液pH达到7.0时开始分部分收集,直至洗脱液中不含核苷酸为止,合并含核苷酸钠的洗脱液进行精制。

6. 精制及灌封

上述核苷酸钠溶液用薄膜浓缩器减压浓缩后,测定核苷酸含量,再用无热原水稀释至20mg/mL,加入0.5或10g/L药用活性炭,煮沸10min脱色并除热原,滤除活性炭,滤液经6号除菌漏斗或0.45μm孔径的微孔滤膜过滤除菌后灌封,即为5′-复合单核苷酸注射液。

五、注意事项

注意维持固定化酶的活性和专一性;酶与载体结合必须牢固,利于固定化酶的回收贮藏,便于反复利用;固定化酶易与产物分离。

六、思考与讨论

提取5′-复合单核苷酸受哪些影响?

实训十四　维生素 C 的生产

维生素 C 又叫 L-抗坏血酸，是一种水溶性维生素，它是细胞氧化-还原反应中的催化剂，它释放两个氢原子后变成氧化型维生素 C，有供氢体存在时，脱氢抗坏血酸可以接受两个氢原子变成抗坏血酸，参与机体新陈代谢，增加机体对感染的抵抗力。用于防止坏血病和抵抗传染性疾病，促进创伤和骨折愈合，以及用于辅助药物治疗。

实训十四　维生素 C 的生产

一、实训原理

维生素类药物的化学结构各不相同，因此生产不同的维生素类产品，其生产工艺也各不相同。目前，工业上维生素主要是通过化学合成法获得，但是，随着微生物发酵技术的不断发展，越来越多的维生素开始引入发酵生产的方法，成为维生素发展的新方向。维生素 C 的生产工艺主要有两种方法：莱氏法和两步发酵法。

二、实训前准备

本项目体现《PHS-3C 型数显酸度计标准操作规程》。

1. 仪器

PHS-3C 型数显酸度计。

2. 试剂

pH 4.00、pH 6.86、pH 9.18 三种标准缓冲溶液，3mol/L 氯化钾溶液，滤纸，纯化水。

3. 主要参数

（1）测量范围　pH（0.00～14.00），电压（-1999～1999）mV。

（2）pH 示值误差±0.01，电压示值误差±0.1%mV。

（3）工作环境　5～45℃。

（4）被测溶液温度　（0～80）℃。

（5）湿度　≤85% RH。

4. 准备工作

（1）确认设备状态标识处于正常状态，并处于检定有效期内。

（2）按照说明书来配制标准缓冲溶液。

（3）新的、久置不用后重新启用的电极，使用前应先在3.3mol/L氯化钾溶液中浸泡2h以上。

（4）用纯化水清洗电极，再用滤纸吸干，排去球泡内的空气（用手握住电极帽，使球泡部向下，另一只手轻轻弹击电极管，空气即会上升）。

5. pH标定

（1）打开仪器电源开关，连接好电极。

（2）温度调节　按“温度”键，进入温度设置状态，通过“△▽”键，调节温度，按“确定”键保存。

（3）定位标定　把用纯化水清洗干净的电极插入pH 6.86的标准缓冲溶液中，按“定位”键，pH指示灯慢闪，通过“△▽”键使仪器显示的pH与该溶液在此温度下（按“温度”查看此时该溶液的温度）的标准值一致，按“确定”键保存。

（4）斜率标定　取出电极，用纯化水清洗干净后用滤纸吸干，把电极插入pH 4.00（或pH 9.18）的标准溶液中，按“斜率”键，pH指示灯快闪，通过“△▽”键调节使仪器显示的pH与该溶液在此温度下的标准值一致。按“确定”键保存。

（5）重复定位标定和斜率标定过程，操作至仪器无误差，标定结束。

6. 注意事项及产品维护保养

（1）如标定中发生混乱，按住“确定”键开机，工厂初始化，恢复所有初始值。

（2）斜率标定选用何种标准缓冲溶液，视被测液的pH而定。斜率标定溶液应与被测pH相对接近。

（3）对精度要求高的测试，标定和测试应在同一温度，同一时间下进行，以减少因温度、时间差异带来的误差。对于一般精度的测试，标定和测量温度之差可放宽到10℃以内。

（4）仪器标定步骤不可混淆，应先“定位”（pH 6.86），后“斜率”（pH 4.00/pH 9.18），否则仪器平衡破坏，数据严重失真。

（5）连接电极的插头、插座，应保持清洁、干燥、不可污染，并保持接触良好。

（6）电极不宜长期浸泡在蒸馏水中。

三、实训方法

（一）莱氏法化学合成工艺

莱氏法是最早的合成维生素C的方法，但是，此方法存在着一定的缺陷，比如工艺条件复杂、劳动强度大、环境恶劣等。

1. 工艺路线

配制500g/L葡萄糖溶液（70~75℃）$\xrightarrow{压强<0.04MPa}$ 糖液冲入釜内 →

加入活性镍 $\xrightarrow{加碱}$ pH 8.2~8.4 → 通蒸汽、搅拌 $\xrightarrow{120\sim135℃}$ 关闭蒸汽 →

控制温度在150~155℃, 压强3.8~4.0MPa → 反应至不吸收氢气为反应终点 $\xrightarrow{0.2\sim0.3MPa}$ 压料至沉淀 → 过滤 → 过树脂。

2. 工艺流程控制

(1)山梨醇发酵菌种　醋酸菌属可使山梨醇氧化成山梨糖,一般用 A. *Suboxyclans* 和 A. *Melangenum*。

(2)发酵条件　温度为26~30℃,最适pH为4.4~6.8。pH 4.0以下菌的活性受影响。用5g/L酵母浸膏为主要营养源,使用有机氮源,山梨醇浓度为198g/L,通气量1800mL/min,30℃培养33h,山梨醇氧化后山梨糖收率可达97.6%。

(3)金属离子的影响　Ni^{2+}、Cu^{2+}能阻止菌的发育,铁能妨碍发酵,为了使发酵顺利进行,需用阳离子交换树脂将山梨醇中的金属离子去掉。

(4)整个合成过程中必须保持第4位碳原子的构型不变,维生素C的总收率约60%。

(二)维生素C的两步发酵工艺

1. 工艺路线

D-山梨醇 $\xrightarrow{\text{乙酸杆菌(氧化)}}$ L-山梨醇 $\xrightarrow{\text{假单胞菌(生物转化)}}$ 2-酮-L-古龙酸 $\xrightarrow{\text{内酯化,烯醇化}}$ L-抗坏血酸(维生素C)。

2. 工艺流程控制

(1)D-山梨醇的化学合成　500g/L葡萄糖溶液在75℃下加入活性炭,用石灰乳液调节至pH 8.4,加镍催化剂,通氢气,压力3.43MPa,反应温度140℃。反应结束后,静置沉降除去催化剂,反应液经离子交换树脂、活性炭处理后,减压浓缩,得到纯度60%~70%的D-山梨醇,为无色透明或微黄色透明的黏稠液体,收率约97%。

(2)2-酮基-L-古龙酸的微生物发酵

①第一步发酵:黑醋酸杆菌(从D-山梨醇到L-山梨糖)。

②第二步发酵:葡萄糖酸杆菌和巨大芽孢杆菌混合培养。

四、分离纯化与精制

1. 2-酮基-L-古龙酸的分离纯化

发酵液中2-酮基-L-古龙酸含量8%(体积分数),杂质有菌丝体、蛋白质和悬浮的固体颗粒等。除杂操作为加热、离心。

2. 粗维生素C的制备

(1)配料比　2-酮基-L-古龙酸(以下简称古龙酸):38%盐酸:丙酮=

1∶0.4∶0.3(体积比)。

(2)步骤　先将丙酮和 1/2 古龙酸加入转化罐,搅拌;再加入盐酸和余下的古龙酸。蒸汽加热,升温至 30~38℃,关闭蒸汽,自然升温至 52~54℃,保温 5h。达到反应高峰,保持温度 50~52℃,至总反应时间 20h,冷却过滤,冷乙醇洗涤,得维生素 C 粗品,收率 88%。

3. 维生素 C 的精制

(1)配料比　粗维生素 C∶蒸馏水∶活性炭∶晶种=1∶1.1∶0.58∶0.00023(体积比)。

(2)步骤　粗维生素 C 真空干燥,加蒸馏水搅拌溶解,加活性炭,搅拌 5~10min,压滤,滤液加入结晶罐,再加入 50L 左右的乙醇,搅拌,降温,加晶种,结晶,将晶体离心甩滤,冰乙醇洗涤,甩滤,干燥器中干燥,得精制维生素 C。整个过程耗时 76~80h,总收率 42.7%~47.1%(以山梨醇计)。

五、注意事项

1. L-抗坏血酸易遭温度、金属离子、空气、pH 等因素的破坏,同时易氧化、易分解;变质的标志是色泽变黄,因此提取时要注意以上因素的影响。

2. 结晶时,最高温度不得高于 45℃,最低不得低于-4℃,不能在高温下加晶种;回旋干燥要严格控制循环水温和时间,夏天循环水温高,可用小冷凝器降温;压滤时遇停电,应立即关闭空压阀保压。

3. “三废”处理:维生素 C 生产和提取过程产生的废水中有机物浓度高,排放量大,成分相对复杂,直接排放对环境的影响比较大,需要进行“三废”处理,检验合格后才能排放。

六、莱氏法化学合成工艺和两步发酵法的优缺点

(1)莱氏法化学合成工艺优点是生产工艺成熟,各项技术指标先进,生产技术水平较高,总收率达 65%、优级品率 100%。缺点是需要丙酮保护羟基,反应步骤增多,连续操作有困难,丙酮用量大,苯的毒性大,劳动保护强度大,并污染环境。

(2)两步发酵法优点是生物氧化具有特异性,省去了保护和脱保护两步,去除了大量的有机溶剂,改善了劳动条件和环境保护问题,去除了动力搅拌,大大节约了能源。缺点是设备庞大,操作复杂,耗酸量大,废液量大,后续“三废”处理困难大。

七、思考与讨论

实训过程中维生素 C 获得的量与哪些操作因素有关?

实训十五　质粒 DNA 的分离纯化

质粒是闭合的环状 DNA 分子，主要存在于细菌、真菌和放线菌的微生物细胞中，是一种游离在染色体以外的遗传物质，但其相对分子质量要小于染色体。质粒并不是细胞生存所必须的结构，它主要携带某些特殊的遗传信息（如 R 质粒的耐药性），能够独立地进行复制。由于质粒 DNA 具有自我复制、酶切位点多、对受体细胞无危害、易于分离、保存稳定、具备标记基因等特点，因此被广泛用于外源基因重组的载体。

实训十五　质粒 DNA 的分离纯化

一、实训材料

1. 材料

E. coli DH5α 受体菌，含 pUC 质粒。

2. 试剂

（1）培养基　LB 液体培养基，LB 培养基两种。

（2）抗生素（氨苄西林）母液　50mg/mL（终浓度，余同），-20℃保存备用。

（3）溶菌酶　10mg/mL（稀释液：10mmol/L Tris-HCl，pH8.0），-20℃保存备用。

（4）溶液Ⅰ　葡萄糖（50mmol/L），Tris-HCl（25mmol/L，pH8.0），EDTA（10mmol/L，pH8.0），分装后高压蒸汽灭菌，4℃保存备用。

（5）溶液Ⅱ　NaOH（0.2mol/L），10g/L SDS。

（6）溶液Ⅲ　60mL CH_3COOK（5mol/L），11.5mL 冰醋酸，定容至 100mL，高压蒸汽灭菌后使用。

（7）RNase A 母液　用含 10mmol/L Tris-HCl（pH 7.5）和 15mmol/L NaCl 的溶液配成 RNase A 浓度为 10mg/mL 的母液，100℃加热 15min，冷却后分装，-20℃保存备用。

（8）饱和苯酚溶液　市售液化苯酚溶液。

（9）氯仿/异戊醇混合液　氯仿：异戊醇按体积比 24：1 混合。

（10）苯酚/氯仿/异戊醇（PCI）混合液　将苯酚、氯仿、异戊醇体积比 25：24：1 混合，称为溶液 1。将（9）中的溶液和溶液 1 两种溶液按照体积比 1：1 混合制得。

（11）TE 缓冲液　Tris-HCl（10mmol/L，pH 8.0），EDTA（1mmol/L，pH 8.0），高压蒸汽灭菌，4℃保存备用。

(12)50 倍浓缩(50×)TAE 电泳缓冲液　称取 Tris 242g, $Na_2EDTA \cdot 2H_2O$ 37.2g 于 1L 烧杯中,向烧杯中加入约 800mL 去离子水,充分搅拌均匀;然后加入 57.1mL 的冰乙酸,充分溶解;最后,加去离子水定容至 1L 后,室温保存。

(13)其他试剂　预冷无水乙醇、缓冲液、琼脂糖、溴化乙锭(EB)、DNA 相对分子质量标准物、DNA Marker λ/Hind Ⅲ,醋酸钠(5mol/L,pH 5.2)。

3. 仪器

微量移液器、恒温振荡培养箱,高速冷冻离心机,涡旋振荡器,水浴锅,1.5mL 离心管,50mL 离心管,不同型号的吸头,微波炉,电泳仪,制胶槽,电泳槽,梳子,锥形瓶,电子天平,手套,紫外灯等。

二、实训原理

提取和纯化质粒 DNA 的方法很多,目前常用的有:碱变性提取法、煮沸法、羟基磷灰石柱层析法、EB-氯化铯密度梯度离心法和 Wizard 法等。其中,碱变性提取法最为经典和常用,适于不同质粒 DNA 的提取,该方法操作简单,易于操作,一般实验室均可进行。提取质粒 DNA 纯度高,可直接用于酶切、序列测定及分析。EB-氯化铯密度梯度离心法,主要适合于相对分子质量与染色体 DNA 相近的质粒,具有纯度高、步骤少、方法稳定,且得到的质粒 DNA 多为超螺旋构型等优点,但提取成本高,需要超速离心设备。少量提取质粒 DNA 还可用沸水浴法、Wizard 法等,沸水浴法提取的质粒 DNA 中常含有 RNA,但不影响限制性核酸内切酶的消化、亚克隆及连接反应等。

碱变性法提取质粒 DNA 一般包括三个基本步骤:细菌增殖培养以扩增质粒;收集和裂解细胞;分离和纯化质粒 DNA。

在细菌细胞中,染色体 DNA 以双螺旋结构存在,质粒 DNA 以共价闭合环状形式存在。细胞破碎后,染色体 DNA 和质粒 DNA 均被释放出来,但两者变性与复性所依赖的溶液 pH 不同。在 pH 高达 12.0 的碱性溶液中,染色体 DNA 氢键断裂,双螺旋结构解开而变性;共价闭合环状质粒 DNA 的大部分氢键断裂,但两条互补链不完全分离。当用 pH 4.6 的醋酸钾(或醋酸钠)高盐溶液调节碱性溶液至中性时,变性的质粒 DNA 可恢复原来的共价闭合环状超螺旋结构而溶解于溶液中;但染色体 DNA 不能复性,而是与不稳定的大分子 RNA、蛋白质-SDS 复合物等一起形成可见的白色絮状沉淀。通过离心,可将大分子复合物与复性的溶于溶液的质粒 DNA 分离。溶于上清液中的质粒 DNA,可用无水乙醇和盐溶液,减少 DNA 分子之间的同性电荷相斥力,使之凝聚而形成沉淀。由于 DNA 与 RNA 性质类似,乙醇沉淀 DNA 的同时,也伴随着 RNA 沉淀,可利用 RNase A 将 RNA 降解。质粒 DNA 溶液中的 RNase A 以及一些可溶性蛋白,可通过苯酚或氯仿抽提除去,最后获得纯度较高的质粒 DNA。

三、实训前准备

说明:本实训项目体现《标签的管理》。

1. 目的

明确标签的领用、发放、退库、销毁管理的标准操作规程。

2. 范围

标签(包括使用说明书及已印刷的包装材料)。

3. 责任

生产部部长、车间主任、包装班班长及操作人员、库管员负责执行,质检员负责监督执行。

4. 内容

(1)包装班班长按生产指令填写《需料领料单》向仓库限额领用标签。

(2)来料后,包装班班长应同领料员检查标签包装外观有无污迹、破损,品名、规格、数量是否准确,确认无误后,签字收货,凡不符合要求的应予拒收。

(3)领料后,由指定专人与质检员共同与标签实样标准核对,准确无误后,将标签按品种规格分类码放整齐,加锁专柜保管并填写收料记录。

(4)班长应根据包装工序当天计划使用的数量限额发放,由发料人与包装工序领料人共同核对数量后在领发记录上签字。

(5)领出的标签由领料人按批号盖印标准操作规程进行批号盖印。

(6)在批号盖印过程中,应检出废签并进行清点,交由班长做自损记录。自损数不得高于0.5%。

(7)包装工序领料人每日据实填写实用数量,如果实用数量与领用数量发生差额应及时查明差额原因,并通知班长。

(8)包装中挑出印字不清、色差偏大、有污损的不合格标签,放于操作台下废品盒内,交由班长统一处理,并记录数量,填写在生产记录中。

(9)标签的使用数、残损数及剩余数之和须与领料数相符。

(10)标签不得改作他用或涂改后再用。

(11)产品结束后,由班长应认真填写使用数、残损数及剩余标签数,打印正式领料单,并退回剩余标签。

(12)报废标签由班长与质检员共同清点数量,质检员监督进行销毁后填写销毁记录,双方签字。

5. 培训

(1)培训对象　生产部部长、车间主任、质检员、包装班长及操作人员。

(2)培训时间　两小时。

四、实训方法

1. 细菌的培养与收集

将含有质粒 pUC 的 *E. coli* DH5α 菌种接在 LB 固体培养基[含 50μg/mL 氨苄青霉素(Amp)]中，于 37℃培养 12~24h。用接种环挑取单菌落接种到 5mL LB 液体培养基(含 50μg/mL Amp)中，于 37℃振荡培养约 12h 至对数生长后期。

2. 质粒 DNA 的提取

(1)取 1.5mL 培养液倒入 1.5mL 离心管中，4℃下 12000r/min 离心 30s 后，弃上清液，将管倒置于吸水纸上几分钟，使液体流尽。

(2)将菌体沉淀重新悬浮于 100μL 溶液Ⅰ中，剧烈振荡后，室温下放置 5~10min。

(3)加入新配制的溶液Ⅱ，盖紧管口，快速温和颠倒离心管数次，以混匀内容物(切勿振荡)，冰浴 5min 后，再加入 150μL 预冷的溶液Ⅲ，盖紧管口，倒置离心管，温和振荡 10s，使沉淀混匀，冰浴 5~10min，4℃下 12000r/min 离心 5~10min。

(4)上清液转移到干净离心管中，加入等体积的苯酚-氯仿(1∶1)，振荡混匀，4℃下 12000r/min 离心 5min。

(5)将水相转移到干净的离心管中，加入等体积的无水乙醇，振荡均匀，置于-20℃冰箱中 20min，然后在 4℃下 12000r/min 离心 10min。

(6)弃上清液，将管口敞开倒置在吸水纸上，使所有液体流出，加入 1mL 70% 乙醇，洗沉淀 1 次，4℃下 12000r/min 离心 5~10min。

(7)吸除上清液，将管口倒置于吸水纸上使液体流尽，真空干燥 10min 或室温干燥。

(8)将沉淀溶于 20μL TE 缓冲液(含 20μg/mL RNaseA)中，储存于-20℃冰箱中。

3. 质粒 DNA 纯度的检测

(1)取 40mL 1 倍浓缩 TAE 缓冲液于 300mL 锥形瓶中，加入 0.4g 琼脂糖，放入微波炉内使其熔化，60℃时加入溴化乙锭(EB)，混匀后倒入准备好的制胶槽中。

(2)取 5.0μL 纯化 DNA 加入 1.0μL 上样缓冲液，混合，进行点样。

(3)点样完毕后，100V，200mA 条件下电泳 30min。

(4)电泳完毕后，用凝胶成像仪拍照，得到实验结果。

五、注意事项

1. 提取过程应尽量保持低温。

2. 提取质粒 DNA 过程中除去蛋白质很重要，采用苯酚-氯仿去除蛋白质效果较单独用苯酚或氯仿好，要将蛋白质尽量除干净需要多次抽提。

3. 沉淀 DNA 常使用冰乙醇,在低温条件下放置时间稍长可使 DNA 沉淀完全;也可用异丙醇(一般使用等体积),且沉淀完全,速度快,但常把盐也沉淀出来,所以多数情况还是使用乙醇。

4. EB 具有很强的致畸变作用,操作时严格按照实验室生物安全要求在指定区域操作。

六、结果与分析

根据凝胶成像的结果,分析质粒 DNA 提取的质量和纯度。

七、思考与讨论

如果质粒纯度不够,可以通过哪些方法提高提取质粒的纯度?

实训十六　青霉素生产仿真实训

实训十六　青霉素生产仿真实训

一、概述

青霉素是产黄青霉菌株在一定的培养条件下发酵生产的。生产上一般将孢子悬液接种到种子罐，经二级扩大培养后，转移至发酵罐进行发酵，得到含有一定浓度青霉素的发酵液。发酵液经过适当的预处理，再经提炼、精制、成品分包等工序最终制得合乎《中国药典》要求的成品。

二、实训前的准备

本项目体现《计算机实训室管理规程》，摘录如下所示。

第一条　计算机实验、实训教学是学生能否将所学的计算机理论知识在实际中运用的关键。为了能对学校的计算机专业及相关专业提供实验、实训教学保障，依照《实训教学管理办法》制定此管理条例。实训室管理实行专人负责制。相关部门人员及师生务必严格遵守。

第二条　教学计划内的学生实训，须由任课教师在学期初将实训计划交教务处，然后根据统一安排实施。非教学计划内的教师和学生或校内其他人员要求实训，都必须事先填写上机申请，经批准后，由实训室管理人员根据实际情况安排时间上机。

第三条　学生必须服从指导教师和实训室管理员的调配。进入实训室的学生未经允许不准动室内任何设备，更不准携带食物和饮水等物品进入实训室。

第四条　实训室内必须保持安静、清洁，实训室内不准大声喧哗，不能随意走动，上课期间走出实训室要向指导教师请假。

第五条　计算机和其他设备发生故障时，应立即停止使用并向指导教师报告。爱护计算机及其他实训设备，不准拆卸计算机及调换计算机硬件设备。

第六条　实训结束后，提醒学生按规定程序关机，复位键盘、桌椅及相关设备，并组织学生做实训室卫生工作，同时检查、收缴实训报告单和实训登记表，待全体学生离开实训室后，指导教师方可离岗。

第七条　损坏计算机和其他实训设备的，按照《设备赔偿处理方案》处理。

第八条　管理实训室内的所有设备，认真做好《设备维护记录》《机房安全检查记录表》等。

第九条　以下行为被视为违纪行为。

①带食物、饮料进入实训室。②不听从教师和管理人员劝阻。③衣冠不整。④在实训室内乱丢纸屑和杂物，损坏桌椅。⑤实训课结束后，桌椅、键盘不复位，不正常关闭电源。⑥进行与实训课程无关的操作，影响计算机和其他相关实训室设备的正常使用。⑦擅自设置密码、口令，删除文件。⑧大声喧哗，干扰其他同学。⑨在实训室随意走动。

三、青霉素仿真发酵及控制

（一）实训材料

青霉素发酵生产仿真软件、计算机（Windows 操作系统）。

（二）实训原理

青霉素发酵仿真系统利用现有的装置和数据，开发出相应实训过程（反应过程、分离过程、理化过程）数学模型，利用仿真软件可以加强学生的操作预习和复习，对实训过程有一个深刻的了解，青霉素发酵生产仿真软件利用采控系统软件可对实训过程的温度、流量、压力、阀门、液位、pH、发酵液组成等理化参数进行实时监控，过程控制变量趋势实时显示，并能对实训数据进行实时处理和显示，实训记录的计算机集中管理代替传统数据记录方式。

（三）实训内容

1. 正常发酵过程

进料（基质），开备料泵 → 开备料阀 → 备料后关闭备料阀 → 关闭备料泵 → 开搅拌器 → 设置搅拌转速为 200r/min → 开进气阀 → 开排气阀 → 投加菌种 → 补糖，开补糖阀 → 补氮，开加硫铵阀 → 加冷却水，维持温度在 25℃ → pH 保持在一定范围内 → 前体超过 $1kg/m^3$（扣分步骤，出现则扣分）。

2. 出料

停止进空气 → 停止搅拌 → 关闭所有进料，开阀出料。

3. 发酵过程参数的控制

（1）pH 调节　青霉素发酵过程中，如果 pH 过高，则关闭氨水流量，开加糖、硫酸或无机氮源阀门；如果 pH 过低，则开大氨水流量，或加入碳酸钙、氢氧化钠、尿素等，也可提高通气量。另外，还可利用自动加入酸或碱的方法，使发酵液 pH 维持在 6.8~7.2，以提高青霉素产量。

（2）温度调节　霉菌生长的适宜温度为 30℃，而分泌青霉素的适宜温度是 20℃左右，因此生产上采用变温控制的方法，使之适合不同阶段的需要。一般一级种子的培养温度控制在（27±1）℃；二级种子的培养温度控制在（25±1）℃；发酵前期和中期的温度控制在 26℃左右；发酵后期的温度控制在 24℃左右。

(3)溶氧调节　发酵过程中,溶氧浓度偏低,则应开大进气阀,调节溶氧浓度至30%饱和溶氧浓度;溶氧浓度偏高,则应关小。

(4)糖浓度调节　发酵过程中,糖浓度偏低,则应打开补糖阀。

(5)泡沫高度调节　发酵过程中,泡沫高度过高,则应添加消泡剂降低高度。

四、青霉素仿真提炼工艺及控制

(一)实训材料

青霉素发酵生产仿真软件、计算机(Windows 操作系统)。

(二)实训原理

由于发酵液中青霉素浓度很低,仅1~45g/L,而杂质浓度比青霉素高几十倍甚至几千倍,并且某些杂质的性质与抗生素非常相近,因此提取精制是一件十分重要的工作。青霉素的提取采用溶媒萃取法。青霉素游离酸易溶于有机溶剂,而青霉素盐易溶于水。利用这一性质,在酸性条件下青霉素转入有机溶媒中,调节pH,再转入中性水相,反复几次萃取,即可提纯浓缩。选择对青霉素分配系数高的有机溶剂,工业上通常用乙酸丁酯和戊酯,萃取2~3次。从发酵液萃取到乙酸丁酯时,pH选择2.8~3.0;从乙酸丁酯反萃到水相时,pH选择6.8~7.2。为了避免pH波动,采用硫酸盐、碳酸盐缓冲液进行反萃取。所得滤液多采用二次萃取,用10%硫酸调pH为2.8~3.0,加入乙酸丁酯。在一次丁酯萃取时,由于滤液含有大量蛋白质,通常加入0.5~1g/L乳化剂PPB防止乳化。

(三)实训内容

1. 发酵液预处理

[进料(发酵液),开备料泵] → [开备料阀] → [备料后关备料阀] → [关备料泵] → [开搅拌器] → [开阀加黄血盐] → [铁离子浓度为0时,关闭黄血盐阀] → [开磷酸盐阀] → [镁离子浓度为0时,关闭磷酸盐阀] → [开絮凝剂阀] → [蛋白质浓度为0时,关闭絮凝剂阀] → [打开过滤器开关及阀门] → [滤液全部进入混合罐之后,关闭阀门] → [停止搅拌器]。

2. 一次正萃取

[打开混合罐搅拌器] → [打开阀门,添加醋酸丁酯] → [关闭醋酸丁酯阀门] → [打开稀硫酸阀门] → [调节pH至2.0,关闭阀门] → [打开破乳剂阀门,加入破乳剂100kg] → [关闭破乳剂阀门] → [打开分离机注液阀门和泵,将液体导入分离机] → [在分离机中液位时,打开萃余相回收阀,控制重相液位,使轻相流出] →

混合罐液体排空后,关闭混合罐的阀门和泵 → 停止搅拌器 → 分离机液体排空后,关闭分离机阀门 → 关闭分离机开关。

3. 一次反萃取

打开混合罐搅拌器 → 打开碳酸氢钠溶液阀门,调节 pH 7~8 → 关闭碳酸氢钠溶液阀门 → 打开分离机注液阀门和泵,将液体导入分离机 → 在分离机中液位时,打开萃余相回收阀,控制重相液位,使轻相流出 → 混合罐液体排空后,关闭混合罐的阀门和泵 → 停止搅拌器 → 分离机剩余少量重相时,关闭分离机阀门 → 关闭分离机开关。

4. 二次正萃取

打开混合罐搅拌器 → 打开阀门,添加醋酸丁酯 → 关闭醋酸丁酯阀门 → 打开稀硫酸阀门 → 调节 pH 至 2.0,关闭阀门 → 打开分离机注液阀门和泵,将液体导入分离机 → 在分离机中液位时,打开萃余相回收阀,控制重相液位,使轻相流入脱色罐中 → 混合罐液体排空后,关闭混合罐的阀门和泵 → 停止搅拌器 → 分离机液体排空后,关闭分离机阀门 → 关闭分离机开关。

5. 脱色处理

打开活性炭进料阀 → 进料完成,关闭进料阀 → 打开搅拌器 → 10min 后,打开过滤器阀门和泵将青霉素溶液排至结晶罐 → 脱色罐液体排空后,关闭阀门和泵 → 停止搅拌器。

6. 结晶、抽滤与干燥

打开结晶罐搅拌器 → 打开阀门,添加醋酸钠-乙醇溶液 → 青霉素反应完全后,关闭醋酸钠-乙醇溶液阀门 → 打开冷却水阀门 → 控制温度在 5℃以下,保持 10min → 打开真空抽滤机前置阀门和泵,将液体导入真空抽滤机 → 在抽滤机上层液位达到 50%后,打开真空阀和母液回收阀 → 结晶罐液体排空后,关闭结晶罐的阀门和泵 → 停止搅拌器 → 抽滤完成后,关闭真空阀 → 母液全部回收后,关闭母液回收阀 → 移出晶体 → 打开丁醇阀门 → 加入 500kg 丁醇后,关闭阀门 → 打开洗涤罐搅拌器 → 搅拌 8min 后,停止搅拌器,保持 10min → 打开废液阀 → 废液排尽后,关闭废液阀 → 移出晶体至干燥机 → 启动干燥机 →

干燥 20min 后，关闭干燥机。

五、思考与讨论

1. 实训过程中青霉素结晶体获得的量与哪些操作因素有关？
2. 为什么要采用连续添加葡萄糖的方法？
3. 青霉素的合成 pH 6.8~7.2，如何进行 pH 的控制？

参考文献

[1]国家药典委员会. 中华人民共和国药典三部(2020版)[M]. 北京:中国医药科技出版社,2020.

[2]曾青兰,张虎成. 生物制药工艺(第三版)[M]. 武汉:华中科技大学出版社,2021.

[3]何军邀. 生物制药技术[M]. 杭州:浙江大学出版社,2021.

[4]岳春. 食品发酵技术(第二版)[M]. 北京:化学工业出版社,2021.

[5]黄晓梅,周桃英,何敏. 发酵技术[M]. 北京:化学工业出版社,2021.

[6]吴秀玲,李公斌. 微生物制药技术[M]. 北京:中国轻工业出版社,2015.

[7]辛秀兰. 现代生物制药工艺[M]. 北京:化学工业出版社,2013.

[8]葛驰宇. 生物制药工艺学[M]. 北京:化学工业出版社,2019.

[9]边虹铮,卢海刚. 药物分析检测技术[M]. 北京:化学工业出版社,2022.

[10]王隆飞,方园园,陈功,等. 产人胰岛素毕赤酵母工程菌的构建[J]. 南开大学学报(自然科学版),2006(5):69-73.

[11]何尧声. 重组人胰岛素在毕赤氏酵母中的分泌表达[D]. 海南:海南大学,2008.

[12]李德年. 基因工程制药[M]. 北京:化学工业出版社,2010.

[13]王逸群,周志华. 西洋参组织培养及愈伤组织中人参皂苷Rg1和Rb1含量分析[J]. 漳州师范学院学报(自然科学版),2005(4):62-66.

[14]庞福洲,韦坤华,王硕,等. 西洋参细胞悬浮培养体系的建立[J]. 现代农业研究,2022,28(3):127-132.

[15]毛祖林,李晓波,龚文明,等. 人参皂苷提取工艺优选[J]. 时珍国医国药,2008(11):2762-2763.

[16]朱帅,黄梦玲,吴倩倩,等. 蛋黄卵磷脂的结构、提取、功能与脂质体研究进展[J]. 粮油食品科技,2020,28(3):18-25.

[17]关爱国. 鸡蛋中卵黄卵磷脂提取工艺研究[J]. 食品安全导刊,2021(34):122-124.

[18]相洪丽. 卵磷脂对大鼠血糖水平影响的实验研究[J]. 科技视界,2012,(5):37+165.

[19]陈东方,张聪恪,李立,等. 大豆卵磷脂胶囊对高脂血症人群降血脂功能[J]. 食品研究与开发,2012,33(9):180-182.

[20]夏焕章. 生物技术制药[M]. 北京:高等教育出版社,2016.

[21]王凤山,邹全明. 生物技术制药(第3版)[M]. 北京:人民卫生出版社,2016.

参考答案

项目一参考答案

一、名词解释

1. 生物药物是指运用微生物学、生物学、医学、生物化学等的研究成果，以生物体、生物组织、细胞、体液等，综合利用发酵工程、细胞工程、酶工程、基因工程等技术的原理和方法制造的一类用于预防、治疗和诊断的生物制品。

2. 新型生物制药是指生物制药、化学制药、药学(中药学)结合工程学、材料学、信息学等手段开展研究及制造产品，或改造动物、植物、微生物等，以进行药品制造，新工艺、新设备、新品种的开发、放大和设计等体现的综合性技术。新型生物制药主要有反义核酸和核酶技术、RNA干扰药物、核酸药物的修饰和给药、DNA疫苗技术。

3. 新药是指未曾在中国境内上市销售的药品。国家药品监督管理局颁发的《药品注册管理办法》进一步明确规定：新药申请，是指未曾在中国境内上市销售药品的注册申请。对已上市药品改变剂型、改变给药途径、增加新适应证的药品，也属于新药。

二、简答题

1. 生物制药的特点：高技术、高投入、周期长、高风险、高收益。

2. “十四五”规划继续推进生物制药发展，基因技术成为研发热点；“十四五”规划着重布局实验室、产业园，发挥集聚效应；新冠疫情为生物医药行业提速。今后我国生物医药的发展前景主要体现在以下方面。

①抗生素工艺改造技术。②疫苗与酶诊断试剂的开发。③活性蛋白与多肽类药物的开发。④靶向药物的开发，以开发肿瘤药物为重点。⑤氨基酸工业发展和甾体激素的开发。⑥人源化的单克隆抗体的研究开发。⑦血液替代品的研究与开发。⑧人体基因组的研究。

项目二参考答案

一、名词解释

1. 生化药物：是指从生物体内分离纯化所得，用于预防、治疗和诊断疾病的生化基本物质，以及用化学合成、微生物合成或现代生物技术制得的这类物质，主要是氨基酸、多肽、蛋白质、酶及辅酶、多糖、脂质、核酸及其降解产物，以及它们的衍生物。

2. 多肽类生化药物:是以多肽激素和多肽细胞生长调节因子为主的一大类内源性活性成分。

3. 细胞生长调节因子:指在体内和体外对效应细胞的生长、增殖和分化起调控作用的一类物质,这些物质大多是蛋白质或多肽,也有非多肽或非蛋白质形式。

4. 低聚糖:常指由2~20个单糖以糖苷键相连组成的聚合物,如麦芽乳糖、乳果糖、水苏糖等。

二、简答题

1. 特点:①目的产物在初始物料(发酵液)中的含量低。②培养液是多组分的混合物,除少量产物外,还有大量的细胞及碎片、其他代谢物(几百上千种)、培养基成分、无机盐等,给过程设计造成困难。③生化产物的稳定性低,易变质、易失活、易变性,对温度、pH、重金属离子、有机溶剂、剪切力、表面张力等非常敏感。④发酵和培养很多是分批操作,生物变异性大,各批发酵液不尽相同,要求所用加工设备有一定的操作弹性。⑤对最终产品的质量要求高。

2. 氨基酸类药物的制造方法包括蛋白质水解法、化学合成法、发酵法、酶转化法。

①蛋白质水解法:以毛发等蛋白质为原料,通过酸、碱或酶水解成多种氨基酸混合物,经分离纯化获得各种药用氨基酸。

②化学合成法:以酸、醛、酯及某些氨基酸为原料,经氨解、水解、缩合、取代及氢化还原等化学反应合成氨基酸。

③发酵法:借助微生物在有氧或无氧条件下进行生命活动制备微生物菌体或其代谢产物的过程。

④酶转化法:在特定酶的作用下使某些有机物转化成相应氨基酸。

3. 生物制药中分离制备方法的基本原理:①根据分子结构和大小的不同:差速离心与超速离心、膜分离(透析,电渗析)与超滤,凝胶过滤法。②根据分子电离性质的差异性:离子交换法、电泳法、等电聚集法。③根据分子极性大小及溶解度不同:溶剂提取法、盐析法、等电点沉淀法及有机溶剂分级沉淀法。④根据物质吸附性质的不同:选择性吸附法与吸附层析法。⑤根据配体特异性进行分离:亲和层析法。

项目三参考答案

一、名词解释

1. 发酵工程:又称为微生物工程,是利用微生物制造工业原料与工业产品并提供服务的技术。

2. 自然选育:不经人工处理,利用微生物的自然突变进行菌种选育的过程。

3. 染色体畸变：是由遗传物质的缺失重复或重排而造成的染色体异常突变。

4. 原生质体融合：把两个亲株分别通过酶解去除细胞壁，使菌体细胞在高渗环境中释放出由原生质膜包被着的球状体，在高渗条件下混合两个亲株的原生质体，由聚乙二醇作为助融合剂使它们相互凝集发生细胞融合，接着两亲株细胞基因组由接触到交换，从而实现遗传重组，在再生细胞中就有可能挑选到较理想的重组子。

5. 补料分批发酵：是在分批培养过程中补充新鲜的料液，使培养基的量逐渐增大，以延长对数生长期与稳定期的持续时间。增加微生物细胞的数量，也能增加稳定期的细胞代谢产物的积累。

6. 连续培养：在发酵过程中一面补入新鲜的料液，一面以相同的流速放料，维持发酵液原来的体积。即反应器中的细胞总数与总体积数均保持不变，体系达到了稳定状态。

7. 灭菌：是指用化学的或物理学的方法杀灭或除掉物料或设备中所有有生命的有机体的技术或工艺过程。

8. 种子扩大培养技术：是指将保存在砂土管、冷冻干燥管中处于休眠状态的生产菌种接入试管斜面活化后，经过扁瓶或摇瓶及种子罐逐级放大培养而获得一定数量和质量的纯种过程。

二、填空题

1. 生产菌种、发酵工艺、发酵设备。

2. 自然选育、诱变育种、杂交育种、控制杂交育种、原生质体融合、基因工程。

3. 菌种、种子制备、发酵、发酵液预处理、提取精制。

4. 分批培养、补料分批培养、连续培养。

5. 生物热、搅拌热、蒸发热、辐射热、显热。

三、简答题

1. 微生物细胞培养可以分为分批培养、补料分批培养和连续培养等方式。不同的培养技术各有其特点，如下所示。

(1)分批培养又称间歇培养，微生物的生长是随环境时间变化而变化的。培养过程中，除了不断进行通气(好氧发酵)，加入酸或碱以调节培养液的 pH。系统排出废气(包括 CO_2)外，与外界没有其他交换。分批培养过程中，根据发酵液中细胞浓度的变化，将培养过程分为延迟期、对数生长期、减速期、稳定期和衰退期五个阶段。

(2)补料分批培养是在分批培养过程中补充新鲜的料液，使培养基的量逐渐增大，以延长对数生长期与稳定期的持续时间。增加微生物细胞的数量，也能增加稳定期的细胞代谢产物的积累。一般在工业中，采用补料分批培养的产物较多，如面包酵母生产中采用补加糖蜜、氨、前体物质等以提高产量。

(3)连续培养是在发酵过程中一面补入新鲜的料液，一面以相同的流速放料，

维持发酵液原来的体积。即反应器中的细胞总数与总体积数均保持不变,体系达到了稳定状态。连续培养又分为单级连续培养和多级连续培养。

2. 发酵的基本过程为:菌种→种子制备→发酵→发酵液预处理→提取精制。

四、工艺路线题(略)

项目四参考答案

一、选择题

1. B 2. A 3. C 4. B 5. A 6. C 7. D 8. B 9. D 10. B 11. D 12. C 13. C 14. D 15. C 16. A 17. A 18. B 19. A 20. B

二、简答题

1. 植物细胞或组织培养基常含有无机盐、碳源、植物生长激素、有机氮源、维生素等成分。

(1)无机盐　有大量元素和微量元素,大量元素有氮、硫、磷、钾、镁、钙、氯、钠。微量元素有铁、锰、碘、钼、铜、锌。

(2)碳源　常用碳源为碳水化合物、肌醇、甘油、乳糖和半乳糖。天然提取物如椰子乳,对愈伤组织的诱导和培养也有重要意义。

(3)植物生长激素　常见的植物生长激素有生长素、分裂素、赤霉素、脱落酸、乙烯。

(4)有机氮源　常用蛋白质水解物或各种氨基酸,有机氮源对细胞的早期生长有利,氨基酸的加入是为了代替或增加氮源的供应。

(5)大多数的维生素,机体不能合成或合成量不足,不能满足机体的需要,必须通过摄取食物获得。

2. 贴壁培养是必须让细胞黏附在某种基质上进行生长繁殖的培养方法。它适用于一切贴壁细胞,也适用于兼性贴壁细胞。优势在于细胞依附于基质的表面,容易更换培养液进行灌流培养,从而提高单位体积内的细胞密度。贴壁培养不足之处是操作比较麻烦,需要合适的黏附材料并提供足够的表面积,不能有效监测培养过程中细胞生长情况,培养条件不均一,传质和传氧较差。

悬浮培养法是细胞在培养液中呈悬浮状态生长繁殖的培养方法。它适用于一切种类的非贴壁依赖性细胞,也适用于兼性贴壁细胞,可连续测定细胞浓度,连续收集部分细胞进行继代培养;也无须消化分散,细胞收率高。目前悬浮培养法已用于重组蛋白与和单克隆抗体生产。

3. 离体培养的动物细胞有三大类型。

(1)贴壁依赖型细胞　大多数动物细胞包括非淋巴组织细胞和许多异倍体细胞,培养时需要黏附因子,其可由细胞自身分泌或人为在培养基中加入,使细胞在

支持物表面黏附伸展和生长增殖。细胞在支持物表面生长时，分化常不显著，失去了它们在动物体内的原有特征，一般呈纤维细胞型或上皮细胞型两种形态。

(2)非贴壁依赖型细胞　来源于血液、淋巴组织的细胞和杂交瘤细胞。一些肿瘤细胞和某些生产干扰素的转化细胞都无须固体支持物即可在培养液中悬浮生长，细胞胞体一般呈圆球形。

(3)兼性贴壁细胞　有些细胞对固体支持物的依赖性不严格，可以贴壁生长，在一定条件下也可以悬浮生长，该类细胞称为兼性贴壁细胞。

4. 制备杂交瘤细胞通常的操作流程为：抗原制备、抗原免疫动物、杂交瘤细胞制备、融合细胞的筛选、培养杂交瘤细胞制备抗体。

5. 单克隆抗体(以下简称“单抗”)由单一B淋巴细胞分泌得到，但B淋巴细胞在体外不能长期存活(最多两周)，因此无法制备单一B淋巴细胞群，也无法进行单抗的大量生产。骨髓瘤细胞不具备分泌抗体的能力，但是可以在体外培养条件下无限繁殖。将免疫B淋巴细胞与骨髓瘤细胞融合成杂交瘤细胞，得到的杂交细胞具有双亲细胞的遗传特性，既能像B淋巴细胞一样分泌抗体，又能像骨髓瘤细胞一样无限增殖，成功克服了B淋巴细胞在体外存活周期短的问题。对杂交瘤细胞进行培养，即可得到单克隆抗体。

三、讨论题(略)

项目五参考答案

一、名词解释

1. 酶是由生物活细胞分泌产生的，具有特殊催化能力，化学本质大部分为蛋白质。

2. 酶的发酵生产是指经过预先设计，通过人工操作控制，利用细胞(包括微生物细胞、植物细胞和动物细胞)的生命活动，产生人们所需要的酶的过程。

3. 固定化酶是指限制或固定于特定空间位置的酶，具体来说，是指经物理或化学方法处理，使酶变成不易随水流失即运动受到限制，而又能发挥催化作用的酶制剂，制备固定化酶的过程称为酶的固定化。

4. 酶分子化学修饰是指通过主链的切割、剪接和侧链基团的化学修饰对酶蛋白进行分子改造，以改变其理化性质及生物活性，应用化学方法对酶分子施行种种“手术”的技术。

二、填空题

1. 防止酶蛋白变性、防止辅助因子流失、防止酶被蛋白水解酶降解

2. 生物提取法、生物合成(转化)法、化学合成法

3. 选取符合要求的动植物材料、生物材料的预处理、提取、纯化

4. 氧化还原酶类、转移酶类、水解酶类、裂合酶类、异构酶类、合成酶类

5. 冷冻干燥、离子交换、超滤、凝胶吸水、聚乙二醇吸水

6. 分批测定法、连续测定法

7. 水溶液法、有机溶剂法、表面活性剂法

三、简答题

1. 酶工程研究的主要内容包括:①酶的分离、提纯、大批量生产及新酶和酶的应用开发。②酶和细胞的固定化及酶反应器的研究。③酶生产中基因工程技术的应用及遗传修饰酶的研究。④酶的分子改造与化学修饰以及酶的结构与功能之间关系的研究。⑤有机相中酶反应的研究。⑥酶的抑制剂、激活剂的开发及应用研究。⑦抗体酶、核酸酶的研究。⑧模拟酶、合成酶及酶分子的人工设计、合成的研究。

2. 酶的来源主要有:动物来源酶类、植物来源酶类、微生物来源酶类、基因工程治疗菌。优良的产酶微生物应具备的条件:①产酶量高,酶的性质应符合使用要求,而且最好是产生胞外酶的菌。②不是致病菌,在系统发育上与病原体无关,也不产生毒素。③稳定,不易变异退化,不易感染噬菌体。④能利用廉价的原料,发酵周期短,易于培养。

3. 优点:①可以在较长时间内多次使用,而且在多数情况,酶的稳定性提高。如固定化的葡萄糖异构酶,可以在60~65℃条件下连续使用超过1000h。②反应后,酶与底物和产物易于分开,产物中无残留酶,易于纯化,产品质量高。③反应条件易于控制,可实现转化反应的连续化和自动控制。④酶的利用效率高,单位酶催化的底物量增加,用酶量减少。⑤比水溶性酶更适合于多酶反应。

缺点:①固定化时,酶活力有损失。②增加了生产的成本,工厂初始投资大。③只能用于可溶性底物,而且较适于小分子底物,对大分子底物不适宜。④胞内酶必须经过酶的分离纯化过程。⑤与完整菌体相比不适宜用于多酶反应,特别是需要辅助因子的反应。

项目六参考答案

一、名词解释

1. 基因工程制药:利用重组DNA技术,结合发酵工程、细胞工程、酶工程等现代生物技术研制预防、诊断和治疗人类、动物重大疾病的蛋白质药物、核酸药物以及生物制品的一门技术。

2. 直接分离法:直接分离法又称"鸟枪法"或"散弹射击法",类似用猎枪发射散弹打鸟,无论哪一颗弹粒击中目标,都能把鸟打下来。用限制性内切酶将供体细胞中的DNA切成许多片段,将这些片段分别载入载体,然后通过载体分别转入不

同的受体细胞，让供体细胞所提供的外源 DNA 的所有片段分别在受体细胞中大量复制，从中找出含有目的基因的细胞，再用一定的方法把带有目的基因的 DNA 片段分离出来。

3. cDNA 法：cDNA 文库是指汇集以某生物成熟 mRNA 为模板，逆转录而成的 cDNA 序列的重组 DNA 群体。

4. 基因库筛选法：使用限制性内切酶从现成的基因储存受体菌中提取目的 DNA。

5. PCR：即聚合酶链式反应，其原理是利用模板 DNA 变性、引物退火和引物延伸的多个循环来扩增 DNA 序列，这是一个指数增长的过程，上一轮的扩增产物作为下一轮扩增的模板，使其成为扩增、检测核酸的一种非常灵敏的技术。

6. RT-PCR：把逆转录合成 cDNA 及 PCR 技术结合在一起的一种方法。RT-PCR 的模板可以为总 RNA 或 poly(A)+选择性 RNA。

7. 质粒：独立于染色体以外的、能自主复制的、裸露的、双链环状（少数为线形和 RNA）DNA 分子。

8. 载体：具备自我复制能力的 DNA 分子，常用的载体系统有细菌质粒、黏性质粒、酵母菌质粒、λ 噬菌体、动物病毒等。

9. 限制性核酸内切酶：一类能够识别双链 DNA 分子中的某种特定核苷酸序列，并由此切割 DNA 双链结构的核酸内切酶。

10. 感受态：宿主细胞能够吸收外源重组 DNA 分子的生理状态。

二、填空题

1. 沃森、克里克
2. 生物体传递、表达遗传信息
3. 直接获取法、化学合成法
4. F 质粒（F 因子）、R 质粒（抗药性因子）、Col 质粒（大肠杆菌素因子）
5. 蛋白类药物、核酸类药物
6. 促进合成代谢、调节血糖稳定
7. 1982 年、1986 年

三、简答题

1. 利用基因工程技术生产药物的过程主要有：①制药基因的获得。②制药基因与载体连接成为重组 DNA。③重组 DNA 分子导入宿主细胞（微生物、哺乳动物细胞或人体组织靶细胞）进行扩增。④阳性重组子的筛选和鉴定。⑤重组子的表达以及蛋白质的纯化。实现以上过程需要的条件包括：用于核酸操作的工具酶、用于基因克隆的载体以及用于基因转移的受体菌或细胞。

2. 作为基因克隆的载体必须具备以下特性：①载体必须是复制子。②具有合适的筛选标记，便于重组子的筛选。③具备多克隆位点，便于外源基因插入。④自身分子质量较小，拷贝数高。⑤在宿主细胞内稳定性高。

3.（答案略）。

4.（答案略）。

5. 胰岛素是促进合成代谢、调节血糖稳定的主要激素，其主要功能如下所示。

（1）对糖代谢的调节　胰岛素可促进组织、细胞对葡萄糖的摄取和利用，加速葡萄糖合成为糖原，贮存于肝和肌肉中，并抑制糖异生，促进葡萄糖转变为脂肪酸，贮存于脂肪组织中，导致血糖水平下降。胰岛素缺乏时，血糖浓度升高，如超过肾糖阈值，尿中将出现糖，引起糖尿病。

（2）对脂肪代谢的调节　胰岛素可促进肝脏合成脂肪酸，然后转运到脂肪细胞贮存。在胰岛素的作用下，脂肪细胞也能合成少量脂肪酸。胰岛素还促进葡萄糖进入脂肪细胞，除了用于合成脂肪酸外，还可转化为 α-磷酸甘油，脂肪酸与 α-磷酸甘油形成甘油三酯，贮存于脂肪细胞中，同时，胰岛素还抑制脂肪酶的活性，减少脂肪的分解。胰岛素缺乏时，出现脂肪代谢紊乱，脂肪分解增强，血脂升高，加速脂肪酸在肝内的氧化，可生成大量酮体，由于糖氧化过程发生障碍，不能很好地处理酮体，可导致酮血症与酸中毒。

（3）对蛋白质代谢的调节　胰岛素可促进蛋白质合成过程，其作用体现在蛋白质合成的各个环节：①促进氨基酸通过膜的转运进入细胞。②可使细胞核的复制和转录过程加快，增加 DNA 和 RNA 的生成。③作用于核糖体，加速翻译过程，促进蛋白质合成。另外，胰岛素还可抑制蛋白质分解和肝糖异生。由于胰岛素能增强蛋白质的合成过程，所以，它对机体的生长也有促进作用，但胰岛素单独作用时，对生长的促进作用并不是很强，只有与生长素共同作用时，才能发挥明显的效应。

四、工艺路线题

答案见图 6-6。

项目七参考答案

一、名词解释

1. 细胞破碎：选用物理、化学、酶或机械的方法来破坏细胞壁或细胞膜。

2. 溶剂萃取：利用一种溶质组分在两种互不混溶的液相中竞争性溶解和分配性质上的差异来进行分离的操作。

3. 超临界流体萃取技术：利用超临界流体（温度和压力略超过或靠近临界温度和临界压力，介于气体和液体的流体）特有的性质，在流体的超临界区域或近临界区域进行物质萃取的一种技术。

4. 吸附色谱技术：固定相为固体吸附剂，吸附剂表面的活性中心具有吸附能力。混合物被流动相带入柱内，依据固定相对不同物质的吸附力不同而使混合物

法,称为吸附色谱技术。

离子交换色谱技术:是利用离子交换树脂上能解离的离子与流动相中具有同电荷的组分离子进行可逆交换,当混合液中各种组分(离子)与树脂上基团结合的牢固程度(即结合力大小)有差异时,选用适当的洗脱液,即可将各组分逐个洗脱下来,来实现混合物中各组分的分离。

6. 膜组件:由膜、固定膜的支撑体、间隔物以及收纳这些部件的容器构成的一个单元,称为膜组件或膜装置。

7. 干燥:利用热能使湿物料中湿分汽化并排出蒸汽,从而得到较干物料的过程。

二、填空题

1. 固体剪切法、液体剪切法、超声波法
2. 单级萃取、多级错流萃取、多级逆流萃取、微分萃取、分馏萃取
3. 液膜、浓度差
4. 结晶、沉淀
5. 中性盐盐析法、等电点沉淀法、有机溶剂沉淀法、非离子型聚合物沉淀法、聚电解质沉淀法、金属离子沉淀法
6. 多孔固体物质
7. 树脂颗粒、树脂的交联度、溶液流速、溶液浓度、温度、离子的大小、离子的化合价
8. 机械截留作用、物理作用或吸附截留作用、架桥作用、网络型膜的网络内部截留作用
9. 0.01~0.2MPa

三、简答题

1. 相同点:都是通过两相萃取将物质分开。

不同点:

(1)两相组成(形成)不同,前者都由水相组成,由聚合物的不相溶性分为上相和下相;后者由水相和不相溶的有机相组成。

(2)萃取机理不同,前者是由两相表面自由能的大小、表面电荷来决定萃取能力,后者是由相似相溶原理决定萃取能力的。

(3)萃取影响因素不同。

(4)萃取物质不同,前者是蛋白质、酶等生物产品,后者是除生物产品后的其他物质。

(5)溶质与溶剂分离方法不同　前者常通过加盐形成新相分开,再经超滤法,此法避免热对物质的影响,后者常用蒸馏法,存在温度对物质影响的问题。

2. 工作原理为:柱内装有凝胶颗粒,凝胶颗粒内部具有多孔网状结构,当被分离的混合物流过色谱柱时,各组分分子存在两种运动,即垂直向下的移动和无定向

的扩散运动。由于混合物中含有大、小不同的分子,在随流动相移动时,比凝胶孔径大的分子不能进入凝胶内,而是随流动相在凝胶颗粒之间的孔隙向下移动,并最先被洗脱出来;比凝胶孔径小的分子以不同的扩散程度进入凝胶颗粒的微孔内,使其向下移动的速率较慢,在色谱柱中逐渐与大分子物质拉开距离,最终达到分离的目的。

(1)吸附色谱是基于固定相对不同物质的吸附力不同而使混合物分离。

(2)分配色谱是基于混合物在两液相中分配系数不同而分离。

(3)离子交换色谱是基于离子交换树脂上可电离的离子与流动相中具有相同电荷的溶质离子进行可逆交换,由于混合物中不同溶质对交换剂具有不同的亲和力而将它们分离。

(4)凝胶色谱是基于各物质分子大小不同而进行分离的。

(5)亲和色谱是基于生物分子之间专一的结合能力而进行分离的。

3. 见正文中表7-6。

4. (1)吸附色谱是基于固定相对不同物质的吸附力不同而使混合物分离。

(2)分配色谱是基于混合物在两液相中分配系数不同而分离。

(3)离子交换色谱是基于离子交换树脂上可电离的离子与流动相中具有相同电荷的溶质离子进行可逆交换,由于混合物中不同溶质对交换剂具有不同的亲和力而将它们分离。

(4)凝胶色谱是基于各物质分子大小不同而进行分离的。

(5)亲和色谱是基于生物分子之间专一的结合能力而分离。

5. 优点:干燥速度十分迅速;干燥过程中液滴温度不高,产品质量好;产品具有良好的分散性;生产过程简化,操作控制方便;适宜于连续大规模生产。

缺点:干燥塔的体积比较庞大;热风温度要求高;废汽中回收微粒的分离装置要求较高。

项目八参考答案

一、名词解释

1. 药品质量标准可以理解为药品的物理学、化学、生物药剂学、安全性、有效性、稳定性、均一性等指标符合规定标准的程度,具体为以下几个指标。

(1)物理学指标　药品活性成分、辅料的含量,制剂的重量、外观等指标。

(2)化学指标　药品活性成分化学、生物化学特性变化等指标。

(3)生物药剂学指标　药品的崩解、溶出、吸收、分布、代谢、排泄等指标。

(4)安全性指标　药品的"三致"、毒性、不良反应、药物相互作用和配伍、使用禁忌等指标。

(5)有效性指标　药品针对规定的适应证在规定的用法、用量条件下治疗疾

效指标。

稳定性指标　药品在规定的储藏条件下，在规定的有效期内保持其物理、物药剂学、安全性、有效性指标稳定的指标。

(7)均一性指标　药品活性成分在每一单位(片、粒、瓶、支、袋)药品中的物理、化学、生物药剂学、安全性、有效性、稳定性等指标的等同程度的指标。

2. 滴定分析法：滴定分析法，又叫容量分析法，是生物药物分析检验中化学分析法的一种。将已知准确浓度的标准溶液，滴加到被测溶液中(或者将被测溶液滴加到标准溶液中)，直到所加的标准溶液与被测物质按化学计量关系定量反应为止，然后测量标准溶液消耗的体积，根据标准溶液的浓度和所消耗的体积，算出待测物质的含量，这种定量分析的方法称为滴定分析法，它是一种简便、快速和应用广泛的定量分析方法，在常量分析中有较高的准确度。

3. 紫外-可见分光光度法：紫外-可见分光光度法是在 190～800nm 波长内测定物质的吸光度，用于生物药物鉴别、杂质检查和定量测定的方法。

二、填空题

1. 纸电泳法、醋酸纤维素薄膜电泳法、琼脂糖凝胶电泳法、聚丙烯酰胺凝胶电泳法。

2. GLP、GMP、GSP、GCP。

3. 凡例、正文、附录、索引

三、简答题

1. 制订药品质量标准的目的和意义如下所示。

(1)药品质量的优劣直接影响到药品的安全性和有效性，关系到用药患者的健康与生命安危。

(2)药品质量标准是国家对药品质量、规格及检验方法所做的技术规定，是药品生产、供应、使用、检验和药政部门共同遵守的法定依据。

2. 制订药品质量标准的原则如下所示。

(1)安全性　毒副反应物质。

(2)有效性　生物利用度、晶型等。

(3)先进性　采用选择性强、灵敏度高的方法。

(4)针对性　针对药物本身的特点，做到安全有效、技术先进、经济合理。

3. 生物药物检验的特点如下所示。

(1)需要进行相对分子质量的测定。

(2)需要检查生物活性。

(3)需要做安全性检查　如热原检查、过敏试验、异常毒性试验等。

(4)需要做效价测定　可测含量时，测含量；不可测含量时，测效价。

(5)需要用生化法确证结构。

4. 生物药物检验程序如下所示。

(1)取样　系指从一批产品中,按取样规则抽取一
样品系指为了检验药品的质量,从整批产品中采取足

(2)药物的鉴别　根据药品质量标准中有关性状的规定,注意观
品的外观、色、臭、味,并测定有关物理常数。

(3)药物的检查　药物在不影响疗效及人体健康的原则下,可以允许生产过程和贮藏过程中引入的微量杂质的存在。通常按照药品质量标准规定的项目进行"限度检查",以判断药物的纯度是否符合限量规定要求,所以也可称为纯度检查。

(4)药物的含量测定　含量测定就是测定药物中主要有效成分的含量。一般采用化学分析或理化分析方法来测定,以确定药物的含量是否符合药品标准的规定要求。

(5)检验报告的书写　检验原始记录应按规定要求认真及时做好,原始记录必须用蓝黑墨水或碳素笔书写,做到原始记录真实、内容完整齐全、书写清晰整洁。在检验记录中,如发现记录有误,可用单线划去并保持原有的字迹可辨,不得擦抹涂改,并应在修改处签名或盖章。药品检验程序完毕后,还应写出检验报告,并根据检验结果做出明确的结论。

5. 近红外光谱技术在药物分析检测应用上的先进性体现如下所示。

近红外光谱技术近年来被广泛应用于药物制剂的分析。光谱技术的普及和推广,更有利于药物制剂的识别以及药物制剂的分类,更准确地确定药物制剂活性成分的含量和水分含量,从而准确把握原始粉末制剂中各种物质的均衡度。近年来近红外光谱技术在我国得到了迅速发展,在制药分析过程中得到广泛应用,包括药物原料药、中间体和成品的鉴定,测定药品的理化性质,同时为药品生产提供实时在线的质量控制分析,最大限度地提高产品的合格率,提高品控,有效提高生产效率,同时在鉴别中药材的产地、质量等级等方面也发挥了重要作用。